Volkswirtschaftslehre

Grundzüge der Wirtschaftstheorie und -politik

Von

Dr. Alfred Kyrer
o. Universitätsprofessor

und

Dr. Walter Penker
Universitätsdozent

Fünfte, verbesserte Auflage

R. Oldenbourg Verlag München Wien

Die Deutsche Bibliothek - CIP-Einheitsaufnahme

Kyrer, Alfred:
Volkswirtschaftslehre : Grundzüge der Wirtschaftstheorie und -politik / von Alfred Kyrer und Walter Penker. - 5., verb. Aufl. - München ; Wien : Oldenbourg, 1996
ISBN 3-486-23620-2
NE: Penker, Walter:

Gesamtherstellung: R. Oldenbourg Graphische Betriebe GmbH, München

ISBN 3-486-23620-2

Inhaltsverzeichnis

Aus dem Vorwort zur 1. Auflage

Die vorliegende Einführung in die mikro- und makroökonomische Theorie ist in zweifacher Weise *elementar*. Zunächst elementar, weil nur jene *Elemente der Wirtschaftstheorie* behandelt werden, die den Kernbestand wirtschaftstheoretischer Erklärungsmuster bilden. Das bestimmende Kriterium für die Aufnahme von Hypothesen in das vorliegende Buch war die *empirische Relevanz* der betreffenden Hypothesen, das heißt ihre Eignung zur *Erklärung raum-zeitlicher Sachverhalte.*

Freilich muß bei der „Durchforstung" des Hypothesenvorrats behutsam vorgegangen werden. So ist etwa die Nichtverwendung bestimmter Hypothesen (über einen bestimmten Zeitraum hin gesehen) *kein Kriterium* für die Brauchbarkeit und Bewährung dieser Hypothesen. Neben jenen Hypothesen, die Tag für Tag zur Erklärung und Interpretation empirischer Sachverhalte herangezogen werden, gibt es auch Hypothesen, die nur zu bestimmten Zeitpunkten, in bestimmten Gebieten zur Anwendung gelangen. Mit anderen Worten: die Auswahl der Hypothesen muß immer mit einer bestimmten „Bandbreite" erfolgen. Aus diesem Grund werden auch einige Hypothesen berücksichtigt, denen die Autoren *nur geringe empirische Relevanz* beimessen. Bei diesen Hypothesen werden aber jeweils die (sonst meist stillschweigend vorausgesetzten) Prämissen explizit angegeben, um einer falschen Anwendung im Zuge von Diagnosen und Prognosen vorzubeugen.

Elementar bezieht sich aber auch auf die Art der *Präsentation des Stoffes*. Argumentationsniveau und Diktion werden weitgehend vom Adressaten bestimmt. Das Buch wendet sich vor allem an Studenten der Wirtschafts- und Sozialwissenschaften sowie der Rechtswissenschaften. Es wird daher bewußt auf hochgestochene, nur dem *„insider"* verständliche Formulierungen verzichtet. Von der Möglichkeit mathematischer Problemformulierung wird nur insoweit Gebrauch gemacht, als dies zum *Verständnis* der behandelten Erklärungsmuster *notwendig* ist. Der teilweise Verzicht auf den Gebrauch mathematischer Denkformen darf aber nicht als eine erneute, *indirekte Attacke* gegen die *„Reißbrettökonomie"* gewertet werden. Die Autoren sind nur der Meinung, daß zunächst ohne allzuviel formales Beiwerk das *Gerüst der Wirtschaftstheorie* vermittelt werden muß, bevor zur Formalisierung und Operationalisierung von Hypothesen bzw. Hypothesensystemen übergegangen werden kann.

Vorwort zur 2. und 3. Auflage

Die Neuauflage enthält vor allem solche Änderungen, die durch die fortlaufende Entwicklung der Volkswirtschaftslehre als notwendig erscheinen. Die wesentlichste Änderung ist aber darin zu sehen, daß nunmehr, im Sinne einer verstärkten Integration von Wirtschaftstheorie und Wirtschaftspolitik, im Anschluß an die theoretischen Ausführungen bei jedem Kapitel die entsprechenden wirtschaftspolitischen Ansatzpunkte dargestellt werden. Die Autoren sind nämlich der Meinung – und sie wurden darin in ihren Vorlesungen und Übungen immer wieder bestärkt – daß die zweckmäßigste Erarbeitung nationalökonomischer Zusammenhänge dann gewährleistet ist, wenn gleich im Anschluß an das Aufzeigen der jeweiligen theoretischen Verknüpfungen dargelegt wird, welche Ansatzpunkte für wirtschaftspolitisches Handeln daraus abgeleitet werden können. Nur so erscheint auch die Umsetzung des erarbeiteten theoretischen Wissens in praktische Wirtschaftspolitik gewährleistet.

Im übrigen wurde am bewährten Aufbau des Buches festgehalten. Der Stoff ist in acht Kapitel gegliedert, wobei jedes Kapitel denselben Aufbau aufweist. In Teil A wird die jeweilige Problemstellung des betreffenden Theoriekreises kurz umrissen, in Teil B werden die Grundbegriffe definiert, sowie sie nicht im Zusammenhang mit den Erklärungsmustern in Abschnitt C mitbehandelt werden können. In Teil D schließlich werden die jeweiligen wirtschaftspolitischen Ansatzpunkte zu jedem Problemkreis dargestellt.

Im Anhang werden zunächst die wesentlichen Elemente der Volkswirtschaftlichen Gesamtrechnung angeführt und sodann ausgewählte Literaturhinweise gegeben.

Alfred Kyrer/Walter Penker

Vorwort zur 4. und 5. Auflage

In der vierten Auflage wurden alle Teile durchgesehen und die Volkswirtschaftlichen Gesamtrechnungen aktualisiert.

Alfred Kyrer/Walter Penker

I. Produktionstheorie

1.A. Problemstellung

Unter Produktion versteht man die systematische Herstellung von Gütern mit Hilfe anderer Güter. Die meisten Güter können sowohl Produktionsfaktor als auch Produktionsergebnis sein. Dabei sollte der Begriff „Produktion" nicht zu eng gefaßt werden. Er umfaßt nicht nur die Be- und Verarbeitung von materiellen Gütern, sondern auch die Erzeugung von Dienstleistungen und Informationsgütern, wobei gleichgültig ist, ob diese Güter von privater oder staatlicher Seite erzeugt und angeboten werden. Nicht als Produktion im ökonomischen Sinne gelten jene Tätigkeiten, durch die zwar ebenfalls Güter – überwiegend Verbrauchsgüter – geschaffen werden, die jedoch innerhalb von privaten Haushalten stattfinden.

Das zentrale **Anliegen der Produktionstheorie** besteht darin, zu erklären, von welchen Einflußfaktoren Investitions- und Produktionsprozesse abhängen und welche Wechselwirkungen zwischen diesen bestehen.

Dabei sind zwei Perspektiven der Analyse denkbar: erstens von einem bestimmten Produktionsergebnis – auch als Output bezeichnet – auszugehen und danach zu fragen, von welchen Faktoren die Erstellung dieses Produktionsergebnisses abhängt, oder zweitens zu untersuchen, in welcher Weise die Variation des Produktionsfaktoreinsatzes – auch Input genannt – das Produktionsergebnis beeinflußt.

Produktive Leistungen, die für den Markt produziert werden, entstehen in Unternehmen. Sie stellen rechtliche und ökonomische Einheiten dar, innerhalb denen ökonomische Entscheidungen getroffen werden. In Betrieben erfolgt hingegen nur die Produktion bestimmter Produkte (technische Produktionsstätten). Der Begriff Unternehmen ist daher umfassender als der des Betriebes. In der Literatur gibt es allerdings auch andere Ein- und Unterordnungsversuche.

Das Ausmaß, in dem obige Ziele erreicht werden, hängt sehr wesentlich von der **Unternehmensform** ab: Auf der einen Seite erzwingen bestimmte unternehmerische bzw. betriebliche Voraussetzungen die Wahl einer bestimmten Unternehmungsform, auf der anderen Seite schafft eine bestimmte rechtliche Unternehmungsform erst die Voraussetzungen für eine effiziente Produktion und/oder eine entsprechend starke Marktposition. Kosten-, Gewinn- und Umsatzentwicklung werden jedoch nicht nur von der Unternehmungsform, sondern auch davon beeinflußt, über wie viele Betriebe die Unternehmung verfügt, welchen Standort diese Betriebe haben und welche Betriebsgröße sie aufweisen. Dies insbesondere deshalb, weil eine bestimmte Betriebsgröße die Voraussetzung für optimale Losgrößen darstellt, die ihrerseits wieder das Entstehen von steigenden Skalenerträgen ermöglichen (siehe Seite 22).

Der **Zielkatalog** eines Unternehmens umfaßt folgende Teilziele:

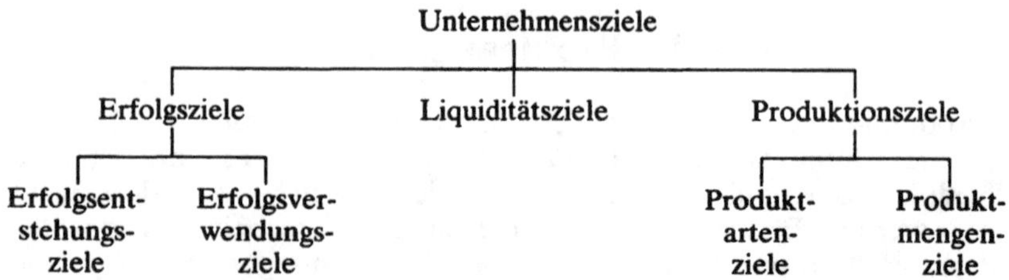

Im Rahmen der Erfolgsziele der Unternehmen geht es um die Maximierung des Gewinns, d.h. die Differenz zwischen den Erträgen und den Aufwendungen soll so groß wie möglich sein. Im Rahmen der Erfolgsverwendungsziele geht es um eine möglichst günstige Verwendung des Gewinns (Reinvestition, Beteiligung, Forschungsausgaben, Diversifikation).

Unternehmen müssen bestrebt sein, jederzeit über so viel Zahlungsmittel zu verfügen, daß sie ihre fälligen Verbindlichkeiten erfüllen können. Die Liquidität ist insoweit ein Problem der Finanzierung, d.h. eine Aufgabe zeitgerechter Kapitalbeschaffung und -verwendung zur Überbrückung der Zeitspanne zwischen dem Beginn der Produktion und dem Eingang des Verkauferlöses. Die Liquidität einer Unternehmung ist somit primär eine sogenannte Barliquidität.

Im Rahmen der Produktionsziele von Unternehmen geht es um die Frage, welche Produkte produziert und abgesetzt werden sollen, bzw. um die Mengen, die von einem bestimmten Produkt in einem bestimmten Zeitraum hergestellt werden sollen.

Abb. 1 Unternehmensziele

1.B. Grundbegriffe

Im Rahmen der Theorie der Produktionsfaktoren wird zwischen einer Zeitpunktanalyse und einer Zeitraumanalyse unterschieden. Im Rahmen der ersten werden Bestände (engl. stocks), im Rahmen der letzteren Strömungsgrößen (engl. flows) analysiert.

Die **Zeitpunktbetrachtung** geht von der Frage aus, über welche Bestände, die im Zuge von Produktionsprozessen miteinander kombiniert werden können, ein Betrieb zu einem bestimmten Zeitpunkt verfügt. In der **Zeitraumbetrachtung** hingegen wird die Nutzung der Produktionsfaktorenbestände, d.h. deren Einsatz untersucht.

Teilt man in Anlehnung an C. Ch. von Weizsäcker die Produktionsfaktoren nach den beiden Kriterien „menschlich-sachlich“ und „gewachsen-produziert“ ein, so lassen sich vier **Produktionsfaktoren** unterscheiden:

	menschlich	sachlich
produziert	Wissen	Sachkapital
gewachsen	Arbeit	Boden

Abb. 2 Produktionsfaktoren

Die Zusammenhänge bzw. Verknüpfungen zwischen diesen Produktionsfaktoren werden im Abschnitt 1.C. behandelt; hier interessieren nur bestehende Definitionen bzw. definitorische Beziehungen.

Vielfach rechnet man den Faktor Boden – soweit im Zusammenhang mit diesem Faktor Ausgaben getätigt wurden – zum Faktor Kapital, sodaß man dann mit drei Produktionsfaktoren arbeiten kann. Ausbildungskosten rechnet man ebenfalls dem Faktor Kapital zu und bezeichnet sie als Humankapital.

Als **primäre Produktionsfaktoren** bezeichnet man menschliche Arbeitsleistungen, Nutzungen (also Leistungsabgaben) des Sachkapitals und Bodens sowie importierte Vorleistungen einer bestimmten Periode; primär deshalb, weil diese Faktoren in der betreffenden Periode des Faktoreinsatzes erst hergestellt werden. Sämtliche Kosten, die mit dem Einsatz der Produktionsfaktoren verbunden sind, bezeichnet man als **Faktorkosten**.

In welcher Weise die Produktionsfaktoren kombiniert werden, wie der Investitions- und Produktionsprozeß abläuft, und in welcher Menge ein bestimmter Output anfällt, hängt im wesentlichen von den angewandten technischen Produktionsverfahren ab, d.h. von den mehr oder minder technisch determinierten Vorgangsweisen zur Erreichung bestimmter Produktionsziele. Andererseits bestimmt die erforderliche Qualität des Outputs (dies wieder im Hinblick auf eine bestimmte Nachfragestruktur) häufig, welches Produktionsverfahren angewandt werden muß. Je nach Art des **Produktionsverfahrens** unterscheidet man

a) **einfache Produktion** und
b) verbundene Produktion oder **Kuppelproduktion**.

Zu a): Im Extremfall wird hier nur ein Produkt erzeugt. Werden mehrere Produkte gleichzeitig erzeugt, so laufen bei dieser Art von Produktion die technischen Produktionsprozesse unabhängig voneinander ab.

Zu b): Hier werden mindestens zwei Produkte mehr oder minder gleichzeitig erzeugt, wobei die Intensität der Koppelung verschieden sein kann. Bei loser Koppelung besteht die Möglichkeit der Variation der anfallenden Produktmengen, bei fester Koppelung jedoch nicht. Diese feste Koppelung ist auf nicht-ökonomische, technische (z.B. chemische) Vorgänge zurückzuführen. Dies ist insbesondere für ein Unternehmen dann unangenehm, wenn z.B. die Nachfrage nach dem anderen zwangsläufig anfallenden Gut sinkt. So fallen die Erdölderivate Benzin, Heizöl leicht bzw. Diesel und Heizöl schwer bzw. Bitumen in nur geringfügig beeinflußbaren Outputmengen an (jeweils zu rund einem Drittel). Aus einer gegebenen Erdölmenge kann also auf Kosten von Benzin nicht mehr Heizöl erzeugt werden.

Damit technischer und/oder ökonomischer Fortschritt eintritt, ist eine **Innovation**, d.h. die erstmalige Anwendung des betreffenden Verfahrens innerhalb von Produktionsprozessen notwendig. Zwischen der **Invention** (Entwicklung bzw.

Erfindung) und der Innovation eines Verfahrens liegt meistens ein bestimmter time-lag, der im wesentlichen von den Markterfordernissen und dem Finanzierungsspielraum des Unternehmens abhängt. Ebenso besteht ein time-lag zwischen der Innovation und der **Propagation**, d.h. der Anwendung des Verfahrens durch andere Unternehmen, die dieses Verfahren (als ein privates Informationsgut) im Lizenzwege erworben haben.

Zum **technischen Fortschritt** ist dreierlei zu bemerken:

1. Der technische Fortschritt präsentiert sich in Form der **Prozeßinnovation** (Einführung eines Verfahrens im Rahmen eines Produktionsprozesses) sowie als **Produktinnovation** (der Einführung eines neuen Produktes). Auch Konsumverfahren, wie sie in Haushalten im Zuge der Nutzung von Konsumgütern Anwendung finden, stellen technischen Fortschritt dar. Die Anwendung von **neuen Lehr- und Lernmethoden** (z.B. Netzplantechnik, programmierter Unterricht, Verwendung von Overhead-Projektoren) ist ebenfalls technischer Fortschritt.
2. Nicht immer ist mit der Innovation eines Verfahrens, dessen Anwendung einen technischen Fortschritt darstellt, auch ein ökonomischer Fortschritt verbunden, d.h. zu Beginn der Innovation muß oft mit höheren Kosten pro Outputeinheit gerechnet werden. Dies hängt vor allem mit der Tatsache zusammen, daß sowohl die hard-ware als auch die soft-ware und das Personal relativ hohe Einführungskosten verursachen. **Kurzfristig** kann also ein **technischer Fortschritt** von einem **ökonomischen Rückschritt** begleitet sein.
3. Es ist jeweils zwischen faktorgebundenem und nichtfaktorgebundenem technischen Fortschritt zu unterscheiden. Beim **faktorgebundenen technischen Fortschritt** ist eine Innovation nur möglich mit Hilfe des Einsatzes von Produktionsfaktoren (engl. embodied technical progress). Ein **nichtfaktorgebundener technischer Fortschritt** liegt vor, wenn die neuen technischen Verfahren mehr oder minder ohne neuen Einsatz von Arbeit und Kapital möglich sind. Dies gilt zum Beispiel im Fall von organisatorischen Verbesserungen. Dabei ist freilich zu berücksichtigen, daß diese neuen organisatorischen Verbesserungen einen induzierten technischen Fortschritt darstellen, d.h. zu ihrer Entwicklung waren Ausgaben in der Vergangenheit (Forschungs- und Entwicklungskosten) notwendig. Man bezeichnet diese Ausgaben als **Organisationskapital**. Es ist notwendig, um sowohl die Produktion im engeren Sinn als auch die Beschaffung und den Absatz so zu gestalten, daß das betreffende Unternehmen wettbewerbsfähig wird bzw. bleibt. Meist stellt die eingespielte Organisation großer Unternehmen die größte Barriere für das Eindringen in neue Absatzmärkte dar. Das akkumulierte Organisationskapital äußert sich nicht zuletzt auch darin, daß der Kaufpreis eines Unternehmens wesentlich über den bilanzmäßigen Kapitalwerten liegt.

Legt man als Einteilungskriterium des technischen Fortschritts zugrunde, in welchem Umfang die Produktionsfaktoren Arbeit und Kapital zur Innovation notwendig sind, so lassen sich drei Arten von technischem Fortschritt unterscheiden:

1. **arbeitssparender** technischer Fortschritt
2. **kapitalsparender** technischer Fortschritt
3. **neutraler** technischer Fortschritt

Entscheidendes Kriterium ist dabei die Veränderung der Kapitalintensität. Steigt die Kapitalintensität, so liegt arbeitssparender, sinkt sie, so liegt kapitalsparender technischer Fortschritt vor. Neutraler technischer Fortschritt liegt vor, wenn die Kapitalintensität konstant bleibt.

Unter dem **Bruttoproduktionswert** versteht man das gesamte bewertete Produktionsergebnis, bezogen auf eine bestimmte Periode. Zum Nettoproduktionswert gelangt man, indem man die Vorleistungen, das sind sämtliche von anderen Unternehmen gekauften und in der gleichen Periode im Produktionsprozeß verbrauchten Produktionsfaktoren, abzieht.

Der **Nettoproduktionswert** wird auch als Bruttowertschöpfung bezeichnet. Vermindert man diese um die Abschreibungen und die Kostensteuern, so erhält man die Nettowertschöpfung, die – aus anderer Perspektive – die Summe aller Faktorentgelte (= Faktoreinkommen) einschließlich des Betriebsgewinnes darstellt.

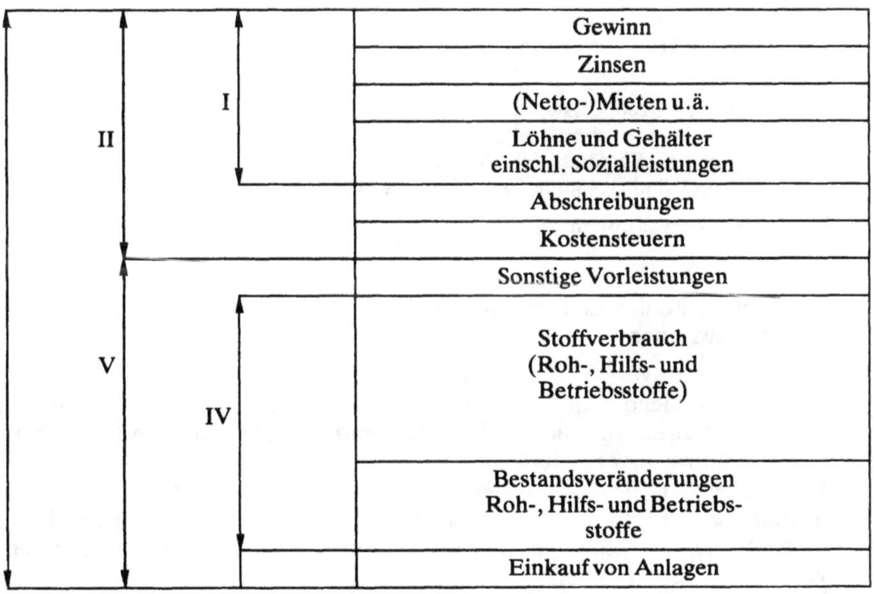

I: Nettowertschöpfung
II: Bruttowertschöpfung
III: Bruttoproduktionswert
IV: Einkäufe von Roh-, Hilfs- und Betriebsstoffen
V: Einkäufe von anderen Unternehmungen = Vorleistungen

Abb. 3 Definitorische Zusammenhänge

Unter einer **Investition** versteht man die Umschichtung von liquiden zu weniger liquiden Vermögensobjekten. Diese Definition des Investitionsbegriffes hat den Vorteil, daß sie sowohl für private als auch für öffentliche Investitionen gilt. Sobald man Investitionen von den Motiven her definiert, müssen für private Investitionen und öffentliche Investitionen verschiedene Investitionskriterien entwickelt werden.

Von einer **Sach-** oder **Realinvestition** spricht man, wenn entweder Produktionsmittel gekauft oder Lagerbestände aufgebaut werden. Im Falle einer **Finanzinvestition** wird Geld in ertragbringenden Vermögensobjekten angelegt. Unter **Bruttoinvestitionen** versteht man den Zuwachs an Realvermögen.

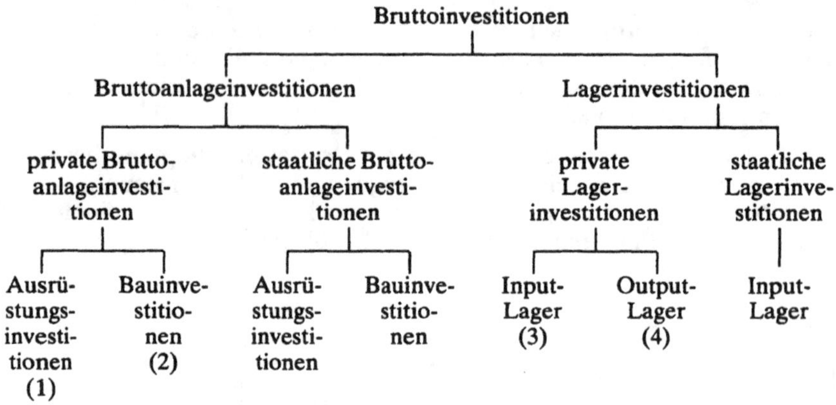

(1) Maschinen, Fahrzeuge usw.
(2) Wohngebäude, gewerbliche Bauten, Brücken, Straßen usw.
(3) Input-Lager sind Bestände von Vorprodukten
(4) Output-Lager sind Bestände an Fertigprodukten

Abb. 4 Bruttoinvestitionen

Im Hinblick auf das Ziel, das man mit einer Investition verfolgt, kann man unterscheiden zwischen:

1. **Reine Ersatzinvestitionen**: vorhandene Produktionsanlagen werden durch neue, aber gleiche Anlagen ersetzt. Die betrieblichen Kapazitäten, die technischen Verfahren und die Struktur des Outputs, bleiben nach Durchführung der Investition unverändert.
2. Eine **reine Erweiterungsinvestition** liegt vor, wenn ein größerer Output mit bestimmten Produktionsverfahren hergestellt werden soll. Die Struktur des Outputs bleibt dabei unverändert. Es soll lediglich die Produktionskapazität vergrößert werden.
3. Von einer **reinen Rationalisierungsinvestition** spricht man, wenn der bisherige Output mit einem neuen, kostensenkenden technischen Verfahren erzeugt werden soll.
4. **Erweiterungsinvestitionen**, die gleichzeitig **Rationalisierungsinvestitionen** darstellen: die betrieblichen Kapazitäten werden quantitativ erhöht, wobei mit der Erweiterung gleichzeitig auch Rationalisierungseffekte verbunden sind.
5. **Ersatzinvestitionen,** die gleichzeitig **Rationalisierungsinvestitionen** darstellen: bisher vorhandene Anlagen werden durch neue Anlagen ersetzt, wobei die Neuanlagen jedoch leistungsfähiger sind als die alten Anlagen.

Normalerweise, d.h. in einer wachsenden Wirtschaft sind sowohl die Bruttoanlageinvestitionen als auch die Lagerinvestitionen einer Unternehmung und auch einer gesamten Volkswirtschaft größer als null. Es kommt aber auch vor, daß ei-

Investitionsarten
(gruppiert nach Zielkriterien)

- reine Ersatzinvestitionen
- reine Erweiterungsinvestitionen
- reine Rationalisierungsinvestitionen
- Erweiterungs- u. Rationalisierungsinvestitionen
- Ersatz- u. Rationalisierungsinvestitionen

Abb. 5 Investitionsarten

ne Unternehmung ihre Anlagebestände nicht erhöht, ihre Bruttoanlageinvestitionen also gleich null sind, oder aber, daß sie ihre Lagerbestände abbaut, ihre Lagerinvestition also negativ ist. Entsprechende Vorgänge sind auch für eine ganze Volkswirtschaft möglich. Ganz allgemein könnte dies folgendermaßen dargestellt werden:

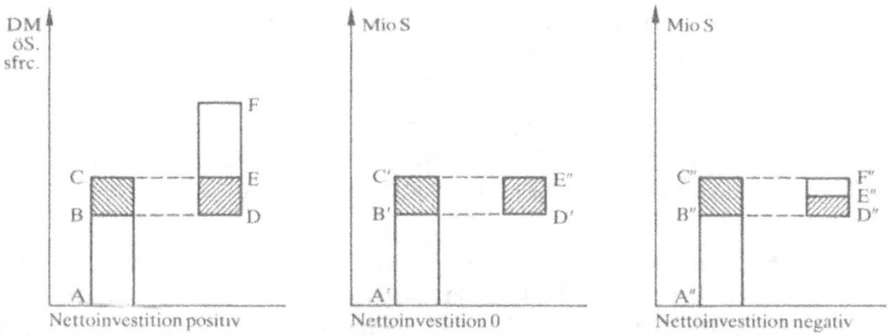

Abb. 6 Zusammenhänge zwischen Brutto-, Netto- und Reinvestition

Der Produktionsapparat einer Volkswirtschaft zu Beginn einer Periode sei $\overline{AC}$. Durch den Produktionsprozeß kommt es zu einer Abnutzung von dauerhaften Produktionsmitteln im Ausmaß von $\overline{BC}$, die Abschreibung beträgt entsprechend ebenfalls $\overline{BC}$. Die Bruttoinvestition während der Periode sei $\overline{DF}$. Da die Größe $\overline{DE}$ benötigt wird, um den Verschleiß auszugleichen (= Reininvestition), ergibt sich eine positive Nettoinvestition von $\overline{EF}$. Der Produktionsapparat hat sich demnach während der Periode um den Betrag der positiven Nettoinvestition $\overline{EF}$ vergrößert. Dies stellt den Regelfall einer wachsenden Wirtschaft dar.

Es kann jedoch auch vorkommen, daß die Bruttoinvestitionen genauso groß sind wie die durch die Abschreibung gemessene Abnutzung des Produktionsapparates, $\overline{D'E'} = \overline{B'C'}$. In diesem Fall wäre die gesamte Bruttoinvestition eine Reininvestition und die Nettoinvestition demnach gleich null. Der Produktionsapparat hat sich während der Periode der Höhe nach nicht geändert.

Beim dritten Fall in Abb. 6 ist die Bruttoinvestition $\overline{D'E'}$ kleiner als die Abschreibungen $\overline{B''C''}$. Die Bruttoinvestition stellt also zur Gänze eine Reinvestition dar, ist aber zu gering, um die Abnutzung des Produktionsapparates auszugleichen. Der Produktionsapparat wird um die negative Nettoinvestition $\overline{E''F''}$ kleiner. Daraus ergibt sich auch, daß im Falle einer unterbleibenden Bruttoinvestition auch die Reinvestition null ist und die Nettoinvestition negativ in Höhe der Abschreibung wird. Der Produktionsapparat wird um die Abschreibung kleiner. (**Abschreibungen** sind, wie schon oben dargelegt, Wertäquivalente zur Abnutzung von dauerhaften Produktionsmitteln. Als wichtigste Abschreibungsverfahren sind die **lineare Abschreibung** – gleichbleibende Abschreibungsquote – und die **degressive Abschreibung** – abnehmende Abschreibungsquoten – zu nennen).

Die in einer bestimmten Periode vorgenommenen Netto-Investitionen vergrößern den Bestand an realen Produktionsmitteln. Man bezeichnet diesen Bestand als Realkapitalstock, oder nur kurz als Kapitalstock. Der **Kapitalstock** umfaßt stets nur dauerhafte Güter, deren Erwerb mit (Investitions-) Kosten verbunden war. Noch nicht erschlossene Bodenschätze sowie reine Bodenreserven zählen nicht zum Kapitalstock. Der Kapitalstock besteht aus folgenden Komponenten:

1. Anlagevermögen in Produktions- und Dienstleistungsbetrieben,
2. Lagerbestände,
3. Grund und Boden (soweit bearbeitet) sowie Pflanzen- und Viehbestand der Land- und Forstwirtschaft,
4. Bestand an Infrastruktur.

Der Kapitalstock ist die dominierende Bestandsgröße der Produktionstheorie und kann unter zwei voneinander verschiedenen Perspektiven gesehen werden: von der Entstehungs- und von der Verwendungsseite.

Hypothesen, die sich mit der Entstehungsseite beschäftigen, bezeichnet man als akkumulationstheoretische Hypothesen, jene, die sich mit der Nutzung des Kapitalstockes beschäftigen, als produktionstheoretische Hypothesen im engeren Sinn.

Im Rahmen der **akkumulationstheoretischen** Hypothesen werden darüber Aussagen gemacht, wie die Bestandsgröße Kapitalstock aus Einkommensströmen entsteht. **Produktionstheoretische** Hypothesen i.e.S. befassen sich hingegen mit der Frage, in welcher Form die Nutzung des Kapitalstocks erfolgt, oder – kreislauftheoretisch formuliert – wie sich die Bestandsgröße Kapitalstock in Strömungsgrößen auflöst und welche Konsequenzen bzw. Wirkungen ein unterschiedlicher Nutzungsgrad für den Kapitalstock bzw. die Struktur des Kapitalstocks für die Herstellung eines bestimmten Outputs hat.

Zu diesen beiden eher mikroökonomischen Aspekten kommen noch **allokationstheoretische** Gesichtspunkte. Hier geht es um Aussagen darüber, welches Kombinationsverhältnis der Produktionsfaktoren optimal ist, wobei in der Regel die tatsächliche Kombination der Faktoren auf der mikroökonomischen Ebene abweicht von dem makroökonomisch wünschbaren Kombinationsverhältnis. Auch die Frage, wie hoch der Kapitalstock der Volkswirtschaft sein sollte – insbesondere unter konjunktur- und wachstumstheoretischen Gesichtspunkten – ist ein Problem der Allokation.

Die **Bewertung des Kapitalstocks** kann sowohl nach dem Kosten- als auch nach dem Kapazitätskonzept erfolgen. Das **Kostenkonzept** (Bruttokonzept) besagt, daß der vorhandene Kapitalstock zu Wiederbeschaffungskosten zu bewerten ist. Nach dem **Kapazitätskonzept** (Nettokonzept) ist der vorhandene Kapitalstock so zu bewerten, daß die im Kapitalstock steckenden Leistungsreserven im Wertansatz zum Ausdruck kommen. Die Fragestellung lautet hier: wie hoch sind die Kosten, wenn alte Anlagen durch neue Anlagen ersetzt werden. Grundsätzlich ist es gleichgültig, ob der gleiche Output mit vielen (weniger leistungsfähigen) Sachanlagen oder mit wenigen (leistungsfähigeren) Sachanlagen erzeugt wird, sieht man zunächst von der im Falle älterer Anlagen unter Umständen stärkeren Beanspruchung des Arbeitskräftepotentials ab.

Beispiel: In einem Betrieb mit 20 Maschinen sind zur Bedienung pro Maschine drei Arbeiter beschäftigt, die DM 1000,– kosten und 4 Outputeinheiten hervorbringen. Durch ein neues technisches Verfahren kommt ein neues Maschinenmodell, das auch 3 Arbeiter erfordert, aber 8 Outputeinheiten hervorbringt, auf den Markt. Nach Einführung des Modells sind weiterhin 60 Arbeiter und 20 Maschinen beschäftigt. Nach dem Kostenkonzept ist der Wert des bisherigen Kapitalstocks mit 20000,– DM unverändert, nach dem Kapazitätskonzept beträgt er 40000,– DM. Im ersten Fall sinkt der Kapitalkoeffizient (wodurch die höhere Leistungsfähigkeit zum Ausdruck kommt), im zweiten Fall ist der Kapitalkoeffizient unverändert.

Neben den Fragen der Bewertung des Kapitalstocks treten noch Fragen der **statistischen Erfaßbarkeit** des Kapitalstocks. Da die Erfassung des Kapitalstocks einer Volkswirtschaft äußerst schwierig ist, empfiehlt es sich, die Schätzung des Kapitalstocks nach mehreren Methoden vorzunehmen, da die Daten in der Regel nur ungenau sind und auf diese Weise Kontrollmöglichkeiten geschaffen werden. Je mehr Ermittlungsmethoden Verwendung finden, desto enger kann der Fehlerbereich gehalten werden.

Folgende **Schätzmethoden** finden Verwendung:

1. Schätzung auf Grund von Bruttoinvestitionen in Bauten und Ausrüstungen vermindert um die Abschreibungen;
2. Schätzung unter Verwendung des Feuerversicherungswertes der Vermögen an Mobilien und Immobilien;
3. Schätzung mit Hilfe der Jahresbilanzen der Industrie;
4. Schätzung über das Rohvermögen der Einheitswertstatistiken;
5. Schätzung über eine Produktionsfunktion.

Setzt man den Kapitalstock oder Teile desselben in Beziehung zum Output, so erhält man den Kapitalkoeffizienten. Der **Kapitalkoeffizient** ist ein Input-Output-Indikator (engl. „capital-output-ratio"). Beim **durchschnittlichen Kapitalkoeffizienten** wird eine Bestandsgröße zu einer Strömungsgröße in Beziehung gesetzt, nämlich der Kapitalstock am Anfang einer Periode zum Output der gleichen Periode. Beim **marginalen Kapitalkoeffizienten** hingegen gehen zwei Strömungsgrößen in den Kapitalkoeffizienten ein: der Zuwachs des Kapitalstocks und der Zuwachs des Outputs.

Der Kapitalkoeffizient kann sowohl als Produktionskoeffizient, als auch als Investitionskoeffizient interpretiert werden, da der Kapitalstock einerseits aus dem laufenden Produkt gewonnen wird, andererseits aber wieder zur Erstellung des laufenden Produktes beiträgt.

Als **Produktionskoeffizient** gibt er den Wert des Realkapitals an, das im Durchschnitt zur Erzeugung einer Einheit des Produktes notwendig ist, als **Investitionskoeffizient** gibt er an, wievielmal das laufende Produkt investiert werden müßte, um daraus das vorhandene Realkapital zu gewinnen.

Kapitalkoeffizienten kann man auf einzel- und gesamtwirtschaftlicher Ebene berechnen. **Gesamtwirtschaftliche Kapitalkoeffizienten** enthalten auch staatliche Ausgaben für die Infrastruktur – das sind Leistungen, denen zum Teil kein meßbarer Output entspricht – und sind daher wesentlich höher. Der gesamtwirtschaftliche Kapitalkoeffizient wächst (d.h. die gesamtwirtschaftliche Kapitalproduktion sinkt), wenn

a) das Investitionsvolumen jener Sektoren, die einen überdurchschnittlich hohen Kapitalikoeffizienten aufweisen, stärker zunimmt, als das Investitionsvolumen jener Sektoren mit einem unterdurchschnittlichen Kapitalkoeffizienten,
b) wenn die Rationalisierungsinvestitionen relativ stärker zunehmen als die Erweiterungsinvestitionen,
c) der Auslastungsgrad der Produktionsanlagen abnimmt,
d) der Anteil der Infrastrukturinvestitionen am gesamten Investitionsvolumen zunimmt.

Langfristig betrachtet sinkt der Kapitalkoeffizient der Industrie und des privaten Sektors insgesamt, da viele private „Kapitalersparnisse" de facto Verlagerungen der Investitionstätigkeit in den öffentlichen Sektor darstellen. Die Entwicklung des gesamtwirtschaftlichen Kapitalkoeffizienten hängt auch ab von der Entwicklung neuer Transport-, Kommunikations- und Lagerkontrollmethoden. Auch der Auslastungsgrad der Produktionsanlagen (z.B. Ein- und Mehrschichtbetrieb) beeinflußt die Höhe des Kapitalkoeffizienten.

Der reziproke Wert des Kapitalkoeffizienten heißt **Kapitalproduktivität** und ist ein Output-Input-Indikator: $\frac{\text{Output}}{\text{Input}}$.

Die Grunddefinition der **Produktivität** lautet: Verhältnis von Output zu Input. Drei Arten von Produktivitätsmessungen und damit drei Arten von Koeffizienten sind möglich:

(1) **faktorbezogene Produktivitäten**

Hier werden einzelne Inputfaktoren (Arbeit oder Kapital oder Material oder Energie) zum Output in Beziehung gesetzt. Setzt man etwa den Faktor Arbeit zum Output in Beziehung, so erhält man die statistische **Arbeitsproduktivität**:

$$\frac{\text{Output}}{\text{Input an Arbeit}} .$$

Sie gibt den durchschnittlichen Output je eingesetzter Arbeitseinheit an. Hier ergibt sich nun das Problem, den Arbeitsaufwand entweder als Strömungsgröße in Arbeitsstunden oder als Bestandsgröße durch die Beschäftigtenzahl zu messen. Für die Ermittlung technischer Verbesserungen und für den technischen Leistungsvergleich auf betrieblicher Ebene wird meist die Anzahl der Arbeitsstunden zugrundegelegt, wobei wieder die Frage auftaucht, ob die geleisteten oder die bezahlten Arbeitsstunden herangezogen werden sollen. Man wird die geleisteten Arbeitsstunden heranziehen, wenn die technische Effizienz im Vordergrund steht, die bezahlten Arbeitsstunden hingegen (die auch Urlaubs-, Krankheitszeiten usw. einschließen), wenn die Kostenstruktur ermittelt werden soll. Nach dem Gesagten kann man die Arbeitsproduktivität auch als Produktionsleistung je Arbeits- (Beschäftigten-)stunde bezeichnen.

Die Vorliebe für arbeitsbezogene Produktivitätskoeffizienten erklärt sich größtenteils daraus, daß der Einsatz an Arbeitskraft statistisch leichter erfaßt werden kann als der Einsatz an Kapital. In kapitalintensiven Sektoren und gesamtwirtschaftlichen Zusammenhängen, etwa wenn das Produktionspotential einer Volkswirtschaft ermittelt werden soll, tritt die **Kapitalproduktivität** in den Vordergrund: $\frac{\text{Output}}{\text{Input an Kapital}}$

Ganz gleich, welche Art von faktorbezogener Produktivität vorliegt, kann eine Produktivitätssteigerung nur erfolgen, indem der gleiche Output mit geringerem Faktoreinsatz oder mit gleichem Faktoreinsatz ein größerer Output erzeugt wird. Im ersten Fall spricht man von einsatzorientierter Produktivitätssteigerung und im zweiten Fall von ausstoßorientierter Produktivitätssteigerung. Eine höhere Produktivität bedeutet in beiden Fällen eine höhere Ergiebigkeit je Faktoreneinheit und bewirkt eine Senkung der realen Stückkosten.

(2) **Globale Produktivitäten**

Bei globalen Produktivitätskoeffizienten wird die Gesamtheit der Inputfaktoren zum Output in Beziehung gesetzt. Eine globale Messung ist vor allem dann erforderlich, wenn man den Nettoeffekt einer Produktivitätssteigerung ermitteln will, sie setzt allerdings voraus, daß man Substitutionseffekte (z.B. Arbeit wird durch Kapital ersetzt) von den faktorsparenden (echten) Produktivitätsfortschritten (z.B. ein neues Verfahren „spart“ Kapital) trennen kann.

(3) **Gesamtwirtschaftliche Produktivitäten**

Die gesamtwirtschaftliche Produktivität wird meist definiert als reales Bruttoinlandsprodukt je Erwerbstätigen. Da hier Änderungen in der Arbeitszeit nicht berücksichtigt werden, wäre das reale Bruttoinlandsprodukt je Erwerbstätigenstunde ein besseres Produktivitätsmaß, doch kann man derartige Koeffizienten meist nur für bestimmte Sektoren (z.B. Industriesektor) ermitteln. Da die gesamtwirtschaftliche Arbeitsproduktivität die Summe aller sektoralen partiellen Arbeitsproduktivitäten ist, bewirken Arbeitskräftewanderungen aus Sektoren mit geringer Produktivität in solche mit höherer Produktivität eine Erhöhung der gesamtwirtschaftlichen Produktivität.

Die hier behandelten durchschnittlichen Arbeits- und Kapitalkoeffizienten dürfen nicht verwechselt werden mit der sog. Grenzproduktivität. Die **Grenzproduktivität** mißt als partieller Differentialquotient die Veränderung des Produktionsvolumens, die bedingt ist durch die Veränderung der Einsatzmenge eines Faktors bei Konstanz aller übrigen Faktoreinsatzmengen, um auf diese Weise die (zusätzliche) Produktion einem Faktor zurechnen zu können. Bei den statistischen Arbeits- bzw. Kapitalproduktivitäten handelt es sich hingegen um nichtmarginale, einfache Verhältniszahlen, bei denen – wie oben dargelegt – der Output zum Input oder Teilen desselben in Beziehung gesetzt wird, ohne daß damit Aussagen verbunden sind über die Qualität oder den mengenmäßigen Beitrag einzelner Faktoren zum Gesamtoutput im Sinne einer „Zurechnung“. Es werden lediglich Meßziffern gebildet, die für nationale und internationale intertemporäre Vergleiche benötigt werden.

Das Ausmaß der Substitution von Arbeit durch Kapital spiegelt die sog. **Kapitalintensität** wieder. Sie ist das Verhältnis von Kapitaleinsatz zu Arbeitseinsatz und wird statistisch ermittelt, indem man das reale Bruttoanlagevermögen in Beziehung setzt zu einem Beschäftigten. Die Kapitalintensität ist auch ein Maß für den **Mechanisierungsgrad** einer Volkswirtschaft.

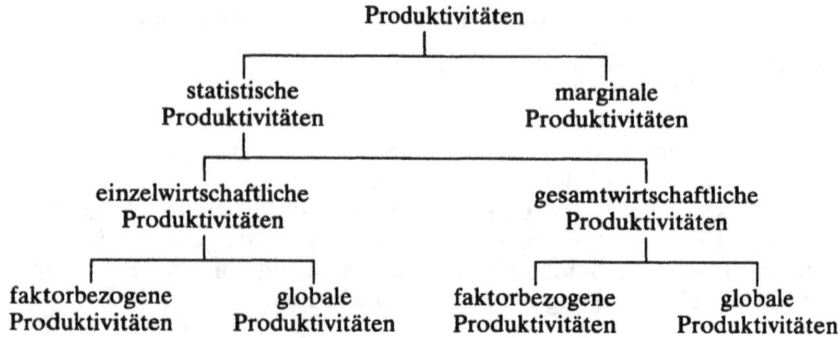

Abb. 7 Darstellung der verschiedenen Produktivitätsbegriffe

Zwischen der Arbeitsproduktivität, dem Kapitalkoeffizienten und der Kapitalintensität eines bestimmten Produktionsprozesses besteht folgende Beziehung: Kapitalintensität = Arbeitsproduktivität × Kapitalkoeffizient.

$$\frac{\text{Kapitalinput}}{\text{Arbeitsinput}} = \frac{\text{Output}}{\text{Arbeitsinput}} \cdot \frac{\text{Kapitalinput}}{\text{Output}}$$

Die Beziehung gilt allerdings nur dann, wenn der Kapital- und Arbeitseinsatz auf Grund gleicher Meßvorschriften gemessen wurden.

Geht es bei den Produktivitäten nur um die Messung der technischen Leistungsfähigkeit, so steht bei der **Wirtschaftlichkeit** die wirtschaftliche Leistungsmessung – basierend auf der technischen Leistungsmessung – im Vordergrund. Unter Wirtschaftlichkeit versteht man das in Geldeinheiten bewertete Verhältnis von Erlös einer Produktionsleistung zu den Faktorkosten. Bildet die Wirtschaftlichkeit das Kriterium für die Vornahme von Investitionen, so handelt die Unternehmung nach dem Wirtschaftlichkeitsprinzip.

Zwei Arten des **Wirtschaftlichkeitsprinzips** sind zu unterscheiden:

Variante 1: Mit geringstmöglichem Einsatz an Faktoren (Input) einen bestimmten Erfolg (Output) zu erzielen = **Minimalprinzip**.

Variante 2: Mit einem bestimmten Einsatz an Faktoren (Input) den größtmöglichen Erfolg (Output) zu erzielen = **Maximalprinzip**.

Beiden Varianten gemeinsam ist das Bestreben, einen möglichst hohen (Netto-) Nutzeffekt zu erzielen.

Eine andere Möglichkeit der Bestimmung des Nutzeffektes stellt das Konzept der sog. **Opportunitätskosten** oder **Alternativkosten** dar. Es beruht auf folgenden Überlegungen: Der Einsatz von Produktionsfaktoren in einem Produktionsprozeß entzieht diese einer anderen Einsatzmöglichkeit, wo sie einen bestimmten Nutzen erbracht hätten. Bewertet man nun die eingesetzten Produktionsfaktoren auch mit ihrem entgangenen Nutzen, und zwar mit dem entgangenen Nutzen aus der besten alternativen Verwendungsmöglichkeit (= Kosten), dann kann sich ergeben:

Fall 1: Erlös > Kosten: Erlös der eingesetzten Produktionsfaktoren ist höher als die Kosten (ausgedrückt in entgangenem Nutzen aus der besten alternativen

Verwendungsmöglichkeit); dies bedeutet, daß die Ressourcen bestmöglich eingesetzt werden.

Fall 2: Erlös < Kosten: Faktoreinsatz ungünstig. Faktoren könnten anderweitig besser eingesetzt werden.

Unter **Rentabilität** versteht man den Quotienten aus Ertrag minus Kosten zum eingesetzten Kapital (Vermögen), wie Gesamtkapital, Fremd- oder Eigenkapital: z.B. $R_E = \frac{G.100}{K_E}$, wobei R_E die Rentabilität des Eigenkapitals bedeutet, G den Gewinn und K_E das Eigenkapital.

Der Zähler ist eine Strömungsgröße (periodenbezogen), der Nenner eine Bestandsgröße (stichtagbezogen). Der wirtschaftliche Erfolg wird als Differenz zwischen Ertrag und Aufwand bzw. Erlös und Kosten definiert. Im angloamerikanischen Bereich spricht man hier meist von „return on investment". Dieser Erfolg wird seinerseits von folgenden Faktoren bestimmt, die untereinander wie folgt verknüpft sind: die gesamten Verkaufserlöse steigen bei festem Preis mit der Absatzmenge linear an. Sie sind das Produkt aus Menge und Stückpreis. Die **fixen Kosten** (Kosten für die Beschaffung, Bereithaltung und Unterhaltung der Kapazitäten und der Betriebsbereitschaft) bilden einen festen Block. Sie sind bei jeder Ausbringung gleich, während die **produktionsabhängigen** (proportionalen, **variablen) Kosten** pro Stück zwar auch gleich bleiben (bei angenommenen linearem Kostenverlauf), mit der produzierten Menge aber naturgemäß ansteigen. Erst wenn die Gesamterlöse höher als die Gesamtkosten (fixe plus produktionsabhängige) sind, entsteht ein Gewinn (also ab dem sog. break even point).

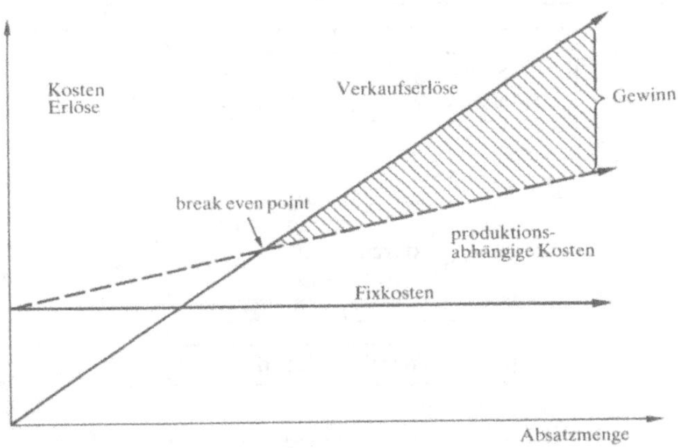

Abb. 8 Beziehungen zwischen Kosten, Erlösen, Absatzmenge und Gewinn

Unter **Finanzierung** versteht man die Beschaffung monetärer Mittel (Ressourcen) zur Bewältigung bestimmter Zielsetzungen. Folgende Finanzierungsmöglichkeiten bestehen:

1. **Eigenfinanzierung**: die Finanzierung erfolgt hier entweder durch Zufuhr von Eigenkapital oder durch Ausgabe von Aktien und sonstigen Beteiligungspapieren. Wesentlich ist dabei, daß der Kapitalgeber Eigentumsrecht an der Unternehmung erwirbt.

2. **Selbstfinanzierung**: Man versteht darunter die Aufbringung finanzieller Mittel im eigenen Tätigkeitsbereich, etwa aus nicht ausgeschütteten Gewinnen oder aus Abschreibungen.
3. **Fremdfinanzierung**: (Kreditfinanzierung): Die Finanzierung erfolgt hier über Bankkredite, Obligationen und dergleichen. Es entstehen fixe Zahlungen, die die Auswirkungen von Nachfrageschwankungen auf die Ertragssituation des Unternehmens noch verstärken (negative Wirkung auf die Liquidität der Unternehmung).

Eigen-(Beteiligungs-)finanzierung und Fremdfinanzierung werden auch unter dem Begriff **Außenfinanzierung** zusammengefaßt, weil bei beiden Arten das Kapital von außen dem Unternehmen zur Verfügung gestellt wird. Die Selbstfinanzierung könnte man hingegen als **Innenfinanzierung** bezeichnen.

Zu beachten ist in diesem Zusammenhang, daß sich die Selbstfinanzierung und Kreditfinanzierung keineswegs gegenseitig ausschließen. In der Regel ist es so, daß der Kreditbedarf um so stärker zunimmt, je größer die Möglichkeiten der Selbstfinanzierung sind, was vor allem mit dem Vorhandensein steuerlicher Anreize zusammenhängt. Der Grund für diesen Zusammenhang ist darin zu suchen, daß die nicht entnommenen Gewinne erst zur nachträglichen Konsolidierung der auf dem Kreditwege finanzierten Investitionen dienen.

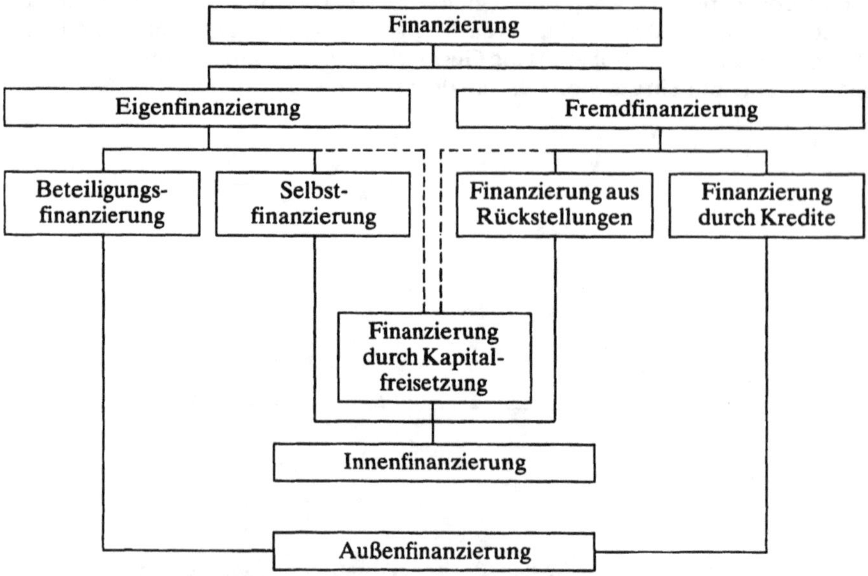

Abb. 9 Finanzierungsarten

Der **Finanzierungsspielraum** eines Unternehmens kann durch Leasing und Factoring erweitert werden.

(1) **Leasing**

Unter Leasing versteht man die Vermietung von beweglichen und unbeweglichen Anlagegütern sowie von Konsumgütern. Nicht das Eigentum an Gütern ist entscheidend, sondern die Möglichkeit einer produktiven Nutzung dieser Güter. Zwei Arten von Leasing werden meist unterschieden: (1.1.) Finance Leasing, (1.2.) Operate Leasing.

(1.1) *Finance Leasing*

Die Verträge laufen hier zwar über einen kürzeren Zeitraum als die durchschnittlich feststellbare betriebliche Nutzungsdauer eines Gutes. Sie werden jedoch für diesen Zeitraum irreversibel gestaltet. Durch einen derartigen Vertrag ohne Kündigungsklausel trägt der Leasingnehmer nicht nur die Gefahr des vorzeitigen „Unterganges" des Leasinggegenstandes, sondern er übernimmt auch das Risiko der vorzeitigen technischen Veralterung. Die technische Veralterung kann allerdings vertraglich ausgeschaltet werden, indem der Leasinggeber verpflichtet wird, jeweils die neuesten Maschinen zur Verfügung zu stellen. Diese Form von Leasing hilft den Unternehmen insbesondere dann, wenn Liquiditätsschwierigkeiten bestehen. Die anfänglichen Liquiditätsvorteile, die zugleich mehr oder minder große Kapazitätseffekte mit sich bringen, werden jedoch durch höhere Mietzahlungen auf längere Sicht aufgewogen. Wesentlich ist beim Finance Leasing, daß das Risiko vom Leasingnehmer getragen wird. Inhalt des Geschäftes ist nicht nur die Nutzung des Objektes, sondern auch die Übertragung des Objektes. Formalrechtlich liegt eine Miete vor, wirtschaftlich hingegen eine Kreditgewährung.

(1.2) *Operate Leasing*

Hier trägt der Leasinggeber das Risiko der technischen Veralterung. Im allgemeinen ist (1.1) stärker verbreitet als (1.2). Für die empirische Wirtschaftsforschung bestehen bei beiden Arten des Leasing statistische Erhebungsschwierigkeiten, da die Eigentümer der Leasingobjekte nicht mit den tatsächlichen Besitzern identisch sind.

(2) **Factoring**

Hier werden, zwecks Erweiterung des Finanzierungsspielraumes offene Forderungen monetarisiert. Der sog. Factor, eine Bank, kauft bestimmte Forderungen

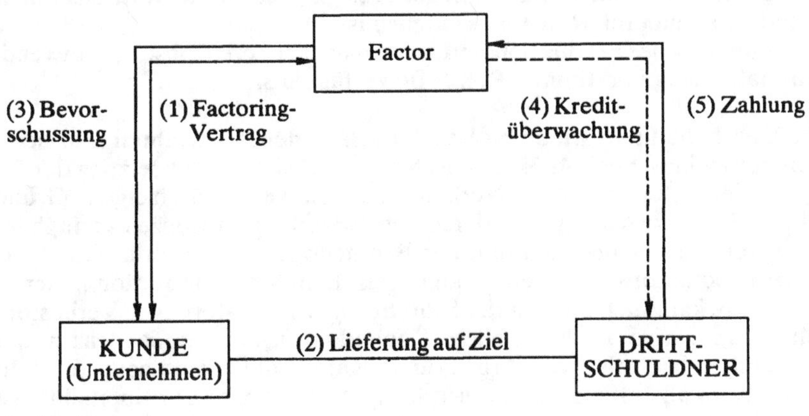

Abb. 10 Factoring

eines Unternehmens. Factoring ist eine Kombination von Kreditversicherung, Absatzfinanzierung und Dienstleistung.

1.C. Produktionstheoretische Erklärungsmuster

1.C.1. Zwischen **Arbeit** und **Kapital** sowie zwischen Wissen und Kapital besteht ein **Komplementärverhältnis**, zwischen **Arbeit** und **Wissen** überwiegt dagegen das **Substitutionsverhältnis**. Ob eine Faktorsubstitution grundsätzlich möglich ist, wird weitgehend von den verfügbaren Produktionsverfahren bestimmt, ob sie tatsächlich auch erfolgt, hängt ab von den verfügbaren Faktormengen, den Faktorpreisen, der technischen und wirtschaftlichen Lebensdauer der Anlagen sowie institutionell-rechtlichen Einflußfaktoren.

„Komplementär" bedeutet hier, daß die Faktoren Arbeit und Kapital immer gemeinsam zur Herstellung eines bestimmten Outputs eingesetzt werden müssen, freilich in einem unterschiedlichen quantitativen Kombinationsverhältnis, das im wesentlichen von den Produktionsverfahren bestimmt wird. Der Faktor Arbeit kann also nie zur Gänze substituiert werden. In dem Umfang, in dem der Faktor Arbeit durch den Faktor Kapital ersetzt wird, führt dies zu einer Erhöhung der Arbeitsproduktivität und einer Verringerung der Kapitalproduktivität. Bleibt die Kapitalproduktivität konstant, so kann dies so interpretiert werden, daß die Wirkungen von Substitutionsprozessen auf die Kapitalproduktivität durch kapitalsparende Effekte des technischen Fortschritts kompensiert worden sind, bzw. daß sich der Auslastungsgrad geändert hat.

1.C.2. Auch innerhalb der Faktoren Arbeit und Kapital besteht vielfach **Substitutionskonkurrenz**, beispielsweise beim Faktor **Kapital** im Hinblick auf die verwendeten Rohstoffe (Materialien).

Als Ursachen für die Substitution eines Rohstoffes durch einen anderen kommen insbesondere in Frage:

a) Kostengründe (die Kosten der eingesetzten Produktionsfaktoren ändern sich);
b) nachfrageseitige Gründe; etwa die Nachfrage kann nur dann stabilisiert oder ausgeweitet werden, wenn ein neues Design geschaffen wird, das nur aufgrund eines anderen Rohstoffes möglich ist;
c) neues technisches Produktionsverfahren macht andere Rohstoffe notwendig;
d) Ausmaß, in dem bestimmte Rohstoffe verfügbar sind.

1.C.3. Durch die **Innovation** absolut oder relativ neuer Verfahren resultiert ein bestimmter technischer und ökonomischer Fortschritt. Voraussetzung der Innovation ist die Verfügbarkeit der Verfahren, die entweder durch eigene Grundlagen- bzw. Zweckforschung oder durch den Erwerb von Lizenzen verfügbar gemacht werden, sowie die Schaffung der Bedingungen, die die effiziente Anwendung der Produktionsverfahren ermöglichen. Durch die Innovation neuer Verfahren, die bekanntlich auch in der Einführung organisatorischer Verbesserung bestehen kann, wird der betriebliche Kapitalkoeffizient der Tendenz nach gesenkt, durch Substitution von Arbeit durch Kapital auf Grund neuer Verfahren steigt der Kapitalkoeffizient, was auch in einem Ansteigen der Kapitalintensität zum Ausdruck kommt.

1.C.4. Investitionsentscheidungen führen zu einer Ausweitung der betrieblichen Kapazitäten. Sie beruhen auf Plänen über die zweckmäßigen Kombinationen der Produktionsfaktoren sowie der wahrscheinlichen Nachfrageentwicklung, letzteres auch unter dem Gesichtspunkt der Wettbewerbsfähigkeit gegenüber anderen Unternehmen. Investitionsentscheidungen äußern sich auf den Faktormärkten als Nachfrage. Produktionsentscheidungen führen hingegen zu einer Nutzung der vorhandenen Kapazitäten. Sie äußern sich auf den Faktor- und/oder Konsumgütermärkten als Angebot.

1.C.5. Das **Ausmaß**, in dem **Investitionen** vorgenommen werden, hängt ab von der Investitionsmöglichkeit, die durch die Nachfragebedingungen, das Vorhandensein geeigneter, verfügbarer Produktionsverfahren, geeigneter Arbeitskräfte und dem Finanzierungsspielraum begrenzt wird sowie der Investitionsbereitschaft, welche im wesentlichen durch Umsatz- und Gewinnerwartungen bestimmt wird. Darüber hinaus hängt das Investitionsniveau einer bestimmten Periode auch noch vom Alter und der Struktur des Kapitalstocks, dem Volumen der in Vorperioden vorgenommenen Nettoinvestitionen ab.

1.C.6. Mit jeder Investition sind **Einkommens-, Kapazitäts-** und **Gütereffekte** verbunden. Diese treten je nach Art der Investition zu verschiedenen Zeitpunkten auf.

Einkommenseffekt:	Entstehung von Einkommen durch die Vornahme von Investitionen.
Gütereffekt:	Ausmaß, in dem durch die Vornahme von Investitionen Güter auf bestimmte Märkte gelangen.
Kapazitätseffekt:	Entstehung von zusätzlichen Kapazitäten durch die Vornahme von Investitionen.

1.C.7. Zwischen der Änderung der Nachfrage nach bestimmten Produkten, der eigentlichen Investition und der Produktion von Gütern liegt ein mehr oder minder großer **Zeitabstand**, der im wesentlichen von der Produktart, die erzeugt werden soll und dem Produktionsverfahren abhängt. Das Produktionsverfahren bestimmt im wesentlichen, wie lang die betriebliche durchschnittliche Produktionsperiode ist.

1.C.8. Das **Ausmaß**, in dem Unternehmen **Rationalisierungsinvestitionen** durchführen, hängt von folgenden Determinanten ab:

a) dem **Verhältnis der Faktorpreise** (Lohn-Zins-Relation). Je größer das Lohn-Zins-Verhältnis, desto mehr wird die Substitution des Faktors Arbeit durch den Faktor Kapital begünstigt. Allerdings ist eine Lohn-Zins-Relation, die Rationalisierungsinvestitionen begünstigt, nur eine notwendige, aber nicht hinreichende Voraussetzung für die Vornahme von Investitionen;
b) **neuen technischen Verfahren**, durch die die Produktionskosten gesenkt werden können. Häufig stehen mehrere Produktionsverfahren zur Verfügung. Die Auswahl des geeignetsten Produktionsverfahrens stellt ein Effizienzproblem dar. Im Zuge der technischen Effizienz werden alle Produktionsverfahren eliminiert, die zur Herstellung eines bestimmten Outputs einen höheren mengenmäßigen Faktorinput gegenüber einem anderen technischen Verfahren erfordern würden. Zur Ermittlung der ökonomischen Effizienz werden

bei den restlichen Verfahren die Inputs mit den betreffenden Faktorpreisen multipliziert. Das Verfahren mit den geringsten Faktorkosten wird zur Herstellung eines bestimmten Outputs herangezogen;

c) der **künftigen technischen** und **wirtschaftlichen Entwicklung** des Sektors, in dem das Unternehmen produziert, das heißt, es müssen relativ stabile Erwartungen gegeben sein, damit es überhaupt zu einer Investition kommt;

d) dem **Finanzierungsspielraum**. Der Finanzierungsspielraum eines Unternehmens wird bestimmt durch den Liquiditätsstatus und die Möglichkeit, Forderungen zu monetarisieren, die Kreditmöglichkeiten und durch das Ausmaß, in dem Abschreibungen anfallen.

1.C.9. Werden vorgenommene **Abschreibungen** laufend reinvestiert, so tritt ein **Kapazitätserweiterungseffekt** ein, ohne daß neue finanzielle Mittel (etwa durch Erhöhung des Eigenkapitals oder Aufnahme von Fremdkapital) von außen zugeführt werden müssen.

Mit Abschreibungen finanzieren heißt, die über den Preis in den Betrieb zurückgeflossenen Abschreibungsteile, die zeitweilig oder unbegrenzt freigesetzt werden, zur Deckung von Finanzierungserfordernissen heranzuziehen. Die Freisetzung kommt dadurch zustande, daß die Abschreibung der Anlagegüter sich über die gesamte Nutzungsdauer erstreckt, während die Summe der zurückgeflossenen Abschreibungen erst am Ende der Nutzungsdauer für eine Ersatzinvestition gebraucht wird. Daß die Freisetzung zum Teil sogar dauerhaften Charakters ist, geht auf die unterschiedlichen Termine der Ersatzbeschaffung und auf die durch die Anlagenstückelung nur für jeweils einzelne Anlagegüter erforderlichen Anschaffungsmittel zurück. Die durch die Freisetzung von Abschreibungen mögliche Kapazitätserweiterung wird **umso größer**, je weitergehend die Anlagenstückelung ist; durch die Summierung der freigesetzten Abschreibungen vieler Anlagegüter wird der Freisetzungseffekt erhöht.

Die dadurch freigesetzten Abschreibungen können sowohl im Anlagen- wie auch im Umlaufsektor Verwendung finden. Bezüglich der Verwendung gilt das zwar auch für die zeitlich begrenzt frei werdenden Abschreibungen, doch dienen diese der Zwischenfinanzierung; die anderweitige Beschaffung notwendiger flüssiger Mittel kann solange aufgeschoben werden, als entsprechende freigesetzte Abschreibungen zur Verfügung stehen. Die durch freigesetzte Abschreibungen beschafften Anlagen setzen über Abschreibungsverrechnungen in den Preisen selbst wieder Abschreibungen frei. Durch die Freisetzung der Abschreibungen und deren Verwendung im Anlagenbereich tritt ein Erweiterungseffekt auf, der unter der Bezeichnung „**Lohmann-Ruchti-Effekt**" bekannt geworden ist.

Die Kapazitätserweiterung durch freigesetzte Abschreibungen in einzelnen betrieblichen Teilbereichen hat natürlich ihre **Grenzen**. Sie endet sinnvollerweise dort, wo es nicht möglich ist, die übrigen Teilbereiche an das Niveau des Teils heranzuführen, der durch Freisetzung von Abschreibungen erweitert werden könnte. Mit anderen Worten: eine Erweiterung z.B. des betrieblichen Fuhrparks durch freigesetzte Abschreibungen hat nur dann einen Sinn, wenn es gelingt, die finanziellen Mittel aufzubringen, die durch den gleichzeitig sich erweiternden Bedarf im Bereiche der Bauten, des Personals usw. nötig werden. Die Intensität des Freisetzungseffektes ist nicht nur von der Anlagenstückelung, sondern auch vom Abschreibungsverfahren (linear, progressiv oder degressiv) und von der Höhe des Abschreibungsprozentsatzes, d.h. von der Nutzungsdauer, abhängig. Eine längere Nutzungsdauer ermöglicht auf lange Sicht eine größere Anlagenerweiterung.

1.C.10. Steigt die Rentabilität in einer bestimmten Branche, sind also die Gewinne in dieser Branche höher als in anderen (beispielsweise hervorgerufen durch eine Vergrößerung der Nachfrage und eine dadurch bewirkte Preiserhöhung), so ist damit der Anreiz für andere Unternehmen gegeben, auch in diese Sparte einzusteigen. Dadurch steigt dann wieder der Output, es erfolgt ein Druck auf die Preise, die Gewinne werden kleiner und damit auch die Rentabilität. Im Endeffekt läuft dieser Prozeß auf eine **Angleichung der Rentabilität** in sämtlichen Branchen hinaus (unter der Voraussetzung, daß dieser Verlagerung der Ressourcen keinerlei Beschränkungen entgegenstehen). Diese Verlagerung der Ressourcen braucht jedoch mehr oder weniger viel Zeit, so daß bis zur tatsächlichen Outputsteigerung oft beträchtliche Zeiträume verstreichen, innerhalb derer einzelne Unternehmungen große Gewinne machen können (nämlich die, die schon früh genug auf diese Branche gesetzt haben), andere wiederum in die Verlustzone geraten können.

1.C.11. Solange die Faktorpreise (Lohnkosten, Materialkosten usw.) und die Preise der Fertigprodukte konstant bleiben, entwickeln sich **Produktivität, Rentabilität** und **Wirtschaftlichkeit** im **Gleichschritt**. Bei gleichbleibenden Preisrelationen bewirkt eine Produktivitätserhöhung eine Erhöhung der Rentabilität und der Wirtschaftlichkeit. Ändert sich jedoch die Preisstruktur, dann kommt es zu einem Auseinanderklaffen dieser drei Größen. Zum Beispiel kann eine Steigerung der Arbeitslöhne und Rohstoffkosten bei gleichbleibenden oder nicht in gleichem Maße ansteigenden Preisen für die Fertigprodukte einer Industrie zu einem Sinken der Rentabilität und Wirtschaftlichkeit führen, obwohl die Produktivität gestiegen ist.

Mit anderen Worten: Grade der Wirtschaftlichkeit und Rentabilität spiegeln **Markteinflüsse** wieder; sie sind ein Maßstab für die Fähigkeit eines Unternehmens oder einer Industrie, wechselnde Marktlagen zu ihrem Vorteil auszunutzen. Kennzahlen der Produktivität bezeichnen die Fähigkeit, eine bestimmte Erzeugungsmenge mit einem möglichst geringen Aufwand an Einsatzfaktoren herzustellen. Wirtschaftlichkeit und Rentabilität sind Begriffe, die über den Bereich der Produktion hinausgehen und deshalb von Marktschwankungen entscheidend beeinflußt werden.

Es können sich aber auch die **Wirtschaftlichkeit** und die **Rentabilität gegenläufig** entwickeln. Obwohl grundsätzlich die Wirtschaftlichkeit des Betriebes die Grundlage für die Rentabilität der Unternehmung bildet, können sich mitunter infolge des wirtschaftlichen und rechtlichen Spielraums, den eine Unternehmung besitzt, Diskrepanzen zwischen Wirtschaftlichkeit und Rentabilität ergeben.

Betrieb arbeitet	Unternehmung ist
wirtschaftlich	rentabel
wirtschaftlich	unrentabel (z.B. durch hohe Fremdkapitalzinsen, Beteiligungsverlust)
unwirtschaftlich	rentabel (z.B. durch Beteiligungsgewinne)
unwirtschaftlich	unrentabel

Abb. 11 Zusammenhänge zwischen Wirtschaftlichkeit und Rentabilität

1.C.12. Die technischen Erfordernisse der Produktion werden, um im Rahmen der Wirtschaftstheorie überschaubar und handhabbar zu sein, zu einer Produktionsfunktion idealisiert. Auf der Produktionsfunktion baut dann die Kostenfunktion auf, die zusammen mit der Finanzlage der Unternehmung (Firma) bei vorgegebenen Zielsetzungen und Verhaltensweisen der Unternehmungsleitung die Grundlagen liefert, die erforderlich sind, um Angebots- und Nachfragekurven der Unternehmung und optimale Preise und Produktionsmengen ableiten zu können. Dabei wird es praktisch nie möglich sein, alle Faktoren, die bei der Produktion mitwirken, zu erfassen, man wird sich auf die technisch und wirtschaftlich wichtigsten beschränken müssen.

Unter einer **Produktionsfunktion** versteht man die funktionale Beziehung zwischen den physischen Einheiten aller verwendeten Inputs und dem daraus resultierenden Output, jeweils pro Zeiteinheit. Es bestehen drei Möglichkeiten, diese quantitativen Zusammenhänge zu formalisieren:

a) in Form einer **mathematischen Funktion** wie $x = f(v_y, v_2)$ bei 2 Produktionsfaktoren, bzw. allgemein $x = f(v_1, v_2 \ldots v_n)$. Diese Gleichung besagt etwa, daß in einer Unternehmung zur Herstellung eines bestimmten Outputs während eines Jahres so und soviele Tonnen Stahl ($= v_1$) eine bestimmte Anzahl Reifen ($= v_2$) eine bestimmte Menge Glas ($= v_3$), so und soviele Maschinenstunden ($= v_4$) und Arbeitsstunden ($= v_5$) etc. eingesetzt werden.
b) in Form einer **Tabelle** (Matrix)

4	0	12	20	22	24
3	0	21	16	18	19
2	0	10	12	13	14
1	0	6	7	8	8
0	0	0	0	0	0
v_1 / v_2	0	1	2	3	4

Abb. 12 Produktionsfunktion in Tabellenform

oder:
c) in **graphischer Form** („Ertragsgebirge").

Graphisch können allerdings nur Produktionsfunktionen mit maximal zwei Variablen dargestellt werden.

Anstelle der technisch schwierig zu handhabenden dreidimensionalen Darstellung projiziert man üblicherweise das Ertragsgebirge auf die Grundfläche. Legt man für einen bestimmten Ertragswert parallel zur Grundfläche einen Schnitt durch das Ertragsgebirge, so stellt seine äußere Begrenzungslinie alle Kombinationen der beiden Inputs dar, die diesen Output im Rahmen der Produktionsfunktion erzeugen. Durch Projektion dieser Linie auf die Grundfläche erhält man eine Kurve, die alle Inputkombinationen miteinander verbindet, bei denen gerade diese Outputmenge anfällt. Diese Kurve bezeichnet man als **Isoquante**.

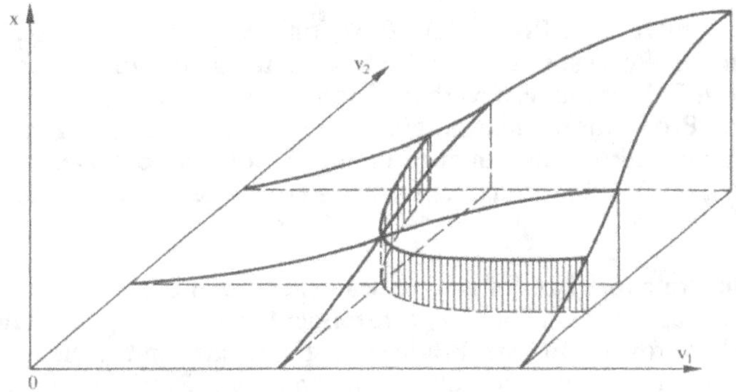

v_1 = Produktionsfaktor 1
v_2 = Produktionsfaktor 2
x = Output (Ertrag)

Abb. 13 „Ertragsgebirge“

Je nachdem, ob nun zwischen den zur Produktion eines bestimmten Outputs einzusetzenden Produktionsfaktoren eine technisch bedingte Koppelung der Einsatzfaktoren besteht oder nicht, spricht man von Limitationalität bzw. Substitutionalität einer Produktionsfunktion.

Limitationalität ist dann gegeben, wenn die Produktionsfaktoren in einem technisch bindenden Einsatzverhältnis zueinander stehen. Es kann durch verstärkten Einsatz eines einzelnen Faktors der Produktionsfunktion kein zusätzlicher mengenmäßiger Output erzielt werden, sondern es ist eine Ertragsvermehrung nur dann zu erreichen, wenn entsprechend der technischen Beziehungen ein veränderter Einsatz aller Produktionsfaktoren erfolgt. Wenn also beispielsweise für einen bestimmten Output technisch zwingend zwei Mengeneinheiten eines bestimmten Rohstoffes, zwei Zeiteinheiten einer Maschine und fünf Energieeinheiten einzusetzen sind, so kann man die Ausbringung nicht dadurch erhöhen, daß man einen der zitierten drei Produktionsfaktoren stärker einsetzt, sondern man müßte alle entsprechend der Koppelung verstärken. Limitationalität bedeutet jedoch nicht, daß die Produktionskoeffizienten konstant sein müssen, sondern es gibt limitationale Produktionsfunktionen mit konstanten (Leontief-Funktion) und solche mit variablen Produktionskoeffizienten (Gutenberg-Funktion).

Substitutionalität heißt, daß die Produktionsfaktoren untereinander ausgetauscht werden können, ohne daß sich der mengenmäßige Output ändert. Durch die Substitution ändern sich dann auch die Produktionskoeffizienten. Im Gegensatz zur limitationalen Produktionsfunktion ist es demnach bei einer substitutionalen Funktion möglich, den Output durch Veränderung der Einsatzmenge eines Faktors bei Konstanz aller übrigen zu beeinflussen. Im allgemeinen unterscheidet man zwei Arten von Substitutionalität. Von einer begrenzten oder peripheren Substitution wird gesprochen, wenn die Produktionsfaktoren nur innerhalb bestimmter Grenzen ausgetauscht werden können, ein Produktionsfaktor also nicht völlig durch einen anderen ersetzt werden kann. Im Gegensatz dazu kann bei unbegrenzter oder alternativer Substitution ein Produktionsfaktor durch Vermehren eines anderen Faktors völlig verdrängt werden. Scheidet ein Faktor durch Substitution völlig aus der Kombination aus, dann erfolgt ein Übergang zu einer anderen Produktionsfunktion.

Die **Homogenität** einer Produktionsfunktion besagt, daß der Output in einer ganz bestimmten Weise steigt, wenn die Einsatzmenge der Produktionsfaktoren bei konstanten Faktoreneinsatzverhältnissen vergrößert wird. Der Homogenitätsgrad einer Produktionsfunktion gibt demnach die Beziehung zwischen der Veränderung der Faktoreinsatzmengen bei gleichen Proportionen und der daraus resultierenden Veränderung des Outputs an. Folgende drei Fälle sind denkbar:

1. **Konstante Skalenerträge** (returns to scale): Werden die Einsatzmengen aller Produktionsfaktoren verdoppelt, verdreifacht usw., so wird auch der Output verdoppelt, verdreifacht usw. Produktionsfunktionen mit solchen konstanten Skalenerträgen werden auch als linearhomogene Produktionsfunktion bezeichnet.
2. **Abnehmende Skalenerträge**: Die Skalenerträge sinken mit wachsendem Output, bei einer Verdoppelung der Einsatzfaktoren steigt der Ertrag um weniger als das Doppelte, bei einer Verdreifachung um weniger als das Dreifache usw. Solche Produktionsfunktionen sind unterlinear-homogen.
3. **Zunehmende Skalenerträge**: Bei einer Verdoppelung der Faktoreinsatzmengen steigt der Output um mehr als das Doppelte, bei einer Verdreifachung um mehr als das Dreifache usw. Man spricht in diesem Fall von überlinear-homogenen Produktionsfunktionen.

Als Beispiel für eine substitutionale Produktionsfunktion soll das sog. **Ertragsgesetz** in der klassischen und neoklassischen Darstellung dienen. In der **klassischen** Darstellung dieses „Gesetzes" findet man einen S-förmigen Verlauf der Ertragsfunktion. Dahinter steht die Vorstellung, daß bei einer partiellen Variation des Faktoreinsatzes zunächst zunehmende und erst von einer bestimmten Grenze an (Wendepunkt) abnehmende Ertragszuwächse zu beobachten sind. Die zunehmenden Grenzerträge im ersten Teil der Produktionsfunktion könnte man dadurch erklären, daß bei einer Vermehrung der Zahl der Arbeitskräfte zunächst Kostenvorteile der Spezialisierung wirksam werden, bevor dann die Grenzerträge abzunehmen beginnen. In der **neoklassischen** Darstellung hingegen werden mit zunehmendem Faktoreinsatz fortlaufend abnehmende Ertragszuwächse unterstellt (Gesetz vom abnehmenden Ertragszuwachs).

Klassische und neoklassische Produktionsfunktionen sind sich also sehr ähnlich. Im Hinblick auf ihren empirischen Erklärungswert ist allerdings das klassische Ertragsgesetz umstritten, eignet sich jedoch gut als didaktisches Modell zur Demonstration produktionstheoretischer Zusammenhänge. Durch neoklassische Produktionsfunktionen lassen sich wiederum recht gut produktionstechnische Zusammenhänge auf aggregierter Ebene (Volkswirtschaft) beschreiben.

Das Ertragsgesetz geht üblicherweise von folgenden **Prämissen** aus:

1. Konstanthaltung eines Faktorpaketes, nur ein variabler Faktor;
2. Substitutionalität der Produktionsfaktoren, d.h. die einzelnen Faktoren sind beliebig schnell und friktionslos austauschbar, z.B. Ersatz von Arbeitern durch Maschinen;
3. Unveränderlichkeit der Faktorqualitäten, d.h. alle eingesetzten Produktionsfaktoren bleiben in ihrer Qualität und damit in ihrer Leistungsabgabe pro Faktoreinheit gleich;
4. Herstellung nur eines Produktes;

5. das Ertragsgesetz gilt für den Gesamtbetrieb, d.h. eine Betrachtung einzelner Aggregate ist im Rahmen des Ertragsgesetzes nicht möglich;
6. Produktionsdauer ist fest vorgegeben, es ist also keine zeitliche Anpassung möglich.

Zur graphischen Darstellung sei die klassische Produktionsfunktion aus dem Bereich der Landwirtschaft verwendet, basierend auf folgendem Zahlenbeispiel:

Arbeiter	Physischer Gesamtbetrag in Tonnen	Grenzertrag in Tonnen	Durchschnittsertrag in Tonnen
1	5	5	5,0
2	13	8	6,5
3	25	12	8,3
4	39	14	9,7
5	55	16	11,0
6	70	15	11,7
7	84	14	12,0
8	96	12	12,0
9	106	10	11,8
10	114	8	11,4
11	121	7	11,0
12	126	5	10,5
13	130	4	10,0
14	132	2	9,4
15	132	0	8,8
16	130	– 2	8,1
17	127	– 3	7,5

Abb. 14 Tabelle der Ertragsentwicklungen

Aus dem Zahlenbeispiel lassen sich die wichtigsten Zusammenhänge zwischen dem variablen Einsatzfaktor Arbeiter und den Ertragsgrößen Gesamt-, Grenz- und Durchschnittsertrag ersehen. Der **Gesamtertrag** (z.B. Korn) wird zuerst überproportional, später unterproportional ansteigen, schließlich wird er sogar abnehmen (ab Punkt D in der Abb. 15). Der **Durchschnittsertrag** wird hingegen bis zu dem Punkt steigen, wo sich der Grenzertrag und Durchschnittsertrag schneiden, der **Grenzertrag** ist im Wendepunkt der Gesamtertragskurve am größten (Punkt B in Abb. 15).

Den Durchschnittsertrag berechnet man, indem man den Gesamtertrag durch die Anzahl der eingesetzten Arbeiter dividiert, der Grenzertrag hingegen drückt aus, wieviel eine zusätzliche eingesetzte Arbeitskraft dem Gesamtertrag hinzuzufügen vermag. Erhöht man z.B. die Anzahl der Arbeiter von 7 auf 8, so steigt der Gesamtertrag von 84 Tonnen auf 96 Tonnen, der Grenzertrag des 8. Arbeiters beträgt somit 12 Tonnen.

Solange der Grenzertrag größer ist als der Durchschnittsertrag, wird letzterer steigen (bis einschließlich zum 8. Arbeiter). Wird der Grenzertrag kleiner als der Durchschnittsertrag, so fällt auch dieser. Wird der Grenzertrag schließlich negativ, dann beginnt auch der Gesamtertrag zu sinken.

In Umkehrung des produktionstheoretischen Ansatzes lautet bei der **Kostenanalyse** die Ausgangsfrage: wie hoch sind die Kosten in Abhängigkeit von der

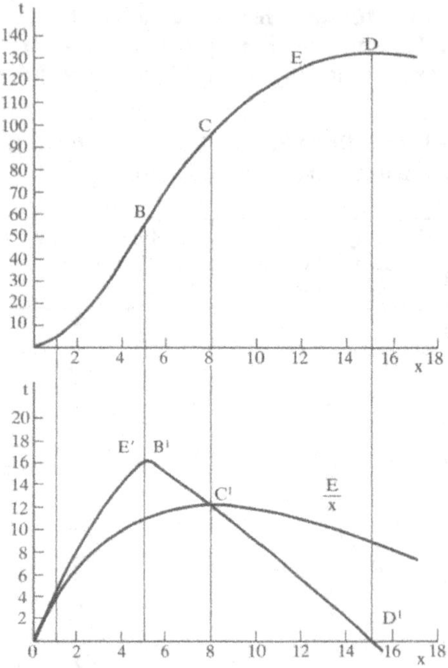

t = Tonnen (Korn)
x = Arbeiter
E = Gesamtertragskurve
E' = Grenzertragskurve
$\frac{E}{x}$ = Durchschnittsertragskurve
B = Wendepunkt der Gesamtertragskurve

Abb. 15 Beziehungen zwischen Gesamtertrag, Grenzertrag und Durchschnittsertrag

ausgebrachten Menge? Dabei ergeben sich wie bei den Erträgen (in Abhängigkeit vom Input) auch bei den Kosten (in Abhängigkeit vom Output) bestimmte Zusammenhänge zwischen Gesamt-, Grenz- und Durchschnittskosten: Unterstellt man die Wirksamkeit des **klassischen Ertragsgesetzes**, dann steigen die Gesamtkosten zunächst mit fallenden, dann mit zunehmenden Raten. Folglich sinken die Grenzkosten zunächst; vom Wendepunkt der Gesamtkostenkurve ab steigen sie an. Da die fixen Kosten Bestandteil der Gesamtkosten sind, liegen die daraus berechneten durchschnittlichen Gesamtkosten über den variablen Durchschnittskosten. Somit ergibt sich folgendes Bild:

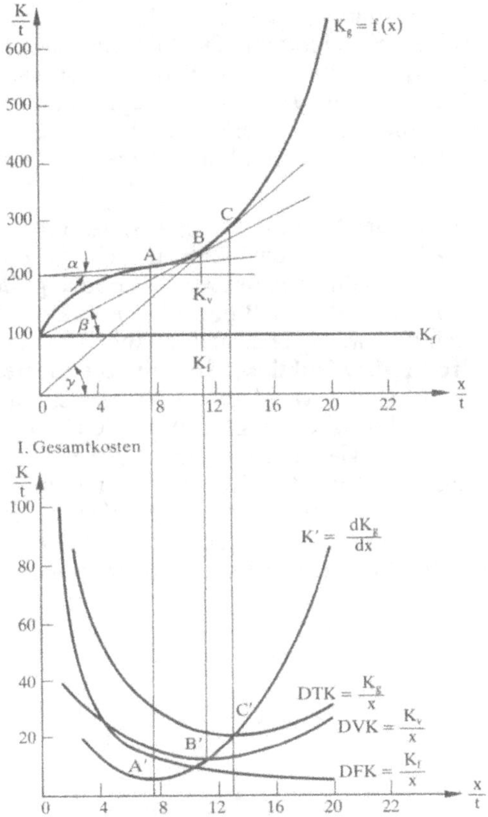

II. Kosten pro Outputeinheit

$\frac{K}{t}$ = Kosten pro Zeiteinheit

$\frac{x}{t}$ = Output pro Zeiteinheit

K_f = fixe Kosten
K_v = variable Kosten
K' = Grenzkosten
K_g = Gesamtkosten

Abb. 16 Zusammenhänge zwischen Gesamt-, Grenz- und Durchschnittskosten

Im Wendepunkt A der Gesamtkosten K_g, der zugleich auch Wendepunkt der variablen Kosten K_v ist, hat die Tangente an die Kurve die geringste Steigung. Da eine Tangente an die Gesamtkostenkurve (oder variable Kostenkurve) einen Winkel (α) mit der Abszisse bildet, dessen Tangens gleich den Grenzkosten ist ($\text{tg}\alpha = K'$), erreicht die **Grenzkostenkurve** bei diesem Output ihr Minimum (A'). Im Punkt B wird eine gerade Verbindung aus dem Nullpunkt der variablen Kosten mit der Kostenkurve zur Tangente. Da der Tangens einer beliebigen Geraden aus dem Nullpunkt der variablen Kostenkurve gleich den durchschnittlichen variablen Kosten ist (tg = DVK), haben beim Output zu Punkt B die **durchschnittlichen variablen Kosten** ihr **Minimum** (B'); aus diesem Nullpunkt gibt es keine gerade Verbindung mit der Kostenkurve, deren Steigungswinkel kleiner sein könnte als β. Das Minimum der durchschnittlichen variablen Kostenkurve bezeichnet man als **Betriebsminimum** (Produktionsschwelle). Aus den gleichen Gründen hat beim Output zu Punkt C die Kurve der **durchschnittlichen Gesamtkosten** (tg γ = DGK) ihr **Minimum** (C'), weil eine gerade Verbindung aus dem Koordinatenursprung zur Tangente der Gesamtkostenkurve wird. Das Minimum der durchschnittlichen Gesamtkostenkurve bezeichnet man als **Betriebsoptimum**.

Geht man jedoch von der Voraussetzung aus, daß die stetige Teilbarkeit und Substitutierbarkeit aller Produktionsfaktoren nicht gegeben ist (die moderne Technologie führt immer mehr zu einer festen Koppelung aller Faktoren in einem bestimmten Verhältnis), sondern daß nur alle Produktionsfaktoren gemeinsam vermehrt oder vermindert werden können, so führt dies im einfachsten Fall zur **Walras-Leontief-Produktionsfunktion**. Sie gibt die Beziehung zwischen dem Output und den Inputs wieder, wenn alle Produktionsfaktoren nur in einem bestimmten Verhältnis wirkungsvoll eingesetzt werden können (z.B. in einer vollautomatisierten Fabrik mit vielen Produktionsaggregaten und fester Koppelung von Rohstoffen, Maschinen und Arbeitern). Ist der variable Faktor (Maschinen, Rohstoffe oder Arbeit) soweit vermehrt, daß die richtige Koppelung mit den übrigen vorhandenen Faktoren erreicht ist, dann ist jede weitere Vermehrung nutzlos. Bis dahin steigt die Produktion (der Ertrag) proportional.

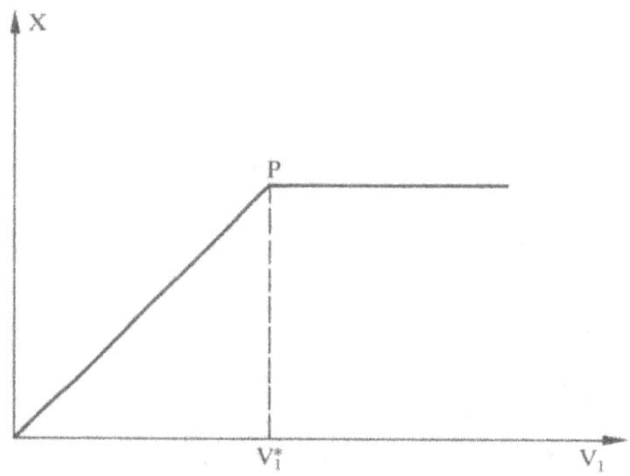

x = Produktionsmenge (Output)
v_1 = variabler Produktionsfaktor
P = Punkt effizienten Faktoreinsatzes

Abb. 17 Limitationale Produktionsfunktion

Die Verwirklichung des Punktes P ist in diesem Fall eine notwendige Bedingung für die Realisierung eines effizienten Produktionsverfahrens. Geringerer oder höherer Einsatz von v_1 als v_1^+ würde zu einer Faktorverschwendung führen (entweder von v_1, wenn $v_1 > v_1^+$, oder von anderen Produktionsfaktoren).

Die Kurve aller Inputkombinationen, bei denen der gleiche Output erzielt wird (**Isoquanten**), sind jetzt **rechtwinkelig geknickte Gerade**. Jede Vermehrung eines Faktors allein über die Optimalkombinationen A_1, A_2 bzw. A_3 ist selbst bei Teilbarkeit der Faktoren sinnlos. Die Faktoren sind total komplementär (limitational). Der Output kann nur erhöht werden, wenn alle Faktoren erhöht werden.

Die **Produktionsfunktionen** in der **Industrie** sind eher **limitational** und entsprechen nur in den seltensten Fällen denen des Ertragsgesetzes. Je „industrieller" ei-

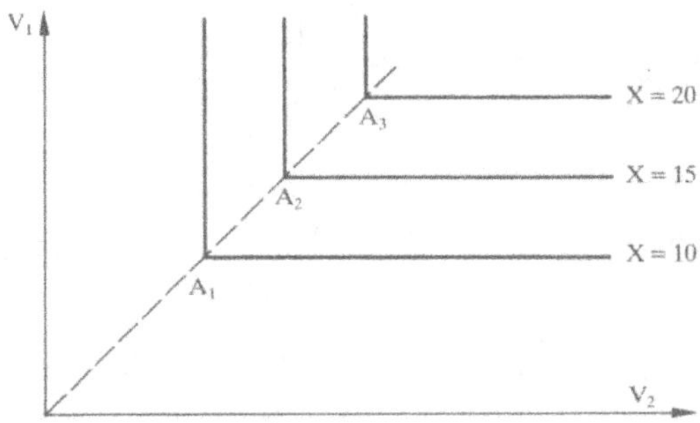

X = Produktionsmenge (Output)
v_1, v_2 = Produktionsfaktoren
A_1, A_2, A_3 = Optimalkombinationen

Abb. 18 Isoquanten bei limitationaler Produktionsfunktion

ne Produktion erfolgt, umso starrer sind nämlich die Koppelungen der Produktionsfaktoren, je „handwerklicher", desto loser. In der Landwirtschaft oder im Handwerk sind Produktionsfaktoren viel eher substituierbar, man kann mit mehr oder weniger Arbeitskräften oder Maschinen den selben Output erreichen, wenn man dafür einen anderen Faktor substituiert. Man kann daher sagen: sobald der bestimmende Sektor in einer Volkswirtschaft der industrielle Sektor ist, sind limitationale Produktionsfunktionen wirklichkeitsnäher als substitutionale .

Im allgemeinen gelten also bei **industriellen Fertigungsprozessen** die folgenden **Voraussetzungen**:

1. Es besteht keine Substitutionalität der Faktoren, weil diese nicht beliebig teilbar und somit frei variierbar sind.
2. Der industrielle Fertigungsprozeß ist durch Limitationalität der Produktionsfaktoren und eine beschränkte Dispositionsfreiheit der Unternehmensleitung bei der Faktorsubstitution gekennzeichnet.
3. Die Produktionsfunktionen werden durch die Verbrauchsfunktionen der maschinellen Anlagen bestimmt.

Unter der **Verbrauchsfunktion** (Gutenberg) wird jene produktionstheoretische Beziehung verstanden, die die Abhängigkeit zwischen dem Verbrauch an Faktoreneinsatzmengen und der technischen Leistung eines Betriebsmittels zum Ausdruck bringt. Maßgebend hierfür sind die technischen Eigenschaften der Aggregate und Arbeitsplätze, die den Verbrauch an Faktoreinsatzmengen bestimmen. Zur Erstellung einer Leistung des Betriebsmittels müssen die verschiedenen Faktoren in bestimmten technisch bedingten Mengenverhältnissen eingesetzt werden. Eine Veränderung der Einsatzmengen eines Faktors ist in der Regel dabei nicht möglich, ohne nicht auch die Mengen der anderen Faktoren zu verändern. Jedes Betriebsmittel ist nämlich für eine bestimmte Dauerbelastung konstruiert, so daß zu geringe ebenso wie zu hohe Leistungsbeanspruchungen höhere Einsatzmengen pro Zeiteinheit erfordern.

Ein typisches Beispiel für die nicht linear verlaufende Verbrauchsfunktion eines Betriebsmittels ist der Verbrauch eines Benzinmotors, der bei der „optimalen Drehzahl" am günstigsten ist:

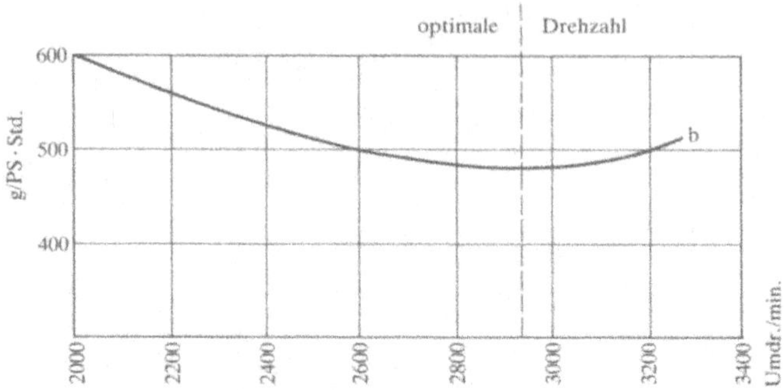

Abb. 19 Verbrauchsfunktion eines Benzinmotors

Die optimale Drehzahl ist einer der Faktoren, die bei der Festlegung von Tempolimiten (Tempo 100, Tempo 120 usw.) mitberücksichtigt werden. Daneben spielen freilich auch noch eine Reihe anderer Faktoren eine Rolle. Im Grunde beruhen sämtliche Schwellenwerte dieser Art infolge der Existenz nichtlinearer Verläufe auf marginalen Analysen.

An Stelle der Variierung der Einsatzmengen eines oder zweier Faktoren im Sinne des Ertragsgesetzes muß hier die Geschäfts- und Betriebsleitung (der dispositive Faktor) spezielle Anpassungsmaßnahmen an sich ändernde Kostensituationen treffen, soll eine Verbesserung der Kosten- und Ertragssituation erreicht werden.

Die **Anpassungsformen**, die der Betriebsleitung in der industriellen Produktion zur Verfügung stehen, sind folgende:

1. die intensitätsmäßige Anpassung,
2. die zeitliche Anpassung,
3. die quantitative Anpassung.

Bei der **intensitätsmäßigen Anpassung** bleiben Kapazität und Betriebszeit konstant, hingegen wird die Geschwindigkeit der Leistungserstellung variiert (z.B. die Laufgeschwindigkeit einer Maschine wird erhöht; die für den Reifeprozeß eines Produktes erforderliche Lagerdauer wird gesenkt). Durch die intensitätsmäßige Erhöhung des Beschäftigungsgrades werden Leerkosten zu Nutzkosten. Umgekehrt wird die Unternehmensleitung bei rückläufiger Konjunktur zunächst eine intensitätsmäßige Verringerung des Beschäftigungsgrades durchführen, um die Betriebskosten zu senken. Trotzdem wird jedoch dabei ein Teil der bisherigen Nutzkosten zu Leerkosten. Bei der **zeitlichen Anpassung** bleiben Kapazität und Kapazitätsausnutzung konstant, hingegen wird die Betriebszeit variiert. Typische Erscheinungsformen dieser Art der Anpassung sind Überstunden bzw. Kurzarbeit und die Schichtarbeit. Die Einführung der Schichtarbeit stößt jedoch häufig an die Grenzen des lokalen Arbeitsmarktes, während umgekehrt bei Produktionsprozessen, die nicht unterbrochen werden dürfen, ohne daß Wiederingangsetzungskosten auftreten (z.B. Hochofen), die Verkürzung der Arbeitszeit (Kurzarbeit) nicht eingeführt werden kann.

Eine **quantitative Anpassung** liegt vor, wenn die Kapazität selbst verändert wird, die Betriebszeit und die Leistungsabgabe der eingesetzten Kapazität werden konstant gehalten. Kapazitätsteile werden entweder stillgelegt oder hinzugefügt. Voraussetzung hierfür ist, daß die quantitativ anzupassenden Produktionsfaktoren teilbar sind. Eine besondere Form der quantitativen Anpassung liegt bei der dimensionalen Anpassung vor. Diese ist dann gegeben, wenn durch den Einsatz moderner Betriebsmittel mit höherem Niveau eine neue Dimension des Betriebes entsteht und auch die Faktorkombinationen verändert werden (wenn z.B. zwei oder drei kleinere Maschinenaggregate durch ein großes ersetzt werden und dabei das Verhältnis von Betriebsmittel- und Arbeitskrafteinsatz verändert wird).

Generell ist festzuhalten, daß auch in bezug auf die Kosten in der **Industrie** im **großen** und **ganzen** das **Ertragsgesetz nicht anwendbar** ist. Soweit das Ertragsgesetz zutrifft, ist es für kostentheoretische Perspektiven nur in den Grenzen derjenigen Minimalkostenkombinationen anwendbar, bei der eine Teilbarkeit der betrachteten Faktoren und damit ein linearer Kostenverlauf vorausgesetzt werden können. In bestimmten abgesteckten Grenzen ist diese beliebige Teilbarkeit der variablen Faktoren gegeben, wobei die nicht innerhalb der Grenzen teilbaren Faktoren als konstante Faktoren durch fixe Kosten berücksichtigt werden. Innerhalb solcher bestimmter **Beschäftigungsintervalle** ergibt sich dann folgender Kostenverlauf:

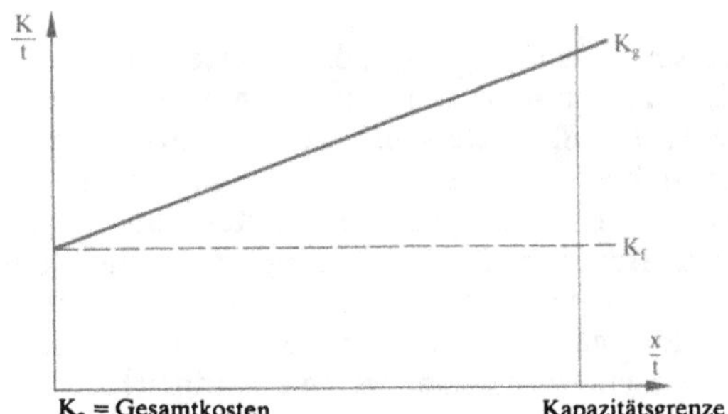

K_g = Gesamtkosten
K_f = fixe Kosten
$\frac{x}{t}$ = Output pro Zeiteinheit
$\frac{K}{t}$ = Kosten pro Zeiteinheit

Abb. 20 Linearer Kostenverlauf

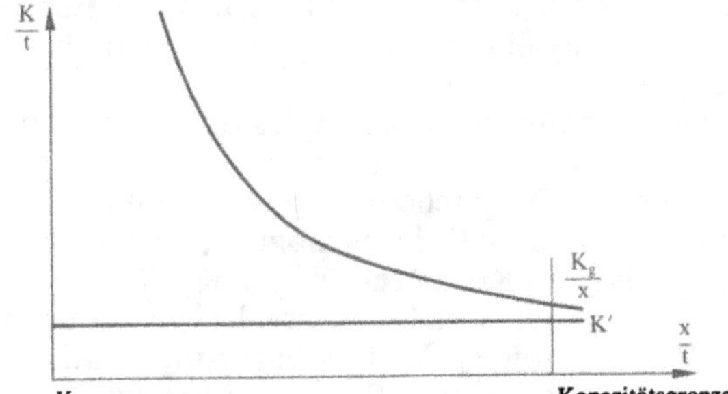

$\frac{K}{t}$ = Kosten pro Zeiteinheit
$\frac{x}{t}$ = Output pro Zeiteinheit
$\frac{K_g}{x}$ = gesamte Durchschnittskosten (Stückkosten)
K' = Grenzkosten

Abb. 21 Grenzkosten und Stückkosten bei linearem Kostenverlauf

Mit Ausnahme dieses Spezialfalles sei jedoch festgestellt, daß zwischen den Kosten und dem Beschäftigungsgrad keine unmittelbare Relation besteht. E. Gutenberg nennt hingegen fünf **Hauptkosteneinflußgrößen**:

1. die **Faktorqualitäten**: Eine Änderung der Produktionsfaktoren hinsichtlich ihrer Qualität kann zu einem höheren oder niedrigeren Mengeneinsatz führen und damit die Kosten beeinflussen;
2. die **Faktorpreise**: Eine Veränderung der Faktorpreise beeinflußt die Kosten, da Kosten das Produkt aus Mengen mal Preisen sind, z.B. Überstundenlöhne, Löhne im Schichtbetrieb (Nachtarbeit);
3. die **Beschäftigung**: Die Änderung der Beschäftigung beeinflußt die Kosten, da der Betrieb im Rahmen seines Potentials an Produktionsfaktoren (seine Kapazität) sein Produktionsvolumen anpaßt (wichtigste Einflußgröße);
4. die **Betriebsgröße**: Sie ist dann eine Kosteneinflußgröße, wenn sich bei einer Erweiterung der Anlagen die Betriebsanlagen ändern, also beispielsweise neue Verfahren eingeführt werden;
5. das **Fertigungsprogramm**: wird ein Fertigungsprogramm geändert, so ergeben sich auch Änderungen in den Betriebsanlagen, in der Ausnutzung und der Kombination der Produktionsfaktoren, wodurch auch Kostenänderungen entstehen.

Wichtig ist in diesem Zusammenhang die Überlegung, daß der Betrieb nicht eine einheitliche Kapazität bildet, sondern sich aus einer Reihe von **Teilkapazitäten** zusammensetzt, die alle unterschiedliche Faktorkombinationen und damit Kostenfunktionen haben. Jede Teilkapazität hat eine bestimmte Verbrauchsfunktion, die durch die technischen Eigenschaften und Arbeitsweisen der Aggregate bestimmt wird. Bei einer Beschäftigungsänderung ändern sich dann schon durch die Tatsache, daß die einzelnen Teilkapazitäten nicht mehr optimal ausgelastet sind, die Kosten (ganz abgesehen natürlich von der Änderung der Kosten, die direkt von der Beschäftigungsänderung abhängen).

Die wesentlichen **Unterschiede** zwischen der **traditionellen** und der **neueren Kostentheorie** lassen sich wie folgt gegenüberstellen:

Die **traditionelle Betrachtung**:

1. Funktionaler bzw. stochastischer Zusammenhang zwischen Kosten und Beschäftigung: Es wird unterstellt, daß zwischen der Entwicklung der Kosten und der Beschäftigung ein direkter und mathematisch darstellbarer Zusammenhang besteht.
2. Zugrundelegung der Gesamtkapazität des Betriebes: Der Betrieb wird als eine technische Produktionseinheit betrachtet.
3. Darstellung einer idealtypischen Gesamtkostenkurve: Durch wesentliche Vereinfachungen des Modells ist es möglich, eine S-förmige Gesamtkostenkurve als typisch für den Kostenverlauf darzustellen.
4. Betrachtung des unmittelbaren Einflusses der Beschäftigungsveränderung auf die Kosten: Veränderungen des Beschäftigungsgrades werden unmittelbar mit den Kostenveränderungen in Beziehung gesetzt.
5. Aufstellen eines mathematischen Modells der Marginalanalyse: Die im Modell vorgenommenen Vereinfachungen führen mit Hilfe der analytischen Geometrie und der Differentialrechnung zur Aufstellung eines umfangreichen mathematischen Systems, in dem insbesondere der Verlauf der Grenzkosten (Marginalkosten) analysiert wird.

Die **neuere Betrachtung**:

1. System von fünf Hauptkosteneinflußgrößen: Die Beschäftigung ist zwar die wichtigste Einflußgröße für die Kosten, aber nicht die einzige.
2. Zerlegung des Betriebes in Teilkapazitäten: Dem technischen Leistungsprozeß entsprechend wird erkannt, daß der Betrieb aus einer Fülle von Teilkapazitäten besteht, die alle ihre eigenen Produktionsbedingungen haben.
3. Feststellung der Abhängigkeit der Kosten von den Anpassungsformen: Es wird erkannt, daß die Beziehungen zwischen Kosten und Beschäftigungsgrad durch die von der Geschäftsleitung gewählten Anpassungsformen verschieden sind.
4. Untersuchung der Anpassungsformen: Man stellt fest, daß die Anpassungsformen von zwei Dingen abhängen, nämlich:
   - der fertigungstechnischen Eigenart des Betriebes bzw. der Betriebsmittel;
   - dem Verhalten der Geschäftsleitung.
5. Verzicht auf Differentialrechnung und Einschaltung der Verbrauchsfunktionen: Dadurch, daß erkannt wird, daß sich in der Industrie zwischen Kosten und Beschäftigung die technisch bedingten Verbrauchsfunktionen der Aggregate schieben, werden diese Funktionen genau untersucht. Das führt zwar auch zu einer analytisch-geometrisch funktionalen Betrachtung zwischen Einflußgrößen (Faktoreinsatz und Leistung), gleichzeitig aber zum Verzicht auf Ansätze aus der Differentialrechnung.

1.C.13 Innerhalb der **Theorie der Produkte** sind nur tendenzielle Aussagen möglich. Hier besteht die Gefahr, daß auf dem Wege einer Definition Merkmale, die nur für bestimmte Dienstleistungen charakteristisch sind, generalisiert werden bzw. Merkmale, die wesentlich zur näheren Kennzeichnung bestimmter Dienstleistungsarten sind, durch Weglassung „wegdefiniert“ werden. So ist es zwar tendenziell richtig, daß bei vielen Dienstleistungen Produktion und Konsum zeitlich zusammenfallen, da vielfach die Möglichkeit einer Lagerung von Dienstleistungen nicht besteht. Zu behaupten, daß dieses Merkmal generell für sämtliche Dienstleistungen gilt, wäre falsch, da es auch Dienstleistungen gibt, die mit Hilfe von EDV-Anlagen gespeichert und erst auf Abruf bereitgestellt werden. Unter dieser Perspektive ist auch die Behauptung falsch, daß Dienstleistungen generell standortgebunden seien, daß also Angebot von und Nachfrage nach Dienstleistungen am gleichen Ort erfolgen müsse. Auch hier ist z.B. die Möglichkeit der Datenfernübertragung zu berücksichtigen. Es bestehen vielfach – sieht man von den entstehenden Kosten ab – keine technischen Restriktionen. Da diese Kommunikation auch über die Grenzen hinweg möglich ist, stimmt streng genommen auch die Behauptung nicht mehr, Dienstleistungen könne man nicht importieren bzw. exportieren.

Die Schwierigkeiten einer allseitig befriedigenden Klassifikation der Güter resultieren daraus, daß die gleichen Güter, je nach der Stellung im Produktionsprozeß, sowohl einen Produktionsfaktorinput als auch einen Produktionsoutput darstellen können. **Entscheidend** für die **Klassifikation** ist die **Funktion der Güter** im **Produktionsprozeß**. Dies soll an Hand einiger Beispiele gezeigt werden:

- Konsum- und Verbrauchsgüter stellen Produktionsfaktoren dar, wenn sie zur Produktion von anderen Gütern dienen.

- Ein Pkw, der von einem Handelsvertreter in Ausübung seines Berufes als Transportmittel verwendet wird, stellt einen Produktionsfaktor, der gleiche Pkw eines deutschen Urlaubers in Österreich stellt ein Konsumgut dar.
- Einzelhandelsunternehmen verkaufen materielle Güter, die Tätigkeit des Einzelhandels stellt jedoch eine Dienstleistung dar.
- Im Falle der Vermietung einer Eigentumswohnung ist das Mietobjekt ein materielles Gut, der Vorgang der Vermietung hingegen stellt eine Dienstleistung dar (der Mieter erwirbt gegen Bezahlung eines entsprechenden Entgeltes ein Nutzungsrecht).
- Materielle Güter (Investitions-, Konsum- und Gebrauchsgüter) und immaterielle Güter (z.B. Leistungen der Rechtsabteilung eines Unternehmens, neues technisches Wissen in Form technischer Verfahren) dienen zur Herstellung von neuen materiellen Gütern, etwa von Lastkraftwagen.

Ziel der **Metaproduktion** ist die Entwicklung neuen Wissens. Dieses neue Wissen stellt einen Output dar, der notwendig ist, um andere Outputs herstellen zu können, ist also streng genommen nur ein Vorprodukt. Es besteht in hinreichendem Maße Grund zu der Annahme, daß der Anteil der Metaproduktion an der Gesamtmenge wirtschaftlicher Aktivität im Zeitablauf weiter zunehmen wird.

Zu beachten ist, daß in der Regel die durchschnittliche Produktionsperiode bei der Erstellung von Metaprodukten (z.B. Entwicklung eines neuen technischen Verfahrens) länger ist als bei der Erstellung von materiellen Gütern . Auf Grund der gemachten Aussagen empfiehlt es sich, im Rahmen einer Theorie der Produkte auf die **Marktfähigkeit** der Güter (Produkte) abzustellen und den Begriff Gut als Überbegriff für folgende Güterarten zu nehmen: Materielle Güter (Sachgüter) und immaterielle Güter, die weiter unterteilt werden in Dienstleistungen und Informationsgüter.

Während bei **materiellen Gütern** immer eine sachliche und zeitliche Trennung von Produktion und Tausch möglich ist, fällt Produktion und Tausch bei **immateriellen Gütern** (Dienstleistungen und Informationsgütern) sehr häufig zusammen. Überdies kommt bei Informationsgütern noch dazu, daß die marktmäßige Verwertung dieser Güter schwierig ist, da im Falle einer Weitergabe des produzierten Wissens an einen Personenkreis, der nicht an der Entwicklung dieses Wissens beteiligt war, eine ökonomische Nutzung zu einem Preis ermöglicht wird, der in keinem Verhältnis zu den Kosten steht, die notwendig waren, um das neue Wissen zu produzieren.

Man muß also hier zwischen einer Primärproduktion von Informationsgütern (Wissen) und einer Sekundärproduktion von Informationsgütern unterscheiden. Ist eine Anwendung des Ausschlußprinzips möglich, so kann auch das Äquivalenzprinzip bei diesen Gütern angewandt werden, und einer marktmäßigen Verwertung dieser Information – z.B. auf dem Wege von Lizenzgebühren – steht nichts im Wege.

Unter **Ausschlußprinzip** versteht man jenes grundlegende marktwirtschaftliche Prinzip, demzufolge derjenige vom Markt ausgeschlossen werden kann, der keine marktwerten Leistungen (Kaufkraft, Arbeitsleistungen usw.) anzubieten hat. So hat z.B. ein Konsument für ein bestimmtes Konsumgut einen bestimmten Kaufpreis zu entrichten. Ist er hierzu nicht bereit, so wird er vom Konsum dieses Gutes „ausgeschlossen". Das Ausschlußprinzip ist nur bei jenen Gütern anwendbar, bei denen die Leistungsabgabe (d.h. also die Nutzung bzw. die Nachfrage) in individueller Form möglich ist.

Unter **Äquivalenzprinzip** verstehen wir jenes marktwirtschaftliche Prinzip, demzufolge für jede Leistungsinanspruchnahme ein entsprechendes („äquivalentes") Entgelt zu entrichten ist. Anstelle von Äquivalenzprinzip spricht man auch vom Gegenseitigkeitsprinzip, vom do-ut-des-Prinzip. Das Äquivalenzprinzip ist nur dort anwendbar, wo auch das Ausschlußprinzip anwendbar ist. Ist das Ausschlußprinzip – wie bei vielen vom Staat bereitgestellten Informationsgütern – nicht anwendbar, dann kann auch das Äquivalenzprinzip nicht angewandt werden.

Die Beziehungen zwischen materiellen Gütern, Dienstleistungen und Informationsgütern lassen sich am besten mit folgender Skizze veranschaulichen, wobei das Ausmaß der Marktfähigkeit der einzelnen Güterarten tendenziell von außen nach innen abnimmt:

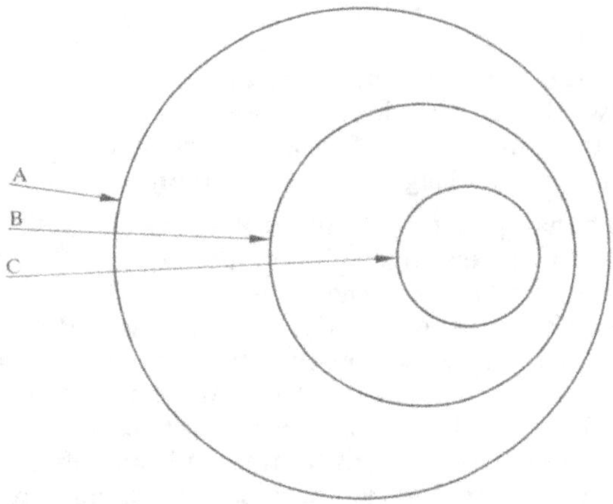

A = alle Güter
B = immaterielle Güter (Dienstleistungen und Informationsgüter)
C = Informationsgüter

Abb. 22 Abgrenzung materielle Güter, immaterielle Güter und Informationsgüter.

1.C.14 Viele **Güter** durchlaufen in der Regel vier **Entwicklungsphasen**:

1. eine **Experimentierphase**,
2. eine **Expansionsphase**,
3. eine **Reifephase** und
4. eine **Stagnationsphase**.

ad 1.: Jedes neue Gut (Produkt) verdankt seine Existenz entweder dem Zufall oder systematischer Forschungs- und Entwicklungsarbeit. Diese Phase zeichnet sich durch geringe absolute, jedoch stark steigende Umsätze und noch wenige Konkurrenten aus. Durch die Innovation (Neueinführung) entstehen hohe Kosten im Produktions- und Vertriebsbereich, die, bezogen auf den noch geringen Umsatz, meist erhebliche Initialverluste verursachen.

ad 2.: Sie ist durch starken Anstieg der Umsätze gekennzeichnet. Die Stückerlöse sinken, jedoch bewirkt die starke Erhöhung des Produktionsvolumens überproportionale Stückkostensenkungen, woraus hohe Gewinne resultieren. Die gute Umsatz- und Gewinnentwicklung, hervorgerufen durch einen bestehenden Nachfrageüberhang, stellt einen Anreiz dar, gleiche oder ähnliche Güter auf den Markt zu bringen.

ad 3.: Der Primär- oder Erstbedarfsmarkt nähert sich der Sättigung, der kleinere Ersatzbedarfsmarkt gewinnt an Bedeutung. Die Angebotskapazitäten beginnen regelmäßig die Nachfrage zu überschreiten. Die große Zahl der Konkurrenten, deren Kapazitätsüberschüsse sowie die abnehmende Nachfrage bewirken einen starken Druck auf Preise und Gewinne. Bestrebungen zur Rationalisierung und zum Zusammenschluß gewinnen an Intensität; Branchenführer treten hervor und für Unternehmen, die erst in dieser Phase als Erzeuger und Anbieter eintreten, ist es schwierig, in den betreffenden Markt einzudringen.

ad 4.: Der Umsatz geht absolut zurück oder nimmt einen stationären Verlauf. Neue Güter, neue Wege der Befriedigung der gleichen Grundbedürfnisse gewinnen an Bedeutung. Zwar können Produktverbesserungen, die auf eine Vergrößerung der objektiven und subjektiven Verwendungsvielfalt abgestellt sind, den Umsatzrückgang verzögern, auf lange Sicht jedoch kaum verhindern.

In diesem Zusammenhang ergibt sich die Frage, wie sich die Kosten der **Werbung** auf die Stückkosten der jeweiligen Güter auswirken. Befindet sich ein Gut in der Expansionsphase, so ist es wahrscheinlich, daß die Werbung zu Kostendegressionen führt, jedenfalls solange die durchschnittlichen Produktionskosten stärker sinken als zusätzliche Werbekosten pro Stück entstehen. Anders sieht die Sache in der Ausreifungs- bzw. Stagnationsphase aus. Ist der Markt weitgehend gesättigt, und ist überdies eine oligopolistische Marktstruktur vorhanden, wo die einzelnen Anbieter um die Sicherung des Marktanteils kämpfen, so ist eine kostensenkende Tendenz der Werbung nicht wahrscheinlich, eher dürften Kostensteigerungen zu erwarten sein.

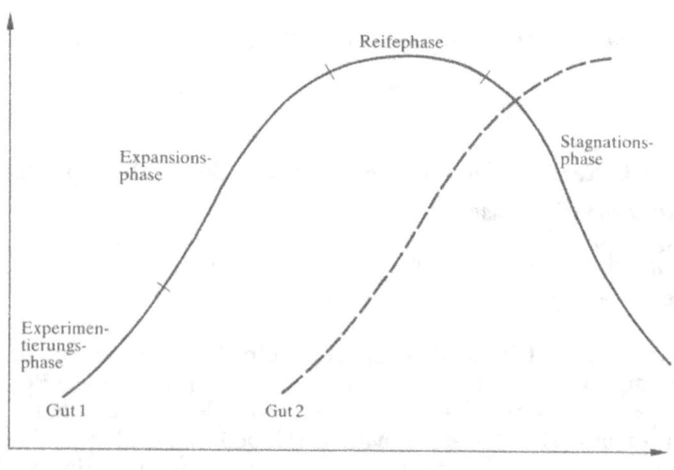

Abb. 23 Entwicklungsphasen eines Gutes (Produktes)

1.D. Ansatzpunkte für die Beeinflussung unternehmerischer Aktivitäten

Folgende Ansatzpunkte bieten sich an, will man mit Hilfe von wirtschaftspolitischen Instrumenten unternehmerische Aktivitäten unter Berücksichtigung von volkswirtschaftlichen Kriterien in eine bestimmte Richtung lenken:

1. Beeinflussung der Investitionsmöglichkeit,
2. Beeinflussung der Investitionsbereitschaft,
3. Beeinflussung des Produktionsfaktors Arbeit,
4. Beeinflussung des technischen Fortschritts,
5. Beeinflussung des Strukturwandels.

ad 1. Beeinflussung der Investitionsmöglichkeit

Die **Investitionsmöglichkeit** privater Unternehmen ist durch den Finanzierungsspielraum begrenzt. Die wirtschaftspolitischen Instrumente – im wesentlichen Instrumente der Finanzpolitik – können bei folgenden Einflußfaktoren ansetzen:

– **Selbstfinanzierung**:
Hier geht es um die Finanzierung von Investitionen aus den Erträgen des Unternehmens. Die staatliche Einflußnahme auf die Selbstfinanzierung kann bestehen in einer Veränderung der Gewinnbesteuerung (z.B. durch einen niedrigeren Körperschaftssteuersatz auf einbehaltene Gewinne) oder durch Abschreibungserleichterungen (im Extremfall volle Sofortabschreibung, wodurch die Steuerbemessungsgrundlage um den gesamten Betrag vermindert wird).

Die Effizienz dieser steuerpolitischen Instrumente kann noch dadurch erhöht werden, daß die Steuervorteile nur für ganz bestimmte Investitionen – unter Umständen nur in bestimmten Regionen, innerhalb eines bestimmten Zeitraumes – gewährt werden.

– **Eigenfinanzierung**:
Die Eigenkapitalbildung kann u.a. durch eine steuerliche Begünstigung der Beteiligungsfinanzierung gefördert werden. Damit kann – als Komplementärziel – auch eine erwünschte Vermögenspolitik betrieben werden. Beispiele: Steuerliche Begünstigung des Aktienerwerbes, Privatisierung bzw. Reprivatisierung öffentlicher Unternehmen.

– **Vermögenszufluß**:
Hier wären etwa sog. verlorene oder rückzahlbare Investitionszuschüsse zu nennen. Die Effizienz derartiger Maßnahmen hängt von ihrer konkreten Ausgestaltung ab.

– **Fremdfinanzierung**:
Hier geht es um die Erleichterung der Kreditaufnahme auf dem Geld- und Kapitalmarkt, wobei die finanzpolitischen Instrumente mit den geldpolitischen Instrumenten der Kreditvergabe (über die Bankenliquidität) abgestimmt werden müssen.

ad 2. Beeinflussung der **Investitionsbereitschaft**

2.1 Erwartungen der Unternehmer über die künftige ökonomische Entwicklung:

Die Erwartungen der Unternehmer sind entscheidend für die Investitionsbereitschaft. Die Bewertung der Informationen über die Zukunft ist mit Unsicherheit verbunden und wird in den einzelnen Unternehmen nicht einheitlich ausfallen. Sie hängt ab von

- der Risikobereitschaft der Unternehmensleitung,
- dem Informationsanfall und Informationsverarbeitung im Unternehmen,
- den verwendeten Entscheidungshilfen (z.B. Beratung, Entscheidungsmodelle, Marktformen etc.).

Staatliche Instrumente zur Beeinflussung der **Erwartungen**:

- Gewinnerwartungen können durch Senkung der Gewinnsteuern zumindest für einige Zeit positiv beeinflußt werden,
- langfristige Gewinnerwartungen sind abhängig von den Erwartungen über
  - die Entwicklung der öffentlichen und privaten Nachfrage (Kontinuität der öffentlichen Nachfrage!),
  - die Wettbewerbssituation,
  - die Konstanz der ordnungspolitischen Rahmenbedingungen,
  - die Entwicklung einzelner Kostenfaktoren (z.B. Löhne),
  - politische Veränderungen.

2.2 Beeinflussung der **Risikobereitschaft**

Risikoreiche Investitionen können – sofern sie besonders wachstumsfördernd sind – staatlich gefördert werden, z.B. durch Verlustvortrag oder -rücktrag. In diesen Fällen können erlittene Verluste auf die Gewinne späterer Jahre angerechnet werden; der zu versteuernde Gewinn dieser Jahre reduziert sich entsprechend. Die Wirksamkeit dieses Instrumentes hängt daher von der tatsächlichen Gewinnerzielung in späteren bzw. früheren Jahren ab. Instrumente für eine weitere Risikominderung sind z.B. staatliche „Starthilfen“ (Start- oder Anpassungssubventionen) bzw. staatliche Absatzgarantien bei Gütern, die der Staat selbst nachfragt.

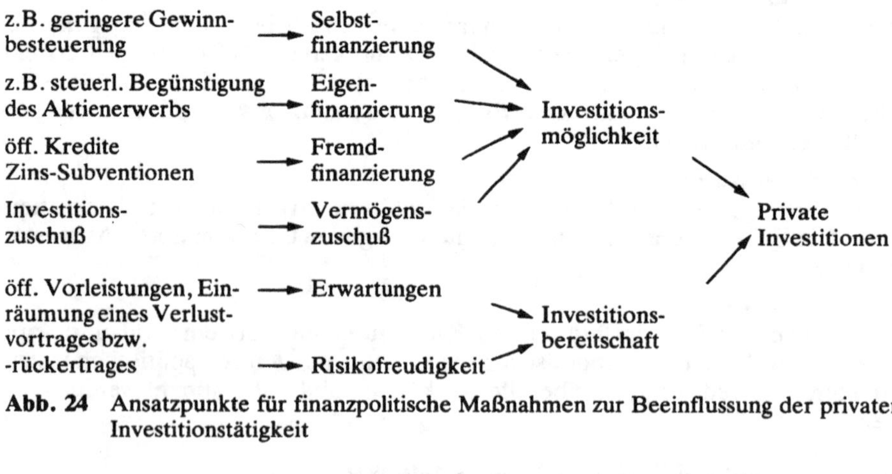

Abb. 24 Ansatzpunkte für finanzpolitische Maßnahmen zur Beeinflussung der privaten Investitionstätigkeit

ad 3. Beeinflussung des **Produktionsfaktors Arbeit**

Eine Hebung des allgemeinen Bildungsniveaus und der beruflichen Ausbildung (human capital) kann vor allem durch öffentliche Investitionen im Bereich der immateriellen Infrastruktur erreicht werden: Schulbau, Lehrerausbildung, Stipendien, Umschulungseinrichtungen, Weiterbildungseinrichtungen etc.

ad 4. Beeinflussung des **technischen Fortschritts**

Der staatliche Einfluß auf die Entwicklung der Produktivität kann auf drei Ebenen stattfinden:

- Einfluß auf die „invention" (Erfindungen neuer Güter oder Verfahren), z.B. Grundlagenforschung im öffentlichen Bereich, Subventionierung privater Projektforschung, staatliche Entwicklungsaufträge etc.
- Einfluß auf „innovation" (Neuerung) durch steuerliche Begünstigung von Rationalisierungsinvestitionen, Subventionen mit Rationalisierungsauflagen, staatliche Beteiligung an der Realisierung innovativer Großprojekte.
- Einfluß auf „imitation" (Nachahmung) durch staatliche Betriebsberatung für Mittel- und Kleinunternehmen oder durch eine staatliche Informationszentrale für Innovationen zur raschen Verbreitung des technischen Wissens.

Alle drei Elemente werden durch eine hohe Wettbewerbsintensität (Ordnungspolitik) gefördert, allerdings mit dem temporären Schutz neuer Erfindungen (Patentrecht): Verstärkte Forschung wird dann betrieben, wenn für bestimmte Zeit Monopolstellung garantiert ist.

ad 5. Beeinflussung des **Strukturwandels**

Die Beeinflussung der Angebotsstrukturen durch geeignete strukturpolitische Instrumente. Die Angebotsseite kann nach verschiedenen Kriterien strukturiert werden:

- Nach der Betriebsgröße: Klein-, Mittel-, Großbetriebe.
- Nach der Stellung im Produktionsprozeß: Urproduktion, Handel, Industrie.
- Nach Branchen: Metall, chemische Papier, Dienstleistungssektoren etc.

Das Ziel besteht – generell gesprochen – in der Herstellung „ausgewogener Strukturen". Während die Konzeption der Globalbesteuerung davon ausgeht, daß Veränderungen der Nachfragestruktur oder der Kostenstrukturen zu ausreichenden angebotsseitigen Anpassungsprozessen zur Wiederherstellung „ausgewogener" Produktionsstrukturen führen, beabsichtigt die sektorale Strukturpolitik,

(a) diese Anpassungsprozesse auf Angebotsseite zu fördern oder erst einzuleiten und
(b) dabei auftretende soziale Härten möglichst zu vermeiden.

Mögliche **Ursachen für sektorale Strukturverschiebungen** und damit notwendig gewordene strukturelle Anpassungen der Branchenstrukturen:

- ausgelöst durch **Änderung der Nachfragestruktur**:
  durch Erhöhung der durchschnittlichen Realeinkommen werden neue Produkte verstärkt nachgefragt.
- ausgelöst durch **Änderung der Kostenstruktur**:
  neue Anbieter mit niedrigen Lohnkosten tauchen am inländischen Markt auf;

neue Verfahren (Rationalisierung) treten auf, durch die es zu einer Freisetzung von Arbeitskräften kommt.

Mögliche gesamtwirtschaftliche Indikatoren für das Ausmaß der Anpassung der Produktionsstrukturen an die Nachfrage- und Kostenstrukturen:

- Entwicklung der Staatsverschuldung,
- Entwicklung des Defizits der Handels- und Dienstleistungsbilanz („Importelastizität der inländischen Nachfrage"),
- Anteil der strukturerhaltenden Subventionen an den Gesamtsubventionen.

Subventionen als Instrumente der sektoralen Strukturpolitik:

(a) **Subventionen** sind Geldzahlungen und finanzielle Begünstigungen (Steuerentlastungen, Kredite, Bürgschaften, Garantien), die Unternehmen von seiten des Staates ohne marktmäßige Gegenleistungen zufließen.

Ein Abgrenzungsproblem entsteht dort, wo eine Gegenleistung z.B. in Form der Erfüllung von Verwendungsauflagen an die Subventionsvergabe gebunden ist.

(b) Mögliche Auflagen der Subventionsvergabe:
- Finanzielle Auflagen: Subventionsempfänger muß auch eigene finanzielle Beiträge leisten (z.B. Zinssubventionen)
- Verhaltensauflagen: Bestimmte ökonomische Verhalten wird ausbedungen (z.B. Landwirtschaft: Produktionstätigkeit zu beschränken).
- Verwendungsauflagen: Bestimmte Verwendung der Subventionsmittel ausbedungen (für Rationalisierungsinvestitionen, Produktionsmittelkauf, Preisermäßigung bei Preissubventionen etc.)

(c) Nach der Wachstumswirkung ist zu unterscheiden zwischen:
- Interventionistische Subventionen: Wachstumsfördernd, da Strukturänderungsprozesse eingeleitet („Startsubventionen") oder gefördert („Anpassungssubventionen") werden.
- Dirigistische Subventionen: Wachstumshemmend, da – aus anderen Zielsetzungen heraus – Strukturveränderungen verhindert oder verzögert werden (strukturerhaltende Subventionen).

(d) **Strukturerhaltende Subventionen** sind u.a. als Wachstumsziele zu rechtfertigen: z.B. Subventionen an Landwirtschaft: Mindestgrad an autonomer Versorgung mit Grundnahrungsmitteln soll sichergestellt werden. Positive externe Effekte (Almbewirtschaftung, Kulturträger) sollen abgegolten werden.

Allgemeine Rechtfertigung für diese Art von Subvention: Vermeidung sozialer Härten, lange Phasen struktureller Arbeitslosigkeit sollen vermieden werden, daher Subventionen veralterter Produktionsverfahren zur Vermeidung der Durchführung von Rationalisierungsinvestitionen mit Freisetzung von Arbeitskräften. Stützungskäufe zur Sicherung des Absatzes inländischer Produktion stagnierender Branchen und Unternehmen.

Dies führt dazu, daß die Ursachen der Strukturschwäche nicht beseitigt werden; die notwendige Subventionierung muß daher im Zeitablauf ständig gesteigert werden, sofern nicht gleichzeitig Anreize gesetzt werden, innerhalb der Branche oder des Unternehmens eine allmähliche Strukturanpassung (unter möglichster Vermeidung sozialer Härten) einzuleiten. Erhaltungssubventionen aus verteilungspolitischen Gründen sind nur dann gerechtfertigt, wenn die Subvention nicht nur Liquiditäts- bzw. Einkommenseffekte für den Unternehmer hat. In diesem Fall würden überholte Strukturen erhalten ohne langfristige Maßnahmen zur Absicherung der Arbeitsplätze.

Anpassungssubventionen sind Subventionen, die Strukturänderungsprozesse einleiten; sie fördern die langfristige Beseitigung von Engpässen bzw. Überkapazitäten. Beispiele: Subventionen zur Einführung neuer Verfahren (Minderung des Investitionsrisikos); Subventionen für die betriebliche Aus- und Weiterbildung; Subventionen für Rationalisierungsinvestitionen; Subventionierung neuer Produkte, Unternehmen und Verfahren, sofern als wachstumssteigernd eingeschätzt; kapazitätsmindernde Stillegungssubventionen bei Überschußproduktion.

Die Strukturanpassung der Subventionen kann u.a. durch genaue Verhaltens- und Verwendungsauflagen gesichert werden. Die Effizienz der Subventionspolitik wird überdies durch zeitliche Begrenzung und durch Zwang zur periodischen Erstellung von „Subventionsberichten“ (verbunden mit einer Wirkungsanalyse) gesteigert werden.

II. Konsumtheorie

2.A. Problemstellung

Aufgabe der **Konsumtheorie** ist es, alle jene Einflußfaktoren in ihrer gegenseitigen Verknüpfung darzustellen, die ein bestimmtes Konsumniveau und eine bestimmte Konsumstruktur bewirken. Die Betrachtungsweise ist hier notgedrungenermaßen mikroökonomischer Natur, d.h. es wird das Verhalten einzelner Konsumenten, beziehungsweise einzelner Haushalte, untersucht. Vorausgesetzt wird dabei die Existenz bestimmter Einkommensströme, deren Determinanten in Block 5 behandelt werden; in Block 7 werden die Fragestellungen der Konsumtheorie wieder aufgegriffen, wobei dort allerdings **makroökonomische** Kriterien an die gleichen Sachverhalte angelegt werden. Es muß davon ausgegangen werden, daß sich sämtliche Ziele, die von Konsumenten verfolgt werden, in drei Gruppen einordnen lassen:

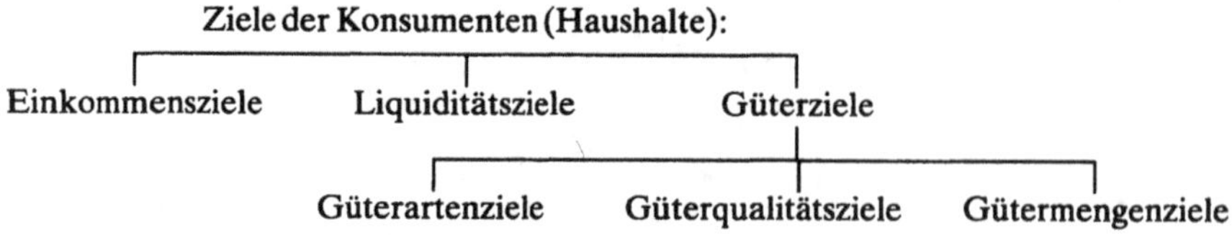

Abb. 25 Konsumziele

(1) **Einkommensziele**. Hierbei geht es um die Maximierung und Stetigkeit von Einkommensströmen über die Zeit.
(2) **Liquiditätsziele**. Im Rahmen von Liquiditätszielen erstreben Haushalte eine Bestand an finanziellen Mitteln, der ausreicht, um geplante Konsumtransaktionen entweder aufgrund des erzielten Einkommens oder auf dem Kreditwege finanzieren zu können. Man spricht in diesem Fall auch von der sogenannten Transaktionskasse. Daneben werden Haushalte bestrebt sein, auch finanzielle Mittel für die Zwecke ertragbringender Geldanlagen bereitzuhalten, sie werden daher Teile der verfügbaren Liquidität in einer sogenannten Spekulationskasse halten (Siehe Block V, Seite 98).
(3) **Güterziele**. Haushalte sind bestrebt, jene Güter zu erwerben, die am besten geeignet sind, ihre speziellen Bedürfnisse zu befriedigen. Sie werden dabei jene Güterarten vorziehen, die ihren Erwartungen im Hinblick auf Preis, Qualität und Quantität am besten entsprechen.

2.B. Grundbegriffe

Traditionellerweise bezeichnet man die oben angeführten Güterziele als **Bedürfnisse** und die Summe aller Bedürfnisse und ihr Verhältnis zueinander als **Bedarfsstruktur**. Im Hinblick auf diese Bedarfsstruktur haben daher sowohl die Einkommensziele als auch die Liquiditätsziele instrumentalen Charakter, d.h. sie sind letztlich die Voraussetzung für die Erreichung von Güterzielen (Bedürfnissen).

Man könnte daher die **Instrumente**, über die die Konsumenten bzw. Haushalte verfügen, wie folgt einteilen:

(1) Das **verfügbare Einkommen** als Grundlage von Konsumentscheidungen.
(2) Das **Ausmaß an Liquidität**, das entweder positiv korreliert ist mit dem erzielten verfügbaren Einkommen, oder aber in Abhängigkeit steht zum Liquiditätsgrad des vorhandenen Real- und Geldvermögens, oder aber von der Möglichkeit der Kreditaufnahme beeinflußt wird.
(3) **Information** über die Art und Menge des vorhandenen Einkommens bzw. der vorhandenen Liquidität sowie über die Effizienz des Einsatzes der Konsuminstrumente bezüglich der Zielerreichung. Als Informationsbereiche im Konsum gelten:

a) die Lage der verschiedenen Versorgungsquellen sowie Arten und Preise ihres Angebots;
b) die Höhe des gegenwärtig verfügbaren sowie des künftig erwarteten Einkommens/und der sonstigen einsatzfähigen finanziellen Mittel;
c) die zukünftigen Preise bzw. mengenmäßigen Versorgungslagen (insbes. Engpässe und Schwemmen).

Vier Arten von Konsumhandlungen sind zu unterscheiden, wobei bei den einzelnen Handlungen unterschiedliche Kriterien zur Anwendung gelangen:

(1) **rationale Konsumhandlungen**: Darunter versteht man den bewußten und überlegten (reflektierten) Einsatz von Mitteln zur Erreichung von Zielen unter bestmöglicher Verwertung verfügbarer Information. Rationale Konsumhandlungen weisen vor allem eine starke Preis- und Einkommensabhängigkeit der Konsumhandlungen auf. Obwohl die Nachfragetheorie sich vorwiegend mit dem Rationalverhalten beschäftigt hat, sind in der Realität beim Konsum die folgenden Aktionstypen bedeutsamer.
(2) **Impuls- oder Affekthandlungen**: Diese erscheinen als rein zufällig bestimmt, ökonomisch nicht näher erklärbar, d.h. bei ihnen finden die typischen ökonomischen Variablen Preis und Einkommen keine direkte Berücksichtigung. Impulshandlungen sind vor allem bei Bagatellekäufen wahrscheinlich, darüber hinaus bei Gütern, die in besonderem Maße den Schönheitssinn ansprechen.

Welche Ausgabe infolge der relativen Geringfügigkeit des zu entrichtenden Preises als Bagatelleausgabe empfunden wird, hängt ab:

a) von Persönlichkeitseigenschaften des Konsumenten,
b) von seinem Einkommen,
c) von der seit der Auszahlung des Einkommens verflossenen Zeitspanne,
d) vom Beschäftigungsausmaß des Konsumenten,
e) von den Kaufgewohnheiten seiner sozialen Umgebung.

Je höher das Einkommen, je kürzer es vorher ausgezahlt wurde und je größer die Zeitknappheit, desto größer ist wahrscheinlich die Ausgabe, die noch als Bagatelle betrachtet wird.

(3) **Gewohnheitshandlungen**: Sie sind abhängig von früheren Konsumakten und beruhen überindividuell auf überkommenen sozialen Traditionen, individuell auf dem geringeren psychischen Widerstand bei Wiederholung von Handlungen. Gewohnheitshandlungen sind vor allem bei Gütern des täglichen Bedarfs, insbesondere also beim Kauf von Nahrungsmitteln und bei Genußmitteln wahrscheinlich.

(4) **Sozial abhängige Handlungen**: Hier tritt die Abhängigkeit von den Handlungen der Mitmenschen und deren Wertschätzungen in den Vordergrund. Dies

wird besonders bei Modeartikeln klar erkenntlich, und zwar sowohl bei Geschmacksführern wie bei Nachahmern. Denn sowohl der Wunsch, sich von der Masse abzuheben, wie der, nicht als Außenseiter betrachtet zu werden, führen zu Verhaltensweisen, die am Urteil der Mitwelt orientiert sind. Wie weit der Kreis modischer Güter gespannt ist, wird je nach der durchschnittlichen Bedeutung gesellschaftsbezogenen Handelns von Gesellschaft zu Gesellschaft differieren.

Der Begriff „**Nutzen**" zählt – wie auch der Begriff „Wert" zu jenen zunächst undefinierten Begriffen, die ihren Begriffsinhalt erst durch das zugehörige theoretische System erhalten. Außerdem ergeben sich bei der Definition des Nutzens folgende **Schwierigkeiten**:

(a) Nutzenvorstellungen werden mitunter in einem sehr langwierigen und komplexen Lernprozeß entwickelt. Darüberhinaus können oft nur größere Nutzenunterschiede klar erkannt werden, die dann in der Folge zu Änderungen der Disposition führen.
(b) Mit ein und demselben Gut können auch mehrere Bedürfnisse befriedigt werden (z.B. Autokauf: Fortbewegung, ästhetische Belange, Prestige etc.); bzw. mehrere Güter eignen sich zur Befriedigung eines Bedürfnisses.

Beim Ansatz des Nutzens müssen wir zwischen Gesamtnutzen und Grenznutzen unterscheiden. Der **Gesamtnutzen** ist der Nutzen, den ein Gut oder die konsumierten Einheiten eines Gutes insgesamt in einer Zeitperiode zu stiften vermögen. Als **Grenznutzen** bezeichnet man hingegen den Nutzen, den eine weitere (die jeweils letzte) Einheit eines Gutes pro Zeiteinheit zu stiften vermag. Dabei ist die praktische und analytische Bedeutung des Grenznutzens insofern umstritten, als das Konzept nur schwer operationalisiert werden kann. Wobei allerdings nicht bestritten werden soll, daß es bestimmte Güter gibt, bei denen der Nutzen mit zunehmender Befriedigung des Bedürfnisses ständig abnimmt. Dies gilt z.B. für lebensnotwendige Güter, die überwiegend physiologisch notwendig sind. Bei einer Reihe von Gütern, insbesondere bei solchen, die vom Staat angeboten werden (Informationsgüter, Güter im Rahmen von Infrastrukturleistungen) wird wahrscheinlich die Nutzenstiftung nicht ab- sondern eher zunehmen.

Auch der Begriff der **Präferenz** muß hier erwähnt werden. Man wird der Sache wohl am besten gerecht, wenn man die Präferenz als Nutzenunterschiede zwischen zwei oder mehreren Gütern interpretiert.

Ist eine Präferenz für ein bestimmtes Gut nicht feststellbar, so liegt der Fall der **Indifferenz** vor. Jenen Bereich der Konsumtheorie, der sich mit diesen Fällen beschäftigt, bezeichnet man als Indifferenzkurvenanalyse. Man geht von der Tatsache aus, daß jeder Konsument, dem Präferenzen auszudrücken möglich ist, auch Indifferenzen ausdrücken kann, d.h. er kann sagen, daß der Nutzen einer bestimmten Güterkombination für ihn gleich groß ist wie der einer anderen.

Schließlich muß noch der Begriff der **Konsumentensouveränität** geklärt werden. Sie besagt im **normativen** Sinne, daß die Leistung einer Wirtschaft danach beurteilt werden sollte, bis zu welchem Grad sie die Wünsche der Konsumenten erfüllen.

Gegen diese normative Verwendung des Begriffs der Konsumentensouveränität werden vielerlei **Einwände** vorgebracht, deren wichtigste sind:

a) Den Konsum als alleinigen Zweck allen Wirtschaftens hinzustellen ist unrichtig; jedes Wirtschaften hat vielmehr auch einen Selbstzweck, nämlich die Befriedigung des Menschen an seiner Leistung;
b) In einer Marktwirtschaft werden die den Wirtschaftsprozeß bestimmenden Entscheidungen sowohl vom Konsumenten als auch von Unternehmern getroffen;
c) Die Konsumenten bezwecken mit der Marktentnahme nur die Realisierung ihres Lebensstandards – und dafür genügt Konsumentenfreiheit.

Die normative Verwendung des Begriffes der Konsumentensouveränität bildet eine Grundlage der Wohlfahrtsökonomik.

Im **deskriptiven** Sinne besagt die **Konsumentensouveränität**, daß in einer Marktwirtschaft die Produktion letztlich immer darauf ausgerichtet ist, den Wünschen der Konsumenten zu entsprechen – die Leistungen des Marktes richten sich also nach den Wünschen der Konsumenten. Infolge ihrer heutzutage weitgehenden Fremdbestimmtheit können jedoch die Wünsche der Konsumenten vielfach nicht mehr als ihre eigenen angesehen werden. Unternehmungen nämlich versuchen, um den Absatz zu erhöhen, die Präferenzen der Konsumenten durch Werbung in ihrem Sinne zu beeinflussen. Vom einzelwirtschaftlichen Standpunkt wird die Werbung meistens als ein unentbehrliches Instrument der Absatzförderung angesehen; über ihre gesamtwirtschaftliche Bedeutung bestehen jedoch unterschiedliche Ansichten. So trägt die Werbung zwar grundsätzlich dazu bei, die Märkte transparenter zu machen, doch schafft sie gleichzeitig erst die Voraussetzungen für die oft übertriebene vertriebspolitische Produktdifferenzierung, die ihrerseits die Markttransparenz wieder erschwert. Außerdem wird durch die Kosten der Werbung eine Senkung der Preise erschwert. Umgekehrt wird durch die Werbung der technische Fortschritt gefördert, da sich neue Produktionsverfahren oft nur einführen lassen, wenn durch die Werbung ein gewisser Absatz gesichert wird.

2.C. Konsumtheoretische Erklärungsmuster

2.C.1. Die **Bedarfsstruktur** (also die Summe aller Bedürfnisse und ihr Verhältnis zueinander) variiert mit dem Alter der Wirtschaftssubjekte, mit der Situation in der Gesellschaft, in der diese Wirtschaftssubjekte leben, der jeweiligen Situation, in die diese geraten, der Motivation, der Menge verfügbarer Informationen (Werbung) und den finanziellen Mitteln, die zur Bedürfnisbefriedigung zur Verfügung stehen.

2.C.2. Das **Ausgabenniveau** und die **Ausgabenstruktur** eines Haushaltes wiederum werden von sehr unterschiedlichen Einflußfaktoren bestimmt, die sich teils verstärken, teils abschwächen; es sind dies insbesondere folgende:

(1) die Zahl der in einem Haushalt lebenden Wirtschaftssubjekte,
(2) die Präferenzen des Haushaltes (Vorliebe der Wirtschaftssubjekte für bestimmte Güter),
(3) die Preise der Güter, die nachgefragt werden,
(4) die Preise anderer Güter (Komplementärgüter bzw. Substitutionsgüter),
(5) die Art und Zusammensetzung der vorhandenen Konsumgüterbestände,
(6) der Finanzierungsspielraum, der seinerseits wieder abhängt vom vergange-

nen, gegenwärtigen und zukünftigen Einkommen, von der Höhe des Real- und Geldvermögens und den Kreditmöglichkeiten, die ihrerseits wieder vom Einkommen bzw. der Höhe des Gesamtvermögens abhängen.

Aus dem Gesagten ergibt sich, daß das Ausgabenniveau gleich ist der Summe aller effektiven Nachfragemengen, nach den von einem Haushalt benötigten Einzelgütern.

2.C.3. Die **Nachfrage eines Haushaltes** nach einem einzelnen Gut kann man auch in Form von **Nachfragekurven** (Nachfragefunktionen) graphisch darstellen. Dabei ergibt sich allerdings immer die Schwierigkeit, daß nur zwei, maximal drei, der zuvor angeführten Determinanten berücksichtigt werden können.

Trotzdem kann die Ableitung von Nachfragekurven nur mit Hilfe der ceteris paribus Bedingung erfolgen, d.h. der Einfluß einer Variablen auf die Nachfrage nach einem Gut wird unter Konstanthaltung der anderen Einflußvariablen untersucht. Wir nehmen also alle obigen Faktoren außer den Preis eines bestimmten Gutes als konstant an und kommen dann zu folgender Nachfragefunktion:

$N_i = f(p_i)$ = Die Nachfrage nach einem bestimmten Gut ist eine Funktion des Preises des betreffenden Gutes.

Normalerweise wird nun die gewünschte Menge pro Zeiteinheit umso größer sein, je geringer der Preis ist (und umgekehrt). Es liegt also eine normale Reaktion vor. Es gibt aber auch Güter, bei denen die Nachfrage steigt, wenn der Preis steigt (Prestigedenken, sogenannter Vebleneffekt); es liegt dann eine **anormale Reaktion** vor.

Die Nachfragekurven könnten demnach folgendes Aussehen haben:

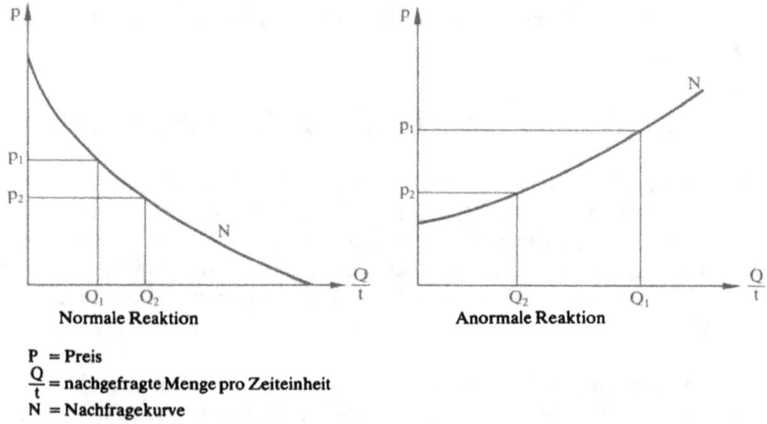

Abb. 26 „Normale" und „anormale" Reaktion der Nachfrage

Wenn der Preis sinkt, z.B. von p_1 auf p_2, so erfolgt eine Bewegung entlang der Nachfragekurve von Q_1 auf Q_2 (die nachgefragte Menge steigt also). Steigt der Preis, so ist es umgekehrt. Der Berührungspunkt der Nachfragekurve mit der Preisachse ergibt einen sogenannten **Prohibitivpreis** (bei diesem Preis wird nichts mehr abgesetzt), der Berührungspunkt mit der Mengenachse ergibt den **Sättigungspunkt**. Bei anormaler Reaktion der Nachfrage bewirkt hingegen ein Sinken des Preises von p_1 auf p_2 auch einen Rückgang der nachgefragen Menge von Q_1 auf Q_2.

2.C.4. Zwischen zwei Gütern besteht **Komplementarität**, wenn die Verwendung des einen Gutes den Gebrauch des anderen bedingt, z.B. Automobil-Treibstoff, Briefpapier-Briefumschlag, Ski-Skibindung usw. Umgekehrt besteht ein **substitutives** Verhältnis, wenn die Güter einander ersetzen können, z.B. Butter-Margarine, Schwarzbrot-Weißbrot u.a.

Findet nun eine Preiserhöhung eines **Komplementärgutes** (Auto) statt, so wird dies die Nachfrage nach dem anderen Gut (Treibstoff) vermindern, es kommt zu einer Linksverschiebung der Nachfragekurve bei Treibstoff, d.h. es wird zum selben Preis weniger nachgefragt. Umgekehrt bewirkt eine Preissenkung eines Komplementärgutes eine Steigerung der Nachfrage nach dem anderen Gut, es kommt zu einer Rechtsverschiebung der Nachfragekurve.

Bei einem **Substitutionsgut** (Butter) führt hingegen eine Preissenkung zu einer Verminderung der Nachfrage nach dem anderen Gut (Margarine), bzw. eine Preiserhöhung eines Substitutionsgutes zu einer Erhöhung der Nachfrage nach dem anderen Gut. Bei einem substitutiven Verhältnis führt also eine Preissenkung des einen Gutes zu einer Linksverschiebung der Nachfragekurve des anderen Gutes, eine Preiserhöhung aber zu einer Rechtsverschiebung. Die Nachfrage nach Margarine wird demnach umso größer sein, je höher der Butterpreis ist und umgekehrt, natürlich immer unter der Annahme, daß keine preis- und einkommensunabhängigen sogenannten autonomen Änderungen oder Geschmackswandlungen auftreten.

Zu einer **Rechtsverschiebung** der Nachfragekurve kommt es im Falle einer

- Präferenzänderung zugunsten der betreffenden Ware,
- Einkommenssteigerung,
- Preiserhöhung eines Substitutionsgutes,
- Preissenkung eines Komplementärgutes.

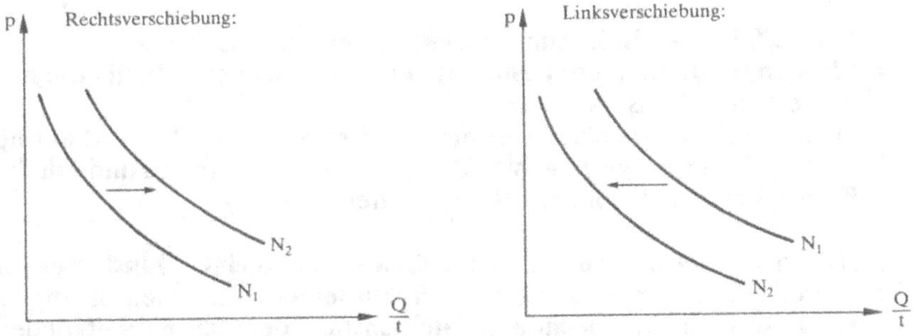

P = Preis
$\frac{Q}{t}$ = nachgefragte Menge per Zeiteinheit
N_1, N_2 = Nachfragekurven

Abb. 27 Verschiebung von Nachfragekurven

Analog dazu wird es zu einer **Linksverschiebung** der Nachfragekurve kommen, wenn beispielsweise folgendes eintritt:

- Präferenzänderung zugunsten der betreffenden Ware,
- Einkommensverringerung,
- Preissenkung eines Substitutionsgutes,
- Preiserhöhung eines Komplementärgutes.

2.C.5. Setzt man ceteris paribus die **Nachfrage** in Abhängigkeit vom **Einkommen**, also $N_i = f(Y)$, N_i = Nachfrage nach dem Gut i, Y = persönlich verfügbares Einkommen, so sind drei verschiedene Funktionszusammenhänge möglich, die in Abb. 28 dargestellt sind.

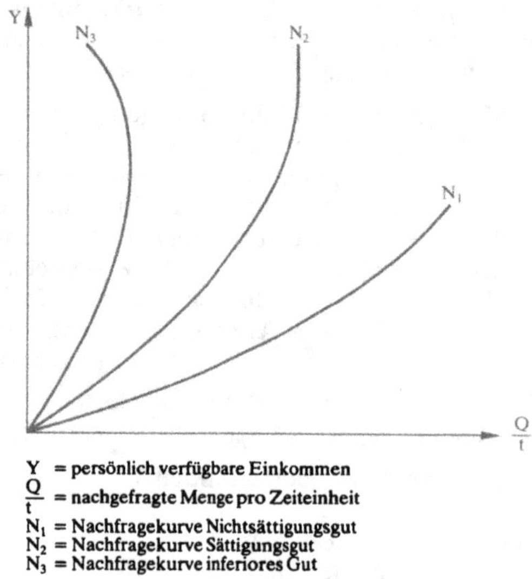

Abb. 28 Funktionszusammenhänge zwischen Einkommen und Nachfrage

N_1 = **Normalfall**: Das Einkommen steigt, es steigt die Nachfrage;
N_2 = **Sättigungsgut**: Ab einer bestimmten Einkommenshöhe bleibt die nachgefragte Menge konstant (Salz);
N_3 = **inferiores Gut**: Ab einer bestimmten Einkommenshöhe wird auf höherwertige Güter umgestiegen, z.B. von Pferdefleisch auf Rindfleisch, von Kaffee-Ersatz auf Bohnenkaffee („Giffen-Effekt").

2.C.6. Die **Ausgabenstruktur** und der **Lebensstandard eines Haushaltes** hängen nicht nur vom Einkommen, sondern auch von seiner Zusammensetzung (Zahl, Alter, teilweise auch Geschlecht und Familienstand der Haushaltmitglieder) ab. Diese verschiedenen Einflüsse können einander teils verstärken und teils entgegenwirken.

Im einzelnen sind folgende Wirkungen (abgesehen von persönlichen Präferenzen) anzuführen:

(1) Mit steigendem Familieneinkommen wird unter sonst gleichen Voraussetzungen relativ (im Vergleich zu den Gesamtausgaben) weniger für unelastische Bedürfnisse (z.B. Nahrungsmittel) verwendet – (Engel-Kurven, siehe S. 51f.).

(2) Je mehr Personen von einem bestimmten Haushaltseinkommen leben müssen, desto geringer ist der Lebensstandard pro Kopf. Wachsende Haushaltsgrößen bei gleichen Gesamteinkommen haben demnach annähernd die gleiche Wirkung auf die Ausgabenstruktur wie sinkende Einkommen bei gleicher Haushaltsgröße (man spricht hier vom sogenannten „Verarmungseffekt“ durch wachsende Haushaltsgröße).
(3) Die negativen Effekte einer steigenden Haushaltsgröße (bei gleichem Einkommen) werden jedoch teilweise dadurch kompensiert, daß in größeren Haushalten Einsparungen (economies of scale, positive interne Effekte) möglich sind. Diese „economies of scale“ stellen spezifische Einsparungen dar. Beispielsweise beim Einkauf, bei der Lagerung und bei der Zubereitung bestimmter Güter etc. Dadurch kommt es zu einem indirekten Einkommenseffekt. Der „Einkommensüberschuß“ kann entsprechend einem höheren Lebensstandard für den Ankauf zusätzlicher Güter verwendet oder gespart werden.
(4) Kinder haben meist einen geringeren Bedarf als Erwachsene. Haushalte mit Kindern schneiden daher bei gleichen Haushaltseinkommen besser ab als Erwachsenenhaushalte mit gleicher Kopfzahl.
(5) Das Alter des Haushaltsvorstandes oder die Phase des Familienzyklus spiegelt sich in bestimmten Konsumgewohnheiten, die die anderen konsumbestimmenden Faktoren zum Teil überlagern.

2.C.7. Wie bereits unter 2B erwähnt, nimmt mit steigenden Verbrauchsmengen eines Gutes (bzw. bestimmter Güter) der Grenznutzen pro Zeiteinheit ab, wenn sich der Konsum der übrigen Güter nicht ändert. Diese Annahme wird als Gesetz vom abnehmenden Grenznutzen oder auch **erstes Gossen'sches Gesetz** (nach H. H. Gossen) bezeichnet. Wichtig ist, daß die Annahme des fallenden Grenznutzens nur für eine bestimmte Zeitperiode t gilt. Denn ganz offensichtlich erhält man unterschiedliche Verläufe der Nutzenfunktion, wenn die Konsumperiode bei gegebenen Gütermengen z.B. nicht einen Tag, sondern einen Monat beträgt. Bei einem Sättigungsgut wird der Grenznutzen ab einer bestimmten konsumierten Menge sogar negativ.

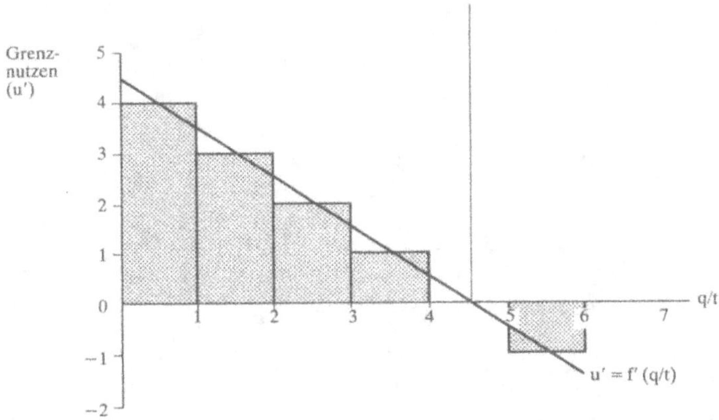

Abb. 29 Grenznutzen

Der Nutzen eines Gutes hingegen, das verschiedene Bedürfnisse befriedigen kann, wird dann am größten, wenn man das Gut so auf alternative Verwendungsrichtungen verteilt, daß der Grenznutzen der Teilmenge gleich wird. Diese Konsequenz nennt man Gesetz vom Ausgleich der Grenznutzen oder **zweites Gossen'sches Gesetz**.

Natürlich sind die Fälle, in denen ein Gut mehrere Bedürfnisse befriedigen kann (z.B. Wasser zum Kochen, Auto reinigen, Wäsche waschen usw.) in der Realität nicht sehr häufig. Ein „Gut" mit fast jeder denkbaren Verwendung ist jedoch Geld, sodaß es naheliegt, das 2. Gossen'sche Gesetz insbesondere bei der Analyse der Ausgaben des „Universalgutes" Geld heranzuziehen. Da aber die verschiedenen Güter meist nicht denselben Preis haben, kommt es nun nicht auf die Gleichheit der Grenznutzen, sondern auf den mit Preisen gewogenen Grenznutzen an = Gesetz vom Ausgleich der gewogenen Grenznutzen. Kostet z.B. ein Gut pro Einheit S 10,–, das andere S 5,–, so müßte eine gegebene Geldsumme so auf die beiden Güter verteilt werden, daß der Grenznutzen einer Einheit des ersten Gutes doppelt so groß ist wie der des zweiten.

Hauptkritikpunkt an der Grenznutzen-Anlayse ist die Tatsache, daß ein allgemeiner kardinaler Maßstab zur Messung des Nutzens nicht gefunden werden konnte. Zum anderen bleibt die Interdependenz zwischen den Gütern weitgehend im dunkeln.

2.C.8. In der **Indifferenzkurven-Analyse** wird anstelle des Versuches, den Nutzen in absoluten Einheiten zu messen, gefragt, ob ein bestimmtes Nutzenniveau höher oder niedriger ist als ein anderes. Der Einfluß der Bedürfnisse wird unter der Annahme analysiert, daß einem Haushalt von zwei Gütern unterschiedliche Mengen zur Verfügung stehen. Die **Indifferenzkurve** ist dann die Verbindungslinie (geometrischer Ort) solcher Güterkombinationen, die nach Ansicht des Haushaltes denselben Nutzen stiften, für ihn also gleichwertig (indifferent) sind. Üblicherweise wird dieser Sachverhalt wie folgt dargestellt (für nicht vollständig substitutive bzw. nicht vollständig komplementäre Güter):

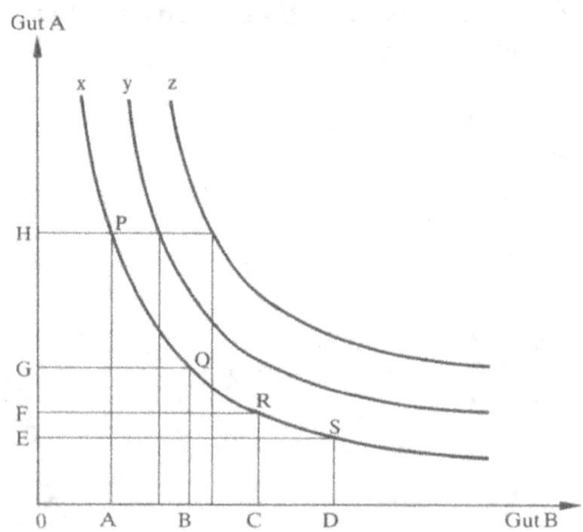

Abb. 30 Indifferenzkurven

Die Güterkombination OA-OH stiftet denselben Nutzen wie OB-OG. Alle Werte, die denselben Nutzen stiften wie diese Kombinationen, liegen auf der Indifferenzkurve X. Je weiter nun die Indifferenzkurve vom Ursprung entfernt ist, desto größer ist der Nutzen, den die auf ihr befindlichen Güterkombinationen stiften (sämtliche Güterkombinationen auf der Indifferenzkurve Y ergeben demnach einen größeren Nutzen als jene auf der Indifferenzkurve X). Warum sind nun die Indifferenzkurven zum Ursprung hin **gekrümmt?**

Die Güterkombinationen P, Q, R und S auf der Indifferenzkurve X stiften also denselben Nutzen. Der Konsument ist jedoch offenbar bereit, zuerst mehr Einheiten vom Gut A für eine zusätzliche Einheit vom Gut B einzutauschen (bei Änderung der Kombination von P nach Q) als in der Folge (von Q nach R bzw. R nach S). Je geringer der Vorrat an Gut A, desto weniger will davon der Konsument für eine zusätzliche Einheit vom Gut B eintauschen. Der zusätzliche Nutzen (Grenznutzen), den ein Konsument einer Einheit seines Gütervorrats zumißt, ist also umso größer, je kleiner der Vorrat ist. Oder anders formuliert: Soll das Nutzenniveau gleichbleiben, muß ein Konsument bei fortlaufender Verringerung eines Gutes um eine Einheit eine ständig größer werdende Menge des anderen Gutes zusätzlich konsumieren. Berücksichtigt man noch die Haushaltsausgaben in Form einer **Budgetlinie** des Haushalts (die Budgetlinie ist der geometrische Ort für alle Mengenkombinationen, die der Haushalt mit seinem Einkommen bzw. seiner vorgesehenen Ausgabensumme bei gegebenen Preisen erreichen kann), kann der maximale Nutzen des Haushalts abgeleitet werden: das höchste Nutzenniveau ist auf einer Indifferenzkurve erreicht, die die Budgetlinie zur Tangente hat (alle Mengenkombinationen rechts von der Budgetlinie sind unerreichbar, alle links von ihr von geringerem Nutzen).

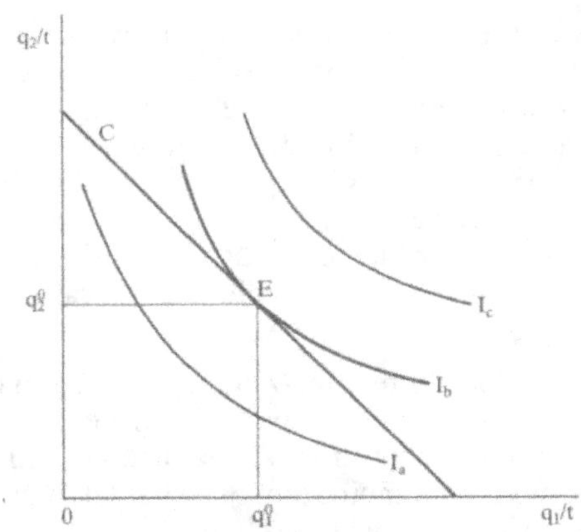

Abb. 31 Indifferenzkurven mit Budgetlinie

Gegen ein zu ausgiebiges Argumentieren mit Hilfe von Indifferenzkurven kann jedoch u.a. vorgebracht werden:

a) Die Interdependenz der Bedarfsstrukturen wird nicht berücksichtigt (z.B. Mitläufereffekt, Snobeffekt),
b) die Annahme vollständiger Informationen ist zu rigoros,
c) der Konsument muß sich in den meisten Fällen zwischen mehr als zwei Gütern entscheiden,
d) die Annahme des Rationalverhaltens ist bei gewissen Konsumgütern (z.B. Modeartikeln) besonders unrealistisch,

e) die (realistische) Annahme von Schwellenwerten der Fühlbarkeit bedeutet, daß tatsächlichen Entscheidungen – wenn überhaupt – breite Indifferenzbänder und nicht Indifferenzlinien zugrundeliegen.

2.C.9. Vor allem die beiden zuletzt genannten Kritikpunkte der Indifferenzkurven-Analyse versucht die **Revealed Preference-Analyse** zu vermeiden.

Die Hypothese der **bekundeten** oder **faktischen Präferenz** stellt auf den Entscheidungsakt des Konsumenten ab. Sie ist gegenüber anderen Hypothesen wertfrei konzipiert. Die Meßbarkeit des Nutzens muß nicht unterstellt werden. Die Nachfrage der Konsumenten wird nicht (wie bei der Indifferenzkurvenanalyse) aus seinen Nutzenvorstellungen aller möglichen Gütermengenkombinationen, sondern aus seinem beobachtbaren (faktischen) Verhalten abgeleitet. Sie stellt also ein empirisches Konzept dar. Dabei geht man von folgender Grundvorstellung aus:

Ein Konsument entscheidet sich für den Kauf einer bestimmten Gütermengenkombination A (Güterbündel A) entweder, weil er dieses Güterbündel A einem anderen Güterbündel B vorzieht, das er mit seinem Einkommen auch hätte kaufen können, oder weil A billiger als B ist. Sind nun die Güterpreise von A und B bekannt, und ist A nicht billiger als B, dann bleibt als einzige plausible Erklärung: A wird gewählt, weil der Konsument dieses Güterbündel der Kombination B vorzieht.

Zu beachten sind folgende **Annahmen**, auf denen die Präferenzhypothese beruht:

1) Der Konsument verhält sich „konsistent“, d.h., wenn in einer Situation A bei Existenz von B gewählt wurde, dann darf in einer anderen Situation nicht B gewählt werden, wenn A ebenfalls verfügbar ist.
2) Der Konsument muß „transitiv“ handeln, d.h. wenn $A > B$ und $B > C$ vorgezogen wird, dann muß auch $A > C$ vorgezogen werden. Ist dies nicht der Fall, so liegen „zirkuläre“ Präferenzen vor.
3) Der Konsument darf nie eine kleinere Gütermenge einer größeren vorziehen.
4) Das reale Haushaltseinkommen und die nachgefragte Gütermenge ändert sich in gleicher Richtung.

Kritik ist an der Revealed Preference-Analyse vor allem deshalb angebracht, da sie unterstellt, daß sich die Bedürfnisstruktur des Konsumenten nicht wandelt. Wenn sich ein Haushalt angesichts einer Vielzahl von Möglichkeiten immer wieder für dieselbe Gütermengenkombination entscheidet, dann bedeutet das: seine Bedürfnisstruktur kann sich nicht geändert haben.

2.C.10. Die Schwächen der traditionellen Haushaltstheorie (Grenznutzen-, Indifferenzkurven- und Revealed Preference-Analyse) versucht das **Konzept der relevanten Gütereigenschaften** (K. J. Lancester) zu überwinden. Die Kernhypothese lautet: Die Nachfrage hängt letztlich nicht vom Gut in seiner Gesamtheit, sondern von bestimmten für den Verbraucher relevanten Eigenschaften eines Gutes ab. Typisch für ein Konsumgut sei, daß es ein Bündel von Gütereigenschaften besitze. Einige dieser Eigenschaften mögen einen Verbraucher nicht interessieren, andere dagegen sind Grundlagen seiner Entscheidung beim Kauf (z.B. bei einem Fahrzeug Kraftstoffverbrauch, Höchstgeschwindigkeit, Form u.a.). Somit lassen sich komplexe Konsumgüter auf jene Eigenschaften zurückführen, auf die es dem einzelnen Verbraucher ankommt. Und solche Eigenschaften erlauben auch Vergleiche zwischen verschiedenen Gütern. Der **Nachteil** dieser Betrachtungsweise liegt aber darin, daß sie eine objektive Meßbarkeit von Gütereigenschaften sowie Markt- und Qualitätstransparenz voraussetzt, welche bei vielen Gütern nicht vorliegt.

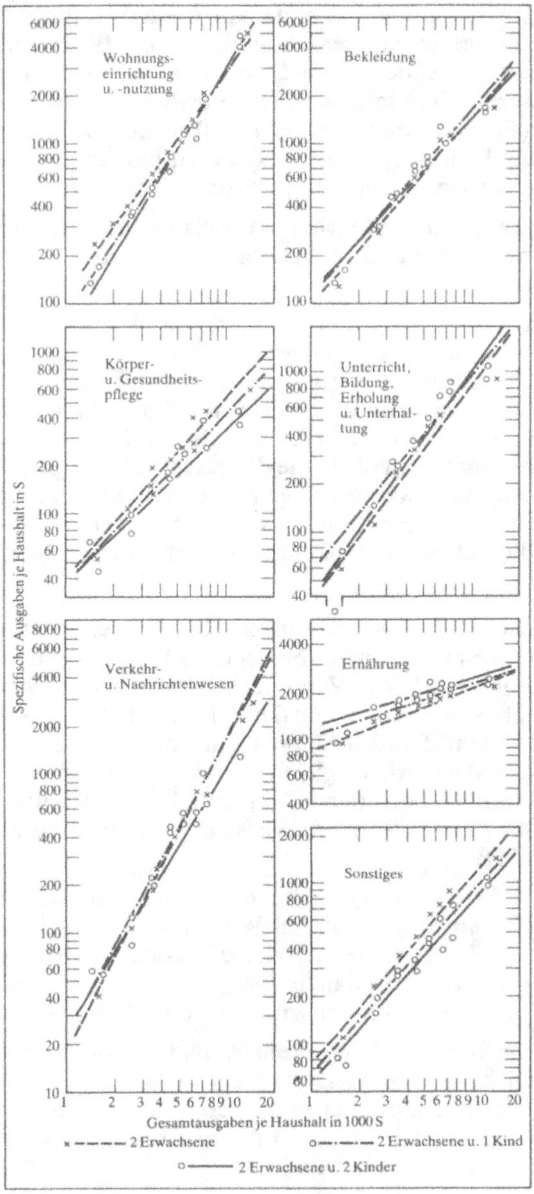

Abb. 32 Beispiele für Engel-Kurven (entnommen G. Kohlhauser, S. 166)

2.C.11. Unter „**Engel-Kurven**" versteht man graphische Darstellungen der Beziehungen zwischen der Höhe der Verbrauchsausgaben oder Verbrauchsmengen und alternativen Höhen des Einkommens eines Haushaltes (S. Klatt).

Bei Engelkurven im ursprünglichen Sinn – „je ärmer eine Familie ist, ein desto größerer Anteil von den Gesamtausgaben muß zur Beschaffung der Nahrung aufgewendet werden" – ist zu beachten, daß die Gültigkeit ihrer Aussagen mit steigendem Wohlstand relativiert werden muß, d.h. die Einkommenselastizität der Nachfrage wird eine Tendenz zum Steigen aufweisen, daß mit wachsendem Wohlstand die Bereitschaft zunimmt, Grundnahrungsmittel durch anderweitige Nahrungsmittel (Fertigprodukte, die zum Teil als Luxusgüter anzusehen sind) zu ersetzen. Eine ähnliche Wirkung tritt dadurch ein, daß in verstärktem Maße Dienstleistungen von Restaurants in Anspruch genommen werden.

Engelkurven können jedoch nicht nur für Nahrungsmittel konstruiert werden, sondern für alle möglichen anderen **Ausgabenkategorien**, z.B. Bekleidung, Körperpflege, Erholung.

Theoretisch lassen sich Engelkurven aus den Indifferenzkurven und Bilanzgeraden der Haushalte ableiten. Dahinter verbirgt sich die Vorstellung der Grenznutzentheorie vom rationalen Verbraucher, dessen Konsumentscheidungen ausschließlich von den ökonomischen Datenkonstellationen beeinflußt werden. Die Analyse des Verlaufs von Engelkurven erlaubt die Beurteilung der Wirkung von **Einkommensänderungen** auf die Höhe der Nachfrage. Engelkurven beruhen auf Querschnittsdaten. Meist werden Engelkurven vor allem deshalb geschätzt, um aus ihrem Verlauf oder auf Grund von abgeleiteten Größen (Elastizitäten) Grundlagen für die Beurteilung zukünftiger Konsumprozesse zu gewinnen.

2.C.12. Im Abschnitt 2.C.1. wurde zunächst bewußt vereinfachend davon ausgegangen, daß sich die Bedarfsstrukturen der einzelnen Wirtschaftssubjekte gegenseitig nicht beeinflussen. Diese Vereinfachung wird nun fallen gelassen: in der Realität ist vielmehr sogar sehr häufig der Fall einer **Interdependenz der Bedarfsstrukturen** festzustellen. Die Nachfrage nach einem Gut kann nämlich auch dadurch zunehmen, weil andere das gleiche Gut konsumieren (Mitläufereffekt), sie kann zunehmen, weil das betreffende Gut mehr kostet als andere Güter (Veblen-Effekt) bzw. abnehmen, weil andere Wirtschaftssubjekte das gleiche Gut konsumieren (Snobeffekt):

Der **Mitläufer-Effekt** erklärt das Phänomen, daß Wirtschaftssubjekte ein Gut nachfragen, weil es auch von anderen Wirtschaftssubjekten nachgefragt wird. Die Nachfrage wird also gesteigert durch die Tatsache, daß das Gut auch von vielen anderen konsumiert wird. Man tut dies, um zu einer Gruppe von Leuten gezählt zu werden, der man angehören will, um modisch zu sein oder stilvoll.

Gesellschaftliche Tabus wirken wie ein Mitläufer-(Bandwagon) Effekt mit umgekehrtem Vorzeichen. Manche Leute fragen Gütern nicht nach, weil sie auch von manchen (oder vielen, oder allen) anderen Konsumenten nicht nachgefragt werden. So könnte es sein, daß ein Gut, trotz seiner objektiven Nützlichkeit, nicht nachgefragt wird, weil es tabuisiert ist.

Der **Snobeffekt** hat das Phänomen zum Gegenstand, daß die Nachfrage nach einem Konsumgut abnimmt, weil es von vielen anderen Wirtschaftssubjekten konsumiert wird. Das Gut wird nicht mehr gekauft (konsumiert), weil es „sowie-

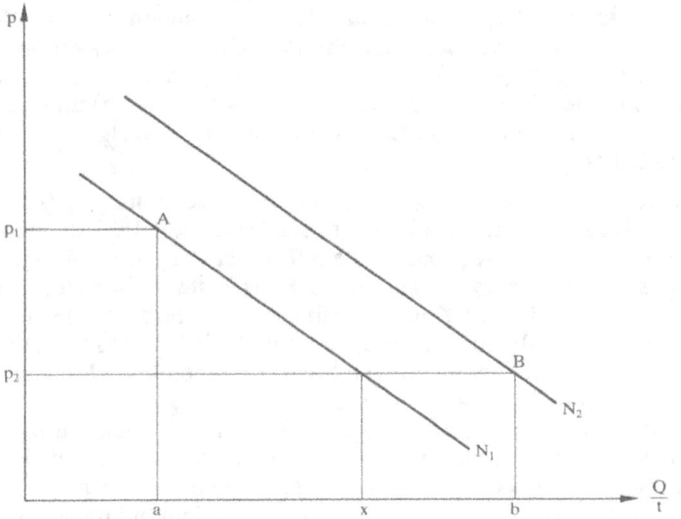

p = Preis
$\frac{Q}{t}$ = nachgefragte Menge pro Zeiteinheit
N_1 = Nachfragekurve ohne Mitläufereffekt
N_2 = Nachfragekurve ohne Mitläufereffekt

Abb. 33 Mitläufereffekt; Preissenkung $p_1 \rightarrow p_2$ würde Nachfragesteigerung a→x entsprechen, tatsächliche Steigerung aber a→b

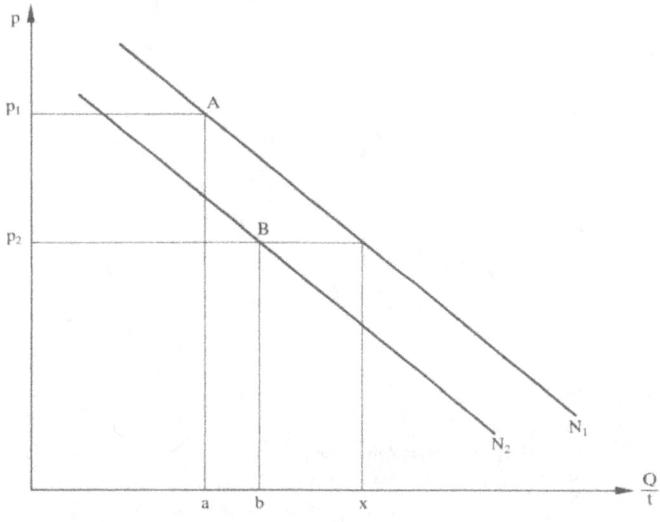

p = Preis
$\frac{Q}{t}$ = nachgefragte Menge pro Zeiteinheit
N_1 = Nachfragekurve ohne Snobeffekt
N_2 = Nachfragekurve mit Snobeffekt

Abb. 34 Snobeffekt; Preissenkung $p_1 \rightarrow p_2$ würde Nachfragesteigerung a→x entsprechen, tatsächliche Steigerung aber nur a→b

so schon jedermann hat". Darin drückt sich das Streben nach Exklusivität, der Wunsch, möglichst wenig mit der „Masse" zu tun zu haben, aus. Am deutlichsten zeigt sich der Snob-Effekt bei einer Preisverschiebung: bei einem gegebenen Preis p_1 sei die Nachfrage a. Wenn nun der Preis von p_1 auf p_2 gesenkt wird, verlassen die Snobs den Markt (fragen das Gut nicht mehr nach) und die Nachfrage nimmt nicht in dem Maß zu, wie man es aufgrund des niedrigeren Preises annehmen hätte können.

Der **Vebleneffekt** (nach T. Veblen) erklärt die Erscheinung, daß die Nachfrage nach einem Gut zunimmt, obwohl, oder gerade weil sein Preis steigt. Der Unterschied zwischen dem Snob- und Vebleneffekt ist der, daß der erstere auf den Konsum des Gutes, der zweite auf seinen Preis abstellt. Der Vebleneffekt wird auch Theorie des auffälligen Konsums genannt, weil der Nutzen eines Gutes, das zu Zwecken des auffälligen Konsums verwendet wird, nicht nur in den (extravaganten) Eigenschaften dieses Gutes selbst zu bestehen braucht, sondern auch in dessen Preis. Diesen Preis kann man in zwei Arten aufgliedern: den tatsächlichen Preis, das ist der in Geldeinheiten ausgedrückte Preis und den „auffälligen" Preis, das ist der, von dem die anderen glauben, daß ihn der Auffallende bezahlt habe. Im Normalfall sind die beiden Preise wahrscheinlich annähernd gleich; das muß aber nicht so sein, man bedenke nur zum Beispiel, jemand habe besonders günstig eingekauft oder einen Sonderrabatt bekommen. Die Höhe des Nutzens eines auffälligen Gutes bestimmt sich natürlich nach dem „auffälligen" Preis.

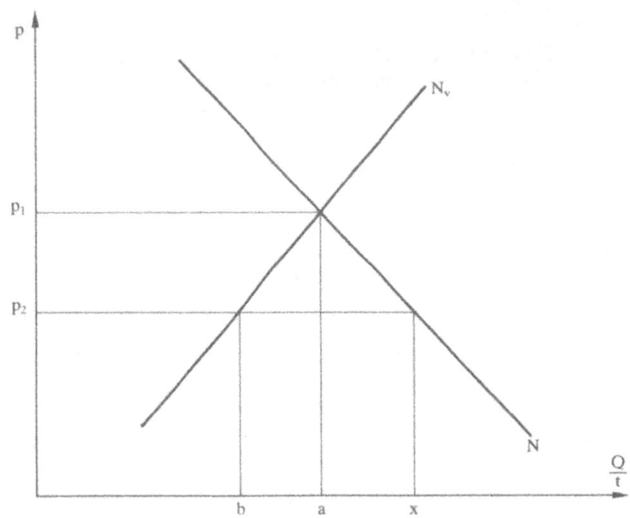

p = Preis
$\frac{Q}{t}$ = nachgefragte Menge pro Zeiteinheit
N = Nachfragekurve ohne Veblen-Effekt
N_v = Nachfragekurve mit Veblen-Effekt

Abb. 35 Veblen-Effekt; Preissenkung $p_1 \to p_2$ würde ohne Veblen-Effekt Nachfragesteigerung $a \to x$ entsprechen, durch Veblen-Effekt jedoch Nachfrageverminderung $a \to b$, somit gesamter Veblen-Effekt $x \to b$

Mitläufer-, Snob- und Veblen-Effekt treten nicht bei Gütern auf, die nicht oder nur schwer substituierbar sind (z.B. Grundnahrungsmittel wie Milch, Brot, etc.).

2.D. Ansatzpunkte der (Konsum-) Verbraucherpolitik

Ziel der Verbraucherpolitik ist es, ein Gleichgewicht zwischen den Konsumenten und den Produzenten herzustellen, das es den Konsumenten erlaubt, ihr Interesse an den Entscheidungen über die Produktion von Konsumgütern in angemessener Weise zur Geltung zu bringen.

Es ist offensichtlich, daß auch andere Maßnahmen staatlicher Politik zur Erreichung dieses Zieles beitragen können. So gehört z.B. die Wettbewerbspolitik zu den wichtigsten Voraussetzungen des Machtausgleichs zwischen Anbietern und Nachfragern auf Konsumgütermärkten. Doch hat die Wettbewerbspolitik nicht so sehr den Schutz der Konsumenten vor Anbietermacht im Auge als den Schutz der Konkurrenten. Ihr liegt nicht in erster Linie das Interesse der Konsumenten am Herzen, sondern die Funktionsfähigkeit des Wettbewerbs als Institution. Auch das Ziel der Konjunkturpolitik ist strenggenommen nicht die Förderung des Verbraucherinteresses, sondern eine sich je nach politischer Konstellation ändernde Kombination aus Vollbeschäftigung, Wirtschaftswachstum, außenwirtschaftlicher Absicherung und Preisstabilität. Mit diesen Zielen aber ist das Verbraucherinteresse nicht abgedeckt.

Das Ziel, dem Interesse der Verbraucher an Selbstverwirklichung und Machtausgleich angemessene Geltung zu verschaffen, ist also mit den Mitteln anderer Bereiche der Wirtschaftspolitik, da diese (auch) an anderen Zielen orientiert sind, nicht vollständig erreicht. Es ist daher zusätzlich der Einsatz besonderer Instrumente erforderlich, die der Zielsetzung der Verbraucherpolitik vorrangig gewidmet sind.

Wir unterscheiden vier **Instrumente der Verbraucherpolitik**, die sich wie folgt bezeichnen lassen: Verbraucherschutz und -beistand, Gegenmachtförderung, Information und Kommunikation, Verbraucherbildung.

(1) Der Begriff des **Verbraucherschutzes** faßt alle Maßnahmen zusammen, die die Verbraucher durch Gesetze und Verordnungen vor Schaden bewahren sollen, wie er vor allem aus der Unübersichtlichkeit des Marktes, aus der Täuschung durch die Anbieter und aus Nebenwirkungen des Konsums resultieren kann.

Um dem Verbraucherschutz Geltung zu verschaffen, gibt es sowohl private Organisationen als auch staatlich autorisierte Instanzen, die der Sache des Verbrauchers aktiv Beistand leisten, indem sie entweder an seiner Stelle Einspruch erheben oder ihm dabei helfen. (**Verbraucherbeistand**).

Gegenstand von Verbraucherbeistand und Verbraucherschutz ist die individuelle und kollektive **Rechtsposition** des **Konsumenten** gegenüber den Produzenten privater und öffentlicher Konsumgüter und kann sein:

- Rechtliche Kontrolle des Anbieterverhaltens auf **Konsumgütermärkten**: Kontrolle überhöhter Preise z.B. durch Vorschriften gegen Mietwucher, Kontrolle von Preiserhöhungen, z.B. durch Mieterschutz oder Preisaufsicht bei Banken und Versicherungen; Schutz von Qualitätsstandards, z.B. durch Vorschriften gegen Gesundheitsgefährdung durch Lebensmittel; Schutz vor Verschleierung, z.B. durch Vorschriften gegen Mogelpackungen oder unzureichende Qualitätskennzeichnung; Kontrolle einseitiger Regelung von Vertragsbeziehungen vor allem durch Vorschriften gegen falsche und irreführende Angaben in Werbung und Verkauf; Abwehr psychologischer Kaufzwänge z.B. durch

Vorschriften gegen Werbung mit Kindern, Verkaufsförderung mit unterschwelliger Beeinflussung, Haustürverkauf und Verkaufsveranstaltungen.

- Rechtlicher Schutz und Beistand gegen Produzenten **öffentlicher Konsumgüter**: Schutz der von der öffentlichen Hand zu gewährleistenden Versorgungsgrundlagen wie etwa dem Eigentum an Konsumgütern, der Planungssicherheit und der Abwendung von Umweltgefährdung; Sicherung der Partizipation an der Planung öffentlicher Konsumgüter durch rechtlichen Anspruch auf Information und Gehör.
- Rechtlicher Schutz **individueller Rechtsgüter**, die durch Handlungen von Produzenten privater oder öffentlicher Konsumgüter verletzt werden: Gewährleistungshaftung, Produzentenhaftung, Haftung bei der öffentlichen Hand für Planungsschäden, Anspruch auf Entschädigung bei Enteignungen.
- Rechtlicher Schutz der **Eigenproduktion** von Sachgütern und Dienstleistungen, z.B. durch Wohngemeinschaften, Kindergartenvereine, Konsumgenossenschaften, Ärztliche Kooperative u.a.

(2) Die **Verhandlungsmacht** der Verbraucher (**Gegenmacht**) läßt sich grob nach zwei Arten unterscheiden: der individuellen und der kollektiven Verhandlungsmacht. Individuelle Verhandlungsmacht bedeutet die Fähigkeit des einzelnen Verbrauchers oder kleinerer Verbrauchergruppen, mit Anbietern privater oder Produzenten öffentlicher Konsumgüter über die Verbesserung von Angebotsbedingungen erfolgreich zu verhandeln. Kollektive Verhandlungsmacht bedeutet dasselbe für größere Verbrauchergruppen.

Gefördert wird die Verhandlungsmacht üblicherweise auf zwei Wegen: Einmal durch finanzielle Unterstützung von Verbraucherorganisationen, die als Verhandlungspartner mit Anbietern privater und öffentlicher Konsumgüter in Betracht kommen. Denn Kaufstreiks sind auf einen organisatorischen Kern angewiesen, wenn sie nicht ins Leere gehen, sondern als Bestandteil einer Verhandlungsstrategie eingesetzt werden sollen. Der zweite Weg zur Förderung der Verhandlungsmacht liegt in der rechtlichen Regelung der Fälle, in denen Verhandlungen geführt werden können. Denn es genügt nicht, daß sich eine Verbraucherorganisation findet, sondern es muß auch Bestimmungen darüber geben, in welchen Fällen, mit welchen Mitteln und zwischen welchen Partnern verhandelt werden kann.

(3) Der Begriff **Verbraucherbildung** soll alle diejenigen Maßnahmen bezeichnen, die zur systematischen Unterrichtung der Verbraucher über zusammenhängende Stoffgebiete, bzw. zur systematischen Einübung grundlegender Verhaltensweisen dienen, z.B. in der Schule oder in der Erwachsenenbildung.

Als verbraucherpolitische Aufgabe erfordert Verbraucherbildung gesetzliche Regelungen, vor allem aber Schaffung und Förderung der Institutionen, die die konkrete Ausbildungstätigkeit übernehmen. Ohne wirksame **Verbrauchererziehung** und **-bildung** werden die Konsumenten die Chancen der **Konsumfreiheit** in einer Marktwirtschaft nicht erkennen, wobei unter Chancen der Konsumfreiheit selbstbestimmtes Handeln und Mitgestaltung des Konsumgüterangebotes zu verstehen ist. Man kann nämlich nicht davon ausgehen, daß die Konsumenten zweckrationales Verhalten ohne Anleitung befolgen. Denn erstens ist es bequemer und angenehmer, seinen jeweiligen Stimmungen und Impulsen zu folgen, und zweitens erfordert zweckrationales Verhalten eine Fülle von Kenntnissen, die der Verbraucher nicht von Natur aus besitzt. Und drittens versuchen natürlich die Produzenten die Souveränität des Konsumenten durch Werbung zu unterlaufen (siehe Seite , Konsumentensouveränität).

Erziehung zur Konsumfreiheit darf aber nicht heißen, daß dem Verbraucher einseitig ein bestimmtes Interesse eingeimpft wird, sondern daß er Einsicht in das Für und Wider verschiedener Interessen erhält. Der Marktmacht der Anbieter auf den Konsumgütermärkten können die Verbraucher nur durch fundierte Kenntnisse des Marktgeschehens entgegentreten.

(4) Mit dem Begriff der **Verbraucherinformation** ist die Vermittlung von Einzelinformationen gemeint, die nicht in der Absicht zusammenhängender systematischer Schulung erfolgt, sondern ad hoc über Einzelprobleme unterrichten soll, sei es durch Ausstrahlung von „Aktivinformationen" über Funk, Fernsehen, Zeitschriften, Pressedienste, Flugblätter, Informationsbriefe und dgl., sei es durch die Bereitstellung von „Abrufinformationen" in Beratungsstellen, Datenbanken, Karteien und dgl.

Aufgabe der Verbraucherpolitik ist es aber nicht in erster Linie, ergänzende und Gegeninformationen auszusenden – vielmehr hat die Verbraucherpolitik in erster Linie dafür zu sorgen, daß die **Mittel** der **Kommunikation** vorhanden sind,

Wirtschaftspolitisches Ziel	Machtausgleich zwischen Produzenten und Konsumenten			
Instrumente	Verbraucherschutz und -beistand	Gegenmachtförderung	Verbraucherbildung	Verbraucherinformation
	Rechtliche Kontrolle des Anbieterverhaltens (Mieterschutz, Preisaufsicht, Qualitätskennzeichnungen u.a.); Rechtlicher Schutz individueller Rechtsgüter (Gewährleistungshaftung, Produzentenhaftung u.a.); Rechtlicher Schutz der Eigenproduktion (Konsumgenossenschaften, Kindergarten u.a.)	Finanzielle Unterstützung von Verbraucherorganisationen; rechtliche Regelung der Verhandlungsfälle	Schaffung und Förderung von Ausbildungsinstitutionen (Schule, Erwachsenenbildung)	Vermittlung von Einzelinformationen, Aktivinformationen (Funk, Fernsehen, Zeitschriften, Flugblätter u.a.); Bereitstellung von Abrufinformationen (in Beratungsstellen, Datenbanken, Karteien u.a.)

Abb. 36 Instrumente der Verbraucherpolitik

die die Verbraucherinformation ermöglichen. Diese Aufgabe wird aber dadurch erschwert, daß das Kommunikationssystem des Marktes weitgehend von den Anbietern beherrscht wird – Produktgestalt, Verpackung, Werbung, Verkaufsauslagen und Verkäufer reden allesamt eine Sprache, die das Interesse des Konsumenten nur insoweit berücksichtigt, als es nicht mit dem des Produzenten kollidiert – und daß eine massenwirksame Benutzung anderer Kommunikationsmedien meist an der Kostenfrage scheitert, weil die Konsumenten schon daran gewöhnt sind, Informationen über Anbieter und Produkte vom Markt unentgeltlich geliefert zu bekommen. Daß er damit auch manipulierte Information geliefert bekommt, ist den meisten Konsumenten allerdings nicht klar. Eine korrigierende, ergänzende „**Gegeninformation**“ ist daher nötig, weil die Konsumfreiheit auf die Verfügbarkeit konkurrierender, einander korrigierender Marktinformationen angewiesen ist.

III. Markt- und Preistheorie

3.A. Problemstellung

Die Produktionstheorie und die Konsumtheorie beschäftigte sich mit dem inneren Aufbau dieser wirtschaftlichen Einheiten, wie sie in der Produktionsfunktion und Nutzenfunktion zum Ausdruck kommt, sowie mit ihren Beziehungen zur Umwelt. Diese Beziehungen werden durch die Angebots- und Nachfragefunktionen ausgedrückt. Was bei diesen Überlegungen unberücksichtigt blieb, war die Koordination dieses unterschiedlich motivierten Angebots- und Nachfrageverhaltens.

Diese Koordination ist Aufgabe des Marktes. **Anliegen** der **Markttheorie** ist demnach die Strukturierung von Angebot und Nachfrage auf den unterschiedlichen Märkten. Insbesondere wird untersucht, welche einfachen und gegenseitigen Abhängigkeiten zwischen Anbietern und Anbietern, Nachfragern und Nachfragern sowie Anbietern und Nachfragern bestehen und welche Wirkungen sich bei bestimmten Marktkonstellationen ergeben, insbesondere wie die Preisbildung erfolgt.

3.B. Grundbegriffe

Mikroökonomisch versteht man unter **Nachfrage** jene Menge an Gütern, die zu einem bestimmten Preis von bestimmten Wirtschaftssubjekten gekauft werden will. Mit **Angebot** bezeichnet man jene Menge an Gütern, die zu einem bestimmten Preis von bestimmten Wirtschaftssubjekten verkauft werden möchte.

Unter einem **Markt** versteht man dann die Summe sämtlicher stattfindenden Tauschbeziehungen zwischen Anbietern und Nachfragern eines bestimmten Gu-

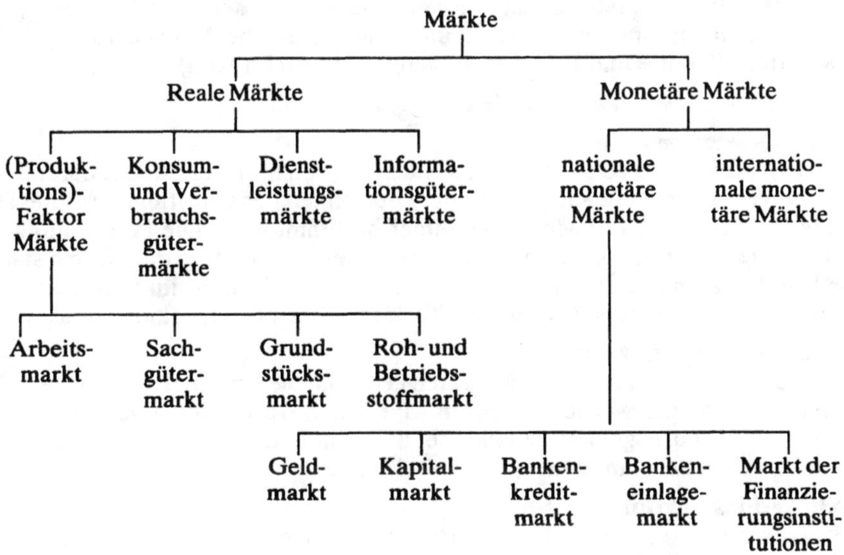

Abb. 37 Arten der Märkte

tes oder einer Gruppe von Gütern innerhalb eines bestimmten Raumes für einen bestimmten Zeitpunkt, wobei die Tauschbeziehungen zu einem bestimmten Preis abgewickelt werden. Von einem Käufer- (Verkäufer-)markt spricht man, wenn sich der Käufer (Verkäufer) bei der Fixierung der Konditionen (Preis und sonstige Konditionen) in einer starken Position befindet.

Aus Abb. 37 wird ersichtlich, daß man sämtliche Märkte zunächst in reale und monetäre Märkte einteilen kann. Bei den **Realmärkten** sind dann wieder zu unterscheiden:

- Produktionsfaktormärkte,
- Konsumgüter- und Verbrauchermärkte,
- Dienstleistungsmärkte (hier: teritiärer Sektor),
- Informationsgütermärkte.

Die **Produktionsfaktormärkte** sind dann weiter zu unterscheiden in:

- Arbeitsmärkte,
- Sachgütermärkte (Ausrüstungsinvestitionen),
- Grundstücksmärkte,
- Roh- und Betriebsstoffmärkte.

Die **monetären Märkte** lassen sich einteilen in:

- internationale reale Märkte (z.B. Devisenmärkte),
- nationale monetäre Märkte, die ihrerseits wieder in fünf Teilmärkte zerfallen:
  - Geldmärkte (auf denen Überschußreserven zwischen Banken gehandelt werden),
  - Kapitalmärkte (Märkte für langfristige Wertpapiere),
  - Bankenkreditmärkte (auf denen kurzfristige und langfristige Bankkredite umgesetzt werden),
  - Bankeneinlagemärkte (auf denen das kurzfristige und langfristige Mittelaufkommen der Banken angeboten und nachgefragt wird) und
  - Märkte der Finanzierungsinstitutionen (Märkte, auf denen Institutionen, die keine Banken sind, wie private und halböffentliche Versicherungsgesellschaften, Kredite und Einlagen anbieten oder nachfragen).

Insgesamt können **Märkte** folgende **Funktionen** erfüllen:

1. **Preisbildungsfunktion**:
Durch den Austausch von Gütern bilden sich auf den Märkten Preise, deren Höhe in der Regel durch die Knappheit und Nützlichkeit des betreffenden Gutes sowie die Marktstellung der Marktteilnehmer bestimmt wird. Die Preisbildung ist jedoch keine Funktion, die immer auf Märkten festzustellen ist, da es durch staatliche Einflußnahme Märkte gibt, auf denen die Preisbildungsfunktion ganz oder teilweise eingeschränkt ist (öffentliche Tarife, Höchstpreise, Mindestpreise).

2. **Koordinierungsfunktion**
Die von bestimmten Wirtschaftssubjekten (Haushalte, Unternehmer) aufgestellten Wirtschaftspläne werden über den Markt zur Abstimmung gebracht. Das Ausmaß, in dem dies gelingt, entscheidet unter anderem über die Intensität von konjunkturellen Schwankungen (s. Kapitel VII).

3. **Allokationsfunktion**
Volkswirtschaftlich kommt den Märkten neben den beiden ersten genannten Funktionen auch die Funktion zu, die vorhandenen (knappen) Ressourcen so auf

die produktiven und konsumtiven Zwecke zu verteilen, daß die Nutzenstiftung möglichst hoch ist. Dies gilt sowohl für den privaten als auch für den öffentlichen Sektor. Die Allokation der Ressourcen hängt von der Struktur der relativen Preise, also vom Preisgefüge ab. Bleibt die Struktur der relativen Preise unverändert, so kommt es auch zu keiner Reallokation der Ressourcen. Eine Veränderung des Preisgefüges bedeutet in der Regel auch eine Veränderung der Nachfragestruktur.

Von einem **vollkommenen Markt** spricht man dann, wenn folgende Voraussetzungen erfüllt sind:

- Wenn sowohl die Zahl der Anbieter und Nachfrager als auch die Preise, zu denen ein Angebot und eine Nachfrage erfolgt, bekannt sind. Dies schließt meist die Kenntnis über die Qualität des zu einem bestimmten Preis angebotenen bzw. nachgefragten Gutes mit ein.
- Wenn die Preise echte Knappheitsrelationen widerspiegeln, sodaß die oben erwähnte Allokationsfunktion von Märkten zum Tragen kommen kann.
- Wenn der Marktzugang für neue Anbieter und Nachfrager offen ist, sofern diese bestimmte Voraussetzungen erfüllen.

Es versteht sich von selbst, daß diese Voraussetzungen in der Realität nur selten erfüllt sind, schon allein aus dem Grund, daß der Staat auf einzelnen Märkten in Verfolgung von wirtschaftspolitischen Zielsetzungen interveniert, andererseits auch das Ausmaß der Preisangemessenheit vielfach nicht feststellbar ist. Sind die oben angeführten Kriterien 1-3 nicht oder nur teilweise erfüllt, so spricht man von unvollkommenen Märkten.

Vollständige Konkurrenz herrscht auf einem Markt dann, wenn die angebotenen Güter relativ gleichartig (homogen, fungibel) sind, die Zahl der Marktteilnehmer groß, deren Marktanteil gering, Markttransparenz hinsichtlich Preis und Angebotsmenge gegeben ist und der Marktzugang keinen wesentlichen Beschränkungen unterliegt (als Beispiel für einen Markt mit hohem Fungibilitätsgrad kann die Börse angeführt werden; bei Börsenmärkten können allerdings mehr oder minder weitgehende Marktzugangsbeschränkungen bestehen). Diese extremen Voraussetzungen sind jedoch in der Realität praktisch nicht erfüllt. Hier dominieren Marktformen, die zwischen dem Extrem der vollständigen Konkurrenz und dem eines Monopols liegen.

In Anlehnung an v. Stackelberg lassen sich ingesamt neun **elementare Marktformen** unterscheiden. Einteilungskriterium ist dabei die Begriffsreihe: ein Marktteilnehmer, einige Marktteilnehmer, viele Marktteilnehmer.

Nachfrage: / Angebot:	einer	wenige	viele
einer	zweiseitiges Monopol	beschränktes Angebotsmonopol	Angebotsmonopol
wenige	beschränktes Nachfragemonopol	zweiseitiges Oligopol	Angebotsoligopol
viele	Nachfragemonopol	Nachfrageoligopol	vollständige Konkurrenz

Abb. 38 Marktformen

Unter **Marktpreis** versteht man einen Preis, der auf Grund von bestimmten Angebots- und Nachfragekonstellationen ohne staatliche Interventionen zustande kommt.

Administrierte Preise hingegen sind solche Preise, die von staatlichen Behörden in mehr oder minder größerer Unabhängigkeit von den tatsächlichen Marktverhältnissen entweder auf einem bestimmten Niveau fixiert werden (Tarifpreise) oder für die bestimmte Schwellenwerte (Höchst- und Mindestpreise) festgelegt werden.

Kaufpreise sind alle jene Preise, die auf soundsoviel Geldeinheiten je Stück oder soundsoviel Geldeinheiten je Gewicht lauten.

Bestandshaltepreise lauten hingegen auf einen bestimmten Betrag je Objekt für einen bestimmten Zeitraum (z.B. Mieten, Pachten, Zinssätze).

Absolute Preise sind z.B. Kaufpreise, von **relativen Preisen** spricht man hingegen dann, wenn absolute Preise zueinander in Beziehung gesetzt werden, man also das Preisgefüge darstellen möchte.

Schließlich muß doch der Begriff der **Elastizität** erläutert werden. Grundsätzlich setzen Elastizitäten die relative Veränderung einer Wirkungsgröße (y) in Verhältnis zur relativen Veränderung einer anderen Größe (hier x), der man die Ursache der Wirkung zuschreibt, wobei die Möglichkeit einer Rück- und Wechselwirkung (Interdependenz) sowie sonstige Einflußfaktoren, die nicht im Elastizitätskoeffizienten berücksichtigt wurden (etwa ein Faktor z), ausgeschaltet sind.

Die Elastizität der Funktion y = f (x) in einem bestimmten Punkt ist definiert

$$\in = \frac{\frac{dy}{y}}{\frac{dx}{x}} = \frac{dy}{dx} \cdot \frac{x}{y}$$

und somit das Produkt aus der Steigung einer Kurve im betreffenden Punkt und dem Verhältnis der dortigen Koordinatenabschnitte.

Einfacher kann der Begriff der Elastizität jedoch auch als Prozentverhältnis aufgefaßt werden:

$$\in = \frac{\text{prozentuelle Änderung von y}}{\text{1-prozentige Änderung von x}}$$

Die im Rahmen von ökonomischen Analysen am relativ häufigsten verwendeten Elastizitäten (Elastizitäten dienen heute in fast allen Bereichen der Wirtschaftstheorie zur Analyse von Angebots-, Nachfrage-, Kosten-, Einkommens-, Output- und Geldmengenveränderung) lassen sich wie folgt gruppieren:

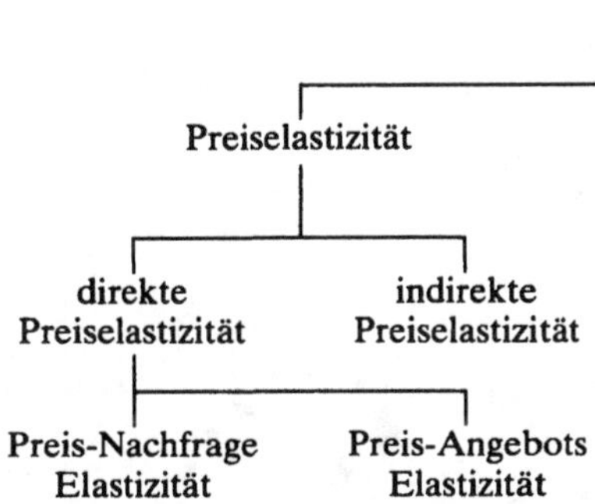

Abb. 39 Elastizitäten

(1) **Preis-Nachfrage-Elastizität**:

Da bei normaler Reaktion der Nachfrage nach einem Gut die Preis- und Mengenänderungen gegenläufig sind (eine Preissenkung bewirkt eine Erhöhung der nachgefragten Menge) ist normalerweise die Preis-Nachfrage-Elastizität eine negative Größe. Da sich jedoch aus dem Zusammenhang ergibt, wie der Ausdruck verstanden werden soll, kann man das Vorzeichen weglassen und die Elastizität als absolute Größe auffassen.

Die Nachfrage (N) ist eine Funktion des Preises (p), N = f (p), somit ist die Preis-Nachfrage-Elastizität:

$$\eta = \frac{dN}{dp} \cdot \frac{p}{N} \text{ oder } \frac{\text{prozentuelle Änderung der nachgefragten Menge}}{\text{1-prozentige Änderung des Preises}}$$

Die **Preis-Nachfrage-Elastizität** kann sein:

∞: **vollkommen elastische Nachfrage**. Wenn beispielsweise eine Preissenkung bewirkt, daß eine bisher überhaupt nicht gekaufte Ware nachgefragt wird.

>1: **elastische Nachfrage**. Preisänderungen haben große Auswirkungen auf die Nachfrage, hauptsächlich bei sogenannten Luxusartikeln (z.B. Fernsehapparate) anzutreffen.

<1: **unelastische Nachfrage**. Preisänderungen haben relativ geringe Auswirkungen auf die Nachfrage, hauptsächlich bei sogenannten lebensnotwendigen Gütern (z.B. Brot, Milch) anzutreffen.

0: **starre Nachfrage**. Preisänderungen haben überhaupt keinen Einfluß auf die Nachfrage, es wird immer dieselbe Menge (z.B. Salz) nachgefragt.

Für die **Höhe** der Preis-Nachfrage-Elastizität eines Gutes sind **Substitutionsmöglichkeiten** von Bedeutung. Ausweichmöglichkeiten auf Substitute erhöhen nämlich die Preis-Nachfrage-Elastizität. Wenn beispielsweise der Preis für Butter steigt, kann die Nachfrage nach Butter beträchtlich zurückgehen, da die Konsumenten auf Margarine ausweichen können. Die Werbung für Butter sucht dem Rechnung zu tragen („Butter kann durch nichts ersetzt werden"). Andere Güter wiederum sind nicht – oder fast nicht – substituierbar, z.B. Salz, daher Preis-Nachfrage-Elastizität gegen 0.

In erster Linie ist die Preis-Nachfrage-Elastizität eines Gutes jedoch davon abhängig, wie eng oder wie weit das betreffende Gut definiert wird. Die Preis-Nach-

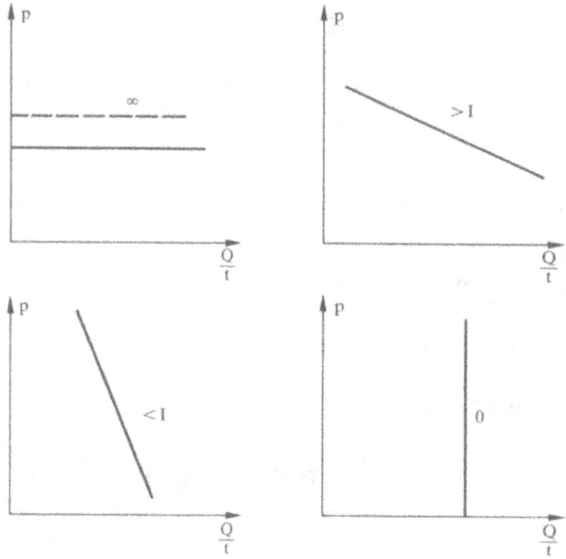

p = Preis
$\frac{Q}{t}$ = nachgefragte Menge pro Zeiteinheit

Abb. 40 Verschiedene Preis-Nachfrage-Elastizitäten

frage-Elastizität nach einem Auto einer bestimmten Firma wird beispielsweise einen anderen Wert haben, als wenn alle PKWs zu einer Warengruppe „Auto" zusammengefaßt werden. Im ersten Fall bestehen genügend Substitutionsmöglichkeiten, nämlich andere Automarken. Im zweiten Fall kämen als eventuelle Substitute nur in Frage: Fahrrad, Motorrad bzw. öffentliche Verkehrsmittel.

Wegen der zum Abbau von Gewohnheiten und des Bewußtwerdens veränderter Daten benötigten Zeitspanne ist die langfristige Preis-Nachfrage-Elastizität größer als die kurzfristige, die volle Wirkung der Preisänderungen wird oft erst erhebliche Zeit später sichtbar. Eine anhaltende Inflation wiederum führt zu einer Senkung insbesondere der kurzfristigen Preis-Nachfrage-Elastizitäten. In der Reaktion auf eine Preissteigerung wird vom Konsumenten nicht mehr die Annahme der Konstanz, sondern eine vage Annahme der ungefähren Parallelentwicklung aller Preise getroffen. Das Sinken der Elastizität dürfte bei entbehrlichen Gütern besonders stark sein, da diese in einer Inflation meist auch noch durch eine stärkere Differenzierung der Einkommensentwicklung begünstigt werden.

(2) **Die indirekten Preis-Elastizitäten**:

Man bezeichnet damit die Reaktion der Nachfrage auf Änderungen bei den Preisen anderer Güter. Die zugrundeliegende Nachfragefunktion lautet also: $N_a = f(p_b)$, d.h. die Nachfrage nach der Ware a ist abhängig vom Preis der Ware b.

$$\eta\, a, b = \frac{dN_a}{dp_b} \cdot \frac{P_b}{n_a} \text{ oder: } \frac{\text{prozentuale Änderung der Nachfrage nach Gut a}}{\text{1-prozentige Änderung des Preises für Gut b}}$$

Die indirekte Preis-Elastizität kann von minus unendlich bis plus unendlich variieren. Komplementärgüter werden negative und Substitutionsgüter positive indirekte-Preis-Elastizitäten aufweisen. Der numerische Wert der indirekten Preis-Elastizität wird dabei umso größer sein, je enger die Relation der Substituierbarkeit bzw. Komplementarität ist. Haben die beiden Güter wenig Beziehung zueinander, dann wird ihre indirekte Preis-Elastizität nahe an Null herankommen.

Die indirekten Preis-Elastizitäten bezeichnet man häufig auch als **Kreuzpreis-Elastizitäten**, da die Nachfrageänderung nicht auf Preisänderungen bei dem gleichen Gut, sondern auf Preisänderungen eines anderen Gutes zurückzuführen sind. Daneben ist noch der Fall denkbar, daß Preis- und Nachfrageveränderungen von zwei oder mehreren Gütern kreuzweise verknüpft sind.

(3) **Einkommenselastizität der Nachfrage**:

Damit bezeichnet man Reaktionen der Nachfrage nach einem Gut auf Änderungen des Einkommens, die Nachfrage (N) ist eine Funktion des Einkommens, N = f (Y). Die Einkommenselastizität wird somit definiert als:

$$\in = \frac{dN}{dY} \cdot \frac{Y}{N} \text{ oder } \frac{\text{prozentuelle Änderung der nachgefragten Menge}}{\text{1-prozentige Änderung des Einkommens}}$$

Im Normalfall ist die Einkommenselastizität positiv (größer 1 oder kleiner 1), bei einem inferioren Gut ist sie negativ, bei einem Sättigungsgut Null. Für Nahrungsmittel gilt das Engelsche Gesetz, die Einkommenselastizität ist für diese Güter kleiner 1.

Die Einkommenselastizität ändert sich mit dem **Einkommensniveau**. Bei einem sehr geringen Einkommen eines Konsumenten wird beispielsweise überhaupt nichts für Bekleidung aus feiner Wolle ausgegeben, die Einkommenselastizität der Nachfrage ist Null. Steigt das Einkommen des Konsumenten, so wird er auf billige Substitutionsgüter verzichten können, und seine Nachfrage nach Wollkleidung wird rasch zunehmen, die Einkommenselastizität wird hoch sein. In einer gewissen Einkommenslage wird der Konsument eher in der Lage sein, jede gewünschte Bekleidung zu kaufen, die Nachfrage wird auch bei einer weiteren Erhöhung seines Einkommens unverändert bleiben, die Einkommenselastizität der Nachfrage ist innerhalb eines bestimmten Bereiches wieder gleich Null. Jenseits eines bestimmten Punktes, also bei noch höherem Einkommen, wird der Konsument möglicherweise für einen Teil seines Konsums von Wolle auf Seide überwechseln, die Nachfrage wird abnehmen, die Einkommenselastizität der Nachfrage nach Wolle wird negativ.

Diese Varibabilität der Reaktion der Nachfrage auf Veränderungen des Einkommens ist eine der Hauptursachen für die Re-Allokation der Ressourcen einer Volkswirtschaft und einer der Hauptgründe, weshalb es im Zuge eines Strukturwandels dazu kommt, daß bestimmte Sektoren **expandieren** während andere **schrumpfen**:

- Dabei wird der **nachfragebedingte Expansionseffekt** in jenen Wirtschaftszweigen am stärksten sein, deren Güter sowohl eine **hohe Einkommenselastizität** aufweisen als auch sich obendrein noch infolge besonders rascher **Produktivitätsfortschritte** relativ zu anderen verbilligen (z.B. dauerhafte Konsumgüter).

- Auch in Wirtschaftszweigen, die von den **Einkommenselastizitäten hochgradig begünstigt** werden, aber andererseits infolge geringer Produktivitätsfortschritte den Nachteil einer **relativen Verteuerung** aufweisen, sind starke nachfragebedingte **Expansionseffekte** möglich (z.B. Dienstleistungen).
- Jedoch können auch starke **relative** Preissenkungen infolge raschen Produktivitätsfortschritts sehr **geringe** Einkommenselastizitäten in ihrem Effekt auf die Nachfrage nicht überwinden, sodaß Wirtschaftszweige, die diesen Bedingungen unterliegen, dennoch relativ schrumpfen werden (z.B. die Landwirtschaft).

(4) **Preis-Angebots-Elastizität**:

Die Unternehmer werden normalerweise umso größere Mengen eines bestimmten Gutes anbieten, je höher der Preis des betreffenden Gutes ist. Das Angebot (A) ist also eine Funktion des Preises (p), A = f (p).

Die Preis-Angebots-Elastizität wird demnach definiert als:

$$\eta_A = \frac{dA}{dp} \cdot \frac{p}{A} \text{ oder } \frac{\text{prozentuale Änderung der angebotenen Menge}}{\text{1-prozentige Änderung des Preises}}$$

Die Preis-Angebots-Elastizität kann ebenso wie die Preis-Nachfrage-Elastizität alle Werte von Null bis Unendlich annehmen.

Die **Preis-Angebots-Elastizität** kann sein:

∞: **vollkommen elastisches Angebot**: eine Preiserhöhung bewirkt beispielsweise, daß bisher nicht verkaufte Ware angeboten wird.

> 1: **elastisches Angebot**: eine relativ geringe Preisänderung bewirkt eine größere Änderung des Angebots, z.B. bei Plastikspielzeug.

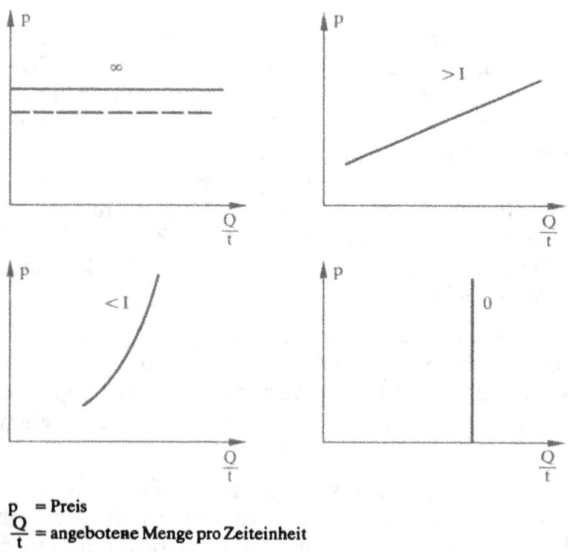

Abb. 41 Preis-Angebots-Elastizitäten

< 1: **unelastisches Angebot**: eine relativ große Preisänderung hat eine geringere Angebotsänderung zur Folge, beispielsweise bei Weizen.

0: **starres Angebot**: trotz einer Preisänderung erfolgt keine Änderung des Angebotes; ein einzelner Fischer wird seinen Tagesfang zu jedem Preis anbieten, da seine Ware sonst verdirbt (unter der Annahme, daß keine entsprechenden Lagermöglichkeiten bestehen).

Die Preis-Angebots-Elastizität hat ebenso wie die Preis-Nachfrage-Elastizität die Tendenz, im **Zeitablauf** größer zu sein als in der Augenblickssituation. Dies hat seine Ursache in der Reaktionszeit des Angebots auf veränderte Preissituationen. Jede Produktion von Gütern erfordert nämlich eine gewisse Zeit, die von Gut zu Gut verschieden ist. Somit kann die Preis-Angebots-Elastizität zu einem bestimmten Zeitpunkt t_0 gleich Null sein, im Zeitablauf jedoch größer werden. Dazu ein Beispiel: Es kann nicht mehr Weizen angeboten werden, als zu einem bestimmten Termin verfügbar ist, auch wenn der Preis sehr hoch wäre. Der hohe Preis wird aber für die Produzenten einen Anreiz liefern, mehr Weizen anzubauen. Erst im Zeitpunkt der nächsten Ernte (t_1) wird dann möglicherweise mehr Weizen angeboten werden können. Das Ansteigen des Preises für Weizen führt also nicht sofort zu einem Anstieg des Angebotes, sondern erst nach Ablauf der nächsten Produktionsperiode: Im Zeitpunkt t_o wäre somit die Preis-Angebots-Elastizität 0, im Zeitraum t_0 bis t_1 jedoch größer als 0.

(5) **Produktionselastizität**:

Die Produktionselastizität (Niveau-Grenzproduktivität) ist ein Ausdruck dafür, um welchen Betrag der Output zunimmt, wenn die variablen Inputfaktoren geringfügig variiert werden:

$$\in_p = \frac{\frac{dQ}{Q}}{\frac{dV_1}{V_1}} \text{ oder } \frac{\text{prozentuelle Änderung des Outputs}}{\text{1-prozentige Änderung des Inputs}}$$

Die Höhe dieses Elastizitätskoeffizienten wird im wesentlichen davon abhängen:

1. wie schnell das Management des betreffenden Unternehmens reagiert;
2. ob die vorhandenen Kapazitäten ausgelastet sind oder nicht;
3. sind sie nicht ausgelastet, so wird es hier wieder davon abhängen, welche Güter produziert werden sollen, welche technischen Verfahren zur Verfügung stehen usw.

Kurz gesagt, es werden all jene Einflußfaktoren zum Tragen kommen, die wir bereits im Bereich der Produktionstheorie als outputrelevant kennengelernt haben.

An dieser Stelle ist es wesentlich, auf den grundsätzlich immer bestehenden **timelag** zwischen dem Anfallen des Outputs und dem marktmäßigen Angebot des betreffenden Produkts bzw. der betreffenden Produkte hinzuweisen. Denn das Vorhandensein eines bestimmten Outputs bedeutet noch nicht, daß das betreffende Gut auch auf dem Markt angeboten wird. Ob nämlich ein bestimmter Output zu einem marktmäßigen Angebot führt, hängt ab vom Nachfrageniveau und der Nachfragestruktur, der Preissituation auf dem betreffenden Markt zu einem bestimmten Zeitpunkt, den Preiserwartungen hinsichtlich der eigenen Produkte und denen von vergleichbaren Konkurrenzprodukten.

Es sind auch sehr wohl Fälle denkbar, in denen ein bestimmter Output bewußt „gehortet" wird, um entweder einen besseren Erlös zu erzielen, oder aber eine bessere Versorgung des Marktes zu erreichen. Ist etwa die Streikintensität im Land A relativ groß, so wird ein Importeur im Land B Fertigprodukte aus dem Land A in wesentlich größerem Umfang auf Lager nehmen, als dies die augenblickliche Marktlage erfordern würde. Man könnte in diesem Fall von strategischen Outputlagern sprechen.

3.C. Markt- und preistheoretische Erklärungsmuster

3.C.1. Anbieter und Nachfrager bringen ihre Pläne auf Märkten zur Abstimmung, wo sie zueinander und/oder zu anderen Anbietern und Nachfragern in Konkurrenz stehen. Auf **Faktormärkten** treten die Unternehmen als Nachfrager und die Haushalte als Anbieter von Produktionsfaktoren auf. Auf **Konsumgütermärkten** treten die Unternehmen als Anbieter und die Haushalte als Nachfrager auf. Ob ein bestimmter Output zu einem **marktmäßigen Angebot** führt, hängt ab vom Nachfrageniveau und der Nachfragestruktur, der Preissituation auf dem betreffenden Markt zu einem bestimmten Zeitpunkt, den Preiserwartungen hinsichtlich der eigenen Produkte und denen von vergleichbaren Konkorrenzprodukten.

Die **marktmäßige Nachfrage** nach einem Gut wird beeinflußt von den Präferenzen des Nachfragers, den Präferenzen anderer Wirtschaftssubjekte, dem Preis des betreffenden Gutes, den Preisen anderer vergleichbarer Produkte, dem Einkommensniveau des Nachfragers, der Zahl der Anbieter und der Werbeintensität dieser Anbieter.

3.C.2. Grundsätzlich **steigt** der **Preis** eines Gutes, wenn dieses **Gut knapp** wird. Um wieviel der Preis steigt, wird davon abhängen, wie stark die Nachfrage nach dem betreffenden Gut bei steigendem Preis zurückgeht und um wieviel das Angebot durch das Steigen des Preises erhöht wird. Je preiselastischer nun die Nachfrage und das Angebot sind, desto geringer wird der Preisanstieg sein, der erforderlich ist, damit einander Nachfrage und Angebot wieder entsprechen. Handelt es sich jedoch um ein nicht in beliebigen Mengen zu produzierendes Gut, dessen Angebot noch zusätzlich künstlich beschränkt wird, dann ist das Angebot unelastisch, im Grenzfall starr. Ist nun dieses Gut darüberhinaus noch ein wichtiger Produktionsfaktor (z.B. Erdöl), der in einem relativ festen (limitationalen) Einsatzverhältnis zu anderen Produktionsfaktoren steht, dann ist auch die Nachfrage unelastisch. Bei **unelastischer Nachfrage und unelastischem Angebot** ist aber ein sehr großer Preisanstieg erforderlich (sehr groß im Verhältnis zur Entwicklung der anderen Preise), um die Nachfrage soweit zu dämpfen, daß sie dem verringerten Angebot entspricht. Wenn es jedoch technisch möglich ist – und bei steigendem Preis auch immer lohnender wird – das betreffende Gut durch ein anderes zu ersetzen, dann kann der Preisanstieg geringer ausfallen. Ist dieses Gut ein Produktionsfaktor, so vollzieht sich diese Substitution auf zweierlei Weise. Zum einen werden Erdöl und Erdölprodukte in den Produktionsprozessen durch andere Energieträger und Rohstoffe ersetzt, und zwar umso mehr, je höher ihr Preis in

Relation zu den Preisen der Substitutionsgüter steigt und je länger der Zeitraum ist, für den die Verknappung zu erwarten ist. Zum anderen ändern sich aber auch die nachgefragten Mengen der Verbrauchsgüter, weil sich die Preise dieser Güter unterschiedlich entwickeln. Dieser Wandel in den Verbrauchsgewohnheiten, hervorgerufen durch die Veränderung der relativen Preise, braucht jedoch Zeit. Noch länger wird es hingegen dauern, bis dieser Wandel in der Nachfragestruktur eine entsprechende Anpassung in der Produktionsstruktur zur Folge hat.

3.C.3. Bei **freier Preisbildung** (Zustandekommen eines Preises bei vollständiger Konkurrenz ohne staatliche Eingriffe) kommt also stets nur ein Preis zustande, der Gleichgewichtspreis. Bei diesem Preis ist die nachgefragte Menge gleich der angebotenen, es herrscht Gleichgewicht.

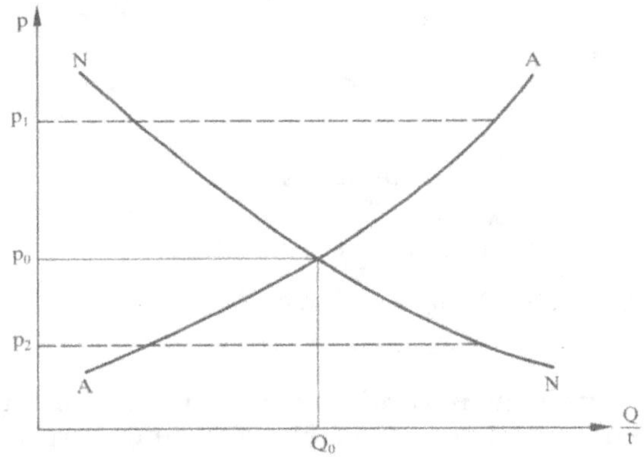

p = Preis
$\frac{Q}{t}$ = nachgefragte Menge pro Zeiteinheit
A = Angebotskurve
N = Nachfragekurve
p_0 = Gleichgewichtspreis

Abb. 42 Gleichgewichtspreis

Bei einem Preis von p_1 ist das Angebot zwar hoch, die Nachfrage jedoch sehr niedrig. Die Anbieter werden sich gegenseitig überbieten und als Folge davon wird der Preis sinken.

Bei einem Preis von p_2 ist das Angebot niedrig, die Nachfrage groß. Es werden sich also die Nachfrager überbieten – der Preis wird steigen!

Bei p_0 entspricht das Angebot der Nachfrage, der Markt ist im Gleichgewicht = **Gleichgewichtspreis**.

3.C.4. Wird nun die freie Preisbildung durch Eingriffe des Staates beeinträchtigt, z.B. indem er **Höchstpreise** festsetzt (Brot), ergibt sich folgendes: bei p_{max} liegt kein Gleichgewicht vor.

Die nachgefragte Gütermenge ist größer als die angebotene. Der Gleichgewichtspreis $\bar{p}$ liegt höher. Es müssen daher weitere Maßnahmen erfolgen (z.B. Rationierung).

Ebenso kann der Staat **Mindestpreise** festsetzen (zum Schutz von Unternehmen, die durch eine temporär schwächere Nachfrage die Produktion einstellen müßten, weil der Gleichgewichtspreis zu stark gesunken ist). Es ist dann ebenfalls kein Gleichgewicht gegeben, weitere Maßnahmen des Staates werden nötig sein.

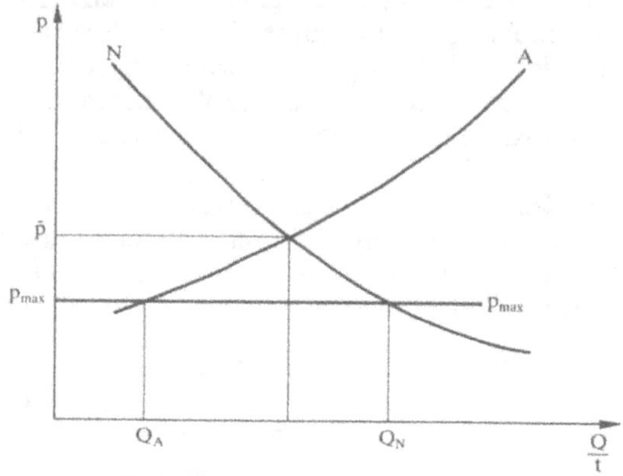

p = Preis
$\bar{p}$ = Gleichgewichtspreis
p_{max} = festgesetzter Höchstpreis
N = Nachfragekurve
A = Angebotskurve
$\frac{Q}{t}$ = nachgefragte Menge pro Zeiteinheit

Abb. 43 Höchstpreis und Gleichgewichtspreis

3.C.5. Werden vom Staat **Subventionen** an die Produzenten bezahlt, dann verschiebt sich die Angebotskurve nach rechts, es werden bei geringerem Preis größere Mengen angeboten. Die Subventionen kommen aber auch den Nachfragern zugute, da sich ja der Preis verringert, jedoch nicht im vollen Ausmaß der Subventionsgewährung. Maßgebend für das Ausmaß der Preissenkung auf Grund einer Subventionsgewährung ist die Form der Nachfragekurve. Je unelastischer

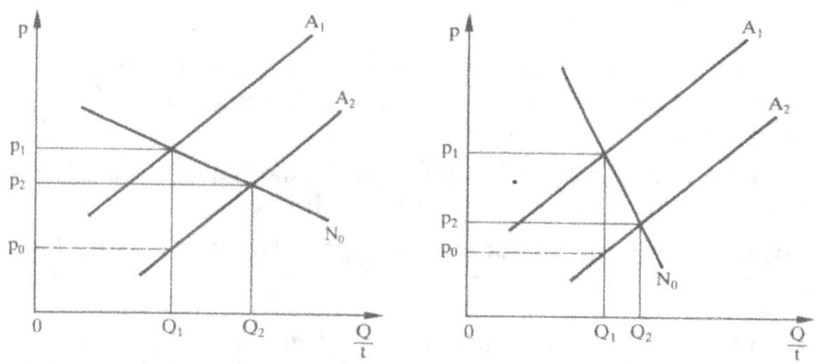

p = Preis
A_1 = Angebotskurve vor Subvention
A_2 = Angebotskurve nach Subvention
N_0 = relativ elastische Nachfragekurve
N. = relativ unelastische Nachfragekurve
$\frac{Q}{t}$ = Menge pro Zeiteinheit
p_1 p. = volles Ausmaß der Subvention, wovon
$p_1 p_2$ dem Konsumenten zugute kommt.

Abb. 44 Preisbeeinflussung durch Subventionen

nämlich die Nachfrage ist (Preis- und Nachfrageelastizität kleiner 1), desto mehr können die Konsumenten vom Subventionskuchen profitieren.

3.C.6. Als nächste Möglichkeit der Preisbeeinflussung durch den Staat soll eine **Erhöhung der Verbrauchersteuer** (Mengensteuer) auf eine Ware analysiert werden. Durch die Erhöhung der Verbrauchersteuer erfolgt eine Linksverschiebung der Angebotskurve, d.h. der Marktpreis steigt, die Verkaufsmenge sinkt. Nach Abzug der Steuer ist der Marktpreis jedoch geringer als vorher, da die Steuer meistens nicht zur Gänze auf den Konsumenten überwälzt werden kann, zumindest dann nicht, wenn die Nachfragekurve nicht völlig unelastisch ist. Auch für den Anteil der Steuerüberwälzung ist also die Form der Nachfragekurve ausschlaggebend. Je unelastischer die Nachfrage (Preis-, Nachfrageelastizität kleiner 1), desto höher kann die Steuerüberwälzung sein. Die Konsumenten sind bei Gütern, die sie unbedingt kaufen wollen, offensichtlich eher bereit, zusätzlich die Steuer zu tragen.

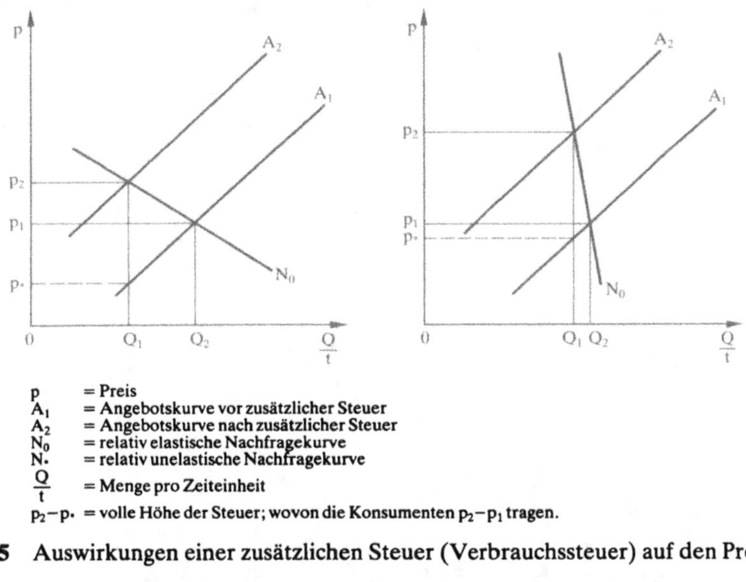

p = Preis
A_1 = Angebotskurve vor zusätzlicher Steuer
A_2 = Angebotskurve nach zusätzlicher Steuer
N_0 = relativ elastische Nachfragekurve
N_* = relativ unelastische Nachfragekurve
$\frac{Q}{t}$ = Menge pro Zeiteinheit
$p_2 - p_*$ = volle Höhe der Steuer; wovon die Konsumenten $p_2 - p_1$ tragen.

Abb. 45 Auswirkungen einer zusätzlichen Steuer (Verbrauchssteuer) auf den Preis

3.C.7. Gewinnmaximum eines einzelnen Betriebes bei vollständiger Konkurrenz:

Für einen einzelnen Betrieb verläuft die Nachfragekurve bei vollständiger Konkurrenz parallel zur x-Achse (für ihn ist der Preis ein Datum), seine Gesamterlöskurve hat ein konstantes Steigerungsmaß.

Neben der Nachfrage muß ein Unternehmen bei seinem Angebot jedoch auch die Kosten berücksichtigen (wir unterstellen zuerst abnehmende, dann steigende Gesamtkosten, somit u-förmiger Verlauf der Durchschnittskosten- bzw. Grenzkostenkurve).

Ableitung des Gewinnmaximums: Solange bei einer Produktionsausdehnung die Kosten nicht stärker steigen als die Erlöse, ist das Gewinnmaximum noch nicht erreicht. Das Maß für den Anstieg des Gesamterlöses ist der Grenzerlös, für den Anstieg der Gesamtkosten die Grenzkosten. Das **Gewinnmaximum** ist somit dann erreicht, wenn der **Grenzerlös gleich** groß ist wie die **Grenzkosten**.

Bei vollständiger Konkurrenz ist nun der Preis ein Datum, die Gesamterlöskurve hat eine konstante Steigung, der Grenzerlös ist identisch mit dem Preis. Das Gewinnmaximum ist also dann erreicht, wenn die Grenzkosten gleich sind dem Preis (in unserer Abbildung bei der Ausbringung x_2). Oder auf die Gesamtgrößen bezogen: im Gewinnmaximum verläuft die Tangente an die Gesamtkostenkurve parallel zur Gesamterlöskurve, die Gesamterlöskurve und die Gesamtkostenkurve haben also gleiche Steigungsmaße.

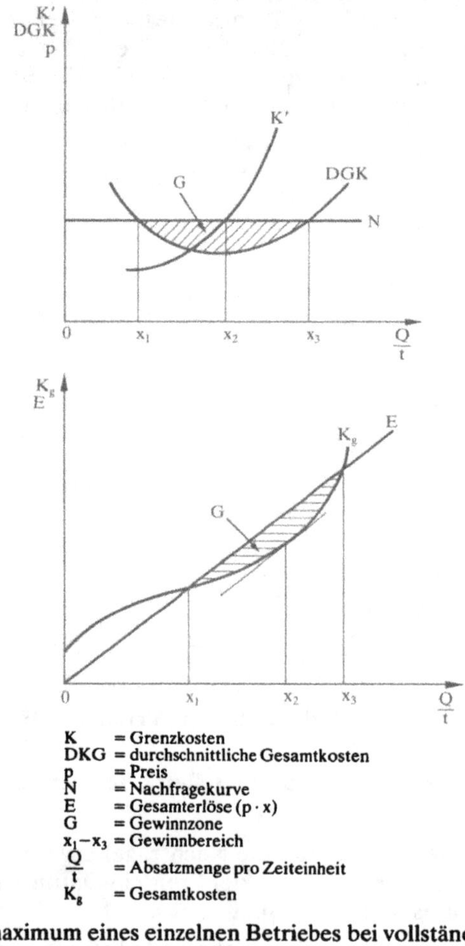

K = Grenzkosten
DKG = durchschnittliche Gesamtkosten
p = Preis
N = Nachfragekurve
E = Gesamterlöse (p · x)
G = Gewinnzone
$x_1 - x_3$ = Gewinnbereich
$\frac{Q}{t}$ = Absatzmenge pro Zeiteinheit
K_g = Gesamtkosten

Abb. 46 Gewinnmaximum eines einzelnen Betriebes bei vollständiger Konkurrenz

3.C.8. Gewinnmaximum beim Monopol:

Jeder Monopolist hat zwei Aktionsparameter: den Preis und die Menge, kann also – im Gegensatz zum Polypolisten – Preis- und Mengenfixierer sein. Wird der Preis autonom fixiert, dann bestimmt das Verhalten der Nachfrager, welche Mengen zu diesem Preis abgesetzt werden können. Wird hingegen die Menge als

Aktionsparameter verwendet, dann bestimmt das Verhalten der Nachfrager, welcher Preis bei alternativ angebotenen Absatzmengen zustandekommt. Man kann dabei unterstellen, daß mit sinkendem Preis der Absatz steigt. Die Nachfragekurve des Monopolisten ist demnach eine Gerade, die von links oben nach rechts unten fällt (siehe Abb. 47). Es wird angenommen, daß der Monopolist jene Kombination von Preis und Absatz wählt, bei der sein Gewinn maximal ist. Der Preis kann jedoch nicht willkürlich hochgetrieben werden, da bei einem zu hohen Preis der Absatz Null wird. Der **Gewinn** ist wie bei der vollständigen Konkurrenz dann **maximal**, wenn die **Grenzkosten gleich** dem **Grenzerlös** sind.

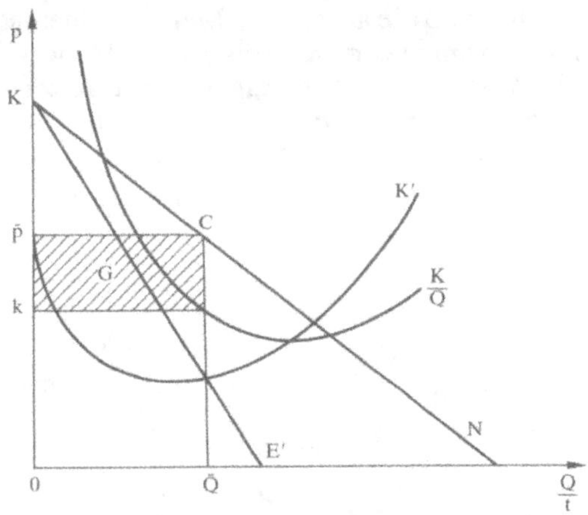

p = Preis
K' = Grenzkosten
$\frac{K}{Q}$ = gesamte Durchschnittskosten
E' = Grenzerlös
N = Nachfragegerade
$\frac{Q}{t}$ = Menge pro Zeiteinheit
C = Cournot'scher Punkt
G = Gewinn

Abb. 47 Maximaler Gewinn beim Monopol

Die **Grenz-** und **Durchschnittskosten** (K' und K/O) können genau so gezeichnet werden, wie bei vollständiger Konkurrenz. Der **Grenzerlös** ist jedoch im Monopolfall gleich dem Erlös der letzten Einheit reduziert um die Ertragsminderung, die die Folge eines Preisnachlasses ist, der auf die übrigen verkauften Einheiten gegeben werden muß. Zum Beispiel: wenn 10 Einheiten zum Preis von je S 2,– verkauft werden können oder 11 Einheiten zu je S 1,90, so ist der Grenzerlös (der zusätzliche Erlös der 11. Einheit) gleich S 1,90 vermindert um 10×0,10 S (Preisminderung der vorigen Einheiten), also S 0,90. Der Grenzerlös ist also kleiner als der Preis. Die Kurve der Grenzerlöse verläuft demnach links von der Absatzfunktion. Im Falle einer linearen Absatzfunktion ist die Grenzerlöskurve ebenfall eine Gerade. Die Steigung der beiden Kurven ist negativ!

Zusammen mit der Kostenfunktion können wir nun das Gleichgewicht bestimmen. Bei einer Gütermenge von $\bar{Q}$ sind die Grenzkosten gleich dem Grenzerlös (K' = E'), der **Gewinn ist maximal**. Der Preis beträgt $\bar{p}$, der Stückgewinn $\bar{p} - k$. Der Gewinn beträgt $(\bar{p} - k) . \bar{Q}$, also Stückgewinn multipliziert mit der Zahl der abgesetzten Einheiten. Punkt C auf der Absatzfunktion = **Cournot'scher Punkt**, Punkt des maximalen Gewinns für den Monopolisten.

Monopolisten können jedoch auf die Dauer schwer ihre Marktstellung halten. Der wichtigste Grund dafür liegt in der Existenz von **Substitutionsgütern**, deren Zahl im Zuge der wirtschaftlichen Entwicklung größer wird.

3.C.9. Vergleicht man die Marktform der **vollständigen Konkurrenz** mit der des **Monopols**, so ergibt sich folgendes:

Nimmt man gleiche Kostenverläufe an, so geht aus Abb. 48 hervor, daß beim Monopol der Preis höher und die abgesetzte Menge kleiner ist als bei vollständiger Konkurrenz. Der gewinnmaximale Preis p_m des Monopolisten ist höher als der gewinnmaximale Preis p_{vk} bei vollständiger Konkurrenz (zur Erinnerung: bei vollständiger Konkurrenz ist der Gewinn dann maximal, wenn die Grenzkostenkurve die Nachfragekurve = Preisgerade schneidet).

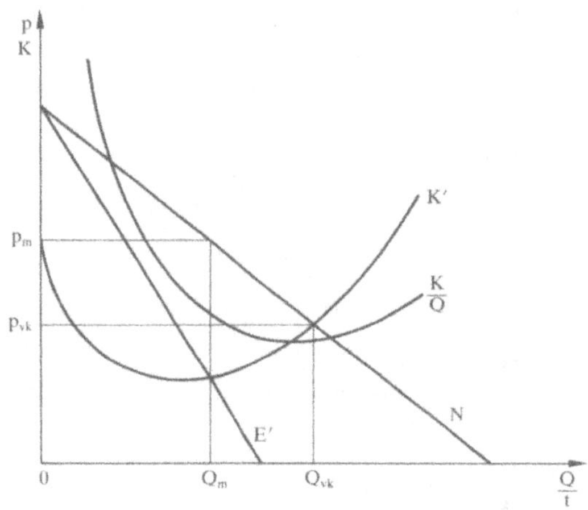

p = Preis
$\frac{Q}{t}$ = Menge pro Zeiteinheit
K' = Grenzkosten
$\frac{K}{Q}$ = gesamte Durchschnittskosten
N = Nachfragegerade
E' = Grenzerlös
p_m = gewinnmaximaler Preis des Monopolisten
p_{vk} = gewinnmaximaler Preis bei vollkommener Konkurrenz

Abb. 48 Vergleich Monopol – vollständige Konkurrenz

Damit scheint die Versorgung einer Volkswirtschaft mit Gütern im Monopolfall schlechter zu sein als unter Konkurrenzbedingungen. Außerdem scheint durch die geringere Produktion die Gefahr der Arbeitslosigkeit durch Monopole größer.

Dabei muß man jedoch folgendes beachten:

- beim Monopol wird möglicherweise der technische Fortschritt besser gefördert;
- die Kosten sind im Monopol eventuell durch die viel günstigeren Produktionsbedingungen (Kosteneinsparungen durch Massenproduktion) oft weitaus ge-

ringer als bei vollständiger Konkurrenz, sodaß unter Umständen der Monopolpreis unter dem Konkurrenzpreis liegt;
- eine durch hohe Monopolgewinne hervorgerufene Investitionsgüternachfrage kann das geringere Beschäftigungsvolumen wieder ausgleichen.

Eine **Anti-Monopol-Politik** erscheint demnach nur dann gerechtfertigt, wenn die Monopolbildung erfolgt, um den Markt durch Ausschaltung des Wettbewerbes zu beeinflussen, denn dann gilt die ursprüngliche These, daß der Monopolpreis höher sei als der Konkurrenzpreis.

3.C.10. Weder beim reinen Monopol noch bei vollständiger Konkurrenz spielt sich auf der Angebotsseite das ab, was man Wettbewerb nennen könnte. Wettbewerb im eigentlichen Sinne des Wortes ergibt sich vor allem dort, wo der Einzelne gewissen Einfluß auf die Höhe des Preises hat und sich nicht nur anpassen muß. Dies ist der Fall bei der sogenannten monopolistischen und oligopolistischen Konkurrenz.

Von **monopolistischer Konkurrenz** spricht man, wenn zwar die Anbieterzahl groß (wie bei der vollständigen Konkurrenz), die Güter jedoch nicht völlig gleich, sondern mehr oder weniger unterschiedlich (heterogen) sind. Die Heterogenität kann dabei auf objektiven Gütereigenschaften oder aber auf Konsumenteneinschätzungen beruhen, wie z.B. räumliche, zeitliche, sachliche und persönliche Präferenzen, die ein Gut gegenüber anderen Gütern gleichen Verwendungszweckes auszeichnen. Anbieter heterogener Güter haben daher einen gewissen monopolistischen Spielraum, innerhalb dessen sie die Preise festsetzen können, d.h. sie können den Preis hinaufsetzen, ohne sogleich eine Abwanderung der Kunden befürchten zu müssen.

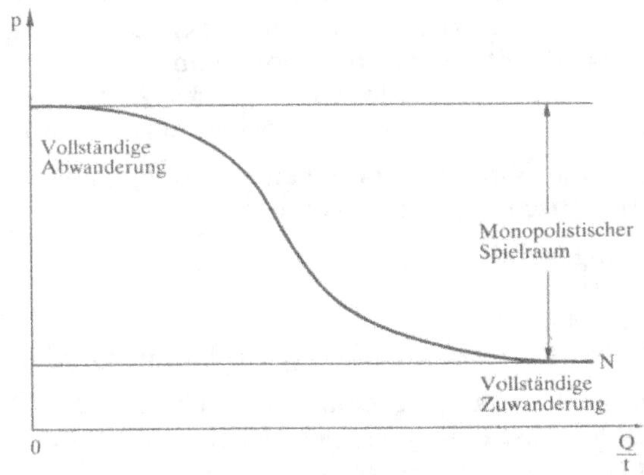

p = Preis
N = Nachfragekurve
$\frac{Q}{t}$ = Menge pro Zeiteinheit

Abb. 49 Monopolistischer Spielraum

Der mittlere Teil der für einen Anbieter relevanten Nachfragekurve verläuft wie beim Monopol, der obere und der untere Teil wie bei vollständiger Konkurrenz. Im mittleren Bereich gilt – wie beim Monopol – die Gewinnmaximierungsregel K' = E' (Grenzkosten = Grenzerlös). Oberhalb dieses mittleren Bereiches (der bestimmt wird durch die Substitutionsverhältnisse zwischen heterogenen Gütern) gehen die Nachfrager immer mehr auf andere Güter über, bei niedrigerem Preis wandern mehr und mehr Kunden zu, d.h. dort herrschen die Bedingungen der Konkurrenz. Der Vorteil dieser Analyse liegt darin, daß sie neben dem Preis andere Parameter ins Blickfeld rückt. Wenn **Präferenzen** eine so große Rolle spielen, dann werden **Produktgestaltung, Werbung** und **Verkaufsorganisation** zu wichtigen Absatzinstrumenten.

3.C.11. Ein **Oligopol** liegt vor, wenn ein Gut nur von einer begrenzten Anzahl von Anbietern angeboten wird, so daß Änderungen der Aktionsparameter eines Unternehmens (Menge, Preis) im Absatzbereich der anderen Anbieter spürbar sind.

Von anderen Marktformen unterscheidet sich das Oligopol durch die **gegenseitige Abhängigkeit** der Oligopolisten (oligopolistische Interdependenz), d.h. wenn ein Oligopolist seinen Preis oder seine Absatzmenge ändert, so muß er mit Reaktionen seiner Konkurrenten rechnen, z.B.:

Unternehmen A senkt den Preis –
die Konkurrenten reagieren nicht oder senken auch den Preis (vielleicht noch unter den Preis von A);

Unternehmen A erhöht den Preis –
die Konkurrenten reagieren nicht oder erhöhen auch ihren Peis (entweder um denselben Betrag, um mehr oder weniger).

Durch diese Interdependenz muß folglich der Oligopolist bei seinen preispolitischen Maßnahmen jede mögliche Reaktion seiner Konkurrenten berücksichtigen. Da er aber diese Reaktionen nicht kennt, kann er nur gewisse Vermutungen über das Verhalten der Rivalen anstellen (in neuerer Zeit versucht man mit Hilfe von spieltheoretischen Ansätzen zu einer Lösung zu gelangen).

In Anlehnung an die Wirklichkeit können im Oligopolfall folgende vier Situationen als charakteristisch angesehen werden:

(1) die Verdrängungspolitik,
(2) die Preisstarrheit,
(3) die Preisführerschaft,
(4) die oligopolistische Zusammenarbeit (gemeinsame Gewinnmaximierung).

Langfristig kann die **Verdrängungspolitik** nur dann erfolgreich sein, wenn der preissenkende Oligopolist eine günstigere Kostenstruktur aufzuweisen hat als sein Konkurrent (bzw. seine Konkurrenten).

Dabei muß er auch noch folgende Gefahren berücksichtigen:

Das mit größeren Kosten belastete Unternehmen kann größere finanzielle Reserven haben. Es könnte Verluste länger durchhalten, bzw. seinen Preis unter den Preis des kämpfenden Oligopolisten senken. Ist dieser finanziell schwach, kann er so Opfer des von ihm begonnenen Krieges werden.

Wenn auf Grund beschränkter Kapazität der Gesamtmarkt nicht oder nur zu eventuell stark steigenden Kosten beliefert werden kann, dann kann selbst bei gleicher Finanzlage der Konkurrent nicht verdrängt werden.

Diese Gefahren führen vielfach dazu, daß die Oligopolisten an ihren Preisen festhalten – **Preisstarrheit** – weil sie befürchten müssen, durch Preissenkungen einen „Preiskampf" heraufzubeschwören (die Konkurrenten senken auch die Preise). Außerdem können sich die Oligopolisten durch Preissenkungen selbst den Markt, verderben: an niedrige Preise gewöhnte Verbraucher setzen sich gegen spätere Preiserhöhungen zur Wehr.

Auch gegen Preiserhöhungen sprechen verschiedene Gründe: die durch Preiserhöhungen hervorgerufenen höheren Gewinne verstärken die Substitutionskonkurrenz; wenn die Konkurrenten die Preiserhöhung nicht mitmachen, führt dies zu erheblicher Absatzverlusten; außerdem rufen Preissteigerungen sehr oft den Staat, die Gewerkschaften und die Öffentlichkeit auf den Plan. Auf Grund der Annahme, daß ein Oligopolist bei Preissenkung damit rechnen muß, daß die Konkurrenten ebenfalls ihre Preis senken und daß sie bei einer Preiserhöhung ihre Preise nicht hinaufsetzen, ergibt sich eine geknickte Nachfragekurve:

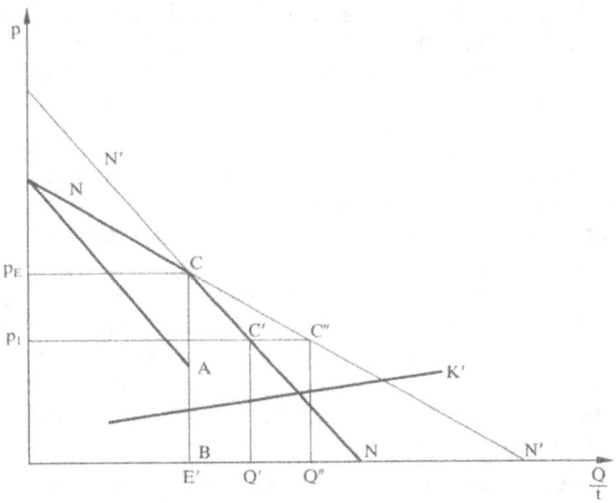

p = Preis
$\frac{Q}{t}$ = Menge pro Zeiteinheit
C = Cournot'scher Punkt
E' = Grenzerlös
K' = Grenzkosten

Abb. 50 Geknickte Nachfragekurve beim Oligopol

Der Anbieter (ein Oligopolist) hat die Preismengenkombination C verwirklicht. Senkt nun dieser Anbieter den Preis von p_E auf p_1, so muß er damit rechnen, daß die Konkurrenten mit Preissenkungen folgen. Wenn nicht, wäre der Mengenzuwachs größer (bei nachziehender Konkurrenz von C auf C', ohne Preissenkung der Konkurrenz von C nach C"). Bei oligopolitischer Konkurrenz reagiert deshalb die Nachfrage bei Preissenkung unelastischer (C auf C') als beim Monopol (C auf C").

Bei Preiserhöhung werden die Konkurrenten möglicherweise nicht nachziehen, da ihnen die Nachfrage zuwächst, die der preiserhöhende Anbieter verliert. Als alleiniger Anbieter operiert er bei Preiserhöhungen auf der Kurve CN', hat er Konkurrenten auf CN. Bei C weist die Nachfragekurve NN des Oligopolisten einen Knick auf. Wegen dieses Knickes hat der positive Teil der Grenzerlöskurve einen Unbestimmtheitsgrad AB, sodaß selbst ein Kostenanstieg die gewinnmaximale Situation nicht ändert, solange K' durch AB verläuft.

Dieser Verlauf der Nachfragekurve gilt jedoch nicht in konjunkturellen Expansionsphasen. Bei großen Auftragsbeständen werden die Unternehmer bei Preissenkungen nicht reagieren, weil sie kaum einen Nachfrageausfall befürchten müssen. Bei Preiserhöhungen werden sie hingegen mitziehen, weil auf Grund der steigenden Einkommen die Preisforderungen erfüllt werden. Zum Teil resultieren die Preissteigerungen im konjunkturellen Aufschwung auch daraus, daß der Kostenrückstau auf Grund der günstigen Marktlage abgebaut wird.

Während bei Preisstarrheit die einzelnen Oligopolisten noch mehr oder weniger autonom handeln, können sie bei wachsendem Sicherheitsbedürfnis dazu übergehen, eine kollektive Preispolitik zu betrieben und eine sogenannte **Preisführerschaft** zu entwickeln. Als sogenannte Preisführer kann man entweder den größten Oligopolisten wählen (dieser setzt den Preis fest, die Konkurrenz paßt sich an), oder aber den Oligopolisten mit der besten Marktübersicht. Auf diese Weise wird verhindert, daß sich die Oligopolisten untereinander ruinöse Konkurrenz machen.

Die Orientierung an einem Preisführer kann sehr leicht den Übergang zu einer noch engeren Bindung zur Folge haben, nämlich zu direkten Vereinbarungen zwischen den Oligopolisten. Die Unternehmen arbeiten dann nicht mehr gegeneinander, sondern miteinander. Man spricht in diesem Zusammenhang auch von einer **gemeinsamen Gewinnmaximierung** (Kartelle). Die Anbieter wissen, daß sie voneinander abhängig sind. Der Gesamtgewinn und seine Verteilung wird im Oligopol durch ihr Verhalten bestimmt. Die Anbieter maximieren daher ihren Gesamtgewinn, wenn sie sich verhalten wie ein Angebotsmonopolist (sowohl bezüglich Preis als auch Menge). Ein einzelner Oligopolist kann zwar auf Kosten der anderen seinen Marktanteil vergrößern, sein Verhalten reduziert dann aber den gemeinsamen Gewinn aller.

Die Oligopolisten tendieren umso mehr zu einer gemeinsamen Gewinnmaximierung,

- je stärker die Abhängigkeit voneinander (sehr ähnliche Produkte und Produktionsmethoden, gleiche Marktanteile, kleine Zahl der Anbieter) ist,
- je schwieriger der Marktzutritt (Patente, Marken) ist,
- je leichter geheime Abkommen zu treffen sind und
- je ähnlicher die Erwartungen der Unternehmer betreffend zukünftiger Wirtschaftslagen sind.

Die Zusammenarbeit kann auf mündlicher Absprache beruhen (sogenannte „Frühstückskartelle") oder aber die Kooperation erfolgt auf Grund vertraglich vereinbarter Kartellabsprachen. Dadurch wird der freie Wettbewerb gefährdet (es werden oft ineffiziente Produktionsmethoden weitergeführt) und es kommt zur Konzentration an wirtschaftlicher und unter Umständen politischer Macht. Die sich daraus für Konsumenten und freien Wettbewerb ergebenden Nachteile versucht der Staat z.B. durch **Kartellgesetze** zu verhindern.

3.C.12. Wettbewerb im marktwirtschaftlichen Sinn vollzieht sich als ein Prozeß, der durch das Handeln jener Unternehmer in Gang gesetzt wird, die ihre Marktposition als unbefriedigend erachten und sie deshalb zu verändern suchen. Um den gewünschten Wettbewerbsvorteil zu erlangen, kann der Preis gesenkt, die Qualität verbessert, die Werbung verstärkt, die Absatzmethode verändert, der Service vervollkommnet werden. Zum „**Pionier-Unternehmer**" wird ein Anbieter, dessen Aktivität nicht nur eine marginal verbesserte Leistung zur Folge hat, sondern zu Innovationen führt, die erhebliche Kostenersparnisse ermöglichen (Prozeßinnovationen) oder neue Produkte hervorbringen, die den bisher angebotenen deutlich überlegen sind (Produktinnovation).

Wettbewerb in diesem Sinne kann als „**Prozeß der schöpferischen Zerstörung**" (Schumpeter, J.A.) angesehen werden: Verfahren, Produkte, Absatzmethoden, Finanzierungstechniken und Marketingkonzeptionen werden durch Innovationen in Frage gestellt und, sofern diesen Erfolg beschieden ist, überwunden und verdrängt, Marktanteile verschieben sich. Unternehmen schließen sich zusammen. Andere scheiden aus dem Markt aus. Wieder andere werden neu gegründet oder vollziehen als „newcomer" den Eintritt in einen bis dahin von ihnen nicht bedienten Markt.

Der Wettbewerbsprozeß läßt sich aber auch als **Such- und Entdeckungsverfahren** interpretieren (Hayek, F.A.), weil das Bestreben der Unternehmer, unerkannte Marktchancen zu erkunden und zu nutzen, sie dazu motiviert, neue Möglichkeiten der Faktorkombination zu erproben und neue Produkte zur Wahl stellen. Auch vollziehen sich auf den Märkten bei Anbietern und Nachfragern Lernprozesse: Die Verbraucher gewinnen zumeist erst dann Klarheit über ihre Bedürfnisse und Präferenzen, wenn sie jene Alternativen bewerten, die ihnen die Produzenten offerieren. Diese wiederum erlangen fortlaufend Einsichten über das, was offensichtlich gewünscht wird, da es zu kostendeckenden Preisen abgesetzt werden kann, und über das, was sich als nicht bedarfsgerecht erweist und deshalb ohne Nachfrage bleibt.

Seine positive Bewertung erfährt der Wettbewerb durch die ihm zugeschriebene Eigenschaft, den am Marktgeschehen Beteiligten Freiheitsspielräume zu eröffnen und eine gute Marktversorgung zu gewährleisten:

Handlungs- und Wahlfreiheiten garantiert der Wettbewerb einerseits dadurch, daß er den Unternehmungen die Möglichkeit zur eigenverantwortlichen Disposition über die ihnen verfügbaren Ressourcen eröffnet und andererseits den Verbrauchern die Wahl zwischen alternativen Angeboten gestattet und den Arbeitnehmern die Chance zum Wechsel ihres Arbeitsplatzes gibt.

Eine **gute Marktversorgung** stellt ein freier Leistungswettbewerb dadurch in Aussicht, daß er die Unternehmer dazu anhält,

- ein Angebot bereitzustellen, das den Konsumentenpräferenzen entspricht (Steuerungsfunktion);
- Produktionsverfahren anzuwenden, die größtmögliche Effizienz des Faktoreinsatzes gewährleisten (Allokationsfunktion);
- technische Fortschritte im Sinne kostengünstiger Produktionsmethoden und neuer, besserer Produkte zu realisieren (Innovationsfunktion) und
- auf die eine wachsende Wirtschaft kennzeichnenden Datenänderungen durch flexible Anpassung ihrer Produktionsprogramme, -verfahren und -kapazitäten rasch zu reagieren (Anpassungsfunktion).
- Auf den Faktormärkten soll Wettbewerb eine leistungsgerechte Einkommensverteilung gewährleisten (Verteilungsfunktion).

- Schließlich ist der Wettbewerb ein gesellschaftliches Verfahren zur Begrenzung und Kontrolle wirtschaftlicher Macht (Kontrollfunktion).

Wettbewerb kann aber nur zustande kommen, wenn Bedingungen erfüllt sind, die als **Wettbewerbsvoraussetzungen** bezeichnet werden. Zu diesen gehört eine Rechtsordnung, die die Möglichkeit eröffnet, unternehmerisch tätig zu werden, die die freie Wahl des Tauschpartners zuläßt, eine funktionsfähiges Währungssystem gewährleistet und den Wettbewerb vor Beschränkungen schützt.

Unternehmen, die ein marktgerechtes Angebot bereitstellen, werden mit Gewinnen belohnt. Anbieter, die den Erfordernissen des Marktes nicht genügen, werden mit Verlusten bestraft und bei dauerhaftem Versagen zum Ausscheiden aus dem Wettbewerbsprozeß gezwungen. Als gesellschaftliches Sanktionsverfahren kann Wettbewerb nur wirksam werden, wenn die Nachfrager bereit sind, auf Leistungsschwächen mit Abwanderung zu reagieren. Ist die Nachfrage unbeweglich, bleibt eine bessere Leistung unbelohnt, eine schlechtere ungeahndet. Die Bereitschaft der Nachfrager, die Auswahl des Lieferanten gemäß dem Kriterium der gebotenen Leistung vorzunehmen, muß sich jedoch mit der Fähigkeit verbinden, bestehende Leistungsunterschiede zu erkennen. Dazu ist Markttransparenz erforderlich, damit auch tatsächlich jene Unternehmungen in den Genuß eines überdurchschnittlichen Nachfragezuwachses gelangen, deren Angebot den Käuferpräferenzen am besten entspricht, und damit die Konkursdrohung dort am stärksten ausfällt, wo bei schlechteste Leistung erbracht wird.

Erforderlich ist auch eine „**Wettbewerbsgesinnung**“, d.h.

- der Wille, Vorteile gegenüber seinen Konkurrenten nicht durch leistungsfremde Praktiken, sondern allein durch ein besseres Angebot zu erlangen;
- die Absage an Bestrebungen, die darauf abzielen, den Wettbewerb durch Strategien der Verhaltensabstimmung zu beschränken und
- die Hinnahme jener Existenzgefährdung, der sich bei wirksamen Wettbewerb grundsätzlich aller Anbieter ausgesetzt sehen.

Je mehr es den Unternehmen an einer derartigen „Wettbewerbsgesinnung“ mangelt, desto größer ist die Neigung zu Wettbewerbsbeschränkung und desto mehr ergibt sich die Notwendigkeit einer wirksamen staatlichen Wettbewerbspolitik.

Wirksamer Wettbewerb läßt sich schließlich dauerhaft nur bewahren, wenn für neue Anbieter die Möglichkeit des Markteintritts besteht. Bei blockiertem Marktzutritt besteht die Gefahr, daß der Wettbewerb immer mehr an Dynamik einbüßt, um schließlich in einem Zustand des friedlichen Oligopolverhaltens oder in einer dauerhaften Monopolisierung des Marktes zu enden.

3.D. Ansatzpunkte der Wettbewerbspolitik

Hauptziel der Wettbewerbspolitik ist die Erhaltung und Förderung einer dezentralen Entscheidungsstruktur des Produktionsprozesses einer Volkswirtschaft; sie soll zum Wettbewerbsvorstoß ermuntern und befähigen und den Wettbewerb vor Beschränkungen schützen. Wie praktische Wettbewerbspolitik betrieben werden soll, hängt dann in erster Linie vom gewählten wettbewerbstheoretischen Modell ab. Die hauptsächlich diskutierten **wettbewerbspolitischen Leitbilder** lassen sich wie folgt gliedern:

(1) **Klassischer Liberalismus**

Als wettbewerbspolitisches Leitbild verwenden die Klassiker (A. Smith, J. St. Mill u.a.) den **freien Wettbewerb** als die dominierende gesellschaftliche Anreiz-, Steuerungs- und Kontrollinstitution. Als Maßstab des Wohlstandes einer Nation gelten das Glück und die Wohlfahrt des einzelnen. Die Dispositionsbefugnis über die der Gesellschaft verfügbaren Produktionsmittel soll grundsätzlich privaten Unternehmen zuerkannt werden, und für die privaten Haushalte wird Freiheit in der Entscheidung darüber gefordert, wie sie ihr Einkommen beschaffen und wie sie es verwenden sollen. Dem Staat fällt somit nur die Aufgabe zu, ein System der Freiheit zu schaffen und rechtlich zu sichern, das einem unbeschränkten Leistungswettbewerb dauerhaft Geltung verschafft. Als den **wichtigsten Aktionsparameter** der Wettbewerber sehen die Klassiker den **Produktpreis** an.

(2) **Vollständige Konkurrenz**

Im Rahmen der **neoklassischen Preistheorie** (L. Walras, A. Marshall) erfährt die Lehre der Klassiker eine Interpretation und Weiterentwicklung, die wesentliche Anliegen und Aspekte der ursprünglichen Konzeption unbeachtet läßt. Im **Modell** der **vollständigen Konkurrenz**, dem Kernstück der neoklassichen Doktrin, findet nämlich Wettbewerb als dynamischer Prozeß nicht mehr statt, jeder Anbieter akzeptiert den Marktpreis für sich als Datum und verhält sich als Mengenanpasser. Dem Wettbewerber bringen also nur Mengenstrategien und Verfahrensinnovationen vorübergehend individuelle Differentialgewinne, andere Aktionsparameter (wie Preis, Produkt, Werbung) stehen in diesem Modell nicht zur Verfügung.

Damit werden im Modell Wettbewerbshandlungen nicht erfaßt, die in der Realität eine große Rolle spielen. Dies schließt allerdings einen „heuristischen Wert" eines solchen Modells nicht aus. Denn mit ihm können, sofern für alle Märkte einer Volkswirtschaft vollständige Konkurrenz unterstellt wird, die Bedingungen formuliert werden, die gegeben sein müssen, wenn ein bestimmter Zustand eines volkswirtschaftlichen Wohlfahrtsoptimums erreicht werden soll (Pareto-Optimalität ist dann gegeben, wenn kein Wirtschaftssubjekt besser gestellt werden kann, ohne gleichzeitig nicht wenigstens ein Wirtschaftssubjekt schlechter zu stellen). Wird ein solches Ziel wettbewerbspolitisch akzeptiert, dann gibt das Modell der vollständigen Konkurrenz an, in welcher Richtung die Realität beeinflußt werden muß, um sie dem gewünschten Zustand weitestmöglich anzunähern.

Auch wenn man die Prämissen der vollständigen Konkurrenz (siehe S. 61) weniger restriktiv faßt, und nur auf das Kriterium der großen Zahl und auf die Freiheit des Marktzuganges abstellt, würden **Wettbewerbsprozesse** die Marktform der **vollständigen Konkurrenz** vermutlich rasch **zerstören**. Denn ein Pionierunternehmer, der mit einem neuen Produkt am Markt erfolgreich ist, schafft für sein Angebot Präferenzen. Er unterliegt damit nicht mehr dem Zwang, sich dem Diktat des Marktpreises zu unterwerfen. Er gewinnt die Möglichkeit, eine aktive Preispolitik zu betreiben. Das Postulat der Homogenität des Angebots wird durch seine Innovation durchbrochen. Kann zudem der Wettbewerbsvorsprung eines Pioniers nicht von allen seinen Konkurrenten gleich rasch und gleich erfolgreich aufgeholt werden, dann wird auch die Annahme weitgehend gleich gestreuter Marktanteile nicht mehr erfüllt. Der Pionier und die raschen „Nachzieher" wachsen schneller als jene Unternehmen, die nicht oder zu spät reagieren. Aus einer großen Zahl von kleinen wird eine geringe Anzahl von großen Unternehmen, das Polypol der Ausgangslage wandelt sich zum Oligopol.

(3) **Workable Competition**

Das Konzept der workable competition versucht, die Diskrepanz zwischen den wirklichkeitsfernen Prämissen des Leitbildes der vollständigen Konkurrenz und der „unvollkommenen" Realität zu beheben. Bei aller Differenzierung im einzelnen handelt es sich bei den Modellen des workable (funktionsfähigen) Wettbewerbs um solche, in denen zwischen mehr oder weniger exakt beschriebenen Kriterien der Marktstruktur einerseits und bestimmten Verhaltensweisen und (vor allem) Marktergebnissen andererseits ein eindeutiger Zusammenhang nachgewiesen werden soll. So sehen J. M. Clark und seine Anhänger den **Wettbewerb** als **funktionsfähig** oder effizient an, wenn dieser dem **wirtschaftlichen Fortschritt** dient, es also zu positiven Marktergebnissen kommt (z.B. sinkende Kosten und Preise, Verbesserung der Produktqualität, steigende Produktion). Welche Marktform – die vollständige Konkurrenz oder aber ein Monopol – diesem Fortschritt dient, ist letztlich nicht wesentlich, entscheidend sind die Ergebnisse.

Eine **Schwäche** des Konzepts der workable competition liegt allerdings darin, daß es kaum Verhaltensweisen gibt, die sich eindeutig und generell entweder als wettbewerbsfördernd oder als wettbewerbshemmend klassifizieren lassen. So kann z.B. eine Preissenkung der Funktionsfähigkeit des Wettbewerbes abträglich sein, wenn damit lediglich ein lästiger Konkurrent vom Markt verdrängt werden soll; dieselbe Preissenkung kann allerdings den Wettbewerb steigern, wenn ein Pionierunternehmer damit signalisiert, daß er ein kostengünstiges Produktionsverfahren eingeführt hat.

(4) **Neuklassische Wettbewerbsfreiheit**

Eine andere Antwort auf die Frage, welche Modelle anstelle des Modells der vollständigen Konkurrenz in die wettbewerbspolitische Konzeption aufgenommen werden sollen, besteht in der primären Orientierung am Kriterium des freien Wettbewerbs, verstanden als ein Wettbewerb, der **frei** von **Wettbewerbsbeschränkungen** ist (bei der workable competition kommt das Kriterium freier Wettbewerb zwar auch vor, jedoch nur als ein Kriterium unter anderen). Auf diese Weise erfolgt wenigstens der Intention nach ein Rückbezug zum Ansatz der Klassik, es wird deshalb auch von einem „neuklassischen" Wettbewerbskonzept gesprochen (E. Hoppmann).

Die Freiheit zum wettbewerblichen Handeln gilt dabei als notwendige, nicht aber auch schon als hinreichende Bedingung für den Wettbewerb. Hinzu kommen muß noch die **Bereitschaft**, die sich bei **Wettbewerbsfreiheit** ergebenden Möglichkeiten auch wirklich zu **nutzen**. Jedoch kann nicht generell unterstellt werden, daß bei freiem Wettbewerb nur wettbewerbspolitisch erwünschte Verhaltensweisen und Marktergebnisse zustande kommen. Es ist deshalb allein von der Hypothese auszugehen, bei freiem Wettbewerb sei eher als bei Bestehen von Wettbewerbsbeschränkungen mit erwünschten Verhaltensweisen und Marktergebnissen zu rechnen.

Diese so formulierte Hypothese zugunsten des freien Wettbewerbs läßt auch Platz für eine wettbewerbspolitische Anerkennung von Wettbewerbsbeschränkungen, wenn sich herausstellen sollte, daß eine bestimmte Art von Wettbewerbsbeschränkung – im Vergleich zu einer Situation ohne diese – zu einem an den wettbewerbspolitischen Zielen gemessenen besseren Ergebnis führt.

Instrumente der Wettbewerbspolitik

Eine befriedigende Diskussion wettbewerbspolitischer Instrumente kann letztlich nur in unmittelbarer Verbindung mit operational formulierten Zielen und mit den analytischen Ergebnissen der jeweils verwendeten wettbewerbspolitischen Leitbilder erfolgen. Mit der Festlegung von staatlichen Spielregeln entsprechend dem Leitbild wird sodann der allgemeine ordnungspolitische Rahmen abgesteckt, innerhalb dessen sich der Wettbewerb vollziehen soll. Als Ansatzpunkte können dann folgende grundsätzliche Unterscheidungen in der Art **wettbewerbspolitischer Maßnahmen** herangezogen werden, wie sie das unten stehende Schaubild zeigt (H. Bartling, Seite 61):

marktstrukturelle Ausgangssituation / Art wettbewerbspolitischer Maßnahmen	**wettbewerbliche Marktstruktur** (bes. keine hohen Marktzutrittsschranken) Polypol · kompetitives Oligopol	**nichtwettbewerbliche Marktstruktur** (bes. wegen hoher Marktzutrittsschranken) verfestigtes nicht kompetitives Oligopol · verfestigtes Individualmonopol
(I) **Wettbewerbsschutz** bei wettbewerbsbeschränkenden Verhaltensweisen (als ursachenadäquate Wettbewerbspolitik)	Verhaltensverbote durch den Staat gegen → wettbewerbsbeschränkende Verhaltensweisen von Unternehmen, und zwar besonders: (1) **Vertragsabschlüsse** (z.B. Kartelle, Fusionen, Preisbindungen, Ausschließlichkeitsverträge) (2) **„aufeinander abgestimmte Verhaltensweisen"** (3) **Behinderungs- und Verdrängungspraktiken**	
(II) **Mißbrauchsaufsicht** (als neutralisierende Wettbewerbspolitik)		• spontan-solidarisches Parallelverhalten • erzwungenes Parallelverhalten, bes. dominierende Preisführerschaft • individual-monopolistische „Ausbeutung"
(III) **Wettbewerbsförderung** bei verfestigten marktstrukturellen Wettbewerbsbeschränkungen (als ursachenadäquate Wettbewerbspolitik)	wettbewerbspolitische Marktstrukturänderungen durch den Staat ← – – – – – ←	

Abb. 51 Instrumente der Wettbewerbspolitik

Zunächst einmal ist zwischen zwei Grundtypen der Wettbewerbspolitik zu unterscheiden: einerseits der **ursachenadäquaten Wettbewerbspolitik**, die die Wettbewerbsbeschränkungen selbst verhindert oder beseitigt, und andererseits der

neutralisierenden Wettbewerbspolitik, die nur unerwünschte Folgen von Wettbewerbsbeschränkungen zu dämpfen versucht, während die Wettbewerbsbeschränkungen als solche unangetastet bestehen bleiben.

Bei der ursachenadäquaten Wettbewerbspolitik ist wiederum zu unterscheiden, ob die zu bekämpfenden Wettbewerbsbeschränkungen auf Verhaltensweisen von Marktteilnehmern zurückgehen oder marktstrukturell bedingt sind. Nur wenn im Prinzip **wettbewerbliche Marktstrukturen** vorliegen, und die Konkurrenten durch wettbewerbsbeschränkende Verhaltensweisen den Wettbewerbsdruck zu vermindern trachten, kann durch ein Verbot solcher Verhaltensweisen der Wettbewerb ursachenadäquat geschützt werden.

Sobald in der Ausgangssituation verfestigt **nichtwettbewerbliche Marktstrukturen** vorhanden sind, weil z.B. die strukturelle Vermachtung bereits so weit fortgeschritten ist, daß sich nichtkompetitive Oligopole oder gar Monopole herausgebildet haben und durch hohe Marktzutrittsschranken geschützt sind, lassen sich durch Verhaltensverbote keine Wettbewerbsprozesse mehr aktivieren. Vielmehr erfordert eine ursachenadäquate Wettbewerbspolitik dann grundlegende Marktstrukturänderungen durch den Staat, die den Wettbewerb als Selbststeuerungsmechanismus – soweit möglich – in Kraft setzen.

Ursachenadäquate Wettbewerbspolitik wird als **Wettbewerbsschutz** (I) im wesentlichen in Form von Verhaltensverboten gegen bestimmte wettbewerbliche Verhaltensweisen von Unternehmen betrieben. Besonders handelt es sich dabei um Verbote gegen die folgenden drei Gruppen von wettbewerbsbeschränkenden Verhaltensweisen:

(1) **Wettbewerbsbeschränkende Verträge** (wie Kartelle, Fusionen oder vertikale Ausschließlichkeitsverträge oder Preisbindungen), die bei polypolistischen und oligopolistischen Wettbewerb vorkommen.
(2) **Aufeinander abgestimmte Verhaltensweisen**, die als Ursache für Wettbewerbsbeschränkungen im wesentlichen nur in kompetitiven Oligopolen relevant sind, weil lediglich dort durch die außerhalb der Marktaktivität stattfindenden formlosen Direktkontakte zwischen den wenigen Wettbewerbern, z.B. über brancheninterne Telefonate oder Branchensitzungen, gerade ein Umschlagen von Wettbewerb zu spontan-solidarischem Parallelverhalten im nichtkompetitiven Oligopol bewirkt werden kann.
(3) **Behinderungs- und Verdrängungspraktiken**, die vor allem bedenklich sind, wenn sie von Unternehmen ausgehen, die in einer überschaubaren Gruppe von Wettbewerbern bereits einen erheblichen Grad an Marktmacht haben und deshalb als Ursache für Wettbewerbsbeschränkungen ebenfalls vor allem in kompetitiven Oligopolen von Bedeutung sind.

Liegen allerdings erst einmal oligopolitische Marktstrukturen vor, die Lernprozesse zu spontan-solidarischem Parallelverhalten ermöglichen, mangelt es an Ansatzpunkten für solche Verbote gegenüber unlauteren und wettbewerbsbeschränkenden Verhaltensweisen. Das heißt, solche Verbote sind wirkungslos, wenn ein nicht-kompetitives Verhalten in einer verfestigt, vermachteten Marktstruktur liegt. In solchen Fällen wir als neutralisierende Wettbewerbspolitik eine sogenannte **Mißbrauchsaufsicht** (II) betrieben. Dabei wird an den Wettbewerbsbeschränkungen grundsätzlich nichts geändert, sondern die Mißbrauchsaufsicht zielt lediglich auf die Neutralisierung ihrer Folgen, z.B. durch Untersagung mißbräuchlich hoher Preise, Preisdiskriminierung oder Liefersperre eines marktbeherrschenden Unternehmens.

Bei der bisher in den meisten Fällen als Preiskontrolle gehandhabten neutralisierenden Mißbrauchsaufsicht ergibt sich jedoch das Problem, daß einerseits die überwachten Unternehmen auf andere unternehmerische Aktionsparameter ausweichen (z.B. Produktqualität, Vertriebsmethode u.ä.), andererseits durch eine wirksame Mißbrauchsaufsicht sogar Marktzutritte erschwert werden. Sie nimmt nämlich den niedrig gehaltenen Preisen und Gewinnen die Attraktionswirkung und lähmt somit die potentielle Konkurrenz.

Systematisch ist somit eine wirkungsvolle Wettbewerbspolitik so lange nicht abgerundet, wie bei marktstrukturell bedingten Wettbewerbsbeschränkungen keine ursachenadäquate Politik in Form von **Wettbewerbsförderung** (III) betrieben wird. Darunter sind in erster Linie Eingriffe durch Entflechtungen und/oder Senken von Marktzutrittsschranken zwecks Herstellung einer Wettbewerbsstruktur zu verstehen. Allerdings lassen sich hier keine generell wirksamen Maßnahmen angeben, sondern diese sind je nach den spezifischen Marktschranken (z.B. Konzessionsvergabe, Befähigungsnachweise, Kundenpräferenzen, absolute Kostenvorteile, economies of scale) und dem Grad der Verflechtung (finanzieller und gelegentlich auch personeller Art) sehr unterschiedlich. Der „Balanceakt" zwischen unterschiedlich weitgehenden Dekonzentrationsmaßnahmen direkter Art (durch Entflechtungen) oder mit mittelbarer Wirkung (Senkung von Marktzutrittchancen) unter Erhaltung von Größenvorteilen und bei möglichst geringer ökonomischer Wertezerstörung durch Eingriffe in gewachsene Unternehmenseinheiten ist zudem sehr schwierig. Wohl deshalb ist in der Praxis diese Art von Wettbewerbspolitik auch nicht sehr häufig.

IV. Raumwirtschaftstheorie

4.A. Problemstellung

Alle wirtschaftlichen Prozesse vollziehen sich in Raum und Zeit. Die zeitliche Dimension der Wirtschaft führt zu Wachstums- und Entwicklungsproblemen, die räumliche Dimension zu Verteilungsproblemen. Die unterschiedlichen Gegebenheiten eines Wirtschaftsraumes führen zu einer differenzierten Verteilung der Wirtschaftssubjekte (Unternehmen, Haushalte, Staat) innerhalb eines Gebietes.

Gegenstand der Analyse ist die **räumliche Allokation wirtschaftlicher Prozesse**. Drei Arten von Problemen ergeben sich in diesem Zusammenhang:

(a) Wie sieht die räumliche Verteilung in einer bestimmten Region aus.
(b) Wie entsteht und entwickelt sich die räumliche Verteilung und welchen Einfluß hat sie auf wirtschaftliche Prozesse.
(c) Welche Möglichkeiten ergeben sich innerhalb der Raumwirtschaftspolitik zur Beeinflussung der räumlichen Struktur.

4.B. Grundbegriffe

Grundsätzlich versteht man unter **Infrastruktur** Handlungsvoraussetzungen für private und öffentliche Handlungsträger. Jede Infrastruktur ermöglicht den Austausch von Gütern und Dienstleistungen zwischen verschiedenen Standorten und deren Eigentümern bzw. Nutzern. Sie umfaßt somit alle technischen Leitungssysteme, durch die bestimmte Güter und Faktoren transportierbar gemacht werden.

Übernommen um ca. 1960 aus dem militärischen Sprachgebrauch der NATO. Man verstand zunächst darunter den „ortsfesten Unterbau der militärischen Organisation“ (z.B. Kasernen, Ausbildungsplätze, Versorgungsdepots etc.)

Die häufige Verwendung des Begriffes Infrastruktur steht in krassem Gegensatz zur inhaltlichen Bestimmtheit des Begriffes, wobei grundsätzlich zwischen dem volkswirtschaftlichen und dem städtebaulichen Begriffsinhalt zu unterscheiden ist. **Volkswirtschaftlich** versteht man unter Infrastruktur alle jene Einrichtungen, die notwendig sind, um wirtschaftliche Tätigkeit überhaupt erst zur Entfaltung zu bringen. Infrastruktur hat also insofern immer Vorleistungscharakter. Jochimsen unterscheidet drei Arten von Infrastrukturbereichen:

Materielle Infrastruktur (= social overhead capital):
All jene Teile des volkswirtschaftlichen Kapitalstocks, die zur Erstellung von Gütern im Bereich der Suprastruktur notwendig sind.

Immaterielle Infrastruktur:
Die rechtlich-soziale Ordnung, d.h. Gesamtheit aller Einrichtungen, Rechtsnormen, Traditionen und Gewohnheiten, die für die Koordination der Einzelpläne relevant sind (kein direkter Investitionscharakter).

Personale Infrastruktur:
Zahl und Ausbildungsniveau der Arbeitskräfte, Gesundheitsausgaben, technisches Wissen.

Durch diese weite Fassung des Begriffes wird der komplementäre Charakter nicht nur der materiellen Infrastruktur, sondern auch die Komplementarität der personellen und institutionellen Voraussetzungen privatwirtschaftlicher Aktivität sichtbar.

Typische – aber nicht durchaus notwendige – **Merkmale** von **Investitionen** in die (materielle) **Infrastruktur**:

(1) Ökonomische Merkmale:

(1.1) Ausgeprägte externe Effekte (vor allem positiver Art). Da die Anwendung des Ausschlußprinzips vielfach nicht möglich ist, kommt es häufig zu einer defizitären Betriebsführung.

(1.2) Existenz von Skalenerträgen, d.h. die Höhe der mit einem Projekt verbundenen Kosten – auf einen bestimmten Zeitraum bezogen – hängt von der Größenordnung des jeweiligen Projektes ab, wobei eine bestimmte Mindestgröße (Tendenz: Mindestgrößen nehmen zu) einerseits von technischen Faktoren (technische Effizienz z.B. von Kläranlagen), andererseits von ökonomischen Faktoren (dem Einzugsbereich, der Auslastung der Anlagen) abhängt. Bei richtiger Größen- und Standortwahl von Infrastruktureinrichtungen können diese Einrichtungen mit sinkenden Durchschnittskosten betrieben werden.

(1.3) Fehlen von Marktpreisen, daher spezielle Finanzierungstechnik notwendig.

(2) Kreislaufwirkungen:

(2.1) Produktionswirkungen: Bestehen darin, daß die Effizienz des Arbeits- und Kapitaleinsatzes erhöht wird.

(2.2) Standort- bzw. Mobilitätswirkungen: Die Standortwahl von Haushalten und Unternehmen wird in sehr wesentlichem Ausmaß von der Existenz entsprechender Infrastrukturbestände bzw. dem Fehlen solcher beeinflußt. D.h. in letzterem Fall zeigen sich Auswirkungen auf die Mobilität der Produktionsfaktoren.

(2.3) Einkommenswirkungen: Durch die Intensität der Nutzung bzw. den Preis, zu dem diese möglich ist, entstehen bei den jeweiligen Haushalten und Unternehmen unterschiedlich hohe Einkommenswirkungen.

(3) Technische Merkmale:

(3.1) Lange Ausreifungs- und Nutzungsdauer: Längere Ausreifungszeit als im Bereich der Suprastruktur. Dies macht langfristig Planungen (ohne kurzfristige Korrekturmöglichkeit) notwendig. Beispiel: Bildungsinfrastruktur.

(3.2) Interdependenz zwischen einzelnen Bestandteilen eines bestimmten Infrastruktursektors (z.B. besonders stark auf dem Sektor des Gesundheitswesens).

Je komplexer die betreffende infrastrukturelle Versorgungs- oder Entsorgungsaufgabe ist, desto aufwendiger ist die Infrastruktur in der Planung, Ausführung und im Betrieb. Um derartige komplexe Infrastruktureinrichtungen einigermaßen wirtschaftlich betreiben zu können, benötigt die betreffende Einrichtung einen entsprechend großen Einzugsbereich.

Unter **Standorten** versteht man Verfügungs- und Eigentumsrechte von Personen über bestimmte, innerhalb von festgelegten Grenzen befindlichen natürlichen Ressourcen und infrastrukturellen Gelegenheiten.

Standortqualität beschreibt die relativen Ersparnisse, die sich bei der Beschaffung und beim Absatz von Gütern und Dienstleistungen sowie bei der Vermeidung von Eigentums- und Nutzungsstörungen ergeben.

Raumplanung umfaßt

(a) die zweckmäßige Anordnung von Infrastrukturprojekten, welche die Gebietskörperschaften zu Investitionen verpflichten und
(b) die Vornahme von Flächenwidmungen, welche die privaten Wirtschaftssubjekte zur Unterlassung bestimmter Standortnutzungen verpflichten.

Der Produktionsfaktor „**Boden**" ist der Träger von Eigenschaften, die im Rahmen einer infrastrukturellen Einrichtung genutzt wird. Er läßt sich wie folgt kategorisieren:

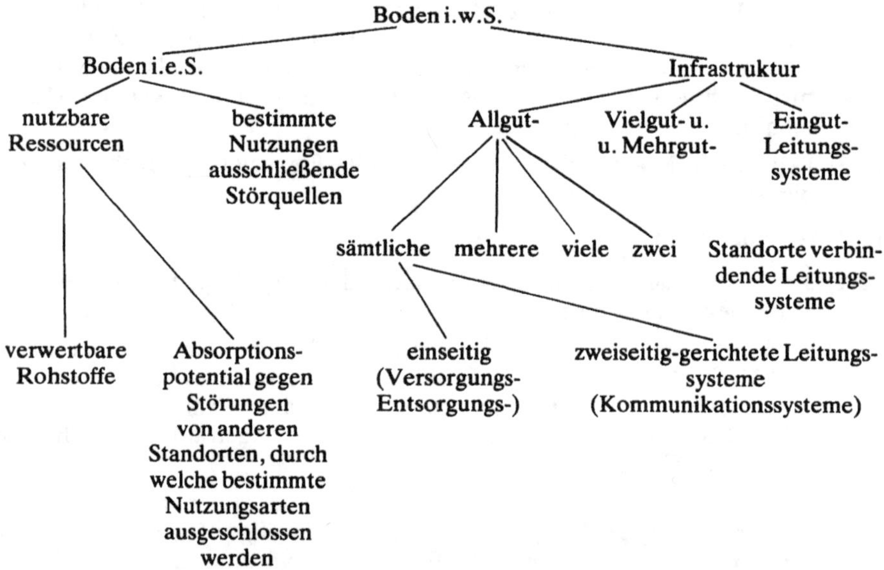

Abb. 52 Kategorisierung des Produktionsfaktors Boden

4.C. Raumwirtschaftliche Erklärungsmuster

1.C.1. Die **Standortwahl** eines **Unternehmens** wird insbesondere von folgenden Faktoren beeinflußt:

(a) Von der Art und Menge der zur Produktion benötigten Roh- und Betriebsstoffe.
(b) Vom Produktionsverfahren und den damit unter Umständen verbundenen negativen externen Effekten (wie Lärmentwicklung, Luftverschmutzung, Gewässerverunreinigung und dergleichen mehr).

(c) Von der Arbeitsintensität der Produktion und der jeweils benötigten Qualifikation der Arbeitskräfte (werden z.B. besonders qualifizierte Arbeitskräfte benötigt, so wird auch unter unternehmerischen Gesichtspunkten der Freizeitwert des betreffenden Standortes ins Kalkül gezogen werden müssen).
(d) Von der Möglichkeit positiver, interner Ersparnisse (Degression der durchschnittlichen Produktionskosten durch steigende Kapazität).
(e) Von Fühlungsvorteilen (Fühlungsvorteile durch örtliche Kontakte zu Zulieferern und Abnehmern und, was besonders wichtig ist, Fühlungsvorteile durch Versorgung mit zentral-örtlichen Dienstleistungen, wie beispielsweise Rechts- und Wirtschaftsberatung, Geld-, Bank-, Börsenwesen usw. Diese Art von Fühlungsvorteilen stellt einen der wichtigsten Anreize für ein Unternehmen dar, sich in einem Agglomerationsgebiet niederzulassen) und vom Ausmaß, in dem Infrastruktur zu bestimmten Preisen verfügbar ist.
(f) Von steuerrechtlichen Gesichtspunkten.
(g) Von der Lage der Absatzgebiete.

1.C.2. Grundsätzlich ist zwischen **standortabhängigen** und **standortunabhängigen Unternehmen** zu unterscheiden. Während standortunabhängige Unternehmen ihren Standort mehr oder minder „frei" wählen können, müssen standortabhängige Unternehmen, die Zulieferer standortunabhängiger Unternehmen sind, bei ihrer Standortwahl die gewählten Standorte der standortunabhängigen Unternehmen berücksichtigen. Sowohl bei standortabhängigen als auch bei standortunabhängigen Unternehmen ist wieder zu entscheiden, ob das Unternehmen einem „basic" oder einem „non basic"-Sektor angehört. „Basic"-Sektoren sind solche Sektoren, die ihre Produkte zu einem überwiegenden Teil nicht am Produktionsort oder dessen Einzugsgebiet, sondern in einer gewissen Distanz davon (z.B. in einer anderen Region, einem anderen Bundesland oder im Ausland) absetzen. Zu den „basic"-Sektoren gehört der überwiegende Teil des primären Sektors, Teile des sekundären und tertiären Sektors (z.B. bestimmte staatliche Dienstleistungen, wie Verkehr, Fernsehen, Rundfunk usw.). Zu den „non-basic"-Sektoren gehören hingegen jene Sektoren, deren Produkte überwiegend am Produktionsort und dessen Einzugsgebiet zum Absatz gelangen. Es sind dies insbesondere das Baugewerbe, das Handwerk sowie der überwiegende Teil des tertiären Sektors (also Dienstleistungsbetriebe, wie Einzelhandel, Banken, Versicherungen sowie ein Teil der staatlichen Dienstleistungen, wie Gerichte, Schulen usw.). Für Unternehmen, die dem „non-basic"-Sektor angehören, ist das Absatzgebiet als Standortfaktor in verstärktem Maße zu berücksichtigen.

1.C.3. Folgende Faktoren beeinflussen die **Standortwahl** eines **Haushaltes**:
(a) die Distanz zum Arbeitsort,
(b) der quantitative Versorgungsgrad mit Wohnungen, die Qualität der Wohnungsausstattung,
(c) die Höhe der Wohnungsmiete im Zusammenhang mit einem bestimmten Einkommensniveau sowie die Verfügbarkeit von Siedlungsflächen,
(d) die Höhe der verfügbaren, für Haushalte relevanten materiellen und personellen Infrastruktur,
(e) der Freizeitwert eines Wohnorts, der seinerseits bestimmt wird durch klimatische Bedingungen, Existenz bzw. Nichtexistenz negativer externer Effekte

(Lärm, Schmutz usw.), Fehlen bzw. Vorhandensein von Naherholungsmöglichkeiten sowie Kultur und Bildungseinrichtungen (Theater, Schulen usw.).

1.C.4. Die Distanzempfindlichkeit bestimmter Güter- und Dienstleistungen ist eine der Hauptursachen von Agglomerationen, ihre Überwindung in der Agglomeration eine der wichtigsten Komponenten von externen Ersparnissen. Die Distanzempfindlichkeit von Dienstleistungen nimmt mit der technischen Vervollkommnung der Kommunikationsmittel in verstärktem Maße ab.

1.C.5. Bestimmte Agglomerationsvorteile können durch gleichzeitig auftretende Agglomerationsnachteile kompensiert werden und zur Wahl eines anderen Standortes führen. Die Neigung, den Standort eines Unternehmens in einem Agglomerationsgebiet zu wählen, nimmt mit wachsendem überregionalem Absatzvolumen ab.

1.C.6. Der optimale Absatzradius eines Unternehmens hängt ab vom Ausmaß interner Ersparnisse, der Absatzdichte, dem individuellen Marktanteil des Unternehmens und der jeweiligen Marktform. Er ist umso größer, je größer der Anteil der degressiven Kosten an den Gesamtkosten, je kleiner die Input- und/oder Output-Transportkosten, je kleiner die Absatzdichte und je kleiner der Marktanteil ist.

4.D. Ansatzpunkte raumordnungspolitischer Maßnahmen

Ziele der Raumordnung und Regionalpolitik

Bevor man daran geht, ein Zielsystem zu formulieren, müssen die Begriffe Raumordnung, Raumplanung und Regionalpolitik gegenseitig abgegrenzt werden.

Unter **Raumordnung** versteht man die Summe aller gesetzlichen Bestimmungen, mit deren Hilfe die Verteilung und Nutzung der Ressourcen eines Gebietes im Raum so gesteuert wird, daß bestimmte Ziele erreicht werden.

Die Notwendigkeit raumwirtschaftspolitischer Maßnahmen durch staatliche Handlungsträger läßt sich nach Klaus/Schleicher wie folgt begründen:

(1) Da externe Effekte auftreten und die Mobilität der Produktionsfaktoren zum Teil beschränkt ist, würde eine optimale Allokation der Ressourcen verhindert.
(2) Ohne Einschaltung des Staates käme es zu räumlichen Einkommensdisparitäten.
(3) Darüberhinaus sind eine ganze Reihe von nicht-ökonomischen Sachverhalten zu berücksichtigen, um die Sicherung einer angemessenen Lebensqualität in allen Teilräumen eines Gebietes zu gewährleisten.

Aufgabe der **Raumplanung** ist es demgegenüber, regionalpolitische Entscheidungen vorzubereiten und zu konkretisieren, mögliche Alternativen und deren mögliche Auswirkungen im Hinblick auf bestimmte Ziele zu untersuchen und zu prognostizieren. Im einzelnen schlägt sich Raumplanung nieder

- in der Formulierung von örtlichen, regionalen und überregionalen Entwicklungsprogrammen aufgrund der politischen Leitlinien der Raumordnung;
- in der Umsetzung von Programmen in konkrete räumliche Planungen;

- in der Vorbereitung, Überwachung und Kontrolle von regionalpolitischen Maßnahmen.

Unter **Regionalpolitik** schließlich versteht man die Summe aller Maßnahmen, die innerhalb einer Region getroffen werden, um Struktur, Niveau und Entwicklung gesellschaftlicher Sachverhalte (Beschäftigungssituation, Einkommenssituation, Ver- und Entsorgung, Bildungsstand etc.) unter Zugrundelegung von Zielkriterien entsprechend zu beeinflussen.

Durch regionalpolitische Maßnahmen soll also die Entwicklung einer Region in räumlicher Hinsicht gesteuert werden.

Der regionalpolitische Zielkatalog umfaßt u.a. folgende Teilziele:

- Steigerung des regionalen Wachstums als Voraussetzung einer befriedigenden Entwicklung der räumlichen Wirtschaftsstruktur;
- Ausbau der Industrie in Wachstumsschwerpunkten im ländlichen Raum und Verbesserung der Industriestruktur in alten Industriegebieten;
- Verringerung des Gefälles in der Ausstattung mit Infrastruktur zwischen den Ballungsräumen und dem ländlichen Raum;
- Beseitigung räumlicher und infrastruktureller Engpässe in den städtischen Agglomerationsräumen;
- Berücksichtigung der Qualität der Lebensbedingungen;
- Vermeidung einer Entvölkerung von Regionen entlang von Staatsgrenzen;
- Verbesserung von Verkehrsverbindungen zwischen Zentralräumen untereinander sowie zu den wichtigsten Außenhandelspartnern.

Instrumente der Raumordnung und Regionalpolitik

1. Direkte Steuerungsinstrumente:
- Raumordnungspläne/Flächensteuerung (nur kleinräumig als Steuerungsinstrument wirksam),
- Ansiedlungs- und Investitionsverbote (Umweltschutz, Nachbarschaftsschutz),
- Ansiedlungs- und Investitionsgebote.

2. Indirekte Steuerungsinstrumente:
- betriebliche Förderung durch Subventionen, Finanzhilfen, aber auch steuerliche Anreize,
- Informationspolitik (u.a. Beratung, Innovationshilfen),
- Disincentives (z.B. Sonderabgabe bei Investitionen in einem Ballungsgebiet).

3. Infrastrukturausbau:
- Fachplanungen (z.B. Verkehr, Bildungswesen etc.),
- Finanzausgleich.

Bei der Festlegung der Höhe des **Infrastrukturangebotes** besteht latent die Gefahr sowohl der Unter- als auch der Überdimensionierung der in künftigen Perioden erforderlichen Infrastruktur und zwar aus folgenden Gründen:

- Die oben erwähnten langen Ausreifungszeiten bewirken einerseits, daß allfällige Kapazitätenengpässe nur sprungweise in gewissen Abständen beseitigt werden können, da die betreffenden Infrastrukturanlagen vielfach nicht nach einem „Baukastensystem“ sondern nur „en bloc“ (unter Berücksichtigung von Kapazitätsreserven) erstellt werden können.

- Infrastrukturerweiterungsinvestitionen sind ferner mit beträchtlichen Mehrkosten verbunden, die in gewissen Fällen sogar die Initialkosten übersteigen, sofern die Erweiterung in technischer Hinsicht überhaupt möglich ist.

Öffentliche Investitionen stellen in ihren indirekten Wachstumseffekten „kostenlose" Vorleistungen an die private Produktionstätigkeit dar und wirken damit

- kapazitätserweiternd (positive externe Effekte) und
- induzierend auf weitere private Investitionen.

Das Ausmaß dieser indirekten Kapazitätseffekte öffentlicher Investitionen ist nicht generell festzustellen, da dies von der spezifischen Produktionsstruktur (und Kostenstruktur) der einzelnen Branchen und ihrer Nutzungsintensität öffentlicher Einrichtungen abhängt; für konkrete Projekte können – unter bestimmten Annahmen – diese indirekten Produktivitätseffekte allerdings geschätzt werden.

Generell kann lediglich der wechselseitig komplementäre Zusammenhang vieler privater und öffentlicher Investitionen festgelegt werden; dabei können zwei Ungleichgewichtskonstellationen unterschieden werden:

- Fall der wachstumsbedingten Infrastruktur:

  Infrastruktur-Engpässe typisch für Industrieländer: Die Investitionen im privaten Bereich schaffen einen „Nachholbedarf" im öffentlichen Bereich; dieses Ungleichgewicht kann wachstumshemmend wirken.

- Fall der wachstumsbedingenden Infrastruktur:

  Möglichkeit der Wachstumspolitik durch den Ausbau von Infrastrukturkapazität, in die die privaten Investitionen „hineinwachsen" sollen; (typische Konstellation für Entwicklungsländer bzw. unterentwickelte Regionen in den Industrieländern).

Beispiele für die Komplementarität zwischen privater ökonomischer Aktivität und Infrastrukturinvestitionen:

Freizeiteinrichtungen	→	höhere Fremdenverkehrsattraktivität
Universität	→	Umsätze der Buchhandlungen etc.
Schnellstraße	→	Erholungsraum erweitert
Erschließung einer Region	→	Betriebsansiedlung
bzw.		
Lebensgewohnheiten	→	Krankenhäuser
Sicherheit am Arbeitsplatz	→	Unfallstationen
hohe Pkw-Dichte	→	Schnellstraße, Parkplätze
Industrieansiedlung	→	Kläranlage, Wasserreinigung etc.

Infrastruktur und Wirtschaftswachstum

Unter Wachstumsaspekten interessieren hier die Kapazitätseffekte öffentlicher Investitionen (und nicht – wie beim Stabilisierungsproblem – die Einkommens- und Nachfrageeffekte).

Wachstumseffekte der Infrastruktur

direkte	indirekte
Erhöhung des Gesamtpotentials der Nutzungsmöglichkeiten öffentlicher Einrichtungen (Straße, Krankenhäuser, etc.)	Induzierung privater Investitionen durch die „indirekten Produktivitätseffekte“ (auch „Umwegrentabilität“ genannt): Kapazitätseffekte der öffentlichen Infrastruktur auf die private Produktion, verbunden mit positiven Investitionsanreizen (mit weiteren Kapazitätseffekten)

V. Geld und Kredittheorie

5.A. Problemstellung

Aufgabe der **Geldtheorie** ist es, Dependenzen und Interdepenzen zwischen monetären und güterwirtschaftlichen Prozessen zu erklären.

Das **Anliegen** ist ein dreifaches: einmal geht es darum, zu ermitteln, welche Faktoren das Geldangebot bzw. die Geldnachfrage beeinflussen; ferner soll untersucht werden, wie ein bestimmtes Geldangebot bzw. eine bestimmte Geldnachfrage das Güterangebot bzw. die Güternachfrage beeinflußt; und schließlich geht es darum zu analysieren, wie sich ein bestimmtes Güterangebot bzw. eine bestimmte Güternachfrage auf das Angebot bzw. die Nachfrage nach Geld auswirkt.

Der Bereich der monetären Ökonomie ist sehr weit. Er umfaßt alle mikro- und makroökonomischen Beziehungen zwischen der Geldwirtschaft und der Güterwelt innerhalb eines Volkswirtschaft wie auch gegenüber dem Ausland. Doch ist es bis heute nicht gelungen, eine allgemein gültige geldtheoretische Konzeption zu etablieren und darauf aufbauend ein allgemein gültiges und stets erfolgsversprechendes geldpolitisches Rezept für die Zentralbanken zu entwickeln. Der Grund dafür sind unterschiedliche institutionelle Rahmenbedingungen, Bankenstrukturen und Verhaltensweisen der Wirtschaftssubjekte in den einzelnen Volkswirtschaften; und darüber hinaus innerhalb einer Volkswirtschaft im Ablauf der Zeit. Daher können gleichzeitig in verschiedenen Volkswirtschaften wie auch in verschiedenen Perioden in einer Volkswirtschaft unterschiedliche geldtheoretische Ansätze eine befriedigende Erklärung geldwirtschaftlicher Zusammenhänge und geldpolitischer Wirkungen liefern.

5.B. Grundbegriffe

Die Fähigkeit eines Mediums, als Geld verwendet zu werden, hängt von der Erfüllung der wesentlichen **Geldfunktionen** ab. Diese lassen sich zu drei Komplexen zusammenfassen: Geld als **Wertmesser**, Geld als **Wertspeicher** und Geld als **Wertüberträger**. Oder anders ausgedrückt: Geld ist unabhängig von seiner äußeren Form ein gesetzlich bestimmtes oder allgemein akzeptiertes Zahlungsmittel, das Werte auszudrücken, aufzubewahren und zu übertragen vermag.

Was in einer Volkswirtschaft als Zahlungsmittel fungiert, läßt sich nicht generell, sondern nur jeweils für bestimmte Gruppen (Unternehmen, Haushalte, Geschäftsbanken, Zentralbank) definieren. Die in einer Volkswirtschaft vorhandenen **Zahlungsmittelbestände** lassen sich kontenmäßig – wobei die Verflechtung mit dem Ausland hier unberücksichtigt bleibt – wie folgt darstellen:

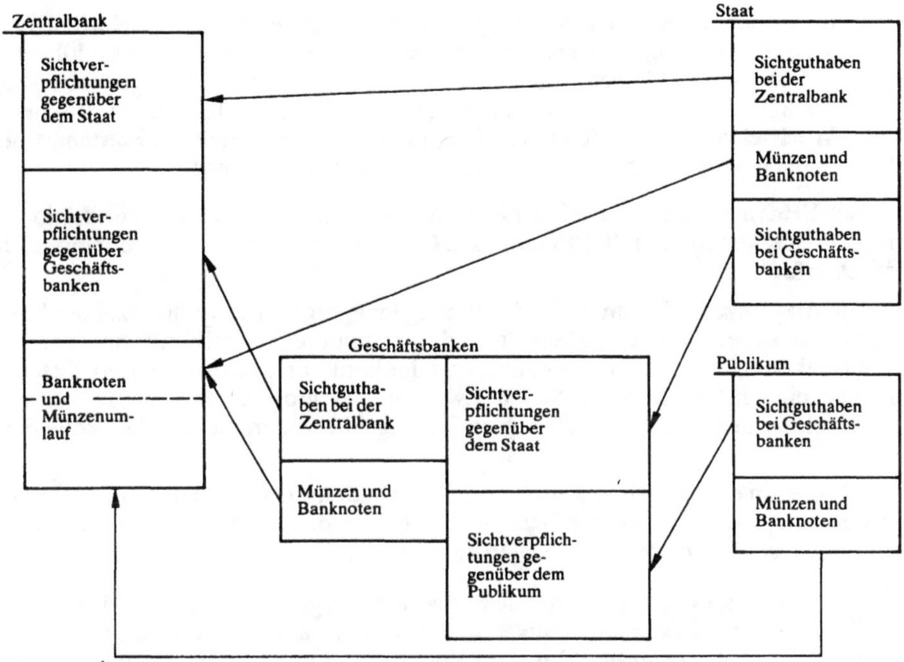

Abb. 53 Kontenmäßige Darstellung der Zahlungsmittelbestände

Geld in Form von Banknoten (Papiergeld) und Scheidemünzen (unterwertig geprägte Münzen) bezeichnet man als **Bargeld** und ist in allen Ländern gesetzliches Zahlungsmittel. Die **Banknoten** sind allgemein das einzige **unbeschränkte Zahlungsmittel** (so auch in der BRD gemäß § 14 BBKG oder in Österreich gemäß OeNBG § 61 (2)). Dies bedeutet, daß Banknoten jederzeit von jedermann in jeder Höhe als Zahlungsmittel akzeptiert werden müssen. Scheidemünzen müssen jedoch nur bis zum gesetzlich festgelegten Höchstbetrag zur Tilgung einer Schuld angenommen werden. (In der BRD ist die Annahmepflicht in Form von Pfennigen auf DM 5 und von anderen Münzen auf DM 20 begrenzt. In Österreich gilt folgende Regelung: Ein-, Zwei- und Fünfgroschenstücke müssen bis zum Gesamtwert von je einem Schilling, Zehngroschenstücke bis zum Gesamtwert von zehn Schilling und 50-Groschenstücke sowie Einschillingmünzen bis zum Gesamtwert von 25 Schilling angenommen werden. Für Fünf-, Zehn- und 25-Schilling-Münzen gelten keine Beschränkungen). Somit stellen **Münzen** ein **beschränktes** gesetzliches **Zahlungsmittel** dar.

Die Prägung und Ausgabe von Scheidemünzen obliegt in den meisten Ländern dem Staat. Da nun der Prägegewinn der Scheidemünzen (Differenz zwischen Wert und Herstellungskosten der Scheidemünzen) dem Staat zufließt, besteht die Gefahr, daß sich der Staat durch eine exzessive Ausgabe von Münzen zusätzliche Einnahmen verschafft und damit die Geldmenge ohne Einflußmöglichkeit der Zentralbank zu stark expandiert. Aufgrund dieser Befürchtung wird vielfach per Gesetz festgelegt, bis zu welchem Höchstbetrag pro Einwohner Münzen in Umlauf gebracht werden dürfen. So ist z.B. in Österreich die Ausgabe von Münzen auf insgesamt S 600,– pro Kopf begrenzt (§ 1 Abs. 3 Scheidemünzengesetz).

Eine ständig wachsende Bedeutung in der entwickelten Volkswirtschaft besitzt das **Giralgeld**, das auch als Buchgeld oder bei Magnetspeicherung von Geldbeträgen als **Computergeld** bezeichnet wird. Giralgeld besteht aus Sichtguthaben bei Banken, über die im bargeldlosen Zahlungsverkehr mittels Überweisung, Scheck oder Wechsel verfügt werden kann. **Giralgeld** ist **kein gesetzliches Zahlungsmittel**, d.h. es muß zur Tilgung einer Schuld nicht akzeptiert werden.

Zur Erfassung und Analyse der Geldmengen werden in den meisten Ländern mehrere **Geldmengendefinitionen**, auch Geldvolumina, unterschieden und statistisch erfaßt.

Die Abgrenzung der einzelnen Geldmengenaggregate ist in den einzelnen Ländern sehr unterschiedlich. Bedingt ist dies durch die unterschiedliche Struktur des Bankensystems, der Geldmärkte und der bank- und geldrelevanten Gesetze in den einzelnen Ländern. Neben Zwecken der monetären Analyse können Geldvolumina aber auch als monetäre Steuergröße und monetäre Zielgröße dienen.

Als die am engsten abgegrenzte Geldmengendefinition wird die **Zentralbankgeldmenge**, die auch als **Geldbasis** bezeichnet wird, benutzt. Sie setzt sich üblicherweise aus folgenden Aggregaten zusammen:

- Aus dem **Bargeldumlauf**, der sich aus den Bargeldbeständen (Münzen und Banknoten) der Geschäftsbanken und des Nichtbankensektors ergibt,
- aus den **Mindestreserven**, d.h. dem Volumen der vorgeschriebenen unverzinslichen Pflichteinlagen der Banken (in Prozent ihrer reservepflichtigen Verbindlichkeiten, wie Sicht-, Termin- und Spareinlagen) bei der Zentralbank,
- aus den **Überschußreserven**, d.h. den über das Mindestreservesoll hinausgehenden freiwilligen Einlagen der Banken bei der Zentralbank,
- aus sonstigen Verbindlichkeiten der Zentralbank gegenüber öffentlichen und privaten inländischen Stellen (= Sichtguthaben der Nichtbanken bei der Zentralbank).

Die **Deutsche Bundesbank** benutzt eine engere Definition der Zentralbankgeldmenge, die sich nur aus 2 monetären Aggregaten zusammensetzt:

- aus den Mindestreserven, berechnet als Mindestreserve-Soll zu konstanten Reservesätzen und
- aus dem Bargeldumlauf ohne die auf die Mindestreserven anrechenbaren Kassenbestände der Geschäftsbanken an inländischen Banknoten und Münzen.

Die **Geldmenge M1** (Geldvolumen) umfaßt den Bargeldumlauf ohne die Kassenbestände des Bankensektors, die Sichteinlagen inländischer Nichtbanken bei den Geschäftsbanken sowie bestimmte Notenbankeinlagen öffentlicher und privater Stellen (in Österreich).

Die **Geldmenge M2** beinhaltet die Geldmenge M1 zuzüglich der Termineinlagen (in der BRD mit einer Befristung bis unter 4 Jahren).

Die **Geldmenge M3** schließlich besteht aus der Geldmenge M 2 zuzüglich der Spareinlagen mit gesetzlicher Kündigungsfrist bzw. der nichtgeförderten Spareinlagen.

Die **Oesterreichische Nationalbank** verwendet noch die Geldmenge M 4, zusammengesetzt aus M1 + nichtgeförderte Spareinlagen sowie die erweiterte

Geldbasis, die um den Effekt von Mindestreservesatzänderungen bereinigte Zentralbankgeldmenge.

Der **Liquiditätssaldo** stellt darauf ab, wieviel Zentralbankgeld die Geschäftsbanken bereits besitzen (aktuelles Zentralbankgeld) und wieviel sie sich noch beschaffen können (potentielles Zentralbankgeld). Vom Verwendungszweck her besteht der Liquiditätssaldo aus der gebundenen Liquiditätsreserve (Mindestreserve) und der freien Liquiditätsreserve (Überschußreserve + Bestand an inländischen Geldmarktpapieren + nicht ausgenützte Rediskontkontingente + nicht ausgenutzter Lombardspielraum).

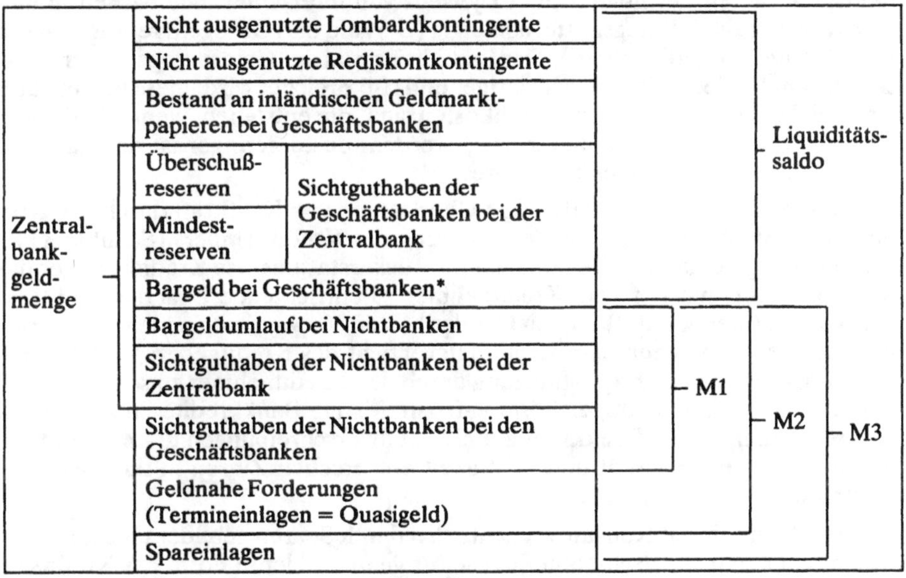

* Wird auf das Mindestreservesoll angerechnet

Abb. 54 Geldmengendefinitionen, Geldarten

Die Beobachtung der Entwicklung des Geldvolumens in den verschiedenen Geldmengendefinitionen reicht allein zur monetären Analyse nicht aus, weil nicht erkennbar wird, wie intensiv die jeweilige Geldmenge (M) in einer Volkswirtschaft genutzt wurde. Das Maß dafür ist die **Umlaufgeschwindigkeit** des Geldes (V), die sich wie folgt definieren läßt:

$$V = \frac{P \cdot T}{M} \quad (P = \text{Durchschnittspreis}, T = \text{Transaktionsvolumen})$$

Dient Geld der Finanzierung von Ausgaben, so spricht man von einer **zirkulatorischen Funktion** des Geldes; dient es zur Wertaufbewahrung und/oder zum Ankauf von Wertpapieren von der **akkumulatorischen Funktion**. Daher unterscheidet man auch zwischen zwei Arten von Kassen:

In **Transaktionskassen** werden Zahlungsmittelbestände gehalten für auftretende Fälle des Zahlungsbedarfs für Leistungstransaktionen (obligatorische Kasse, Nachfrage nach Geld für Transaktionszwecke).

Spekulationskassen enthalten Zahlungsmittelbestände für Gelegenheiten vorteilhafter Geldanlage (fakultative Kasse, Nachfrage nach Geld aus spekulativen Gründen).

Mit **Liquidität** bezeichnet man die Fähigkeit eines Wirtschaftssubjekts, jederzeit seinen Zahlungsverpflichtungen nachkommen zu können. Sie setzt voraus, daß ein Wirtschaftssubjekt Vermögenstitel besitzt, die in Form von Bargeld, Giralgeld, Geldsurrogaten (z.B. Termin- und Spareinlagen, Geld- und Kapitalmarktpapiere, Kreditkarten) oder Vermögensanlagen (z.B. Grundstücke, Häuser) gehalten werden oder jederzeit über einen Kredit verfügen kann. Der **Liquiditätsgrad** dieser Vermögenstitel ist jeweils von ihrer Umwandelbarkeit in und Verwendung als Zahlungsmittel abhängig (Bargeld und Giralgeld repräsentieren den höchsten Liquiditätsgrad). Der Liquiditätsgrad der Geldsurrogate verringert sich in dem Maße, in dem es schwieriger und risikoreicher wird, diese in Geld umzuwandeln. Je größer die Umtauschkosten sind, die entstehen, wenn Geldsurrogate zu Geld gemacht (monetarisiert) werden, desto geringer ist demnach die Geldnähe des betreffenden Surrogates.

Mit **Kredit** läßt sich die zeitweilige Überlassung von Kaufkraft durch den Kreditgeber (Gläubiger) und die Verpflichtung des Kreditnehmers (Schuldner) zu vereinbarungsgemäßen Zinszahlung und Rückerstattung des Kreditbetrages definieren. Dabei hat der vom Kreditnehmer zu entrichtende **Zins** die Funktion, das Kapital (Geldkapital) an den Ort der besten Verwendung zu lenken und einen Ausgleich zwischen dem Liquiditätsverzicht des Kreditgebers und dem erwartenden Ertrag der Kapitalnutzung durch den Kreditnehmer zu schaffen. Der Kredit tritt in mannigfaltiger Form auf: kurzfristige Bankkredite und Lieferantenkredit, langfristige Bankkredite und Schuldverschreibungen u.a.m. Krediten unterschiedlicher Bontität und Fristigkeit entsprechen Zinsen in unterschiedlicher Höhe.

Kapital wird durch Konsumverzicht, also durch Sparen gebildet und kann entweder von einem Wirtschaftssubjekt selbst genutzt oder in Form des Kredits an andere Wirtschaftssubjekte zur temporären wirtschaftlichen Nutzung übertragen werden.

Unter dem **Geldvermögen** (Nettoposition) eines Wirtschaftssubjektes versteht man die Summe aller Bargeldbestände (Münzen und Banknoten) zuzüglich aller Forderungen abzüglich aller Verbindlichkeiten. Das Geldvermögen eines Wirtschaftssubjektes kann **positiv** (= Forderungssaldo = Nettogläubigerposition), **negativ** (= Schuldsaldo = Nettoschuldnerposition) oder **null** sein. Das Geldvermögen ist eine Netto-**Bestandsgröße**.

Nach ihrer Wirkung auf das Geldvermögen der beteiligten Wirtschaftssubjekte lassen sich ökonomische Transaktionen ihrer Wirkung nach in zwei Kategorien einteilen, und zwar in Leistungstransaktionen und Finanztransaktionen:

Zu den **Leistungstransaktionen** gehören der Tausch von Gütern gegen Forderungen und die Übertragung von Forderungen ohne Gegenleistung. Jede mit einer Leistungstransaktion einher gehende Zunahme des Geldvermögens heißt **Einnahme**, jede Abnahme des Geldvermögens **Ausgabe**, z.B. der Verkauf eines Gutes führt beim Verkäufer zu einem Forderungszuwachs oder einer Schuldenverminderung, erhöht damit sein Geldvermögen und ist eine Einnahme; für den Käufer ist dieselbe Transaktion eine Ausgabe, da sich seine Forderungen verringern bzw. seine Schulden erhöhen und somit sein Geldvermögen abnimmt.

Finanztransaktionen sind ausschließlich Tausch von Forderungen (z.B. der Kauf von Effekten, die Rückzahlung einer Schuld, die Emission von Obligationen (Schuldverschreibungen) oder die Abhebung von einem Sparguthaben ändern das Geldvermögen der Beteiligten nur der Zusammensetzung nach, nicht jedoch der Höhe. Mit Finanztransaktionen sind daher weder Einnahmen noch Ausgaben verbunden.

Bewegungen von Geld in Form von Bargeld und Sichtguthaben heißen **Zahlungseingänge** und **Zahlungsausgänge**. Sie können mit Einnahme und Ausgaben zeitlich zusammenfallen, müssen aber nicht. Bei einem Barverkauf z.B. fallen Einnahme und Zahlungseingang beim Verkäufer sowie Ausgaben und Zahlungsausgang beim Käufer zusammen. Beim Zielverkauf hingegen, fallen Einnahme und Zahlungseingang sowie Ausgabe und Zahlungsausgang zeitlich auseinander.

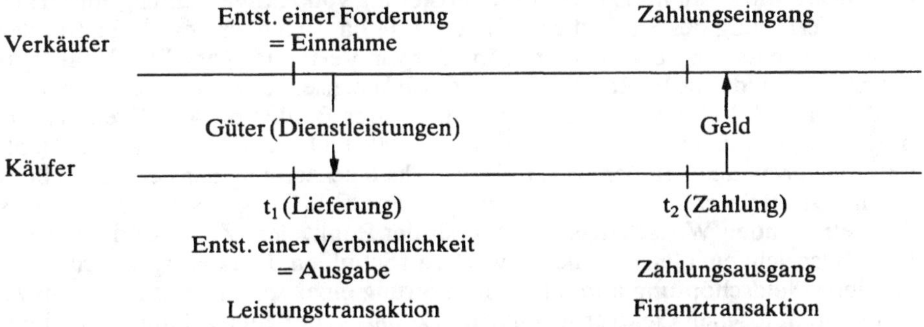

Abb. 55 Zeitlicher Zusammenhang zwischen Leistungs- und Finanztransaktionen

5.C. Geld- und kredittheoretische Erklärungsmuster

5.C.1. Geld kann auf 3 Ebenen entstehen: 1. auf Zentralbankebene, 2. auf Geschäftsbankebene und 3. auf der Ebene der außenwirtschaftlichen Verflechtung.

Die Geldschöpfung durch die Zentralbank wird vielfach auch als primäre Geldschöpfung bezeichnet, und zwar im Hinblick darauf, daß die Giralgeldschöpfung der Geschäftsbanken (sekundäre Geldschöpfung) erst durch das Vorhandensein von Zentralbankgeld möglich wird.

5.C.2. Die **Zentralbank** hat eine **Doppelfunktion**: einerseits stellt die Zentralbank Zentralbankgeld zur Verfügung und schafft damit die erste Voraussetzung für die Durchführung von Zahlungsmittelbewegungen in einer Volkswirtschaft.

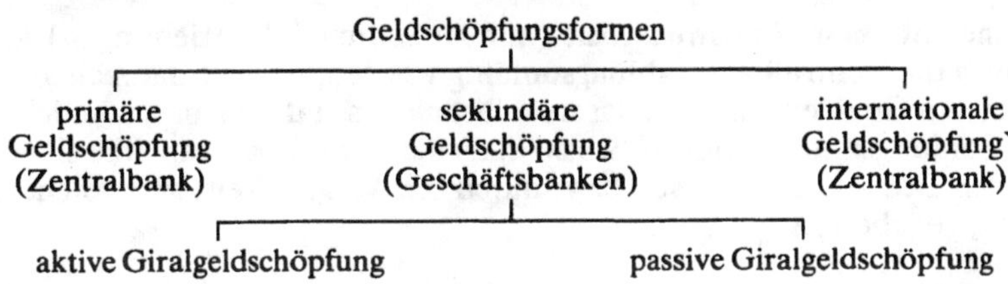

▽ siehe Kapitel VIII, Internationaler Währungsfonds, Ziehungsrechte, Sonderziehungsrechte

Abb. 56 Arten der Geldschöpfung

Die zweite Funktion der Zentralbank besteht darin, die Zahlungsfähigkeit gegenüber dem Ausland sicherzustellen. Hier geht es in erster Linie um einen Spitzenausgleich, das ja in der Regel die meisten Transaktionen zwischen dem In- und Ausland über den Bankensektor abgewickelt werden.

Die Zentralbank (Nationalbank) schafft Geld – Zentralbankgeld – indem sie Aktiva erwirbt und mit Forderungen auf sich selbst zahlt (entweder in Form von Münzen, Banknoten oder Sichtguthaben). Diese Aktiva können primäre oder sekundäre Aktiva sein. **Primäre Aktiva** sind solche, deren Verkauf an eine Bank zu einer Erhöhung des Nettoguthabens des betreffenden Wirtschaftssubjektes führt. Der Verkäufer des Aktivums erhält von der Bank Zahlungsmittel zur freien Verfügung ohne jede zukünftige Verpflichtung gegenüber der Bank. (z.B. ein Exporteur verkauft Devisen an die Zentralbank). **Sekundäre Aktiva**: Auch hier schafft die Bank im Zuge der Monetisierung von Aktiva Zahlungsmittel zur freien Verfügung des Verkäufers. Gleichzeitig hat sich aber der Verkäufer des Aktivums gegenüber der Bank in Höhe der zur Verfügung gestellten Zahlungsmittel verschuldet (z.B. Rediskontierung von Wechseln durch die Zentralbank). In diesem Fall hat der Verkäufer gegenüber der Bank eine sog. Eventualverpflichtung, d.h. falls der Bezogene des Wechsels nicht zahlt, kann sich die Bank unter anderem auch an den Verkäufer zwecks Rückzahlung der bereitgestellten Zahlungsmittelmenge wenden. Es erfolgt keine Erhöhung des Nettoguthabens des betreffenden Wirtschaftssubjektes bei der Bank, dem Zuwachs des Guthabens entspricht ein gleich großer Zuwachs an Schulden. Daraus ergibt sich auch, daß jede Geldschöpfung durch Monetarisierung eines sekundären Aktivums zu einer automatischen Geldvernichtung im Zeitpunkt der Rückzahlung der Schuld führt. Keine automatische Geldvernichtung gibt es hingegen, wenn Zentralbankgeld durch den Erwerb von primären Aktiva geschaffen wird. Dazu bedarf es immer eines besonderen Entschlusses der Zentralbank. (Die Ausführungen über primäre und sekundäre Aktive gelten logischerweise auch für Geschäftsbanken, nur dann nicht auf Zentralbankengeld, sondern auf Giral(Buch-)geld bezogen).

Ob nun die Zentralbank primäre oder sekundäre Aktiva erwerben oder verkaufen will, wird von ihr selbst bestimmt. Dabei ist es gleichgültig, ob der Anstoß zur Schaffung von Zentralbankgeld von einer Geschäftsbank, vom Staat oder von der Zentralbank selbst ausgeht.

Daraus ergibt sich, daß der Geldschöpfung der Zentralbank einer **geschlossenen Volkswirtschaft** (kein Außenhandel) keine anderen Grenzen gesetzt sind als die, die sie sich selber setzt bzw. die ihr durch Gesetz vorgeschrieben werden. In einer geschlossenen Volkswirtschaft wäre demnach die Zentralbank immer liquide.

In einer **offenen Volkswirtschaft** (mit Außenhandelsbeziehungen) kann jedoch auch die Zentralbank zahlungsunfähig werden, weil sie dann auch Zahlungen in einem Geld leisten muß, das sie selbst nicht schaffen kann, nämlich ausländische Zahlungsmittel. Hier stößt also auch die Zentralbank an eine Grenze, die durch den Bestand an Devisen bzw. durch die Möglichkeit, sich solche zu verschaffen, gegeben ist.

5.C.3. Eine **Geschäftsbank schafft Geld**, indem sie ebenso (wie die Zentralbank) von Wirtschaftssubjekten primäre oder sekundäre Aktiva erwirbt und mit Forderungen auf sich selbst zahlt. Dieses von den Geschäftsbanken geschaffene Geld heißt jedoch Buch- oder Giralgeld (im Gegensatz zum Zentralbankgeld).

Zwei Arten der Giralgeldschöpfung müssen unterschieden werden:

a) die **aktive Giralgeldschöpfung**
Von einer aktiven Giralgeldschöpfung spricht man dann, wenn eine Geschäftsbank eine Forderung (die nicht Geld ist) eines Wirtschaftssubjektes des Nichtbankensektors monetisiert: entweder durch den Erwerb eines primären Aktivums oder eines sekundären Aktivums. In beiden Fällen tritt eine Erhöhung der im Nichtbankensektor befindlichen Geldmenge ein. Aktive Giralgeldschöpfung sagt man deshalb, weil die Entscheidung darüber, ob beispielsweise ein eingereichter Wechsel diskontiert wird oder nicht, bzw. ein Kredit gewährt wird – sie also aktiv wird oder nicht – allein bei der Geschäftsbank liegt. Diese Art von Geschäften bezeichnet man auch als Aktivgeschäfte der Geschäftsbanken.

b) die **passive Giralgeldschöpfung**
Nehmen wir an, ein Kunde zahlt bei seiner Bank S 10000,– auf sein Girokonto in bar ein, dann erfolgt nichts anderes als ein Tausch von Zentralbankgeld gegen Giralgeld. Die Geldmenge im Nichtbankensektor hat sich dadurch nicht geändert (die Geschäftsbank hat allerdings durch diese Transaktion einen höheren Bestand an Zentralbankgeld, das, wie wir weiter unten sehen werden, für sie von großer Bedeutung ist). Hebt ein Kunde von seinem Girokonto hingegen S 10000,– in bar ab, dann tauscht er Giralgeld gegen Zentralbankgeld. Die Zahlungsmittelmenge im Nichtbankensektor hat sich ebenfalls nicht geändert (der Bestand der Geschäftsbanken an Zentralbankgeld hat allerdings abgenommen).

Durch Einzahlungen aus dem Nichtbankensektor bei den Geschäftsbanken (auf ein Girokonto) kommt es also zu einer Giralgeldschöpfung, durch Auszahlungen an den Nichtbankensektor zu einer Giralgeldvernichtung. Weil nun die Geschäftsbanken sich bei diesen Transaktionen ihrer Kunden passiv verhalten, spricht man in diesem Zusammenhang von einer sog. passiven Giralgeldschöpfung bzw. Giralgeldvernichtung. Wichtig ist dabei, sich immer vor Augen zu führen, daß sich durch passive Giralgeldschöpfung bzw. Giralgeldvernichtung die Geldmenge im Nichtbankensektor **nicht** ändert, weil ja die Geldmenge des Nichtbankensektors aus Zentralbankgeld und Giralgeld besteht (siehe Geldmengendefinitionen).

5.C.4. Grenzen der Giralgeldschöpfungsfähigkeit einer Geschäftsbank:

Da eine Geschäftsbank bei ihren Aktiv- und Passivgeschäften auch Zahlungen in Zentralbankgeld leisten muß (also in einem Geld, das sie selbst nicht schaffen kann) wird sie bestrebt sein, immer so viel Zentralbankgeld zur Verfügung zu haben (bzw. sich sofort beschaffen zu können), daß sie nicht in Zahlungsschwierigkeiten gerät, sie muß also trachten, immer liquide zu sein.

Im Zuge von **Passivgeschäften** braucht eine Geschäftsbank zum Beispiel Zentralbankgeld, um Barauszahlungen von einem Girokonto vornehmen zu können, im Zuge von **Aktivgeschäften** dann, wenn beispielsweise ein Kunde einen ihm gewährten Kredit in bar zur Verfügung gestellt haben möchte. Dadurch, daß sich erfahrungsgemäß bei Passivgeschäften aber Einzahlungen und Auszahlungen von Zentralbankgeld ungefähr die Waage halten, bzw. bei Aktivgeschäften gewährte Kredite nur zu einem sehr geringen Teil in Zentralbankgeld abgefordert werden, benötigt eine Geschäftsbank für die Durchführung ihres Zahlungsverkehrs nur einen im Verhältnis zu ihren täglich fälligen Verpflichtungen relativ kleinen Bestand an Zentralbankgeld. Wie groß der Bestand an Zentralbankgeld einer Geschäftsbank im Verhältnis zu den bei ihr gehaltenen Sichtguthaben sein muß, wird meistens durch Gesetz bestimmt bzw. im Rahmen eines Gesetzes durch die Zentralbank festgelegt.

Sind **Mindestreserven** in Form von Sichtguthaben bei der Zentralbank vorgeschrieben, so kann eine Geschäftsbank nur dann Giralgeld schaffen, wenn sie über mehr Zentralbankgeld verfügt, als sie aufgrund ihrer Verpflichtungen an Mindestreserven halten muß, sie also über eine **Überschußreserve** verfügt.

Verfügt z.B. eine Geschäftsbank über eine Überschußreserve von S 10000,–, so kann sie ohne Rückgriff auf die Zentralbank neue Kredite vis zu S 10000,– gewähren. Kredite, die darüber hinausgehen, kann diese einzelne Geschäftsbank nur dann gewähren, wenn sie sich zusätzliches Zentralbankgeld beschaffen kann, z.B. durch Verschuldung bei der Zentralbank oder durch Verkauf von ausländischen Zahlungsmitteln an die Zentralbank. Gewährt nun die Bank einen Kredit in Höhe von S 10000,–, dann steigt die Giralgeldmenge im Nichtbankensektor um S 10000,–. Es findet also eine Giralgeldschöpfung in obiger Höhe statt. Da es sich dabei um den Erwerb eines sekundären Aktivums handelt (der Kreditnehmer verschuldet sich in gleicher Höhe bei der Bank), kommt es dann im Zeitpunkt der Rückzahlung des Kredites zu einer automatischen Geldvernichtung.

Der Kreditnehmer kann über den eingeräumten Kredit verfügen, indem er Teile in bar abfordert, Teile an Kunden der gleichen Bank und Teile an Kunden anderer Banken überweist. Wenn wir den ungünstigsten Fall annehmen, daß der Kunde den Kredit also in bar abfordert, verliert die Bank ihre ganze Überschußreserve. Für diese **einzelne Bank** ist damit der aus der Kreditgewährung resultierende Prozeß zunächst so lange beendet, bis sie wieder in den Besitz von neuen Überschußreserven kommt. Für das Bankensystem als Ganzes ist die Wirkung der Kreditgewährung jedoch keineswegs beendet. Je nachdem, ob wir davon ausgehen, daß das gesamte Zentralbankgeld immer wieder in das Bankensystem zurückfließt oder nur ein bestimmter Teil (was in der Wirklichkeit der Fall ist), ergeben sich für den Bankensektor als Ganzes unterschiedliche Giralgeldschöpfungsmöglichkeiten.

5.C.5. Grenzen der Giralgeldschöpfungsfähigkeit des gesamten Geschäftsbankensektors

Nehmen wir zunächst an, der gesamte Zentralbankgeldbetrag in Höhe von S 10000,–, den obige Geschäftsbank im Zuge der Dispositionen des Kreditnehmers verloren hat, kehre ganz in das Geschäftsbankensystem zurück, z.B. in Form von Bareinzahlungen bei Bank 2 (auf ein Girokonto). Es entsteht dann bei Bank 2 eine passive Giralgeldschöpfung in Höhe von S 10000,–, während sich der Bestand an Zentralbankgeld bei der Bank 2 um S 10000,– erhöht. Durch die Erhöhung ihrer Sichtverpflichtungen um S 10000,– (Einzahlung eines Kunden auf ein Girokonto) ist die Bank 2 nun gezwungen, ihre Mindestreserven um z.B. 10% von S 10000,–, also um S 1000,– zu erhöhen. Die Bank 2 ist demnach durch die Einzahlung in den Besitz einer Überschußreserve von S 9000,– gekommen. Bank 2 kann nun ihrerseits neue Kredite bis zur Höhe ihrer Überschußreserven gewähren. Gelingt es ihr, Kredite bis zu S 9000,– zu gewähren, so entsteht bei ihr eine neue aktive Giralgeldschöpfung in gleicher Höhe. Verfügt nun der Kunde über seinen Kredit wiederum in bar, dann verliert Bank 2 zur Gänze ihre Überschußreserve. Einen neuen Kredit kann sie erst dann gewähren, wenn sie wieder in den Besitz einer Überschußreserve gelangt. Wir wollen nun wieder annehmen, daß das abgeflossene Zentralbankgeld **vollständig in den Geschäftsbankensektor zurückkehrt**, sagen wir zu Bank 3. Dann entstehen bei der Bank 3 durch diese Bareinzahlung bzw. Überweisung auf ein Girokonto eine passive Giralgeldschöpfung in Höhe von S 9000,–. Bank 3 muß nun ebenfalls laut Gesetz 10% ihrer zusätzlichen Sichtverpflichtungen halten, das sind S 900,–. Die restlichen S 8100,– des ihr zugeflossenen Zentralbankgeldes stellen für Bank 3 eine frei verfügbare Überschußreserve dar. Auf Grund ihrer neuen Überschußreserve kann sie nun neue Kredite in Höhe von S 8100,– gewähren. Damit erfolgt wiederum eine aktive Geldschöpfung und zwar in Höhe von S 8100,–. Der Prozeß wiederholt sich damit in der gleichen Weise wie bisher. Es vollzieht sich somit ein allein aus der ersten Kreditgewährung der Bank 1 resultierender, ständig sich ausbreitender Giralgeldschöpfungsprozeß (in Wirklichkeit würde sich der Zufluß des Zentralbankgeldes natürlich nicht immer nur auf eine einzelne Bank konzentrieren, sondern auf mehrere Banken verteilen. Das ändert jedoch nicht unsere Ergebnisse. Es könnten dann eben alle Banken zusammen neue Kredite in Höhe von S 9000,–, 8100,– usf. gewähren).

Unter der **Annahme** eines gewissen **Mindestreservesatzes** und unter der Annahme, daß das im Zuge der Kreditgewährungen in den Nichtbankensektor abfließende **Zentralbankgeld zurückfließt** und jede Bank den bei ihr neu entstehenden **Kreditspielraum voll ausnutzen** kann, vollzieht sich der multiple Geldschöpfungsprozeß in folgenden, in der nachstehenden Tabelle angegebenen Phasen:

$$\Delta Kr = \frac{\Delta Z}{r} \text{ bzw. } \Delta Z \cdot \frac{1}{r}$$

ΔKr ... Umfang der neuen Kredite
ΔZ ... Überschußreserve
r ... gesetzlicher Mindestreservesatz (z.B. 10% ... r = 0,1)

	Überschuß-reserve (1)	Neue Kredite (2)	Mindestreserve-zuwachs (3)
1. Phase	10.000	+ 10.000	–
2. Phase	+ 9.000	+ 9.000	1.000
3. Phase	+ 8.100	+ 8.100	+ 900
4. Phase	+ 7.290	+ 7.290	+ 810
5. Phase	+ 6.561	+ 6.561	+ 729
⋮	⋮	⋮	⋮
		+100.000	+10.000

Abb. 57 Phasen eines Giralgeldschöpfungsprozesses

Insgesamt kann also von dem gesamten Geschäftsbankensystem Giralgeld im Betrag von 100000,– geschaffen werden, d.h. zehnmal soviel als von der ersten, den Prozeß auslösenden Bank geschaffen werden kann. Der Umfang der maximal möglichen aktiven Giralgeldschöpfung ist also abhängig von der Überschußreserve und von einem Proportionalitätsfaktor $\frac{1}{r}$, dem Geldschöpfungsmultiplikator.

Unter den oben gemachten Voraussetzungen erscheint der **Geldschöpfungsmultiplikator** als reziproker Wert des Reservesatzes. Dabei wurde unterstellt, daß der Reservesatz 10% beträgt, der Geldschöpfungsmultiplikator beläuft sich somit auf 10. Das bedeutet, daß die Geschäftsbanken zusammen das Zehnfache der vorhandenen Überschußreserve an Giralgeld schöpfen können. Der Geldschöpfungsmultiplikator ist also umso größer, je geringer der Mindestreservesatz ist und umgekehrt. So beträgt er z.B. bei einem Mindestreservesatz von 20% 5, bei einem Reservesatz von 5% hingegen 20. Natürlich immer unter der Voraussetzung, daß das im Zuge der Geldschöpfungen geschaffene Geld immer wieder vollständig in den Geschäftsbankensektor zurückfließt.

Läßt man die Voraussetzungen fallen, daß das im Zuge der Kreditgewährung aus dem Bankensystem abgeflossene Zentralbankgeld zur Gänze in das Bankensystem zurückfließt, ändert sich natürlich die Höhe der möglichen Kreditgewährung.

Annahme: Mindestreservesatz 10% (r = 0,1), der nicht in das Bankensystem zurückfließende Bargeldabzug beträgt 50% (c = 0,5), die Überschußreserve (Δ Z) 100 Einheiten Zentralbankgeld. Die Höhe der nun möglichen Kredite beträgt jetzt:

$$\Delta \mathrm{Kr} = \frac{\Delta Z}{r + c \cdot (1 - r)} = \frac{100}{0{,}1 + 0{,}45} = \frac{100}{0{,}55}\ 181{,}82, \text{ der}$$

Giralgeldschöpfungsmultiplikator demnach 1,82.

Die Fähigkeit des Bankensystems zu einer multiplen Giralgeldschöpfung ist also an die Existenz eines bargeldlosen Zahlungsverkehrs gebunden. Wäre c = 1, würde also jeder Kreditnehmer über den ihm eingeräumten Kredit in bar verfügen und würde das Bargeld im Publikum bleiben, so wäre die Fähigkeit das Bankensystem zur multiplen Giralgeldschöpfung gebrochen. Dasselbe ist der Fall, wenn Mindestreserven in der Höhe der Sichtverpflichtungen gehalten werden müssen (r = 1).

Neben den Klassenhaltungsgewohnheiten des Nichtbankensektors und den Mindestreservevorschriften gibt es jedoch noch andere Einflüsse, die die Verwendung der vorhandenen liquiden Mittel für die Geldschöpfung einschränken. So wird die **Geldschöpfung** der **Geschäftsbanken** noch von der **Form** der **Anlage** (wie Geldmarktpapiere, offene Refinanzierungskontingente, Geldmarktanlagen im Ausland) und auch von **Marktfaktoren** abhängen. Weist beispielsweise die Zahlungsbilanz einen Saldo auf (Leistungsbilanzsaldo, Kapitalbilanzsaldo), ergeben die über die Zentralbank abgewickelten Kassentransaktionen öffentlicher Haushalte Defizite oder Überschüsse (der Staat baut Kassenguthaben bei der Notenbank auf oder ab), dann fließt den Geschäftsbanken Zentralbankgeld zu oder sie verlieren liquide Mittel. Ob nun diese Veränderung der liquiden Mittel der Banken auch die Überschußreserve beeinflußt, hängt davon ab, in welchem Umfang die Banken ihre liquiden Anlagen verändern. Die Überschußreserve wird nämlich nur dann berührt, wenn der Liquiditätssaldo und die liquiden Anlagen sich mit absolut unterschiedlichen Beträgen ändern. Die Formel für den Geldschöpfungsmultiplikator wird damit natürlich **komplizierter** (siehe dazu z.B. M. Neldner).

In **kontraktiver Richtung** wirkt sich der multiple Prozeß quantitativ in genau demselben Ausmaß aus wie in expansiver Richtung. Es besteht jedoch ein großer Unterschied: Bei einer Ausweitung der Giralgeldschöpfungsmöglichkeit können die Geschäftsbanken selbst entscheiden, ob sie von dieser Möglichkeit Gebrauch machen oder nicht. Ruft jedoch die Zentralbank im Geschäftsbankensektor einen Reservemangel hervor (z.B. durch eine Erhöhung der Mindestreservesätze), dann sind die Geschäftsbanken gezwungen, ihr Giralgeldvolumen zu reduzieren (auch eventuellen Ausweichmanövern der Geschäftsbanken kann die Zentralbank wirksam begegnen).

In kontraktiver Richtung ist also der Einfluß der Zentralbank auf das Giralgeldvolumen der Geschäftsbanken wegen des möglichen Zwanges wesentlich größer als in expansiver Richtung, wo den Geschäftsbanken nur die Möglichkeit einer Ausweitung ihrer Giralgeldschöpfungsfähigkeit gegeben werden kann.

Die soeben dargestellte **traditionelle Geldangebotstheorie** oder Geldschöpfungslehre basiert also auf einem Modell, in dem die Geldbasis eine exogene Größe, das Verhalten der Geschäftsbanken durch Mindestreservevorschriften der Zentralbank – bei exogen gewünschten Überschußreserven – und das der Nichtbanken durch die Zahlungssitten fixiert ist. Dieses Modell funktioniert mechanistisch: Eine Vergrößerung (Verringerung) der Geldbasis führt zu einer vorhersehbaren Expansion (Kontraktion) des potentiellen Geldangebotes M, $M = Z \cdot m$.

Die **modernen Ansätze** der **Geldangebotstheorie** versuchen hingegen, die Konstanten der traditionellen Analyse durch ökonomisch begründete (endogene) **Verhaltensparameter** zu erklären. Die konstanten Aktionsparameter des Publikums – also die Nachfrage der Nichtbanken nach Bargeld, Sicht-, Termin- und Spareinlagen – gehen in Verhaltensfunktionen über, abhängig vom Zins und allen übrigen Determinanten der Bargeld-, Termineinlagen- und Spareinlagenquote (K. Brunner, A. H. Meltzer). Das gesamtwirtschaftliche Geldangebot stellt jetzt eine tatsächliche und keine potentielle Größe dar.

In der Nomenklatur – so wird das Geldangebot in verschiedenen Geldmengenabgrenzungen als Produkt aus Basisgeld und Geldmultiplikator ausgedrückt – und in der Unterscheidung nach den Sektoren Zentralbank, Geschäftsbanken und Nichtbanken decken sich allerdings die traditionellen und modernen Ansätze. (Zu den Auswirkungen einer Änderung des Geldangebots auf die gesamtwirtschaftliche Aktivität nach den unterschiedlichen Lehrmeinungen siehe Seite 112f. „**Transmissionsmechanismus**").

5.C.6 Die Geldnachfrage wird durch die privaten Haushalte und Unternehmen sowie den Staat entfaltet. Die verschiedenen Ansätze der Geldnachfragetheorie unterscheiden sich vor allem durch die Determinanten der Geldnachfrage in Gestalt einer bestimmten, von den Wirtschaftssubjekten gewünschten Kassenhaltung und durch die Annahmen über die Veränderung der Geldumlaufgeschwindigkeit.

Im **klassischen Modell** ist die Nachfrage nach Geld allein Nachfrage nach Transaktionskasse und daher auch lediglich von der Höhe des Volkseinkommens und der Umlaufgeschwindigkeit des Geldes abhängig. Da sich die Umlaufgeschwindigkeit auf mittlere Sicht normalerweise (außer z.B.: bei galoppierender Inflation) kaum verändert, verbleibt als dominierende Einflußgröße das Volkseinkommen. Steigt das Sozialprodukt, so wird vermehrt Geld nachgefragt, um die gestiegenen Umsätze von Gütern und Dienstleistungen abwickeln zu können. Da die Transaktionskasse Geld für beabsichtigte Zahlungen enthält, häufig jedoch Unsicherheit über die zukünftigen Zahlungsein- und -ausgänge besteht, wird zudem auch Geld für unvorhergesehene Zahlungen gehalten (Vorsichtsmotiv). Üblicherweise rechnet man eine derartige Geldhaltung der Einfachheit halber zur Transaktionskasse.

Die **Keynesianische Geldnachfragetheorie** nennt folgende Motive für die Haltung von Geld:

(a) Geld wird für die laufenden Umsätze und Einkommenszahlungen benötigt (Transaktionsmotiv).
(b) Geld kann aus Gründen der Vorsicht bei unsicheren Zukunftserwartungen gehalten werden (Vorsichtsmotiv).
(c) Geld kann aus spekulativen Gründen gehalten werden, weil man sich künftig bessere Anlagemöglichkeiten als heute verspricht (Spekulationsmotiv).

(a) **Transaktionsmotiv**:

Bargeldbestände und Sichteinlagen bei Banken werden als Zahlungsmittel benutzt. Die Haltung eines Bestandes an Zahlungsmitteln stiftet den Wirtschaftssubjekten einerseits Nutzen und verursacht andererseits Kosten. Der Nutzen eines Zahlungsmittelbestandes besteht darin, daß das betreffende Wirtschaftssubjekt seine Zahlungsverpflichtungen aus einem vorhandenen Zahlungsmittelbestand leisten kann, ohne verzinsliche Vermögensbestände auflösen zu müssen, was mit Umwandlungskosten (Gebühren und Spesen) verbunden ist. Die Kosten eines Zahlungsmittelbestandes bestehen darin, daß das betreffende Wirtschaftssubjekt durch die Haltung eines unverzinslichen Geldbestandes auf alternativ erzielbare Zinseinkommen verzichten muß. Aus der Abwägung des Nutzens und der Kosten von Zahlungsmittelbeständen resultiert ein bestimmter Zahlungsmittelbestand, der zur Abwicklung der laufenden Transaktionen zu halten gewünscht wird. Dieses Motiv zur Geldhaltung wird als Transaktionsmotiv und der betreffende Zahlungsmittelbestand als Transaktionskasse bezeichnet. Transaktionskasse besteht somit ausschließlich aus Geldbeständen, die zum Geldvolumen M1 zählen. Der optimale Transaktionskassenbestand ist der Bestand an Zahlungsmitteln, der die gerinsten Kosten der Geldhaltung verursacht und ist positiv abhängig vom Einkommen und negativ abhängig vom Zins.

(b) **Vorsichtsmotiv**:

Das Vorsichtsmotiv der Geldhaltung resultiert aus der Tatsache, daß Umfang und Zeitpunkt künftiger Zahlungsausgänge nicht mit Sicherheit vorausgesehen werden können. Es kann zu unerwartet eintretenden Zahlungsverpflichtungen kommen. Hält ein Wirtschaftssubjekt für solche Fälle keinen Geldbestand zur Vorsicht (anders ausgedrückt: Hält das Wirtschaftssubjekt nur Transaktionskasse für die mit Sicherheit vorhersehbaren Zahlungsverpflichtungen), dann ist dieses Wirtschaftssubjekt in solchen Fällen kurzfristig illiquide und daher gezwungen, Kredit aufzunehmen oder Zwangsverkäufe von Vermögensbeständen vorzunehmen. Dies ist mit erheblichen Kosten verbunden. Der Nutzen eines Vorsichtsbestandes an Geld besteht also darin, die aus der Illiquidität resultierenden Kosten vermeiden zu können. Die Höhe des Vorsichtsbestandes ist positiv abhängig von der Eintrittswahrscheinlichkeit und dem Umfang der möglichen Zahlungsverpflichtungen. Diese Größen sind ihrerseits in der Regel positiv abhängig von der Höhe des Einkommens. Der aus dem Vorsichtsmotiv gehaltene Geldbestand ist somit positiv abhängig vom Einkommen. Die Kosten eines Vorsichtsbestandes an Geld sind die in alternativen Vermögensanlagen (z.B. Wertpapieren) erzielbaren Zinseinkommen. Der Vorsichtsbestand an Geld ist somit bei gegebenen Einkommen negativ abhängig vom Zinsniveau.

(c) **Spekulationsmotiv**:

Bei dem Spekulationsmotiv der Geldhaltung steht die Wertaufbewahrungsfunktion des Geldes im Vordergrund. Vermögen kann in verschiedenen Anlageformen gehalten werden. Die Vermögensanlage in Form eines Geldbestandes bietet den Vorteil, daß Kursverluste vermieden werden (abgesehen von der Möglichkeit des Konkurses der Bank). Andererseits verursacht eine Vermögensanlage in Form von Geld dadurch Kosten, daß in alternativen Anlagen eine höhere Verzinsung möglich ist. Zur Erklärung des grundsätzlichen Sachverhalts sei der Einfachheit halber angenommen, daß die Alternative zur Geldhaltung ein festverzinsliches Wertpapier mit unendlich langer Laufzeit ist. Mit einem solchen Wertpapier ist ein Ertrag pro Periode erzielbar in Höhe von $i_n \cdot N$, wobei i_n der feste (nominale) Zinssatz und N der Nennbetrag des Wertpapiers ist. Ist K der Marktpreis (Kurs) des Wertpapiers, dann ist der Zinssatz (die Rendite)

$$i = \frac{i_n \cdot N}{K}.$$

Steigt also am Wertpapiermarkt der Zinssatz, dann sinken die Kurse der im Umlauf befindlichen Wertpapiere. Hält ein Anleger Vermögen in Form von Wertpapieren, dann erleidet er bei Zinssteigerungen Kursverluste. Der Nutzen eines Spekulationsbestandes an Geld besteht somit darin, daß mögliche Kursverluste vermieden werden, die Kosten eines Spekulationsbestandes an Geld bestehen in der Möglichkeit, daß in der Wertpapieranlage eine höhere Verzinsung erzielt werden kann. Der Umfang der aus dem Spekulationsmotiv gehaltenen Geldbestände hängt somit ab von der Erwartung über die künftige Zinsentwicklung. Ist der herrschende Zins im Vergleich zu dem für die Zukunft erwarteten Zins hinreichend hoch (d.h. werden von vielen Anlegern Zinssenkungen erwartet), dann wird wenig Geld aus Spekulationsüberlegungen gehalten. Die Wertpapieranlage ist für Anleger lukrativer als die Geldanlage, da entsprechende Kursgewinne erwartet werden. Umgekehrt werden bei sehr niedrigem Zins (im Vergleich zu dem für die Zukunft erwarteten Zins) hohe Spekulationsbestände an Geld gehalten, um erwartete Kursverluste zu vermeiden. Das Spekulationsmotiv der Geldhaltung richtet sich vorrangig auf verzinsliche Bankguthaben, die zum Geldvolumen

M2 und/oder zum Geldvolumen M3 zählen, da bei dem Spekulationsmotiv die Wertaufbewahrungsfunktion des Geldes im Vordergrund steht.

Die aus obigen Motiven gewünschte Geldhaltung wird vielfach durch **Preisniveauänderungen** beeinflußt, da z.B. eine Erhöhung des Preisniveaus den Realwert eines nominalen Geldbestandes verringert. Unterstellt man, daß der Realwert des Einkommens gleich bleibt (z.B. durch automatische Anpassung der Einkommenshöhen entsprechend der Geldentwertungsrate), erhöht sich der gewünschte Geldbestand im Ausmaß der Preisniveauerhöhung. Die Wirtschaftssubjekte sind bestrebt, den Realwert des aus dem Transaktions- und Vorsichtsmotiv gehaltenen Geldbestandes bei Konstanz des Realeinkommens ebenfalls konstant zu halten. Allgemein ist hinsichtlich der Abhängigkeit der Geldnachfrage vom Einkommen davon auszugehen, daß die reale Geldnachfrage positiv abhängt vom realen Einkommen. Eine Erhöhung des Preisniveaus bedeutet zudem, daß die Haltung eines Geldbestandes nicht nur gegenüber der Wertpapieranlage Alternativkosten verursacht, sondern auch gegenüber einer Vermögenslage im Sachvermögen. Ist die zu erwartende Inflationsrate v%, dann sinkt der Realwert eines unverzinslichen Geldbestandes pro Periode um v%, während sich die Wertpapieranlage real mit (i – v%) verzinst und der Wert einer Sachvermögensanlage real konstant bleibt. Die Alternativkosten der Geldhaltung betragen also gegenüber der Wertpapieranlage i% und gegenüber der Sachvermögensanlage v%. Eine Änderung der erwarteten Inflationsrate hat auf die Geldnachfrage den gleichen Einfluß wie eine Änderung des Zinssatzes, da Preissteigerungen genau wie Zinsen Alternativkosten der Geldhaltung sind. Die reale Geldnachfrage ist somit negativ abhängig von der erwarteten Inflationsrate.

Die von M. Friedman begründete **monetaristische Geldnachfragetheorie** entwickelt ihre Geldnachfragefunktion aus einem sog. **vermögenstheoretischen** Ansatz. Dazu wird das **Gesamtvermögen** einer Wirtschaftseinheit in die Teilkomponenten

- Geld,
- Wertpapiere (Aktien, Rentenpapiere),
- Sachkapital (Sachvermögen) und
- Humankapital (Ausbildungsstand, Know-how, manuelle und geistige Fähigkeiten)

zergliedert. Als Meßgröße des Gesamtvermögens wird das dauerhaft erwartete, permanente Einkommen als Gegenwartswert aller in Zukunft erwarteten realen Einkommen benutzt.

Eine Unterscheidung der Liquidität in verschiedenen Arten der Kassenhaltung wird als empirisch nicht nachweisbar abgelehnt und stattdessen eine alternative Haltung der Liquidität in Form von Geld und anderen (oben genannten) Formen der Geldvermögenshaltung unterstellt. In bezug auf die Geldumlaufgeschwindigkeit wird unterstellt, daß sie langfristig konstant bleibt und sich nur zeitweilig durch konjunkturelle Einflüsse oder andere Zahlungsgewohnheiten geringfügig ändern kann.

Ähnlich wie ein Haushalt eine gegebene Konsumausgabensumme in Abhängigkeit von den Güterpreisen und den Haushaltspräferenzen bestmöglich auf die unterschiedlichen Güterarten verteilt (siehe Seite 46f.), kann ein Wirtschaftssubjekt auch seine **Vermögensstruktur optimieren**. Wobei die Aufteilung des Gesamtvermögens in Geld, Aktien, Rentenpapiere, Sachkapital und Humankapital insofern einen Einfluß auf die Höhe der Geldnachfrage ausübt, als ein hoher Bestand an Sach- und Finanzanlagen sowie an Humankapital die Geldnachfrage positiv beeinflussen wird. Entscheidend für die Zusammensetzung des Geldvermögens und die Geldnachfrage sind jedoch die erwarteten Erträge, die Relation der Erträge der verschiedenen Vermögensanlagen (**relative Preise**) und die Höhe der Inflationsrate. Während ein Sinken des Preisniveaus die Kassenhaltung in Geld durch Kaufkraftgewinne begünstigt, führt eine Inflation zu realen Verlusten der Geldhaltung und vermindert die Erträge anderer Vermögensanlagen. Eine Veränderung des Preisniveaus löst daher einen Substitutionsprozeß zwischen den verschiedenen Vermögensanlagen aus, durch den die Wirtschaftssubjekte eine Optimierung ihrer realen Erträge zu erreichen suchen. Erwarten die Wirtschaftssubjekte steigende Erträge anderer Vermögensarten, so wird ihre Geldnachfrage zurückgehen, d.h. zugunsten des Erwerbes anderer Vermögensarten werden die Wirtschaftssubjekte bestrebt sein, ihren Geldüberschuß abzubauen. (Der hier beschriebene vermögenstheoretische Ansatz ist allerdings nicht nur für die Geldnachfrage, sondern ebenso für die Nachfrage nach Sachgütern (Konsumgüter der Haushalte und Investitionsgüter der Unternehmungen) von Bedeutung. Die Summe aller Hypothesen betreffend die optimale Zusammensetzung eines Vermögens bezeichnet man als **Portfoliotheorie**.

5.C.7. Die **Geldvermögensbildung** (Sparen) eines Wirtschaftssubjektes (Sektors) entspricht nur dann der **Sachvermögensbildung** (Investition), wenn die Nettoposition dieses Wirtschaftssubjektes (Sektors) gleich geblieben ist, die Veränderung der Forderungen also der Veränderung der Verbindlichkeiten entspricht. In diesem Fall ist der Finanzierungssaldo dieses Wirtschaftssubjektes (Sektors) Null (als Differenz der Geldvermögensbildung und der Sachvermögensbildung bzw. der Veränderung der Forderungen und der Veränderung der Verbindlichkeiten). Saldenmechanisch gilt ferner, daß dem Finanzierungsüberschuß eines Wirtschaftssubjektes (Sektors) ein Finanzierungsdefizit in gleicher Höhe bei einem anderen Wirtschaftssubjekt (Sektor) gegenübersteht. Gesamtwirtschaftlich ist daher in einer **geschlossenen Volkswirtschaft** die Summe aller positiven und negativen **Geldvermögensänderungen** gleich **Null**. (Werden die Größenbeziehungen „Summe aller Geldvermögensänderungen = 0“ bzw. „Die Gesamteinnahmen sind stets gleich den Gesamtausgaben“ nicht in der „Einnahmen-Ausgaben-Sprache“ sondern in der „Einkommenssprache“ formuliert, so resultiert daraus die Gleichung $I_{netto} = S$).

5.C.8. In einer **offenen Volkswirtschaft** ist der Saldo der Geldvermögensänderung von Null verschieden: Er ist positiv, wenn die Forderungen gegenüber dem Ausland größer sind als die Verbindlichkeiten, er ist negativ, wenn die Verbindlichkeiten gegenüber dem Ausland größer sind als die Forderungen. Der Finanzierungssaldo des Auslandes entspricht mit umgekehrtem Vorzeichen der Leistungsbilanz des Inlandes.

5.D. Ansatzpunkte der Geldpolitik

Der geldwirtschaftliche, monetäre Sektor einer Volkswirtschaft umfaßt, wie wir gesehen haben, die Stände und die Bewegungen des Geldvermögens; zum güterwirtschaftlichen Sektor gehören hingegen reale Größen, wie Güter- und Faktormengen.

Geldpolitik ist somit jener Teil der Wirtschaftspolitik, der ökonomisch relevante Sachverhalte des güterwirtschaftlichen Sektors zu steuern versucht. Geldpolitik ist also eine Wirtschaftspolitik mit monetären Mitteln.

Die **Ziele der Geldpolitik** decken sich heute wegen der allgemeinen Bedeutung des Geldes als Tausch- und Zahlungsmittel weitgehend mit denen der allgemeinen Wirtschaftspolitik: Geldwertstabilität, Vollbeschäftigung, außenwirtschaftliches Gleichgewicht und befriedigendes Wirtschaftswachstum. Inwieweit der Stabilität des Geldwertes innerhalb dieses Kataloges Priorität für die Geldpolitik zukommt, wird in den einzelnen Ländern unterschiedlich gesehen.

Träger der Geldpolitik im Sinne eines nationalen Hoheitsrechts ist die Legislative. So begründet z.B. in Österreich Art. 10 Abs. 1 Z 5 BVG die Zuständigkeit des Bundes in Gesetzgebung und Vollziehung in Angelegenheiten des Geld-, Kredit-, Börse- und Bankwesens. Der Legislative obliegt also die Aufgabe, die zur Geldverfassung (Ordnung des Geldwesens) notwendigen Gesetze zu erlassen. Damit ist jeweils der Rahmen bestimmt, innerhalb dessen dann die Notenbank als Träger der Geldpolitik ihre Entscheidungen trifft bzw. über den Einsatz ihres Instrumentariums befindet.

Von einer **unabhängigen** Notenbank spricht man dann, wenn sie beim Einsatz ihrer geldpolitischen Instrumente Entscheidungsfreiheit gegenüber der Regierung besitzt (funktionelle Unabhängigkeit) und wenn diese Freiheit nicht durch Einflußnahme bei der personellen Besetzung der Leitung der Notenbank untergraben ist (personelle Unabhängigkeit). Der Grad der funktionellen und personellen Unabhängigkeit einer Notenbank impliziert jedoch a priori keine Aussage über den Erfolgsgrad ihrer geldpolitischen Bemühungen. So kann beispielsweise eine weisungsabhängige Notenbank bei strenger Währungsdisziplin der Regierung durchaus zu gleichen Resultaten hinsichtlich des Zieles der Geldwertstabilität gelangen wie eine unabhängige Notenbank. Hingegen kommt das Autonomieproblem immer dann zum Tragen, wenn notenbankpolitische und regierungsamtliche Zielprioritäten voneinander abweichen. Verfolgt beispielsweise die Regierung vorrangig Vollbeschäftigungs- und Wachstumsziele, so wird sie in der Regel mit einer kraft gesetzlichen Auftrages auf Erhaltung der Geldwertstabilität bedachten Notenbank in einen echten Zielkonflikt geraten. Eine möglichst unabhängige Notenbank wird in diesem Falle die Geldwertstabilität viel eher verteidigen können.

Zur Erfüllung ihrer Aufgaben stehen der **Notenbank** üblicherweise folgende **Instrumente zur Verfügung:**

(1) **Mindestreservepolitik**:
Als Mindestreserven bezeichnet man im allgemeinen die Bestände an Zentralbankgeld, die nach Vorschrift der Notenbank von den Kreditinstituten mindestens gehalten werden müssen. Sie sollen grundsätzlich die Zahlungsfähigkeit der Kreditinstitute sichern. Die Ausgestaltung im einzelnen und insbesondere die Variation der Höhe der Mindestreservesätze dient dagegen der Steuerung des Kreditangebots des Bankensektors (siehe Seite 96). Die **Mindestreservesätze** können auf Positionen der Aktivseite der Bankbilanzen oder der Passivseite bezogen sein. Letzteres ist sowohl in der BRD wie auch in Österreich der Fall, d.h.

die Mindestreservepflicht der Kreditinstitute bemißt sich nach ihren Verbindlichkeiten gegenüber Nichtbanken aus Sicht-, Termin- und Spareinlagen.

Erhöht z.B. die Notenbank die Mindestreservesätze, dann müssen die Kreditinstitute höhere Pflichtreserven halten – ihre Liquiditätsreserven verringern sich, die Giralgeld (Kredit-)schöpfungsmöglichkeiten gehen zurück und es kommt tendenziell zu einem Anstieg der Zinssätze. Eine Verringerung der Mindestreservesätze hat prinzipiell die umgekehrten Wirkungen.

(2) **Refinanzierungspolitik**
Wie wir gesehen haben (vergleiche Seite 99f.) können die Kreditinstitute ihre Giralgeldschöpfung wegen der damit verbundenen Abflüsse von Zentralbankgeld nur insoweit ausdehnen, wie sie über eine Überschußreserve verfügen oder sich gegebenenfalls bei der Notenbank Zentralbankgeld beschaffen, also refinanzieren können. Im Rahmen der Refinanzierungspolitik legt nun die Notenbank die Bedingungen fest, zu denen sie bereit ist, den Kreditinstituten Kredite zu gewähren, und zwar in Form des Ankaufs von Wechseln (Diskont) oder gegen Verpfändung von Wertpapieren (Lombard).

Ändert die Notenbank den Zins, zu dem sie Diskont- bzw. Lombardkredite gewährt, betreibt sie **Diskontsatz**- bzw. **Lombardsatzpolitik**. Sie will damit die Inanspruchnahme des Zentralbankkredites durch die Kreditinstitute verbilligen oder verteuern und dadurch auch die Zinssätze am Geld- und Kapitalmarkt und somit die Nachfrage nach Bankkrediten beeinflussen. Die Wirkungen dieses Instruments hängen jedoch wesentlich davon ab, inwieweit sich als Folge der geänderten Notenbankzinsen auch die Zinsen am Geld- und Kapitalmarkt ändern und wie zinselastisch die Nachfrage nach Bankkrediten ist.

Legt die Notenbank **Rediskontkontingente** fest, die für die Kreditinstitute die Grenzen bestimmen, bis zu der sie Wechsel rediskontieren können, spricht man von einer **quantitativen Refinanzierungspolitik**. Setzt die Notenbank diese Kontingente hinauf, ist diese Maßnahme als Ausdruck einer expansiven Geldpolitik zu verstehen, eine Herabsetzung der Kontingente soll eine restriktive Geldpolitik signalisieren. Grenzt schließlich die Notenbank das rediskontfähige bzw. lombardfähige Material ab (im Sinne von Anforderungen an das refinanzierungsfähige Material), betreibt sie **qualitative Diskont**- bzw. **Lombardpolitik**. Die geldpolitische Bedeutung dieses Instruments ist jedoch als gering anzusehen.

(3) **Offenmarktpolitik**
Darunter versteht man den An- und Verkauf von festverzinslichen Wertpapieren durch die Notenbank auf eigene Rechnung. Durch den Ankauf von solchen Wertpapieren wird Zentralbankgeld geschaffen, durch den Verkauf vernichtet.

Ein Ankauf von kurzfristigen Wertpapieren auf dem Geldmarkt erhöht den Bestand der Kreditinstitute an Zentralbankgeld, verbessert damit deren Liquiditätslage und wirkt tendenziell zinssenkend (und umgekehrt). Bedient sich die Notenbank bei ihrer Offenmarktpolitik langfristiger Wertpapiere, nimmt sie unmittelbar Einfluß auf den Kapitalmarkt. Ein Ankauf von langfristigen Titeln läßt tendenziell die Wertpapierkurse steigen und wirkt damit ebenfalls zinssenkend. Für den Verkauf von langfristigen Papieren sind die Wirkungen umgekehrt.

Weitere Unterschiede in der Wirkung der Offenmarktpolitik ergeben sich noch dadurch, ob die Notenbank solche Geschäfte nur mit Kreditinstituten (wie z.B. in Österreich) oder auch mit Nichtbanken tätig wird; ob sie die Zinssätze fixiert (Zinspolitik), zu denen sie Offenmarktgeschäfte tätigt, oder ob sie die Menge an Wertpapieren festlegt (Mengenpolitik), die sie an- oder verkauft. **Monetaristen** schreiben der Offenmarktpolitik die wichtigste Rolle bei der Beeinflussung von Geldbasis und Geldmenge zu.

(4) **Einlagenpolitik**
Wird der öffentlichen Hand vorgeschrieben, daß sie ihre Guthaben bei der Notenbank halten muß (so z.B. in der BRD für den Bund), macht die Notenbank von der Möglichkeit der Einlagenpolitik Gebrauch. Eine Auflösung von öffentlichen Einlagen vergrößert, eine Zunahme der Einlagen vermindert die umlaufende Zentralbankgeldmenge und die Bankenliquidität. Die Einlagenpolitik kann dazu dienen, die Bankenliquidität und damit die Geldmarktsituation kurzfristig zu beeinflussen (nicht sehr wirksam).

(5) **Kreditplafondierung**
Hier legt die Notenbank unmittelbar eine Obergrenze für das Kreditvolumen der Geschäftsbanken gegenüber Nichtbanken fest oder aber sie läßt nur einen bestimmten Prozentsatz der Kreditausweitung im Verhältnis zum aushaftenden Kreditvolumen zu (z.B. in Österreich von 1972 bis 1981 praktiziert).

Die Kreditplafondierung kann jedoch nur restriktiv eingesetzt werden, beseitigt weitgehend den Bankenwettbewerb, führt zu Wettbewerbsverzerrungen und bei zu langer Anwendung zu einer Versteinerung der Bankenstruktur und setzt damit den marktwirtschaftlichen Lenkungsmechanismus der freien Kreditvergabe außer Kraft.

(6) **Swapsatzpolitik**
Darunter sind alle Interventionen der Notenbank am Kassa- und/oder Terminmarkt für Devisen zu verstehen, die darauf abzielen, die Differenz zwischen Kassa- und Terminkurs, den sogenannten Swapsatz zu beeinflussen. Dieser Swapsatz entscheidet nämlich (neben den vergleichbaren Zinssätzen im In- und Ausland) über die Vorteilhaftigkeit einer Geldanlage oder Kreditaufnahme im Ausland anstatt im Inland. Die Absichten der Notenbank im Rahmen der Swapsatzpolitik bestehen also darin, die internationalen Kapitalbewegungen über die Höhe des Swapsatzes zu beeinflussen.

Wirkungsweise der Geldpolitik (Transmissionsmechanismus)

Eine Notenbank setzt ihre geldpolitischen Instrumente ein, um bestimmte, ihren Zielen entsprechende Wirkungen zu erreichen. Das heißt, jeder geldpolitischen Entscheidung muß eine Vorstellung über den Zusammenhang zwischen Instrumenteneinsatz und Auswirkung auf die Zielgrößen zugrunde liegen. Diesen Wirkungszusammenhang zwischen den Maßnahmen der Geldpolitik und den Änderungen im Zielbereich, nämlich im realen Bereich und beim Preisniveau, bezeichnet man als **Transmissionsmechanismus** der Geldpolitik.

Über den Transmissionsmechanismus der Geldpolitik wurden im Lauf der Zeit immer wieder neue Vorstellungen entwickelt, die sich teilweise ergänzen oder aber miteinander konkurrieren. Die wichtigsten unterschiedlichen Vorstellungen sind in der Folge dargelegt:

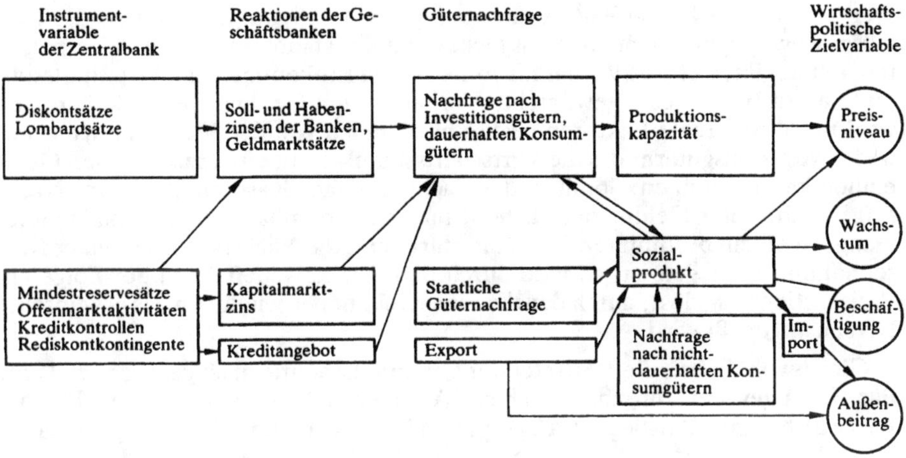

Abb. 58 Der „Transmissionsmechanismus"

(1) **Die Ansichten der klassischen und neoklassischen Theorie:**
Ergebnisse des geldtheoretischen Teiles der klassischen und neoklassischen Theorien sind die Feststellungen, daß zwischen der Geldmenge und dem Preisniveau eine **direkte proportionale Beziehung** besteht; daß eine Veränderung des Preisniveaus allein durch eine Veränderung der Geldmenge verursacht wird und daß durch monetäre Vorgänge nur das Preisniveau, nicht aber die reale Komponente des nominellen Sozialproduktes beeinflußt wird. Formaltheoretiche Konzeptionen dieser Aussagen sind z.B. der Transaktionsansatz von Fisher und der Kassenhaltungsansatz der Cambridge-Schule.

I. Fishers Transaktionsansatz, die sogenannte **Verkehrsgleichung** $M \times V = P \times T$ (Geldmenge M mal Umlaufgeschwindigkeit V ist gleich der Summe aller Transaktionen T mal dem durchschnittlichen nominellen Betrag einer Transaktion P) ist zwar eine Tautologie und gibt keine Auskunft über den kausalen Zusammenhang zwischen den in ihr enthaltenen Größen, Fisher glaubte aber unter Berücksichtigung der strukturellen Bedingungen im monetären und realen Bereich die Schlußfolgerung ziehen zu können, daß eine Änderung der Geldmenge nur eine entsprechende Änderung im Preisniveau hervorruft. Dieser Zusammenhang ergibt sich zwingend aus seinen Annahmen, daß die Umlaufgeschwindigkeit des Geldes allein durch institutionelle Bedingungen im monetären Bereich, wie Organisation des Kreditwesens, Zahlungsrhythmus und Zahlungsweise, bestimmt sei und daß das Transaktionsvolumen nicht von der Geldmenge, sondern nur von realen Größen, z.B. von der vertikalen Unternehmensintegration und der Produktionstechnik abhängig sei. Somit werden zwei Variable der Verkehrsgleichung von Faktoren bestimmt, die außerhalb der monetären Einflußsphäre liegen, woraus sich ergibt, daß sich ein exogen bedingter Anstieg der Geldmenge bei Konstanz dieser Faktoren nur in einer entsprechenden Veränderung des Preisniveaus niederschlagen kann. Die Quantitätstheorie in dieser Form basiert auf rein mechanischen Zusammenhängen und kann als der Versuch angesehen werden, den Preisanstieg mit Hilfe technischer Regelmäßigkeiten im Tauschprozeß vorherzusagen, ohne den Wirtschaftsablauf mit bestimmten ökonomischen Verhaltensweisen der Wirtschaftssubjekte erklären zu müssen.

Der Cambridger **Kassenhaltungsansatz** (vgl. A. C. Pigou) interpretiert die Umlaufgeschwindigkeit nicht mehr als technische Konstante, sondern als Koeffizienten, der angibt, welches Verhältnis von Kasse zu Einkommen die Wirtschaftssubjekte anstreben. Dieses gewünschte Verhältnis von Geldmenge zu Einkommen wird nur durch reale Faktoren bestimmt, nämlich von der Menge an Konsum- und Investitionsgütern, die die Wirtschaftssubjekte mit einer zusätzlichen Geldeinheit kaufen können. Somit ist die Nachfrage nach Kassenhaltung eine Nachfrage nach realer Geldmenge. Erhöht nun die Notenbank die nominale Geldmenge in einem bestimmten Zeitraum stärker als die Nachfrage nach realer Kassenhaltung gestiegen ist, so wird durch den Realkasseneffekt in der Folge ein Preisanstieg ausgelöst, durch den die reale Geldmenge wieder an das gewünschte Niveau angepaßt wird.

Gleichwohl haben die Vertreter der Quantitätstheorie auch gesehen, daß eine das Gleichgewicht störende Zunahme (Abnahme) der Quantität des Geldes auf **kurze Sicht** einen Anstieg (Rückgang) von Produktion und Beschäftigung haben kann. So sah Fisher die Ursache für die aus Veränderungen der Geldmenge entstehenden Schwankungen der wirtschaftlichen Aktivität vor allem in der verzögerten Anpassung an die Preisentwicklung. K. Wicksell wiederum sah die Ursache für kurzfristige Veränderungen von Nachfrage und Beschäftigung in den Veränderungen des Verhältnisses zwischen dem von den Banken berechneten Darlehenszinsen und dem „natürlichen" Zins (= Gleichgewichtspreis des Geldkapitalmarktes, zu dem das Angebot an Sparbeträgen und die Nachfrage für Kredite ausgeglichen sind). Durch die dadurch entstehende Übernachfrage (wenn der Marktzins niedriger ist als der natürliche) wird vorübergehend auch ein Anstieg von Produktion und Beschäftigung bewirkt. Bei Pigou schließlich ist der oben beschriebene **Realkasseneffekt** verantwortlich für eine kurzfristige Veränderung (Erhöhung) der realen Konsumausgaben.

Unter dem Aspekt der Wirksamkeit und des Wirkungsprozesses der Geldpolitik läßt sich die **klassische** und **neoklassische geldtheoretische Konzeption** wie folgt kurz charakterisieren:

1. Aktionen der geldpolitischen Entscheidungsträger werden durch eine Veränderung der gesamtwirtschaftlichen Geldmenge repräsentiert.
2. Der Wirkungsprozeß der Geldpolitik wird entweder
   2.1 von der Geldmenge selbst (bei den Theorien des direkten Mechanismus) oder
   2.2 vom Marktzins der Kredite bzw. vom Geldzins (bei den zinstheoretischen Erklärungsansätzen des indirekten Mechanismus wie z.B. Wicksell) oder
   2.3 vom real-balance-effect bzw. vom realen Vermögenseffekt (bei den vermögenstheoretischen Erklärungsansätzen des indirekten Mechanismus, wie z.B. bei Pigou) getragen.

   Die Geldmenge, der Zins, oder das reale Vermögen sind also jeweils die Transmissionsgröße, über die der monetäre Impuls letztlich auf die anvisierte Zielgröße übertragen wird.
3. Als letzte Zielgröße kann die Geldpolitik nur das Preisniveau und damit selbstverständlich auch das nominelle Sozialprodukt, nicht aber die reale Komponente des nominellen Sozialprodukts beeinflussen. Lediglich in sehr kurzfristigen Übergangsphasen ist auch eine Beeinflussung der realen Komponente möglich.

4. Veränderungen in der geldpolitischen Aktionsgröße Geldmenge und Veränderungen in der Zielgröße Preisniveau stehen in einer stabilen und eindeutigen Beziehung zueinander; Veränderungen in der Geldmenge zeigen also eindeutig Veränderungen des Preisniveaus an.

(2) **Der Keynesianische Erklärungsansatz**:
Die Keynesianische Lehre geht bereits einen Schritt weiter, indem sie auch zwischen der Geldmenge und den Variablen Einkommen und Beschäftigungsmenge einen – allerdings indirekten – Modellzusammenhang konstruiert. Danach beeinflußt eine Variation der Geldmenge unmittelbar nur den **Marktzins**, während alle darüberhinaus führenden Wirkungen primär vom Ausmaß der Marktzinselastizität der **Investitionsgüternachfrage** abhängen. Wird z.B. die Geldmenge einer unterbeschäftigten Volkswirtschaft erhöht, so ist dies – sieht man von der Existenz einer Liquiditätsfalle ab – mit einer Verringerung des Zinssatzes verbunden. Die **Investitionsnachfrage** wird dadurch, sofern sie in Bezug auf den Zins nicht unelastisch ist, **gesteigert**, was via Multiplikator (siehe Seite 154) eine Erhöhung des Volkseinkommens auslöst, während die Güterpreise auf ihrem Ausgangsniveau verharren. Bei **Vollbeschäftigung** impliziert das Keynes'sche Modell dagegen bei einem Anstieg der Geldmenge eine porportionale Erhöhung der Löhne und Preise, was vom Ergebnis her der klassischen Quantitätstheorie gleichkommt.

Dargestellt wird dieser Transmissionsmechanismus üblicherweise mit Hilfe des von Hicks/Hansen entwickelten **IS-LM-Modells**. Ausgangspunkt dieses Modells sind die keynesianischen Grundgleichungen (P. Schaal, Seite 126ff.):

$$Y_t = C_t(Y_t) + I_t(i_t)$$
$$Y_t = C_t(Y_t) + S_t(Y_t)$$

Diese Gleichungen stellen Gleichgewichtsbedingungen des Modells dar, die von der Annahme ausgehen, daß die Höhe des Investitionsvolumens I_t ausschließlich von der Höhe des Marktzinses i_t, die Höhe des Konsums C_t und des Sparens S_t dagegen ausschließlich von der Höhe des Volkseinkommens Y_t bestimmt werden. Unter diesen Prämissen ist die IS-Funktion in Abb. 59 abgeleitet. Die **Sparfunktion** S_t (Y_t) steigt proportional zum Volkseinkommen (Y_t) und schneidet die als Horizontale eingezeichnete Höhe der vom Marktzinssatz (umgekehrt proportional) abhängigen **Investitionen** (I). Überträgt man die Gleichgewichtspunkte zwischen Sparen und Investieren auf ein anderes Koordinatensystem (II), in dem die Höhe des Volkseinkommens Y_1, Y_2, Y_3 auf einer parallelen Abszisse den entsprechenden Zinssätzen i_1, i_2, i_3 der jeweiligen Investitionen I_1, I_2, I_3 auf der Ordinate zugeordnet werden, so lassen sich diese Punkte zur **IS-Funktion** verbinden. Zwischen dieser läßt sich wiederum in einem weiteren Koordinatensystem (III) die Beziehung zu den Investitionen I(i) herstellen. Jeder Punkt auf der IS-Funktion entspricht bei einem bestimmten Zinssatz i_1, i_2, i_3 einer bestimmten Investition I_1, I_2, I_3, die wiederum gleich groß derjenigen in (I) ist.

Erhöht sich die **Investitionsneigung**, so verschiebt sich die Investitionsfunktion parallel nach rechts auf I' (i) in (III), weil bei gleichem Zins mehr investiert wird. So steigt beim Zinssatz i_3 die Investition von I_3 auf I_4. Gleichzeitig muß sich die IS-Funktion auf IS' verschieben, weil bei gleichem Zinssatz und gleicher Sparneigung ein höheres, von Y_3 auf Y_4 gestiegenes Volkseinkommen notwendig ist, um das der höheren Investition I_4 entsprechende Sparvolumen S_4 aufbringen zu kön-

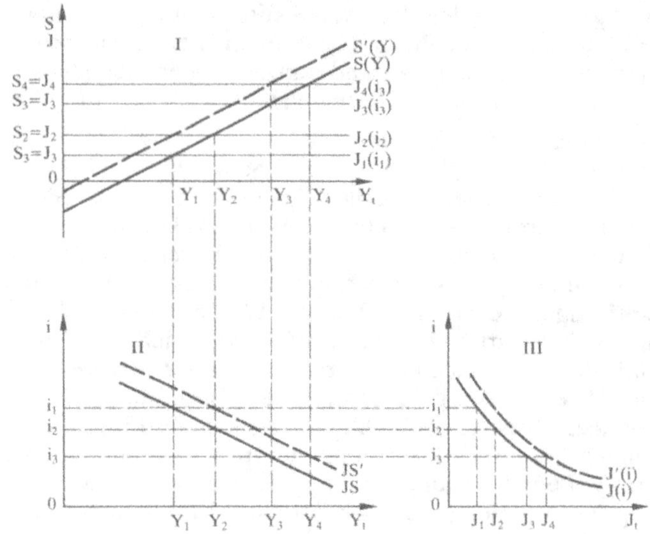

Abb. 59 Ableitung der IS-Funktion aus der Spar- und der Investitionsfunktion

nen. Die gleiche Wirkung ist aber zu erreichen, wenn gleichzeitig mit der Investitionsneigung auch die **Sparneigung** steigt. In diesem Falle bleibt die ursprüngliche IS-Funktion bestehen, aber die Sparfunktion verschiebt sich von S(Y) auf S'(Y) um den (dem Anstieg der Investition von I_3 auf I_4) entsprechenden Betrag nach oben. Dadurch wird ebenfalls die Gleichheit von Sparen und Investieren erhalten ($S_4 = I_4$). Damit ist auch der Zusammenhang zwischen Volkseinkommen und Investitionen aufgezeigt.

Um ein dem Sparaufkommen entsprechendes Investitionsvolumen entstehen zu lassen, ist allerdings ein sehr **niedriger Marktzins** notwendig. Darauf weisen empirische Untersuchungen hin, welche zeigen, daß die Investitionsneigung der Unternehmen mit ihrer Selbstfinanzierungsquote und niedrigen Zinsen für Fremdfinanzierung steigt.

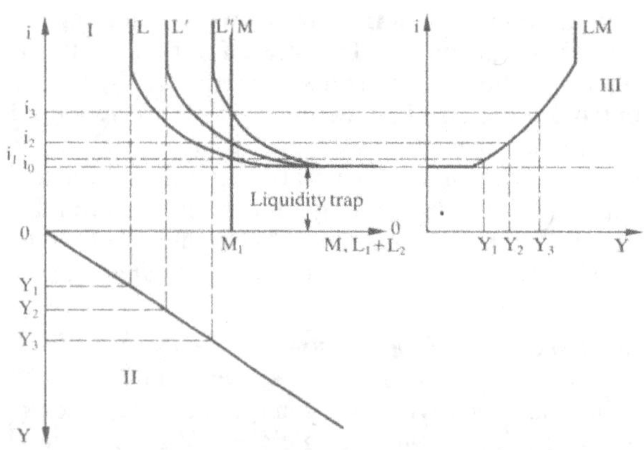

Abb. 60 Ableitung der LM-Funktion aus der Geldangebots- und der Geldnachfragefunktion

Zur Ableitung der **LM-Funktion** wird von der in Abbildung 60 dargestellten Geldnachfragekurve von Keynes und dem als exogen bestimmt angenommenen Geldangebot M ausgegangen, deren Schnittpunkt die Höhe des Marktzinssatzes determiniert. Die **Geldnachfragekurve** setzt sich aus dem nur einkommensabhängigen und daher zinsunelastischen Teil und dem zinsabhängigen Teil zusammen und geht im unteren Bereich in eine horizontale Linie des untersten Zinssatzes i_0 über, die bei unendlich großer Zinselastizität der Geldnachfrage die **Liquiditätsfalle** (liquidity trap) begrenzt. Ist ein bestimmtes Volkseinkommen Y_1 in (II) gegeben, so läßt sich dieses auf den Verlauf der Geldnachfragekuve L in (I) übertragen. Bei einem gegebenen, zinsunabhängigen Geldangebot M_1 kommen die Geldangebotskurve M und die Geldnachfragekurve L beim Zinssatz i_1 zum Schnitt. Wird dieser Zinssatz über die parallele Ordinate in (III) und das entsprechende Volkseinkommen Y_1 auf die Abszisse übertragen, so ist damit ein Punkt der LM-Funktion in (III) bestimmt. Erhöht sich das Volkseinkommen weiter auf Y_2 in (II), so gilt die Geldnachfragekurve L′ in (I), die die Geldangebotskurve M in M_1 beim Zinssatz i_2 schneidet. Wird dieser Zinssatz i_2 und das entsprechende Volkseinkommen Y_2 in (III) übertragen, so ist der nächste Punkt der LM-Funktion bestimmt. Gleiches gilt für das Volkseinkommen Y_3, die Geldnachfragekurve L″ und den Zinssatz i_3. Auf diese Weise läßt sich der Verlauf der gesamten LM-Kurve bestimmen, auf der alle Punkte des Geldmarktgleichgewichtes bei steigendem Volkseinkommen liegen. Eine Rechtsverschiebung der LM-Kurve bedeutet, daß sich bei einem jeweils konstanten Zinssatz das Geldangebot und die Geldnachfrage um den gleichen Betrag erhöht haben und umgekehrt.

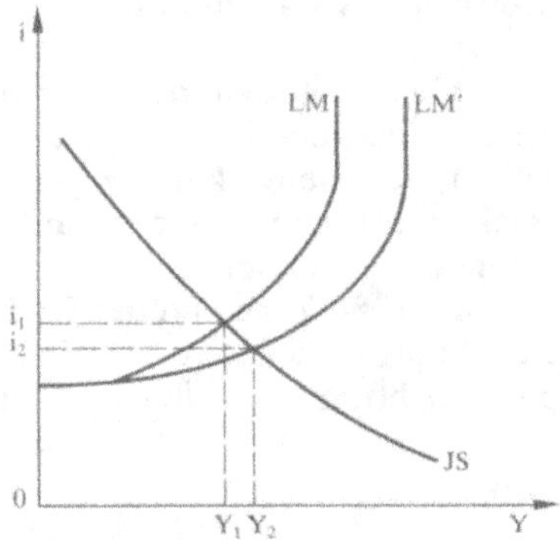

Abb. 61 Das Hicks-Modell gesamtwirtschaftlichen Gleichgewichts

Da sowohl die **IS-Kurve** als auch die **LM-Kurve** die gleichen Koordinaten besitzen, lassen sie sich in einem Koordinatensystem der Abbildung 61 im Hicks-Modell **vereinigen**. Der Schnittpunkt zwischen IS- und LM-Kuve gibt beim Marktzinssatz i_1 und dem Volkseinkommen Y_1 den Zustand gesamtwirtschaftlichen Gleichgewichts wieder. Wird nun ein monetärer Impuls ausgelöst, der eine Zinssenkung bei elastischem Geldangebot oder eine Erhöhung des Geldangebotes mit der Folge einer entsprechenden Zinssenkung induziert und gleichzeitig das Geldmarktgleichgewicht auf der LM-Kurve erhalten bleibt, so verschiebt sich die LM-Kurve nach rechts. Entsprechend schneidet sie die IS-Kurve weiter rechts unten bei einem auf i_2 gesunkenen Zinssatz und einem gleichzeitig auf Y_2 gestiegenen Volkseinkommen. Dies gilt jedoch nur für den **Normalfall** unter den vorgenannten Prämissen. Befindet sich die Volkswirtschaft dagegen im Zustand der **Unterbeschäftigung**, so liegt der Schnittpunkt zwischen IS- und LM-Kurve in deren horizontalem Kurvenast. Ein expansiver monetärer Impuls kann in dieser Situation infolge der „liquidity trap" nur eine Erhöhung des Geldangebots bewirken, die aber **keinen Anstieg des Volkseinkommens** zur Folge hat. Das zusätzliche Geld fließt vielmehr in die passive Kassenhaltung der Wirtschaftssubjekte. Erst wenn sich die **Spar- und Investitionsneigung erhöht** – z.B. durch einen Anstieg der Auslandsnachfrage oder der Staatsausgaben – verschiebt sich die IS-Kurve parallel nach rechts, wodurch sich das **Volkseinkommen** zunächst bei konstantem, später steigendem Marktzins **erhöht**. Befindet sich die Volkswirtschaft hingegen im Zustand der **Überbeschäftigung**, so erfolgt der Schnittpunkt zwischen IS- und LM-Kurve auf deren vertikalem Kurvenast. Ein expansiver monetärer Impuls kann dort allein **inflationär** wirken und das Volkseinkommen real nicht weiter erhöhen.

Keynes betont jedoch mit Nachdruck, daß die Ursachen von Steigerungen des absoluten Preisniveaus nicht allein im monetären Bereich (also in einer Erhöhung der Geldmenge) zu suchen sind, sondern daß über die Produktivitätszuwächse hinausgehende Kostensteigerungen (z.B. durch Lohnerhöhungen) ebenfalls stimulierend auf die Preisentwicklung wirken. Der Wirkungsprozeß bzw. die absolute Wirkung der Geldpolitik erfahren also bei Keynes somit eine weitaus differenziertere Analyse als in der klassischen und neoklassischen Theorie. So wird

1. der Zins als Transmissionsgröße explizit in das Modell einbezogen (anders als in den quantitätstheoretischen Ansätzen des indirekten Wirkungsmechanismus);
2. die absolute Wirkung der Geldpolitik kann sich sowohl in der realen Komponente des Volkseinkommens als auch im Preisniveau ausdrücken;
3. aus einer Veränderung der Geldmenge kann wegen der Möglichkeit der Existenz einer Liquiditätsfalle nicht mehr eindeutig auf eine Veränderung in der Zielgröße Volkseinkommen geschlossen werden;
4. zwischen der Transmissionsgröße Zins und der Zielgröße Volkseinkommen besteht nur dann eine eindeutige – negative – Beziehung, wenn die Zinselastizität der Investitionsgüternachfrage von Null verschieden ist.

(3) **Der Ansatz der Post-Keynesianer:**

Im Zuge der intensiven Beschäftigung mit Keynes' „General Theory" gerieten Probleme der Geldtheorie fast gänzlich in den Hintergrund wissenschaftlichen Interesses. V.a. die unmittelbaren Keynes-Nachfolger haben mit Nachdruck betont – gestützt auf die angeblich schlechten Erfahrungen mit der Geldpolitik in den 30er Jahren – daß der Realeinkommenseffekt auch in einer Unterbeschäftigungssituation nicht mit Sicherheit eintritt. Die Existenz einer Liquiditätsfalle konnte empirisch zwar nicht nachgewiesen werden, doch nahm man jetzt allgemein an, daß die Investitionsgüternachfrage eine verschwindend geringe Zinsabhängigkeit aufweise, sodaß der Nachweis einer Liquiditätsfalle ohnehin überflüssig sei.

Diese pessimistische Haltung ist unter dem Schlagwort **„money does not matter"** vielfach mit der keynesianischen Position schlechthin identifiziert worden. Jedoch zeichnete sich schon zu Beginn der 50er Jahre gegen diese pessimistische

Einstellung eine Bewegung ab, die auch unter der Bezeichnung „**Credit-Availability-Doctrine**“ bekannt geworden ist. Nach dieser Theorie hängt die Investitionsgüternachfrage nicht nur vom Kreditzins oder von den Kreditkosten, sondern auch in erheblichem Maße von den Möglichkeiten zur Kreditaufnahme (z.B. Veränderung in den Bontitätsanforderungen) bzw. von der Kreditverfügbarkeit und damit gesamtwirtschaftlich vom Kreditvolumen selbst ab. Will die Zentralbank somit die gesamtwirtschaftliche Nachfrage beeinflussen, muß sie die Bedingungen verändern, unter denen die Banken Kredite bereitstellen wollen.

Ebenfalls in den 50er Jahren hat sich innerhalb des Keynesianismus eine weitere Denkrichtung herauskristallisiert, die dem Geld nach wie vor – wenn auch aus anderen Gründen als denen der frühen Keynesianer – skeptisch gegenübersteht. Genauer betrachtet, handelt es sich dabei sogar um zwei stark untereinander verwandte Ansätze, die in der Literatur gewöhnlich unter den Bezeichnungen „Radcliffe-View“ und „New-View“ figurieren. Diese beiden Ansätze vertreten die Auffassung, daß in gesamtwirtschaftlicher Betrachtung **nicht** so sehr die **Geldmenge**, sondern mehr das **gesamte Spektrum der Liquidität** die Kaufentscheidungen beeinflußt. In den Modellvorstellungen der Radcliffe- und der New-View-Theoretiker rückt das Geld gegenüber der Liquidität und das Bankensystem gegenüber der Gesamtheit der Financial Intermediaries weitgehend in den Hintergrund. Es kommt ihnen vielmehr darauf an, zwischen dem finanziellen und dem realen Sektor zu unterscheiden, als zwischen dem Bankensystem und dem übrigen Teil der Volkswirschaft (wie es die verschiedenen Versionen der derzeitigen Quantitätstheorie tun würden) oder zwischen liquiden und illiquiden Aktiva (die A. Leijonhufvud als die von Keynes in seiner eigenen Theorie vorgenommene Hauptunterscheidung interpretiert). Ihr zentraler Beitrag ist eine ausführliche Analyse des Wettbewerbes zwischen Banken und übrigen Finanzintermediären. Geldmengenvariationen sind demnach für Einkommen, Beschäftigung und Preisniveau nur noch in dem Maße von Bedeutung, wie sie zugleich das **gesamtwirtschaftliche Liquiditätsvolumen** verändern; bleibe der Liquiditätseffekt hingegen aus, dann wäre auch der Wirtschaftsprozeß von der Geldseite her nicht berührt.

(4) Die Konsequenzen aus den Friedman-Untersuchungen:

Wiederum eine andere Antwort auf die Frage der Geldwirtschaft gibt schließlich M. Friedman, der als Begründer der monetaristischen Schule zu gelten hat. Im Gegensatz zur Lehre der Postkeynesianer fand Friedman in den USA einen sehr engen Zusammenhang zwischen nominalem **Volkseinkommen** und der **Geldmenge**. Auf Grund der zeitlichen Entwicklung beider Größen – das Volkseinkommen folgt der Geldmenge in zeitlichem Abstand – kam er zu dem heute noch umstrittenen Schluß, daß das Volkseinkommen kausal von der Geldmenge abhänge und daß die Geldmenge direkt und dominierend auf das Volkseinkommen und Beschäftigung wirke. So komme der **Geld-** und **nicht** der **Fiskalpolitik** die Aufgabe zu, das Volkseinkommen zu steuern.

Da also nach Friedmans Ansicht und der seiner Anhänger die Geldmenge in entscheidender Weise die Entwicklung des Volkseinkommens bedingt, liegt es nahe, durch eine Kontrolle der Geldmenge das Volkseinkommen kurz- und langfristig in die gewünschte Richtung zu steuern. Eine genauere Betrachtung der Untersuchungen Friedmans zeigt aber, daß zumindest eine kurzfristige Steuerung des Volkseinkommens via Geldmenge – etwa zum Ausgleich konjunktureller Schwankungen – aus folgenden Gründen auf große Schwierigkeiten stößt:

Zum einen wirken sich Veränderungen von M erst nach relativ langer Zeit auf Y aus; und zum anderen bestehen keine konstanten, sondern eher variable Wirkungslags. Aus diesen Beobachtungen folgert Friedman, daß eine quantitativ an der Geldmenge orientierte monetäre Politik auf eine kurzfristige Steuerung von Y verzichten sollte, da sie Gefahr laufe, wegen der unterschiedlich langen Lagdauer prozyklisch zu wirken. Langfristig hingegen erscheint ihm eine Kontrolle von M unerläßlich; er schlägt deshalb vor, M mit einer **konstanten Rate wachsen** zu lassen.

Auch die monetaristischen Ökonomen bilden keine homogene Gruppe, obwohl sie alle den Transmissionsmechanismus der **relativen Preise**, die Hypothese der **Stabilität des privaten Sektors** sowie die annähernde Separierbarkeit von allokativen und alternativen Kräften akzeptieren. Allerdings stellen sie einhellig fest, daß von deutlichen Veränderungen der gesamten Geldversorgung ein dominierender Einfluß auf das Volkseinkommen bzw. auf Output und Preisentwicklung ausgeübt wird.

Vertreter des sog. neuen Monetarismus (R. Lucas) argumentieren hingegen mit der **Theorie der rationalen Erwartungen**. Informationen, so lautet die erste Grundhypothese dieser Theorie, sind knappe Güter und werden daher nicht verschwendet; die zweite Grundhypothese: rationale Marktteilnehmer leiten ihre Erwartungen oder Prognosen über zukünftige Werte einer Variablen aus ihrem theoretischen Verständnis des Verursachungsprozesses dieser Variablen ab (und nicht wie bei der Theorie der **adaptiven Erwartungen** von I. Fisher ausschließlich an der vergangenen Entwicklung dieser Variablen). Wie wirkt nun aber eine Änderung des Geldangebotes bei Annahme rationaler Erwartungen und eines umfassenden Informationsstandes der Marktteilnehmer?

Bilden alle Wirtschaftssubjekte in richtiger Einsicht in alle relevanten wirtschaftlichen Zusammenhänge und unter vollständiger Verwertung aller verfügbaren Informationen ihre Erwartungen, so fallen auch alle zeitlichen Anpassungsprozesse weg. Das Preisniveau steigt sofort auf das dem neuen Geldangebot entsprechende Niveau, die nominellen Zinssätze passen sich sofort dieser Inflationsrate an, die realen Zinssätze bleiben daher gleich und somit hat die Inflation keinerlei Wirkungen auf die Einkommensverteilung und auch nicht auf Produktion und Beschäftigung. Die Wirtschaftssubjekte erkennen nämlich, welchen Effekt eine Geldmengenänderung hervorrufen müßte und disponieren gleich so, als ob diese Effekte bereits eingetreten wären – wodurch diese auch sofort eintreten. Alle **Versuche** der **Geldpolitik, reale Wirkung** zu erzielen, werden dadurch allerdings **unwirksam**. Geld ist nicht nur langfristig (wie bei den „alten“ Monetaristen), sondern auch kurzfristig neutral. Jedoch gibt es einen wichtigen Einwand: Das Beschaffen und Verarbeiten von Informationen zu Erfahrungswerten verursacht Kosten. Rationale Marktteilnehmer werden daher stets die Grenzkosten der Information gegen bewerteten Grenzertrag, der durch eine wahrscheinliche Verringerung durchschnittlicher Erwartungsfehler erreicht werden kann, abwägen. Ihr Informationsstand wird sich zwar in Lernprozessen verändern, aber er wird immer begrenzt sein. Durch diese in der Realität bestehenden **Informationsmängel** treten dann doch gewisse realwirtschaftliche Auswirkungen durch eine Geldmengenerhöhung auf (in weit geringerem Umfang allerdings).

Zwischenziele der Geldpolitik

Welchen Einfluß man dem Geld auch immer auf die sogenannten Endziele der Wirtschaftspolitik (z.B. Erhaltung der Vollbeschäftigung, Geldwertstabilität, längerfristiges Zahlungsbilanzgleichgewicht, angemessenes Wirtschaftswachstum oder eine Kombination solcher Ziele) zubilligt, so besteht doch allgemeiner Konsens darüber, daß mit der Geldpolitik der Wirtschaftsablauf nicht **direkt** gesteuert werden kann. Vielmehr führen monetäre Impulse nur indirekt und zeitlich verzögert über ein Geflecht von Impulswegen zu gesamtwirtschaftlichen Wirkungen, wobei die Länge der zeitlichen Verzögerungen wiederum variabel ist und von der Eingriffsintensität und Richtung, sowie von der relativen Stärke anderer, von der Geldpolitik nicht kontrollierbarer Kräfte abhängt.

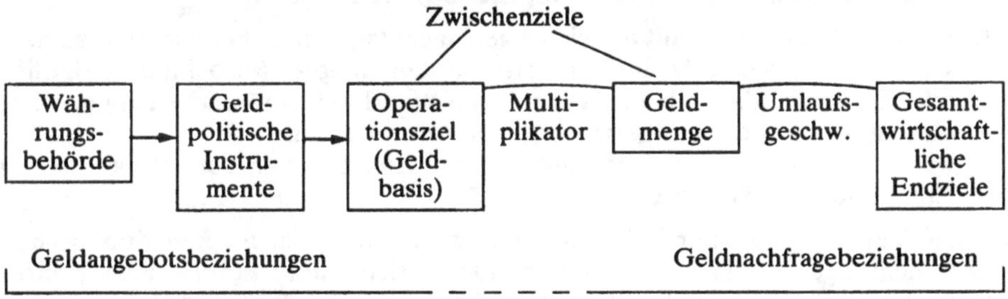

Abb. 62 Wirkungsablauf in der Geldpolitik

Die Durchführung einer optimalen Geldpolitik wird also v.a. dadurch behindert, daß die Entscheidungsträger mit dem **Problem** der **Ungewißheit** konfrontiert sind. Diese ist zunächst auf eine zwar nicht vollständige, aber doch weitgehende Unkenntnis der Struktur des zu steuernden ökonomischen Systems zurückzuführen. Solange den geldpolitisch Handelnden jedoch Teile der Struktur unbekannt sind, können sie bestimmte Wirkungen ihrer Maßnahmen auf die Endzielvariablen nur mit gewissen Wahrscheinlichkeiten erwarten, d.h. sie treffen Entscheidungen bei Risiko. Neben dieser teilweisen Unkenntnis der Struktur des ökonomischen Systems resultiert das Problem der Ungewißheit weiter daraus, daß zusätzlich zu den durch geldpolitische Maßnahmen ausgelösten Veränderungsimpulsen weitere exogene Variable auf das ökonomische System einwirken und die Effekte der geldpolitischen Maßnahmen verstärken oder kompensieren. Da das zeitliche Auftreten und die Intensität derartiger Einflußfaktoren unbekannt sind, wird dadurch die Unsicherheit der geldpolitischen Instanzen in Bezug auf die Gesamtwirkung ihrer Maßnahmen auf die Zielvariablen noch verstärkt.

Für eine rationale Gestaltung der Geldpolitik kommt es deshalb darauf an, solche Steuerungskonzepte anzuwenden, die den notwendig begrenzten Informationsstand möglichst vollständig nutzen. Die **zweitbeste Näherungslösung** der Praxis liegt nun darin, die geldpolitischen Eingriffe nicht auf die gesamtwirtschaftlichen Zielgrößen auszurichten, sondern auf stellvertretende Zielvariablen, über deren Verhalten mehr und bessere Informationen verfügbar sind und die am relativ besten mit den gesamtwirtschaftlichen Endzielen korreliert sind. An solche **Zwischenzielvariablen** sind v.a. drei Anforderungen zu stellen:

1. Sie müssen schneller – d.h. mit geringerem lag – auf Veränderungen der Instrumentenvariablen reagieren als die gesamtwirthaftlichen Zielvariablen;
2. sie müssen in einer wenigstens richtungsmäßig bekannten Wirkungsbeziehung zu den Instrumentenvariablen der Geldpolitik stehen;
3. sie müssen in einem unmittelbaren Wirkungszusammenhang zu den gesamtwirtschaftlichen Zielvariablen stehen.

Die Wahl einer bestimmten Zwischenzielvariablen reicht jedoch allein für eine angemessene Lösung der Entscheidungsprobleme nicht aus. Man benötigt zusätzlich einen Maßstab, der es erlaubt, die Wirkungen geldpolitischer Eingriffe auf die Zwischenzielvariablen – und damit auf die gesamtwirtschaftliche Zielvariable – abzuschätzen, also einen geldpolitischen Indikator. Damit eine Variable als **Indikator** geeignet ist, muß sie folgenden Kriterien genügen:

1. Sie muß schnell, d.h. mit möglichst geringem lag präzise beobachtbar sein;
2. sie muß durch Veränderung der Instrumentenvariablen (also durch geldpolitische Eingriffe) direkt beeinflußt werden und durch zusätzliche exogene Impulse gar nicht oder nur geringfügig verändert werden;
3. sie muß in einer engen Beziehung zu den Zielvariablen der geldpolitischen Entscheidungsträger stehen.

Die Verwendung einer Indikatorvariablen verringert also bei geldpolitischen Entscheidungen die insgesamt bestehende Unsicherheit insofern, als mit ihrer Hilfe die Wirkungen geldpolitischer Maßnahmen von den Effekten zusätzlich auftretender exogener Impulse auf die Zielvariablen isoliert werden können. Voraussetzung ist allerdings eine **ausreichende Kenntnis** der Wirkungsbeziehungen zwischen Indikator und Zielvariablen. Vollständige Kenntnis ist ja wegen des insgesamt unbekannten Strukturzusammenhanges, in dem die Variablen stehen, nicht verfügbar, sodaß ein absolut „wahrer" oder richtiger Indikator nicht gefunden werden kann. Liegt der Entscheidung über die Eignung einer Variablen als Indikator jedoch eine Strukturhypothese zugrunde, die als relativ gesichert gilt, so ist eine optimale Näherungslösung des Indikatorproblems erfolgt.

Am relativ besten als Zwischenziel bzw. als Indikator zu fungieren eignet sich nach Ansicht vieler (monetaristischer) Autoren die „enger abgegrenzte Geldmenge" als Zwischenzielvariable und die sog. „erweiterte Geldbasis" als Indikatorvariable (wobei unter der **enger abgegrenzten Geldmenge** der Bargeldumlauf ohne Kassabestände der Kreditunternehmungen zuzüglich den Sichteinlagen bei den Kreditinstituten ohne Zwischenbankeinlagen und ohne Einlagen bei der Notenbank und unter der **erweiterten Geldbasis** die um den Effekt von Mindestreservesatzänderungen bereinigte Zentralbankgeldmenge zu verstehen ist). Diese beiden Variablen können auch von Keynesianern als vertretbare Lösung des Zwischenziel- und Indikatorproblems angesehen werden – auch wenn für sie der Zins und die Liquidität im Vordergrund stehen – und zwar im Sinne einer second-best-Lösung, solange die wahre Struktur des zu steuernden Systems nicht bekannt ist. Eine für Keynesianer und Monetaristen gleichermaßen befriedigende Lösung ist ja auf Grund der jeweiligen kontroversen Ausgangshypothese ausgeschlossen.

Auch die **geldpolitische Praxis** bedient sich in letzter Zeit immer stärker dieser wie oben definierten Zwischenziel- und Indikatorvariablen. Während bis in die 60er Jahre in fast allen Industrieländern die keynesianische Position die Zinssätze und die freien Liquiditätsreserven des Bankensystems als Zwischenziel- und Indi-

	Geldmengen- bzw. Kreditaggregat[1]	Zielvorgabe[2] für			Geldmengen- bzw. Kreditwachstum				
					Zielperiode[4]		Veränderung gegen Vorjahr (basierend auf Quartalsdurchschnitten) 1. Quartal		
		1983[3]	1984[3]	1985[3]	1983	1984	1983	1984	1985
		Prozent[5]							
USA	M_1	5-9	4-8	4-7	8,5	5,2	9,4	9,0	6,3
	M_2	7-10	6-9	6-9	8,5	7,7	12,1	8,7	9,0
	M_3	6,5-9,5	6-9	6-9,5	10,0	10,5	10,2	9,5	10,8
	GVINS	8,5-11,5	8-11	9-12	10,8	13,4	9,3	11,8	13,4[6]
Japan	M_2 + CDs	7	8	8	6,8	7,9	6,7	7,8	7,9
Deutschland	ZBG	4-7	4-6	3-5	7,0	4,6	7,1	5,5	4,9
Frankreich ...	M_2R	9	5,5-6,5	4-6	9,9	7,0[7]	10,5	8,9	7,1[6]
Großbritannien	M_0	–	4-8	3-7	–	5,7	3,9	5,8	5,4
	M_1	7-11	–	–	14,1	–	12,1	11,9	14,4
	£M_3	7-11	6-10	5-9	10,0	11,9	9,5	10,3	9,9
	PSL_2	7-11	–	–	12,6	–	9,5	12,2	15,1
Italien	GIK	18	17,4	16,2	20,6	20,0	20,3	21,3	20,2[6]
	M_2	–	–	10	–	–	16,7	12,9	11,8[6]
Schweiz	NBGB	3	3	3	3,6	2,5	7,6	1,1	2,4

[1] GVINS = gesamte Verschuldung der inländischen nichtfinanziellen Sektoren; ZBG = Zentralbankgeldmenge; M_2R = M_2-Akitva Gebietsansässiger; M_0 = weit abgegrenzte monetäre Basis; PSL_2 = Liquidität des privaten Sektors: GIK = gesamte inländische Kreditgewährung; NBGB = bereinigte Notenbankgeldmenge. [2] Japan: Projektionen. [3] USA (außer für M_1 und M_2 im Jahre 1983). Japan (1983/84) und Deutschland: viertes Quartal gegen viertes Quartal des Vorjahres; Italien: Dezember gegen Dezember des Vorjahres; Frankreich und Großbritannien: die Zielperioden basieren auf den Durchschnitten November-Januar bzw. Februar-April des folgenden Jahres; Schweiz: Jahresdurchschnitte; USA: die für M_1 und M_2 für 1983 angegebenen Zielvorgaben wurden im Juli 1983 für die Zeiträume Februar-März (M_2) und zweites Quartal bis viertes Quartal (M_1) festgelegt; im Februar 1984 wurde die Definition von M_3 dahingehend geändert, daß nunmehr auch Eurodollartermineinlagen von in den USA Ansässigen eingeschlossen sind; Japan: für 1985 wird die Projektion vom zweiten Quartal zum folgenden zweiten Quartal angegeben; Frankreich: die Zielvorgabe für 1983 bezog sich auf M_2, das auch die M_2-Aktiva von Gebietsfremden enthielt; Großbritannien: für 1984/85 wurde die Definition von Sterling-M_3 geändert und schließt jetzt die Einlagen des öffentlichen Sektors nicht mehr ein. [4] Gleiche Berechnung wie bei den Zielvorgaben. [5] Jahresraten. [6] Viertes Quartal 1984. [7] Vorläufig.

Quelle: BIZ Jahresbericht 1985, S. 73

Abb. 63 Geldmengen- und Kreditaggregate: Zielvorgaben und Zuwachsraten

katorvariable betonte, gewann in den letzten Jahren – ausgehend von den USA – die monetaristische Position und damit die Geldmengen- und Geldbasiskonzepte immer mehr an Boden. So ging z.B. die Deutsche Bundesbank im Frühjahr 1973 zu einem neuen geldpolitischen Kurs über, in dessen Mittelpunkt die Zentralbankgeldmenge steht. Die angestrebte Zunahme (bzw. Bandbreite der Zunahme) der Zentralbankgeldmenge wird Jahr für Jahr im voraus bestimmt und bekanntgegeben, wobei man sich dabei an der mittelfristigen Entwicklung der Wirtschaft orientiert. Ebenso werden in der Schweiz seit 1975 jährliche Zielvorstellungen für das monetäre Wachstum offiziell bekanntgegeben.

Etwas später als die Schweizerische Nationalbank gab der Federal Reserve Board der USA ein monetäres Wachstumsziel bekannt. Zu den ersten Ländern, die Zielgrößen für die Geldmenge übernahmen, gehörten jedoch auch Italien, Spanien und Canada, danach wurden sie von Frankreich und Großbritannien eingeführt, ursprünglich im Rahmen umfassender Stabilisierungsprogramme. Einige dieser Länder versuchten, sich einen größeren Aktionsspielraum dadurch zu verschaffen, daß sie Bandbreiten anstatt spezifischer Zielgrößen für das monetäre Wachstum festlegten.

VI. Verteilungstheorie

6.A. Problemstellung

Die **Verteilungstheorie** stellte eine Brücke dar zwischen gemeinsamer Produktion und individuellem Konsum. Ziel verteilungstheoretischer Hypothesen ist zu erklären, welche Einflußfaktoren im Rahmen von Einkommensverteilungsprozessen wirksam werden bzw. wovon die faktische (ex post) Verteilung der Einkommen abhängt. Die Ergebnisse differieren nicht unbeträchtlich und hängen vor allem von der Wahl der Verteilungskriterien (real-nominell, funktionell, personell, sektoriell) ab.

Von den zahlreichen einseitigen und wechselseitigen Wirkungen, die vom Bereich der Verteilungstheorie ausgehen bzw. hier einmünden, sollen folgende drei **Wechselwirkungen** (Rückkoppelungen) herausgegriffen werden:

1. Zwischen der Produktion von Gütern und Dienstleistungen und der Einkommensverteilung besteht eine Wechselwirkung: einerseits beeinflussen das Produktionsniveau und die Produktionsweise die Einkommensverteilung, andererseits bestimmt aber auch die Einkommensverteilung über die Einkommensverwendung wieder die Produktionsstruktur und das Produktionsniveau.
2. Eine bestimmte Einkommensverteilung führt durch die Art der Einkommensverwendung zu einer bestimmten Vermögensverteilung, die ihrerseits wieder zu einer bestimmten Einkommensverteilung führt.
3. Eine bestimmte Einkommensverteilung bewirkt durch die Art der Einkommensverwendung zyklische Schwankungen bestimmter ökonomischer Zeitreihen, die zyklischen Schwankungen dieser Zeitreihen beeinflussen wieder Niveau und Struktur der Einkommensverteilung.

6.B. Grundbegriffe

Dem analytischen Ansatz der Verteilungstheorie folgend, müssen sämtliche Produktionsfaktoren für ihre Mitwirkung im Rahmen von Produktionsprozessen durch Entgelte entschädigt werden. Man bezeichnet diese Entgelte als **Faktoreinkommen, Leistungseinkommen** oder **originäre Einkommen**.

Diese stellen einen echten Zuwachs an ökonomischer Verfügungsmacht über Geld und/oder Güter dar und bilden das Bindeglied zwischen (mehr oder minder) gemeinsamer Produktion und individuellem Konsum. Unter Zugrundelegung von vier Produktionsfaktoren ergäbe sich daher unter funktionellen (kategorialen) Gesichtspunkten folgendes Schema:

Produktionsfaktoren	Faktoreinkommensarten
Arbeit	Löhne, Gehälter
Sachkapital	Zinsen, Dividenden, Gewinne etc.
Wissen	Honorare, Einkommen aus Lizenzen, Patenten etc.
Boden	Einkünfte aus Vermietung und Verpachtung.

Aggregiert man sämtliche Faktor- oder Leistungseinkommen, so erhält man das Nettosozialprodukt zu Faktorkosten (Volkseinkommen). Die sogenannten **abgeleiteten Einkommen** oder **Transfereinkommen** oder **Übertragungseinkommen** zählen daher nicht zum Volkseinkommen, da sie kein Leistungsentgelt für die Mitwirkung im Rahmen von Produktionsprozessen der laufenden Periode (meist ein Jahr) darstellen.

Folgende **Übertragungseinkommen** sind zu unterscheiden:

(1) Übertragungen des Staates an Haushalte (z.B. Renten, Pensionen etc.);
(2) Übertragungen von Schadensversicherungen an Haushalte und Unternehmen;
(3) Übertragungen von Haushalten an Haushalte;
(4) Übertragungen an das Ausland bzw. aus dem Ausland.

Bei sämtlichen Übertragungen ist zwischen laufenden Übertragungen und Vermögensübertragungen zu unterscheiden. Eine Übertragung kann entweder für den Geber, für den Empfänger oder für beide eine einmalige oder eine laufende Transaktion darstellen.

Die Verteilung der Faktoreinkommen, so wie sie sich durch marktmäßige und außermarktmäßige Entscheidung ex post ergibt bezeichnet man als **Primärverteilung**. Sie wird durch staatliche Maßnahmen modifiziert. Unter **Sekundärverteilung** versteht man jene Einkommensverteilung, die sich unter Berücksichtigung von staatlichen Umverteilungsmaßnahmen ergibt. Je nachdem, ob die Einkommensverteilung zwischen den verschiedenen sozialen Gruppen oder zwischen Personen bzw. Haushalten mit unterschiedlich hohem Einkommen erfolgt, spricht man von **horizontalen** bzw. **vertikalen Umverteilungsmaßnahmen**.

Die Sekundärverteilung schlägt sich in einer Veränderung des tatsächlichen verfügbaren Einkommens – der Kaufkraft – der verschiedenen sozio-ökonomischen Gruppen nieder.

Unter **Einkommensverteilung** kann man, auf eine bestimmte Periode bezogen, den Prozeß der Entstehung von Einkommen oder, auf einen bestimmten Zeitpunkt bezogen, die faktische Verteilung der Einkommen auf bestimmte sozioökonomische Gruppen verstehen. Die faktische Einkommensverteilung ist das (fiktive) Zwischenergebnis von permanenten Einkommensverteilungs- bzw. Umverteilungsprozessen. Als **Realverteilung** bezeichnet man die Verteilung des in physischen Einheiten gemessenen Produktionsergebnisses. **Nominalverteilung** ist jede Verteilung der aus Produktionsprozessen stammenden Ansprüche.

Unter **Erwerbspersonen** versteht man sämtliche Personen, die ihren Wohnsitz im Inland haben und eine auf Erwerb gerichtete Tätigkeit ausüben können. Man kann sämtliche Erwerbspersonen unterteilen in **Erwerbstätige** (in einen bestimmten Zeitpunkt beschäftigte Erwerbspersonen) und **Arbeitslose** (in einen bestimmten Zeitpunkt bei den Arbeitsämtern gemeldete nicht Erwerbstätige).

Die Erwerbstätigen sind wieder in **abhängige Erwerbstätige** („Unselbständige") und **unabhängige Erwerbstätige** („Selbständige") einzuteilen: Unselbständig ist, wer Arbeitsleistungen nicht für eigene Rechnung erbringt, im Gegensatz zu den selbständigen Arbeitsleistungen etwa der Handwerker, Bauern, freiberuflich Tätigen. Diese Unterscheidung zwischen Unselbständigen und Selbständigen läuft praktisch hinaus auf die Unterscheidung „**Kontrakteinkommen**" und „**Residualeinkommen**".

Die Messung von Angebot und Nachfrage auf bestimmten Arbeitsmärkten erfolgt mit Hilfe der **Arbeitslosenquote** sowie der Zahl der offenen Stellen (= Zahl der bei den jeweiligen Arbeitsämtern gemeldeten unbesetzten Arbeitsplätze).

Die Arbeitslosigkeit kann auf zwei Arten **gemessen** werden:

a) Anteil der Arbeitslosen an den abhängig tätigen Erwerbstätigen oder
b) Verhältnis der Arbeitslosen zum Arbeitskräfteangebot in %, wobei das Arbeitskräfteangebot sämtliche sozialversicherte Beschäftigten und vorgemerkte Arbeitssuchende umfaßt.

Folgende Arten der Arbeitslosigkeit sind zu unterscheiden:

1. **friktionelle Arbeitslosigkeit**: Arbeitslosigkeit, die bei Arbeitsplatzwechsel entsteht und zwar zwischen dem Verlassen des alten Arbeitsplatzes und dem Antritt einer neuen Stelle in der gleichen Branche;
2. **konjunkturelle Arbeitslosigkeit**: Arbeitslosigkeit, „die durch Nachfragerückgang" ausgelöst wurde;
3. **versteckte Arbeitslosigkeit**: Arbeitslosigkeit, die entsteht, indem Arbeitskräfte aus dem Arbeitsprozeß ausscheiden ohne sich arbeitslos zu melden bzw. Arbeitskräfte, die ohne Vollauslastung tätig sind;
4. **strukturelle Arbeitslosigkeit**: Angebotslücken in bestimmten Sektoren stehen Nachfragelücken in anderen Sektoren gegenüber. Der Transfer von Arbeitskräften zwischen den einzelnen Arbeitsplätzen wird durch folgende Faktoren erschwert:
   a) unvollkommene Information;
   b) mangelnde Bereitschaft zum Wechseln der Branche in der gearbeitet wird;
   c) geringe regionale Mobilität der Arbeitskräfte;
   d) unzureichende Qualifikation, die ein Hinüberwechseln in ähnliche Tätigkeiten begünstigen würde (z.B. ausbildungsbedingte Arbeitslosigkeit).

Unter **Lohndrift** versteht man die Abweichung der Veränderungen der Effektivlöhne (Ist-Löhne) von denen der Tariflöhne. Sie kann periodenbezogen berechnet werden als Differenz der Zuwachsraten von Tarif- und Effektivlohnsätzen (dynamisches Konzept). Man spricht dann von der **Ratenspanne**. Bezieht man die Differenz zwischen Effektiv- und Tariflohn (in absoluten Zahlen oder in %) auf einen Zeitpunkt, dann spricht man von **Niveauspanne** oder von **Überzahlung** (statisches Konzept). Die Niveauspanne ist gewissermaßen das Endergebnis der über die Zeit aggregierten Ratenspannen. Im Gegensatz zur Niveauspanne kann die Ratenspanne auch negativ werden.

Die **Bruttolohndrift** (oder „unechte Lohndrift") umfaßt alle Veränderungen der Effektivlöhne, die im wesentlichen tarifvertraglich, überbetrieblich bzw. durch gesamtwirtschaftliche Strukturwandlungen (z.B. durch Wanderungseffekte) ausgelöst wurden.

Sie muß durch eine Reihe von Komponenten bereinigt werden, um zur **Nettolohndrift** (echte Lohndrift) zu gelangen (z.B. Überstundenhäufigkeit oder überproportionale Änderung tariflicher Nebenleistungen).

Zur Ermittlung der Einkommensverteilung können funktionelle, personelle und sektorielle Kriterien herangezogen werden.

(1) Bei der **funktionellen Einkommensverteilung** versucht man, die anfallenden Einkommen jenen Produktionsfaktoren (Arbeit, Kapital, Wissen, Boden) zuzu-

ordnen, die im wesentlichen zur Entstehung der betreffenden Einkommen beigetragen haben. Der Anteil des Volkseinkommens, der auf den Faktor Arbeit entfällt, wird als **Lohnquote**, der des Produktionsfaktors Kapital (inklusive Boden und Wissen) als **Profitquote** bezeichnet.

Der funktionelle Ansatz weist jedoch eine Reihe von Nachteilen auf, und zwar insbesondere:

- Die schwierige statistische Erfassung. Deshalb wird von einer funktionellen Einkommensverteilung auch noch dann gesprochen, wenn die Verteilung auf Arbeitnehmer- und Unternehmerhaushalte gemeint ist, obwohl Arbeitnehmerhaushalte Kapital besitzen und Unternehmerhaushalte Arbeitsleistungen erbringen. Nach A. Stobbe sind zwei Arten dieser sog. **Querverteilung** zu unterscheiden. Querverteilung I liegt vor, wenn eine Person unselbständig beschäftigt ist und neben den Einkünften aus unselbständiger Tätigkeit auch Einkommen aus Real- oder Geldvermögen bezieht (z.B. Einkünfte aus Vermietung und Verpachtung, Zinsen aus Sparguthaben oder festverzinslichen Wertpapieren, Tantiemen, Gewinnbeteiligungen etc.). So sind etwa die leitenden Angestellten infolge der Höhe ihrer Einkommen und durch Gewinnbeteiligungen dieser Querverteilung zuzuordnen, doch beziehen auch nicht zur Spitzengruppe der Gehaltsempfänger zählende unselbständig Beschäftigte in immer stärkerem Ausmaß infolge der verschiedenen Vermögensbildungsinitiativen mehrere Einkommensarten und gehören daher ebenfalls in diese Gruppe. Querverteilung II liegt vor, wenn der Besitzer eines Unternehmens gleichzeitig in diesem Unternehmen mitarbeitet.
- Die funktionelle Einkommensverteilung gibt keine Auskunft über die Verteilung der Einkommen auf bestimmte Personen bzw. Personengruppen, da hier völlig offen bleibt, über welches Gesamteinkommen eine Person verfügt.

(2) Als **Personelle Einkommensverteilung** bezeichnet man die Aufteilung des Volkseinkommens auf Personen und Personengruppen (Haushalte). Dieses Kriterium ist aus zwei Gründen besser geeignet als das funktionelle Kriterium:

(1) Es wird nicht mehr nach Quellen unterschieden, aus denen das Einkommen stammt. Im Vordergrund steht die Frage nach der Höhe der Kaufkraft.
(2) Es wird meist nicht von der Primärverteilung, sondern von der Sekundärverteilung ausgegangen.

Im Zentrum der personellen Einkommensverteilung steht die Ermittlung der **Einkommensschichtung**, d.h. es wird ermittelt, wie groß die Zahl der Einkommensempfänger ist, die jeweils in eine bestimmte Einkommensklasse (Schichte) fallen. Die Einkommensschichtung hängt ab von der Verteilung und Höhe der Faktorbestände (Arbeits- und Kapitalstock), von Faktorpreisänderungen sowie dem Faktor Transfer durch staatliche Umverteilungsmaßnahmen.

Graphisch läßt sich die Einkommensschichtung entweder durch **Einkommenspyramiden** oder durch Lorenzkurven darstellen.

Aus **Lorenzkurven** kann direkt abgelesen werden, welcher Teil des Volkseinkommens auf einen bestimmten Teil der Einkommensbezieher entfällt. Die Einkommensverteilung ist umso gleichmäßiger, je geringer der Grad der Abweichung der einzelnen personellen Einkommen vom durchschnittlichen Einkommen (Volkseinkommen dividiert durch Zahl der Einkommensempfänger) ist. Mit anderen Worten: die Einkommensverteilung ist umso ungleichmäßiger, je

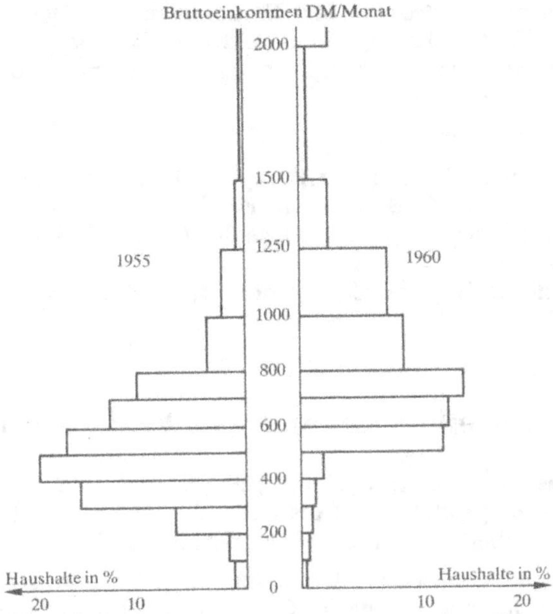

Abb. 64 Einkommenspyramide

größer die Abweichung der tatsächlichen Einkommensverteilungskurve von der **Gleichverteilungskurve** (45 Grad-Achse) ist.

Vergleicht man zwei Einkommensverteilungen, sagen wir A und B, so ist die Einkommensverteilung A im Vergleich zur Einkommensverteilung B eindeutig gleichmäßiger, da sie näher an der 45 Grad-Achse liegt.

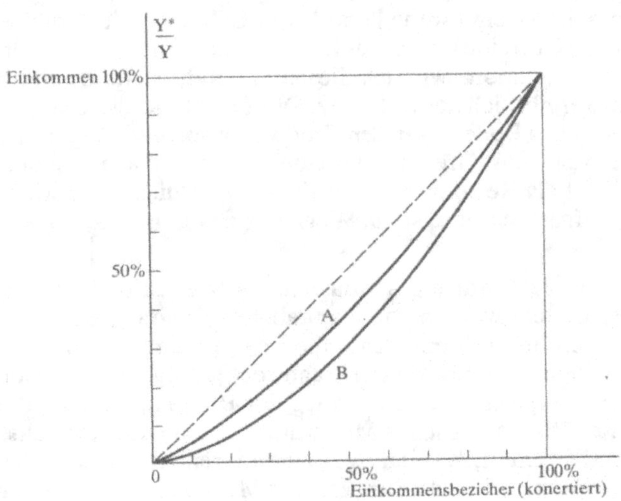

Abb. 65 Lorenzkurven

(3) Unter **sektorieller (struktureller) Einkommensverteilung** versteht man die Aufteilung des Volkseinkommens auf Sektoren. Welche Sektoren und Unterscheidungen gebildet werden, hängt von der Zielsetzung ab, die mit der betreffenden Analyse verfolgt wird.

Als Klassifikationskriterien kommen in Frage:

(1) Wertschöpfung der Sektoren (z.B. Agrarsektor, industrieller Sektor);
(2) Regionale Kriterien (z.B. städtische und ländliche Haushalte);
(3) Kreislaufkriterien (z.B. private Haushalte, öffentliche Haushalte, Unternehmen);
(4) Art der Güter (z.B. primärer, sekundärer, tertiärer Sektor).

6.C. Verteilungstheoretische Erklärungsmuster

6.C.1. Die **klassische Verteilungslehre** (D. Ricardo) unterscheidet drei soziale Klassen. Das Sozialprodukt fließt als Rente an die Landbesitzer, als Lohneinkommen an die Arbeiter und als Profit an die Kapitalgeber.

Für den Boden gilt: Je besser der Boden, desto höhe die **Rente**. D.h. für die Böden besserer Qualität als jene des Grenzbodens (Boden minderster Qualität, dessen Bebauung zur Ernährung der Bevölkerung noch notwendig ist) verbleibt nach Abzug der Kosten ein Überschuß, der den Bodeneigentümern als Differenzialrente zufließt.

Der **Lohn** spielt sich entsprechend dem Bevölkerungsgesetz von Th. R. Malthus langfristig auf das Existenzminimum ein. Liegt der tatsächliche Lohn über diesem natürlichen Lohn, kommt es im Wege einer geringeren Kindersterblichkeit und einer Steigerung der Geburtenrate zu einer Erhöhung des Arbeitsangebotes. Die verstärkte Konkurrenz am Arbeitsmarkt drückt dann den Lohn wiederum auf dessen natürliche Höhe.

Das Kapital ist als ein für die Periode der Bebauung des Bodens vorgegebener Güterbestand (Getreide) zu verstehen, der der Entlohnung der Arbeitskräfte dient. Aus der Relation zwischen diesen realen Lohnfonds und der Anzahl der Arbeitskräfte ergibt sich der Lohnsatz. Der Lohnfonds wird von den Kapitalisten – den Pächtern des Bodens – in den Produktionsprozeß eingebracht. Als Gegenwert erhalten sie das Grenzprodukt der Arbeit. Nach Wiederauffüllung des Lohnfonds fällt als Residuum der Profit an. Aus diesem **Profit** kann der Lohnfonds auch aufgestockt und so im Wege der Ersparnisbildung akkumuliert werden.

Solange nun die Profitrate auf das eingesetzte Kapital ein bestimmtes Minimum überschreitet, werden die Kapitalisten Kapital akkumulieren. Es steigt langfristig der Lohnfonds und damit die Bevölkerung. Bei wachsender Bevölkerung werden zunehmend Böden schlechterer Qualität bebaut – der Getreidepreis und die Renten steigen. Dieser Anstieg der Renten geht zu Lasten der Profite; die **Profitrate fällt** bis auf jenes Minimum, bei dem die Kapitalisten es als nicht mehr lohnend ansehen, Kapital zu akkumulieren (das Gesetz des tendenziellen Falles der Profitrate tritt also nicht erst bei Marx auf). Das Wachstum des Sozialprodukts und der Bevölkerung schwindet, die Wirtschaft stagniert.

6.C.2. K. Marx reduziert die klassische Dreiteilung der sozialen Klassen und Produktionsfaktoren auf zwei, indem er die Grundeigentümer mit den Kapitalbesitzern zu der Klasse der Kapitalisten zusammenfaßt. Deren Einkommen ist der Profit. Mit dem Ausscheiden der Landbesitzer aus dem Verteilungsansatz existiert auch keine Differenzialrente mehr. Grundlage aller Wertschöpfung und wirtschaftlichen Entwicklung ist die Arbeit. Der gesamtwirtschaftliche Überschuß wird nunmehr allein durch den Profit absorbiert.

Das am Anfang der Produktionsperiode eingesetzte mehrwertschöpfende Gesamtkapital K teilt sich auf in das konstante Kapital c, das für Rohstoffe und Arbeitsmittel eingesetzt wird, und das variable Kapital v mit dem die Arbeitskraft gekauft und entlohnt wird: $K = c + v$. Am Ende der Produktionsperiode ergibt sich dann das um den **Mehrwert** m erweiterte Kapital $K = c + v + m$. Diesen Mehrwert eignet sich der Kapitalist an. Er verbraucht ihn allerdings nicht, weil die Konkurrenz jeden Kapitalisten zur Kapitalakkumulation zwingt, um durch Realisierung technischen Fortschritts konkurrenzfähig zu bleiben. Dieser technische Fortschritt zeichnet sich nun gerade dadurch aus, daß relativ mehr konstantes als variables Kapital eingesetzt wird. Daraus folgt ein **Sinken** der **Profitrate** und – wenn diese so niedrig geworden ist, daß eine Kapitalakkumulation unterbleibt – der Zusammenbruch des kapitalistischen Systems. (Bei einer parallelen Entwicklung von Arbeitsintensität und Reallöhnen, wie sie langfristig zu beobachten ist, fällt jedoch die Profitrate bei konstanter Mehrwertrate nicht, sie bleibt vielmehr konstant.)

6.C.3. Die **Grenzproduktivitätstheorie (mikroökonomischer Ansatz)** versucht die Einkommensverteilung aus dem Produktionsprozeß abzuleiten. Die Annahme eines bestimmten unternehmerischen Verhaltens, nämlich das der Gewinnmaximierung, führt unter der Voraussetzung der vollständigen Konkurrenz zu der Gewinnmaximierungsbedingung, daß der Preis der eingesetzten Faktoren gleich ihrem Grenzprodukt (Grenzerlös) sein soll. Unter dieser Bedingung kann dann auch die eingesetzte Faktormenge ermittelt werden. Aus Faktorpreis und Faktormenge ergibt sich dann die Verteilung. Rückkoppelungen werden außer Acht gelassen und daneben gibt es noch eine große Zahl implizierter und expliziter Prämissen und Einschränkungen wie beispielsweise: stabil bleibende Bevölkerungszahl, konstant bleibender Kapitalstock, unveränderter Stand der Technik, vollständiger Wettbewerb, Kenntnis der zusätzlichen Produktivität der zusätzlichen Arbeitskraft und ähnliches.

In der **makroökonomischen Grenzproduktivitätstheorie** werden die neoklassischen Prinzipien der Preisbildung bei vollständiger Konkurrenz auf die Gesamtwirtschaft übertragen (siehe auch Seite 166ff., neoklassische Wachstumstheorie). Dabei tauschen sich gegenüber der mikroökonomischen Analyse endogene und erklärende Variable gegenseitig aus. Die Faktorpreise spielen sich so ein, daß die vorhandenen angebotenen Bestände an Produktionsfaktoren auch beschäftigt werden. Es wird angenommen, daß die Volkswirtschaft durch eine gesamtwirtschaftliche Produktionsfunktion mit den beiden substitutiven und homogenen Produktionsfaktoren Arbeit und Kapital beschrieben werden kann; sie soll konstante Skalenerträge aufweisen.

Der **Profit** pro Kapitaleinheit bei konstanten Skalenerträgen und vollständiger Konkurrenz auf allen Märkten entspricht im Gleichgewicht dem **Grenzertrag** des

Faktors **Kapital**; unter gleichen Bedingungen ist der **Lohn** pro Kopf gleich dem **Grenzertrag** des Faktors **Arbeit**.

Die makroökonomische Verteilung hängt somit von der relativen Seltenheit der Produktionsfaktoren und von den Eigenschaften der Produktionsfunktion, der Technologie, ab. Je höher das Angebot eines Produktionsfaktors im Verhältnis zu dem des anderen ist, desto niedriger fällt dessen Grenzproduktivität aus. Wächst also bei gegebenem Kapitalstock das Arbeitsangebot, sinkt der Lohnsatz. Ob und in welcher Richtung sich sodann die Lohnquote verändert, wird von der Technologie bestimmt.

Das würde also heißen, daß die makroökonomische Einkommensverteilung zumindest mittelfristig durch wirtschaftspolitische Maßnahmen nicht zu beeinflussen ist. Oder anders ausgedrückt: Gewerkschaften wären demzufolge auch sinnlos, denn Lohnsteigerungen über die Grenzproduktivität hinaus müßten entweder zu Arbeitslosigkeit oder aber zu Inflation führen.

Dies zeigt schon die **Grundschwäche der Grenzproduktivitätstheorie** nämlich, daß sie von Anfang an keine Lohntheorie, also keine Theorie des Arbeitsmarktes, sondern eine auf den Arbeitsmarkt zugeschneiderte Preistheorie war (K. Rothschild). Die Existenz von Arbeitsmarktsituationen, wie Gewerkschaften, Unternehmerverbände und staatliche Einrichtungen werden nicht oder nur widerwillig zur Kenntnis genommen, es werden nur die Parallelen zur Warenpreisbildung in den Vordergrund gerückt: Löhne sind der Preis der Arbeit, daher werden sie, wenn keine Eingriffe vorgenommen werden, wie alle Preise durch Angebot und Nachfrage bestimmt.

Durch ihre Anlehnung an die Konkurrenzpreistheorie und durch ihr Gleichgewichtsideal sieht die Grenzproduktivitätstheorie schon von ihrer Konzeption her an wichtigen Besonderheiten des Arbeitsmarktes vorbei (z.B. besonders harter Widerstand gegen Lohnsenkungen, da keine oder fast keine Ausweichmöglichkeit des Arbeitsanbietenden besteht, zumindest nicht kurzfristig. Orientierung bei Lohnforderungen an benachbarten Berufsgruppen). Die Grenzproduktionstheorie biete daher selbst in mikroökonomischer Sicht keine Theorie der Lohnbildung, sondern vorwiegend eine Beschäftigungstheorie, nachdem der Lohn fixiert wurde (d.h. rationale Unternehmer müssen ihre Faktoreinsätze so lange ändern, bis die Grenzproduktivität der Faktoren deren Entlohnungen entspricht).

In der Makroökonomie erweist sie sich erst recht als ungeeignet. Wenn man es mit Geldlöhnen zu tun hat, so bricht die Grenzproduktivitätstheorie als Bestimmungsgrad für die Geldlohnhöhe zusammen, da sie, die sie die Höhe des Geldlohnes erklären soll, selbst vom Geldlohn abhängt. Geht man hingegen von einer Reallohnanalyse aus, so ergeben sich ähnliche Schwierigkeiten. Ohne Kenntnis relativer Preise ist nämlich eine Gegenüberstellung von Grenzprodukt und Lohn nicht möglich. Preisrelationen sind aber ihrerseits nicht unabhängig vom Lohnsatz, da dieser die Einkommensverteilung und damit die Nachfrage- und Preisstruktur beeinflußt.

Die größte Schwäche der Grenzproduktivitätstheorie ist aber darin zu sehen, daß sie die gesellschaftlichen und Macht-Elemente, die hinter Angebot und Nachfrage stehen und die die Knappheit der Faktoren sowie ihre Preise entscheidend beeinflussen, so gut wie überhaupt nicht beachtet.

6.C.4. Nach einem anderen Ansatz wird die makroökonomische Verteilung maßgeblich vom **Ausmaß der Monopolisierung** beeinflußt (M. Kalecki). Soweit Unternehmen eine monopolistische Marktstellung innehaben, bestimmen sie mit ihrer Preispolitik die Höhe des Einkommens und zugleich die Beschäftigung. Das reale Einkommen der Arbeitnehmer ist bei einem hohen Monopolisierungsgrad gering und umgekehrt. Eine monopolistische Preispolitik kann somit Ursache einer Unterbeschäftigung sein. Kalecki nimmt an, daß im Zuge einer laufend steigenden Monopolisierung die Verteilung für die Arbeitnehmer ungünstiger wird.

6.C.5. Die **postkeynesianische Verteilungstheorie** leitet die funktionelle Einkommensverteilung aus makroökonomischen Kreislaufbeziehungen her. So ist z.B. das von N. Kaldor entwickelte Modell der Einkommensverteilung ein auf der Analyse von Keynes basierendes Konzept (Keynes selbst zeigte sich an Verteilungsfragen wenig interessiert). Kaldor unterstellt eine Zwei-Klassengesellschaft, die aus **Lohnempfängern** und **Gewinnbeziehern** besteht, wobei ihr **unterschiedliches Sparverhalten** hervorgehoben wird: die marginale Konsumquote ist bei den Lohnempfängern im Vergleich zur Quote der Gewinnbezieher groß. Die Investitionsquote unterliegt den Entscheidungen der Unternehmer; sie ist zugleich die entscheidende Verteilungsdeterminante. Eine Erhöhung der Investitionsquote führt zu Preiserhöhungen im Investitionsgüterbereich, die auf den Konsumsektor übergreifen. Die dadurch sinkenden Realeinkommen ermöglichen den Anstieg der Gewinnquote. Im Gegensatz dazu führt steigendes Sparen (aus Gewinnen und aus Löhnen) zu höheren Lohnquoten. Demzufolge sind also nicht nur – wie in der Investitionstheorie – die Investitionen gewinnabhängig, sondern auch umgekehrt die Gewinne investitionsabhängig; Investitionsquotenänderungen schaffen ihre eigenen Gewinne. Güterwirtschaftlich muß nämlich genausoviel von der Produktion erspart worden sein, wie investiert wird. Und diese Bereitstellung von Sparmitteln ist bei konstanten Sparneigungen selbst bei veränderbaren Volkseinkommen nur über eine Veränderung der Einkommensverteilung möglich – eine höhere Investitionsquote also nur durch Umverteilung zu den stärker Sparenden, und das sind, wie bereits gesagt, die Gewinnbezieher.

Diese enge Beziehung zwischen Gewinnen und Investitionen ist natürlich wirtschaftspolitisch sehr bedeutsam. Staatliche Umverteilungsmaßnahmen können nämlich an den Investitionsentscheidungen der Unternehmer scheitern, da die Unternehmer als Gruppe unter gewissen Bedingungen (Sparneigung und Volkseinkommen unverändert, Investitionstätigkeit trotz höherer Steuern auf gleichem Niveau) alle Gewinnsteuern voll überwälzen. Soll andererseits die Investitionsquote erhalten bleiben, dann sind bei gegebener Eigentumsordnung die funktionellen Verteilungsquoten nur dadurch zugunsten der unselbständigen Einkommen zu ändern, daß das Sparverhalten geändert wird. Problematisch an der Kaldor'schen Verteilungstheorie ist jedoch, daß Aussagen über den Einfluß der Grenzproduktivität (in Bezug auf Zinssatz und Investitionsquote), der Marktformen und vor allem der Marktmacht fehlen.

Während die Grenzproduktivitätstheorie von der Faktornachfrage in Abhängigkeit von den Produktionsbedingungen ausgeht, ist die **Verteilung** nach der **Kreislauftheorie** unmittelbar durch die **Güternachfrage** bestimmt. Setzt die Grenzproduktivitätstheorie immer voraus, daß die Produktion (bei Vollbeschäftigung der Faktoren) im Hinblick auf den Absatz richtig geplant ist und daher vornehmlich langfristig zu verstehen ist, ist die Kreislauftheorie vor allem eine kurzfristige Theorie, die Vollbeschäftigung nicht voraussetzt.

6.C.6. Arbeitsmärkte sind **unvollkommene Märkte** mit teilweise monopolistischen Angebots- und Nachfragestrukturen. Man kann daher nicht mit den üblichen Angebots- und Nachfragekurven der allgemeinen Markt- und Preistheorie und mit einem daraus resultierenden, den jeweiligen Arbeitsmarkt räumenden Lohnsatz argumentieren.

Daß es sich bei Arbeitsmärkten um unvollkommene Märkte handelt, zeigt sich alleine schon daran, daß es in einem bestimmten Zeitpunkt sowohl offene Stellen als auch Arbeitslose gibt, bzw. geben kann. Die Tarifbildung stellt ein bilaterales Monopol mit fest gegebener Arbeitsmenge dar. Die Lohnfestsetzung wird damit zu einer **Machtfrage** zwischen Arbeitgeber- und Arbeitnehmerverbänden. Im Rahmen der Tarifverträge (in Österreich: Kollektivverträge) werden die Lohntarife sowie die sonstigen Arbeitsbedingungen ohne staatliche Einflußnahme festgesetzt (Tarifautonomie).

6.C.7. Faktoreinkommen können im Rahmen von Produktionsprozessen auf drei Arten **entstehen**:

(a) Durch Abgabe von Arbeitsleistungen gegen kontraktbestimmtes Entgelt an Unternehmen, private Haushalte oder öffentliche Haushalte;
(b) durch unternehmerische Tätigkeit;
(c) durch ertragbringende Anlage von Geld seitens der Haushalte und Unternehmen.

Arbeitnehmer beziehen in der Regel sowohl ein funktionales Arbeits- als auch ein funktionales Kapitaleinkommen. Funktionale Einkommensverteilung und die Einkommensverteilung nach Gruppen stimmen heute nicht mehr überein. Dies bedeutet, daß das Gegensatzpaar „Arbeitnehmer – Kapital" seinen analytischen Wert verloren hat.

Durch zunehmende staatliche Aktivität – und vermehrte Vermögensbildung in Arbeitnehmerhand – erfolgt eine immer stärkere Verlagerung von rein funktionalen Verteilgungskriterien zu sozioökonomischen Verteilungskriterien.

6.C.8. Bei der Bemessung der **Höhe** der **Faktoreinkommen** können folgende Kriterien zur Anwendung gelangen:

(a) **Qualifikationskriterien**: im Entgelt werden Qualifikationsdifferentiale berücksichtigt.
(b) **Leistungskriterien**: hier wird auf die tatsächliche Leistung abgestellt, die durch die Nutzung eines bestimmten (hohen oder niedrigen) Qualifikationspotentials erfolgt.
(c) **Mühedifferentiale**: im Entgelt werden Entschädigungen eingebaut für besonders unangenehme Tätigkeiten (z.B. Tätigkeiten, die mit Lärm oder Schmutz verbunden sind).
(d) **Soziale Kriterien**: das Faktoreinkommen darf eine bestimmte Mindesthöhe nicht unterschreiten. In der Regel liegt jedoch das Faktoreinkommen bereits aufgrund der Kriterien (a) und (c) wesentlich über dieser Mindesthöhe.
(e) **Marktkriterien**: Das Verhältnis von Angebot und Nachfrage nach Arbeitskräften auf den einzelnen Arbeitsmärkten schlägt sich im Entgelt nieder.

(f) **Machtkriterien**: das Kräfteverhältnis („bargaining power") zwischen den Arbeitgeber- und Arbeitnehmerverbänden beeinflußt die Höhe der Faktoreinkommen. Die Position der Arbeitnehmerverbände ist dabei umso besser, je knapper Arbeitskräfte sind.
(g) **Kreislaufkriterien**: die Bemessung der Faktoreinkommen (insbesondere im Fall von geforderten Lohnerhöhungen) erfolgt sowohl was die Höhe als auch den Zeitpunkt der Einkommenszahlung anbelangt auf Grund von makroökonomischen Kriterien (z.B. Lohnleitlinien).

6.C.9. Zwischen der Entwicklung der Effektivlöhne und der Tariflöhne besteht eine gegenseitige Abhängigkeit. Die **Lohndrift** ist umso stärker, je knapper Arbeitskräfte sind und je stärker die Strukturwandlungen auf den partiellen Arbeitsmärkten sind.

6.C.10. Selbst bei konstanten Tariflöhnen können infolge von **Strukturwandlungen** auf den partiellen Arbeitsmärkten **Einkommensniveauveränderungen** eintreten, wenn:
(a) Arbeitskräfte innerhalb einer Branche von Unternehmen zu Unternehmen „wandern";
(b) Arbeitskräfte von Branche zu Branche „wandern";
(c) Arbeitskräfte zwischen den einzelnen Regionen, aber innerhalb der gleichen Branche „wandern";
(d) Arbeitskräfte aus der Gruppe der Zeitentlohnung in die Gruppe der Leistungsentlohnung hinüberwechseln und umgekehrt;
(e) der Anteil der männlichen bzw. weiblichen Arbeitskräfte sinkt und/oder steigt.

6.C.11. Steigt bei gleichbleibender Arbeitsproduktivität der Lohnsatz stärker als der Preis, so erhöht sich der **Lohnanteil** am Volkseinkommen. Steigt der Preis stärker als der Lohnsatz, so verringert sich der Lohnanteil. Steigen Lohnsatz und Arbeitsproduktivität im gleichen Umfang, so bleibt – bei gleichbleibendem Preisniveau – die Einkommensverteilung unverändert. Bei konstantem Lohnsatz bleibt die Einkommensverteilung ceteris paribus unverändert, wenn die Zunahme der Produktivität zu Preissenkungen führt. Ferner bleibt die Einkommensverteilung unverändert, wenn sich die Lohnkosten und Preise parallel entwickeln bzw. wenn Lohnsatzerhöhungen im Umfang von Produktivitätserhöhungen – bei unverändertem Preisniveau – erfolgen, so daß die durchschnittlichen Lohnkosten gleich bleiben.

6.C.12. Steigende Kapitalintensität führt zu steigender Arbeitsproduktivität und zu steigendem Einkommensniveau. Dies ist auf die Nicht-Neutralität des technischen Fortschritts zurückzuführen. Die Nicht-Neutralität des technischen Fortschritts äußert sich in einer Zunahme des Qualifikationsniveaus des Arbeitsstocks. Dadurch werden im Rahmen der gesamten Faktoreinkommen Einkommen als Arbeitseinkommen ausgewiesen, die de facto Kapitaleinkommen (eine Verzinsung und Amortisation von „Humankapital") darstellen.

6.D. Ansatzpunkte der Verteilungspolitik

Wenn man von Verteilungspolitik spricht, ist es wichtig, zwischen Verteilungspolitik im weiteren Sinne und Verteilungspolitik im engeren Sinn zu unterscheiden. Ist doch die politische Geschichte vor allem eine Geschichte des Kampfes um die Verteilung von politischen, persönlichen und wirtschaftlichen Rechten zwischen den Gesellschaftsmitgliedern und gesellschaftlichen Gruppen. Unter **Verteilungspolitik im weiteren Sinne** ist daher die Gesamtheit der Ziele, Maßnahmen und Träger politischen Handelns zu verstehen, mit deren Hilfe die Verteilung aller die Lebensbedingungen der Gesellschaftsmitglieder bestimmenden Rechts- und Wirtschaftsgüter (wie Grundrechte, Bildungs-, Erwerbs- und Berufschancen, Mitspracherechte in Unternehmen, Einkommen und Vermögen) beeinflußt werden soll. Unter **Verteilungspolitik im engeren Sinn** versteht man die Gesamtheit der Ziele, Maßnahmen und Träger politischen Handelns, mit deren Hilfe die Verteilung des Volkseinkommens und des Volksvermögens auf die Gesellschaftsmitglieder bzw. auf gesellschaftliche Gruppen beeinflußt werden soll. Im folgenden wird nur auf die Verteilungspolitik im engeren Sinn Bezug genommen.

Als **Ziel der Einkommensverteilungspolitik** wird in prinzipiell marktwirtschaftlich gelenkten Wirtschaftsgesellschaften die Herstellung und Sicherung einer Verteilung der **personellen Einkommen** verfolgt, die folgenden Bedingungen genügt:

(1) Sie soll zu einem möglichst hohen Niveau der Leistungseinkommen, insbesondere der Arbeitseinkommen führen.
(2) Die Einkommen sollen nur auf wirtschaftlich bewerteten Leistungen beruhen, bei gleicher Leistung gleich hoch sein und bei ungleichen Leistungen Unterschiede in einer Höhe aufweisen, die bewirken, daß die notwendige Bereitschaft zum Erwerb bestimmter beruflicher Qualifikationen und zur Erbringung bestimmter beruflicher Leistungen geschaffen und erhalten wird.
(3) Sie soll besonderen Belastungen von Haushalten Rechnung tragen (z.B. Familien mit vielen Kindern).
(4) Sie soll für vorübergehend oder dauerhaft nicht mehr Erwerbsfähige (z.B. Kranke, Behinderte) aber auch für Arbeitslose das Existenzminimum sichern, bzw. nach dem Ausscheiden aus dem Arbeitsleben nicht zu einer Beeinträchtigung des Lebensstandards führen.

Ansatzpunkte für den Mitteleinsatz zur Erreichung dieser Ziele sind die funktionellen und die personellen Einkommen.

(1) Die **funktionelle Verteilung** kann vor allem **beeinflußt** werden

- durch die Förderung eines funktionsfähigen Wettbewerbs auf den Gütermärkten,
- durch eine zielkonforme Ordnung bzw. Beeinflussung der Arbeitsmärkte,
- durch bildungspolitische Maßnahmen und
- durch die Förderung der Vermögensbildung.

Die **Förderung** eines funktionsfähigen **Wettbewerbs** durch ein Kartellverbot, eine Fusionskontrolle und eine Kontrolle des Mißbrauchs ökonomischer Macht kann die Entstehung von Monopolgewinnen verhindern (siehe S. 73ff).

Der Beitrag einer zielkonformen **Ordnung** der **Arbeitsmärkte** besteht in der Zulassung der Koalitionsfreiheit und der Tarifautonomie der Sozialpartner, kann doch die Tarifautonomie aus drei Gründen als funktionierender Verteilungsmechanismus betrachtet werden:

1. Sie erlaubt mit größerer Wahrscheinlichkeit einen Ausgleich der divergierenden Interessen zwischen Arbeitgebern und Arbeitnehmern als eine Beilegung des Verteilungskonfliktes durch staatliche Organe oder andere dritte Instanzen, weil die Tarifautonomie den Arbeitnehmern die Formulierung und Durchsetzung verteilungspolitischer Ziele ermöglicht und es erlaubt, die Löhne auf das ökonomisch vertretbar erscheinende Maximum zu heben.
2. Durch den frei vereinbarten Vertrag wird der soziale Friede eher gefördert als durch eine diktierte oder auferlegte Entscheidung.
3. Mit der Festsetzung der Löhne sind jene betraut, die die wirtschaftlichen und sozialen Bedingungen in einem bestimmten Bereich der Wirtschaft am besten beurteilen können.

Mit **bildungspolitischen Maßnahmen** (individuelle finanzielle Förderung der Bildung, Bereitstellung von Bildungsangeboten) läßt sich ein zweifacher Verteilungseffekt erreichen: Wenn durch Bildungspolitik im Sinne einer Vergrößerung des Anteils höher qualifizierter Arbeitnehmer und/oder durch eine bessere Ausschöpfung der Begabungsreserven die durchschnittliche Arbeitsproduktivität in der Volkswirtschaft erhöht wird, läßt sich das Niveau der Arbeitseinkommen erhöhen; wenn bildungspolitische Maßnahmen überdies gezielt angesetzt werden, kann die Verteilungsposition bestimmter Gruppen verbessert werden. Allerdings führt die Verbesserung der individuellen Bildungschancen ohne Vergrößerung der gesamtwirtschaftlichen Produktivität oder ohne die Existenz freier Arbeitsplätze nicht zu Umweltverteilungswirkungen, weil sie dann nur einen Verdrängungswettbewerb zwischen besser und schlechter qualifizierten Arbeitskräften um die Arbeitsplätze bewirkt (z.B. Verdrängung der Absolventen von berufsbildenden Schulen durch Universitätsabgänger). Jedoch kommt der Förderung der beruflichen Umschulung und Fortbildung zur Vermeidung bzw. Beseitigung struktureller Arbeitslosigkeit besonders großes Gewicht zu.

Schließlich kann die funktionelle Einkommensverteilung durch Maßnahmen zur **Förderung** der **Vermögensbildung** beeinflußt werden. Wenn es nämlich gelingt, die Vermögensbildung bei der Arbeitnehmerschaft zu erhöhen und diese verstärkt an der Neuvermögensbildung zu beteiligen, dann wird ihnen neben dem Arbeitseinkommen eine zweite Einkommensquelle erschlossen. Die auf Vermögenserträge zurückgehenden Einkommensunterschiede würden verringert werden.

Die **vermögenspolitischen Instrumente** lassen sich in drei Gruppen einteilen: In Instrumente zur Beeinflussung des Vermögensüberganges, in vermögenswirksame Zuwendungen der öffentlichen Hand und in Instrumente zur Förderung der Vermögensbildung durch die vermögenswirksame Anlage von Einkommensteilen.

Wesentliches Instrument zur Beeinflussung des Vermögensüberganges ist die **Erbschaftsteuer**. Sie stellt eine Möglichkeit dar, den Erwerb von Vermögen ohne eigens Verdienst und ohne eigene Anstrengung zu beschränken.

Als **vermögenswirksame Zuwendungen** der öffentlichen Hand kommen in Frage: Die Privatisierung von öffentlichem Vermögen, z.B. in Form preisgünstiger Verkäufe von baureifem Boden an die Bezieher niedriger und mittlerer Einkommen, die Gewährung zinsgünstiger öffentlicher Kredite (vor allem im Wohnungsbau) sowie Steuer- und Prämienbegünstigungen für Sparen aus dem laufenden Einkommen. Die Steuerbegünstigung erscheint jedoch nur dann vertretbar, wenn sie bis zu einer bestimmten Einkommensobergrenze gewährt wird, andernfalls werden die Bezieher höherer Einkommen vergleichsweise stärker begünstigt (wegen der Steuerprogression). Steuer- und Prämienbegünstigung des Sparens zielt auf den Sparwillen. Offen ist hingegen die Frage, ob der Instrumenteneinsatz zu zusätzlicher Ersparnis führt und inwieweit eine Förderung nur bewirkt, daß die Sparer die Anlageform wechseln (z.B. vom Kontensparen zum Versicherungssparen).

Als Instrumente für eine Beteiligung der Arbeitnehmer am Gewinn stehen entweder der Investivlohn oder eine Ertragsbeteiligung zur Verfügung. Unter **Investivlohn** versteht man einen Teil des Lohnes, der in Lohnverhandlungen vereinbart und direkt oder indirekt investiven Zwecken zugeführt, also der Verfügung der Arbeitnehmer entzogen wird. In kollektiven Lohnvereinbarungen dient der Investivlohn den Gewerkschaften als Strategie, die Chancen der Unternehmer zu vermindern, eine über dem Produktivitätszuwachs hinausgehende Lohnerhöhung durch Überwälzung auf die Preise zu neutralisieren (in der BRD wird die investive Lohnbindung durch eine zusätzliche staatliche Sparprämie gefördert).

Die **Ertrags**- oder **Gewinnbeteiligung** besteht darin, daß die Arbeitnehmer an den Unternehmensgewinnen beteiligt werden. Da die Belegschaftsmitglieder zu Miteigentümern werden, liegt ein produktivitätssteigerndes Verhalten in ihrem eigenen Interesse, zumal sie meistens – in Höhe ihrer Kapitaleinlage – auch am Verlust beteiligt sind.

(2) Als Instrumente zur **Beeinflussung** der **personellen Einkommensverteilung** bieten sich vor allem folgende Instrumente an:

Progressiv ausgestaltete **Einkommen**- und **Körperschaftsteuern** sollen nicht nur staatliche Ausgaben decken, sondern Umverteilungswirkungen hervorrufen, indem höhere Einkommen nicht nur absolut, sondern auch relativ stärker belastet werden als niedrigere Einkommen. Allerdings ist festzustellen, daß die Primärverteilung der Einkommen mit Hilfe einer progressiven Einkommensteuer nur bescheiden verändert werden kann (W. Albers).

Ein weiteres Instrument der Verteilungspolitik sind die (Pflicht-)Beiträge zur Renten-, Unfall-, Kranken- und Arbeitslosenversicherung, die Arbeitnehmer bzw. Arbeitgeber aufzubringen haben. **Sozialversicherungsbeiträge** dienen jedoch weniger der Einkommensumverteilung zwischen den Beziehern höherer und niederer Einkommen als vielmehr der Umverteilung der Einkommen von Erwerbstätigen auf Berufs- und Erwerbsunfähige, auf Alte und auf Arbeitslose sowie der Umverteilung von Gesunden auf Kranke.

Sozusagen das Gegenstück zu den Beiträgen sind die **Sozialleistungen** an Berufs- und Erwerbsunfähige, an Altersrentner, Hinterbliebene, an Kranke und Arbeitslose sowie die Kinder- und Wohnungsbeihilfe.

Die Verteilung der Einkommen – und zwar der Realeinkommen – kann aber auch durch **Preissubventionen** beeinflußt werden. Solche Subventionen an Unternehmen, die mit der Auflage entsprechender Preissenkungen gezahlt werden, erhöhen das Realeinkommen der Nachfrager (z.B. verbilligte Mieten des sozialen Wohnungsbaues durch Subventionen, verbilligte Darlehen und Zinszuschüsse).

Darüberhinaus wird die personelle Einkommensverteilung noch durch das unentgeltliche Angebot von öffentlichen Gütern und Diensten und durch die Bereitstellung von Gütern zu nicht kostendeckenden Preisen (z.B. Theater, Hallenbäder) beeinflußt. Die zu **Nulltarifen** bzw. zu **ermäßigten Preisen** angebotenen Güter bringen den Benutzern je nach der Inanspruchnahme unterschiedlich große Vorteile. Die Verteilungswirkungen lassen sich jedoch nur unzulänglich erfassen. In einigen Fällen, so bei der Inanspruchnahme von Bildungseinrichtungen und kulturellen Angeboten sind eher die wohlhabenden Bürger wegen der größeren Inanspruchnahme dieser Einrichtungen die Begünstigten.

Übersichtsmäßig lassen sich die unterschiedlichen Verteilungskonzeptionen wie folgt darstellen.

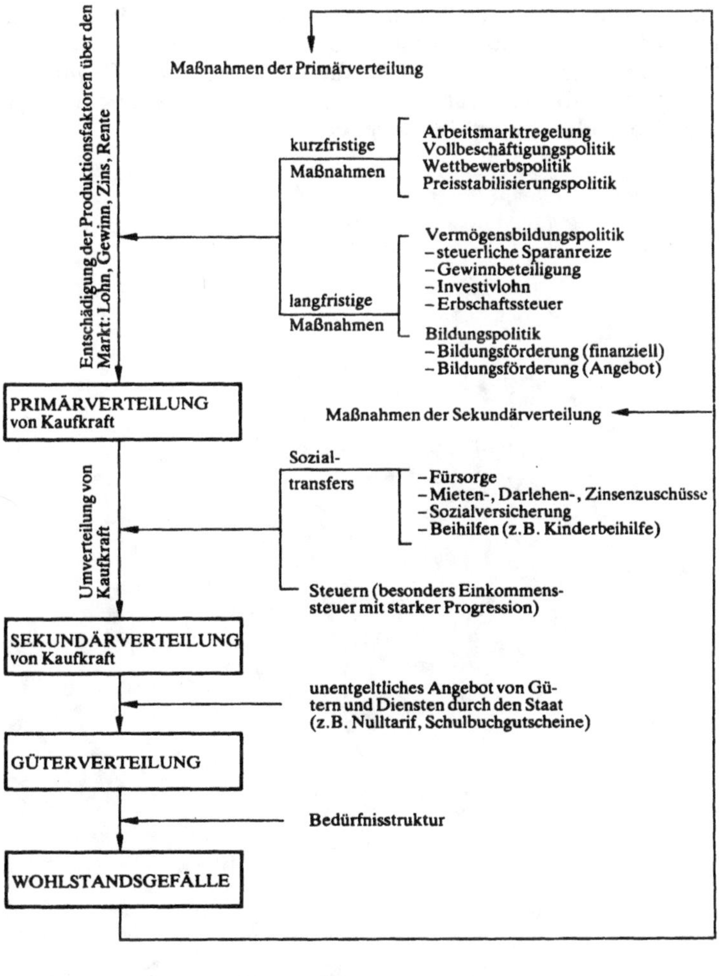

Abb. 66 Instrumente der Verteilungspolitik

Grenzen der Verteilungspolitik:

Wenn man von der Notwendigkeit einer Umverteilung von Einkommen und Vermögen spricht, so muß man sich darüber klar sein, daß es auch so etwas wie Grenzen gibt, die einer Umverteilungspolitik gezogen sind. Die Bereitschaft, Leistungsfähigkeit zu erwerben und Leistungen zu erbringen, hängt nämlich davon ab, daß es den Gesellschaftsmitgliedern lohnend erscheint, sich anzustrengen. Wenn nun z.B. die Anteile, die die Wirtschaftssubjekte von ihren Einkommen an Steuern und Beiträgen abzuführen haben, zu hoch werden und wenn es andererseits sehr leicht ist ohne Arbeit die Existenz durch Sozialeinkommen zu sichern, dann besteht die Gefahr, daß dadurch die **Leistungsbereitschaft** beeinträchtigt wird.

Diese Grenzen variieren selbstverständlich nach Raum und Zeit. Sie sind aber an den Reaktionen der Wirtschaftssubjekte auf steigende Belastungen erkennbar. Sinkende Bereitschaft Überstunden zu leisten, zunehmender Steuerwiderstand, Zunahme der Schwarzarbeit und steigende Staatsverdrossenheit sind Indikatoren für eine solche Annäherung an Grenzen der Belastbarkeit. Grenzen der Belastbarkeit existieren aber auch für die Gewinne durch Gewinnbesteuerung und vermögenspolitische Maßnahmen in Form der Aufrechterhaltung einer wachstumssichernden **Investitionsneigung**.

VII. Entwicklungstheorie

7.A. Problemstellung

Das zentrale Anliegen der **Konjunkturtheorie** besteht darin, zu erklären, weshalb es im Verlauf bestimmter ökonomischer Zeitreihen (wie Preisen, Kosten, Investitionen, Lagerveränderungen usw.) zu zyklischen Schwankungen kommt, sich also Expansions- und Kontraktionsphasen mit mehr oder minder grober Regelmäßigkeit laufend abwechseln.

Im einzelnen soll geklärt werden:

a) Wieso es überhaupt zu zyklischen Schwankungen kommen kann (konjunkturelle Ausgangssituationen).
b) Welche exogenen oder endogenen Faktoren der Selbstverstärkung zu expansiven und kontraktiven kumulativen Prozessen führen.
c) Wie die prozeßrelevanten endogenen ökonomischen Variablen sachlich und zeitlich untereinander zusammenhängen bzw. verknüpft werden (Lagstrukturen).

Im Gegensatz zur kurzfristigen Analyse konjunktureller Schwankungen, haben **wachstumstheoretische Analysen** einen größeren Zeithorizont. Im Zentrum steht das Problem, von welchen Faktoren der Verlauf und die Intensität von Wachstumsprozessen bestimmt werden. Geht es im Bereich der Konjunkturtheorie darum zu entscheiden, auf welche Art das bestehende Produktionspotential genutzt und ausgelastet werden kann, so steht hier das Problem im Vordergrund, durch welche Faktoren das gesamtwirtschaftliche Produktionspotential qualitativ verbessert bzw. vergrößert werden kann. Im Rahmen der Wachstumsforschung wird inbesondere auch untersucht, was die Ursache von Strukturwandlungen ist und welche gesamtwirtschaftlichen Konsequenzen mit derartigen Strukturwandlungen verbunden sein können.

7.B. Grundbegriffe

Drei Arten von Entwicklungsprozessen sind denkbar:

1. **Positiv-evolutorische Prozesse** (Wachstumsprozesse): diese sind durch einen Aufwärtstrend bestimmter ökonomischer Variablen gekennzeichnet. Die Nettoinvestition ist in diesem Fall positiv bzw. weist einen mehr oder minder großen Kapazitätseffekt auf.
   a) Exponentielles Wachstum liegt vor, wenn eine Größe in jeweils gleichen Zeitabständen um einen bestimmten Prozentsatz der jeweils vorigen Größe zunimmt.
   b) Lineares Wachstum liegt vor, wenn eine Größe jeweils in gleichen Zeitabständen um einen ständig gleichbleibenden Betrag zunimmt.

2. **Negativ-evolutorische Prozesse** (Schrumpfungsprozesse): diese sind durch einen Abwärtstrend bestimmter ökonomischer Variablen gekennzeichnet. In einer schrumpfenden Wirtschaft unterbleiben die zum Wachstum notwendi-

gen Reinvestitionen, d.h. die Reinvestitionen sind geringer als die verbrauchsbedingten Abschreibungen, die Nettoinvestition wird negativ.

3. **Stationäre Prozesse**: die ökonomischen Variablen weisen hier keinen eindeutig aufwärts oder abwärts gerichteten Trend auf. Die Reinvestitionen decken gerade die verbrauchsbedingten Abschreibungen; die Nettoinvestitionen und damit auch der Kapazitätseffekt sind in diesem Fall Null.

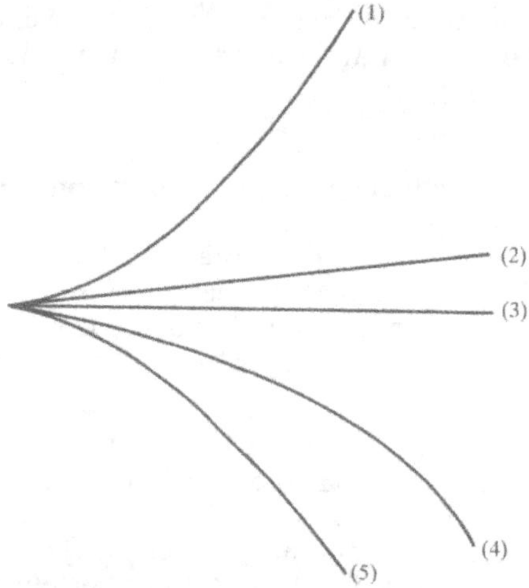

(1) Positiv evolutorischer Entwicklungsprozeß (exponentielles Wachstum).
(2) Positiv evolutorischer Entwicklungsprozeß (lineares Wachstum).
(3) Stationärer Entwicklungsprozeß.
(4) und (5) negativ evolutorische Entwicklungsprozesse.

Abb. 67 Typen von Entwicklungsprozessen

Ob eine ökonomische Größe **konjunkturanfällig** ist, d.h. also zyklisch schwankt, zeigt sich an der Schwankungsbreite dieser Größe im Zeitablauf, der sogenannten Amplitude. Unter Amplitude versteht man das Ausmaß der Schwankungen einer Zeitreihe um den Trend.

Die Länge eines Zyklus kann gemessen werden entweder zwischen den beiden oberen oder den beiden unteren Wendepunkten. In Abb. 68 reicht ein **Konjunkturzyklus** von A bis E oder von C bis G, je nachdem, für welche Messungsart man sich entscheidet. Die Expansionsphase würde der Strecke C bis E (1. Expansionsphase C bis D, 2. Expansionsphase D bis E), die Kontraktionsphase der Strecke A bis C oder E bis G entsprechen (1. Kontraktionsphase A bis B, 2. Kontraktionsphase B bis C).

Es ist wesentlich, darauf hinzuweisen, daß es **den** Zyklus schlechthin nicht gibt, sondern daß es nur Preis-, Kosten-, Investitions-, Lagerzyklen etc. gibt, die sämtliche zusammengenommen eine bestimmte konjunkturelle Konstellation ergeben. Von einem **Gesamtzyklus** könnte man nur dann sprechen, wenn sämtliche Zeitreihen, die für konjunkturelle Schwankungen als repräsentativ angesehen werden können, den gleichen Schwankungsrhythmus aufweisen würden, was aber reichlich unwahrscheinlich ist, da es gerade ein Merkmal zyklischer Prozesse ist, daß der Zeitpunkt, zu dem die einzelnen Zeitreihen den oberen bzw. unteren Wendepunkt erreichen, meist verschieden ist. Früher beschrieb man konjunktu-

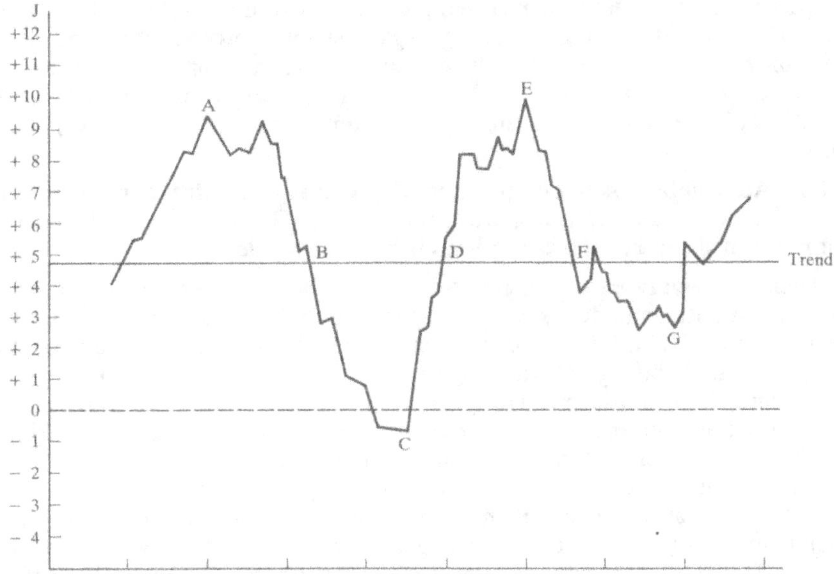

Abb 68 Beispiel für eine zyklische Schwankung einer ökonomischen Zeitreihe (Veränderungen gegenüber dem Vorjahr).

relle Schwankungen mit Hilfe der Zunahme bzw. Abnahme des Bruttonationalprodukts; die ältere Konjunkturtheorie verstand unter Konjunkturschwankungen Aufschwung- und Depressionsphasen, wobei im Falle der Depression ein absoluter Rückgang des Nationalprodukts vorlag. Zyklisch bedeutet heute im Gegensatz zu früher **nicht**, daß sich positive und negative Wachstumsraten gegenseitig ablösen, sondern, daß die **positiven Wachstumsraten** mehr oder minder stark um den sogenannten **Trend** schwanken. Konjunkturschwankungen sind Schwankungen um den längerfristigen Wachstumstrend, man könnte sie als **Wachstumsbeschleunigungen** und **Wachstumsverzögerungen** interpretieren.

Während heute weitgehend Einigkeit besteht, daß man konjunkturelle Schwankungen nicht mit Hilfe einer Zeitreihe beschreiben kann, so fehlt diese Einigkeit im Hinblick auf die Frage, welche Zeitreihen als repräsentativ angesehen werden können. Grundsätzlich lassen sich Expansions- und Kontraktionsphasen sowohl mit den Zeitreihen **ökonomischer Globalgrößen** (z.B. gesamte Brutto-Anlage-Investitionen, Sozialprodukt) als auch in den Zeitreihen kleinerer Aggregate, die sich auf bestimmte **Sektoren** beziehen (z.B. Brutto-Anlage-Investitionen der Eisen- und Stahlindustrie) beschreiben.

Es spricht sehr viel für die Hypothese, daß es in jeder Wirtschaft Bewegungszentren – **Kernzentren** – gibt, in denen der Schwankungsvorgang zuerst besonders kräftig sichtbar wird, von dem er ausgeht. Ein derartiges Kernzentrum war und ist z.B. die Investitionsgüterindustrie bzw. bestimmte Investitionsgüterindustrien. Dies zeigt sich beispielsweise in den beiden Zeitreihen Bruttoeinlageinvestitionen und den Lageveränderungen.

Die **gesamten** Investitionen zeigen jedoch die konjunkturellen Schwankungen nur unzureichend, da im gleichen Aggregat sowohl die **privaten** als auch die (zum Teil antizyklischen) **staatlichen** Investitionen enthalten sind. Am zweckmäßigsten ist die Aufspaltung der Investitionen nach **Investoren** einerseits und nach **Investitionsgüterarten** (Ausrüstungsinvestitionen, Bauinvestitionen, etc.) andererseits.

Die Aussagefähigkeit der privaten **Bruttoanlageinvestitionen** ist besonders groß, da sie zu den konjunkturempfindlichsten Größen zählen, insbesondere dann, wenn sie zu **konstanten** Preisen berechnet werden.

Auch die **Lagerveränderungen** stellen einen brauchbaren Konjunkturindikator dar. Zu unterscheiden ist zwischen Input- und Outputlagern. Beide haben eine gewisse Pufferfunktion, d.h. sie dienen zum Ausgleich sowohl von Angebots- als auch von Nachfrageschwankungen. So werden z.B. infolge der verzögerten Anpassung der Produktion an die geänderten Marktverhältnisse Auftragseingänge zunächst aus den in der zweiten Kontraktionsphase aufgebauten Lagerbeständen befriedigt. Der Aufbau von Inputlagern wird zu Beginn der zweiten Expansionsphase zunehmen und so lange anhalten, bis die Inputlager wieder das gewünschte Niveau erreicht haben. Werden Inputlagerinvestitionen aus steuerlichen oder sonstigen Gründen vorgezogen, so wird die Expansion noch verstärkt. In dem Maße, in dem sich die Nachfrage nach den Produkten des betreffenden Unternehmens dem oberen Wendepunkt nähert, nimmt auch die Nachfrage nach Vorleistungen ab, um schließlich zu stagnieren, was unter Umständen mit einem entsprechenden Preisverfall verbunden sein kann. Meist besteht folgende Beziehung zwischen dem Output, den Umsätzen und den Lagerveränderungen:

Ist die Outputzuwachsrate größer als die Umsatzrate, dann kommt es zu einer positiven Lagerinvestition; im umgekehrten Fall nehmen die Lagerbestände ab (Desinvestition).

Konjunkturindikatoren werden in drei Gruppen eingeteilt:

(1) Frühindikatoren (z.B. Auftragseingänge der Industrie, Baugenehmigungen im Hochbau, Aktienkurse),
(2) Lageindikatoren (z.B. industrielle Produktion) und
(3) Spätindikatoren (z.B. Preise für die Güter der Lebenshaltung).

Frühindikatoren zeigen an, wie der Verlauf der Konjunktur in absehbarer Zeit, d.h. in den nächsten Monaten sein wird;

Lageindikatoren sind Beschreibungsmerkmale für den jeweiligen Stand der Konjunktur; **Spätindikatoren** hinken der Konjunkturentwicklung nach und zeigen oft noch Aufwärtsbewegungen, wenn bereits ein konjunktureller Abschwung eingetreten ist. Dieser Klassifikation liegt die Vorstellung zugrunde, daß die einzelnen Zeitreihen zu verschiedenen Zeitpunkten den oberen bzw. unteren Wendepunkt erreichen.

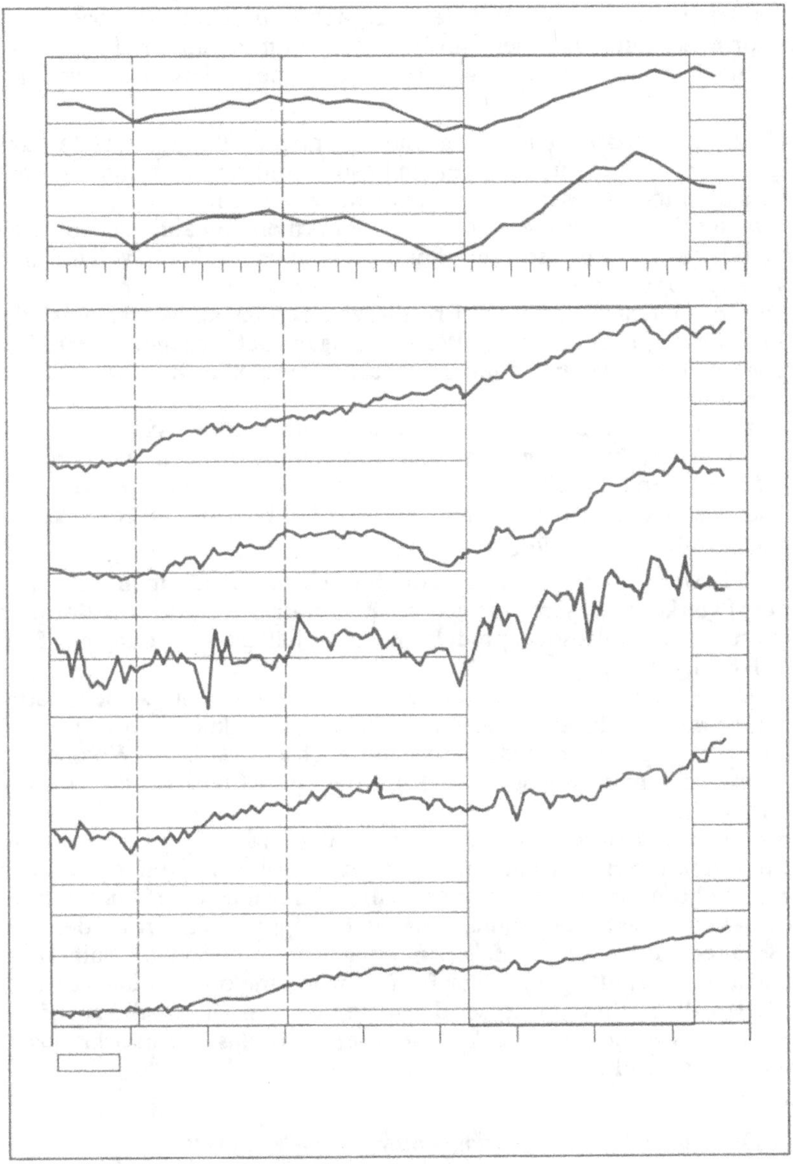

Abb. 69 Indikatoren der Konjunkturentwicklung

Zur **Operationalisierung** des Begriffes **wirtschaftliches Wachstum** bieten sich folgende Kriterien an:

(1) Die **jährlichen Zuwachsraten** des realen **Bruttosozialprodukts** (Bruttoinlandsprodukts):

Entscheidet man sich für dieses Kriterium, so ist zu beachten, daß das reale Bruttosozialprodukt nur einen sehr groben Wachstumsindikator darstellt, der in mehrfacher Hinsicht verfeinert werden muß. Insbesondere ist zu berücksichtigen:

(1.1) Je nach Kapazitätsauslastung und potentieller Wachstumsrate kann das reale pro-Kopf-Einkommen über einen bestimmten Zeitraum hinweg wachsen, ohne daß das Produktionspotential zuzunehmen braucht.
(1.2) Da der Output auch von der Länge der Arbeitszeit abhängt, sollte die Erhöhung des realen Bruttosozialprodukts je Arbeitsstunde als Wachstumskriterium herangezogen werden.
(1.3) Verwendet man das reale Bruttosozialprodukt als Wachstumsindex, so muß eine Disaggregation in der Weise erfolgen, daß angegeben wird, welche Komponenten des Sozialprodukts zu welchem Zeitpunkt wie stark wachsen sollen.
(1.4) Da das Wachstum des realen Bruttosozialprodukts nicht als Selbstzweck angesehen werden kann, sondern in Relation zum Wachstum an Wohlfahrt betrachtet werden muß, ergibt sich schließlich noch die Frage, inwieweit das reale Bruttosozialprodukt auch als Wohlfahrtsindex herangezogen werden kann. Hier gilt es wieder zu berücksichtigen,

- daß die Erwerbsquote (etwa durch die vermehrte Beschäftigung von Fremdarbeitern) stärker wachsen kann als der quantitative Output, sodaß trotz wachsendem realen Bruttosozialprodukt die gütermäßige Verteilung pro Kopf der Bevölkerung sinkt;
- daß infolge einer ungünstigen Verteilung von Wohn- und Arbeitsstätten bestimmter Arbeitnehmer (Pendler) die Personenfahrkilometer zunehmen und damit auch das reale Bruttosozialprodukt wächst, obwohl die Wohlfahrt dieser Arbeitnehmer nicht wächst, sondern infolge des Freizeitverlustes sogar abnimmt;
- daß vom realen Bruttosozialprodukt (in absoluten Beträgen) alle negativen externen Effekte (Schäden) in Abzug gebracht werden müßten, die uno actu mit der Produktion des realen Bruttosozialprodukts auftreten. Dies würde etwa bedeuten, daß das Sozialprodukt um jene Beträge vermindert werden muß, die als Schäden aus Verkehrsunfällen und/oder Umweltschäden resultieren;
- daß erst die Verteilung des unter Berücksichtigung obiger Faktoren ermittelten Netto-Wachstumszuwachses des realen Bruttosozialprodukts auf die verschiedenen Schichten von Einkommensbeziehern das Ausmaß an „social welfare“ widerspiegelt.

(2) Das **Wachstum** des **Produktionspotentials** als Kriterium:

A. Woll hat darauf hingewiesen, daß man, wählt man dieses Kriterium, streng genommen auch dann von Wachstum sprechen müßte, wenn das pro-Kopf-Einkommen sinkt. Dies ist insbesondere dann der Fall, wenn die Kapazitätsauslastung eine sinkende Tendenz aufweist.

(3) Das **Vollausnutzungssozialprodukt** als Kriterium:

Dieses Kriterium gelangt in der Weise zur Anwendung, indem das Wachstum des realen Bruttosozialprodukts relativiert wird durch potentialorientierte Bemessung, so wie dies etwa der Deutsche Sachverständigenrat in seinen Gutachten getan hat.

Das gesamtwirtschaftliche Produktionspotential setzt sich additiv zusammen aus dem potentiellen Produktionsvolumen des Sektors Unternehmen (ohne Wohnungsvermietung) und den Beiträgen des Staates, der Wohnungsvermietung und der privaten Haushalte und Organisationen ohne Erwerbscharakter zum realen Bruttoinlandsprodukt.

Das Produktionspotential des Sektors Unternehmen P_t (ohne Wohnungsvermietung) ist das Produkt des jahresdurchschnittlichen Bruttoanlagevermögens und der von Auslastungsschwankungen bereinigten trendmäßigen Kapitalproduktivität (k_t).

$$P_t = \left(\frac{K_t + K_{t+1}}{2} \right) \cdot k_t$$

Für den staatlichen Bereich und den Wohnungssektor, für den ein Produktionspotential nicht ermittelt werden kann, wird unterstellt, daß das Produktionspotential identisch mit den jeweiligen Beiträgen zum Bruttoinlandsprodukt sei. Dies läuft hinaus auf die Annahme dauernder Vollauslastung der Kapazitäten. Die Auslastung des gesamtwirtschaftlichen Produktionspotentials ist daher rein rechnerisch stets höher als die des Unternehmenssektors. Nur im Falle der Vollauslastung der Sachkapazitäten auch im Sektor Unternehmen wären beide Auslastungsgrade gleich hoch.

7.C. Entwicklungstheoretische Erklärungsmuster

7.C.1. Die **Hauptursache von konjunkturellen Schwankungen** liegt darin, daß die einzelnen Gruppen von Wirtschaftssubjekten (Unternehmen, Haushalte, Staat) ihre Pläne nicht zur Gänze realisieren können: Soll- und Ist-Werte weichen fast immer voneinander ab. Die Planungen der prozeßrelevanten Gruppen lassen sich deshalb nicht zur Gänze verwirklichen, da

(a) ex post unvollkommene Information sowie ex ante unvollkommene Voraussicht besteht und

(b) sämtliche Gruppen nur über eine beschränkte Anzahl von Aktionsparametern verfügen.

Dies bedeutet, daß die Verwirklichung bestimmter Ziele nicht nur von einer Gruppe selbst, sondern auch davon abhängt, ob eine andere Gruppe bestimmte Ziele verfolgt. So kann etwa ein Unternehmen nur dann seinen Absatz erhöhen, wenn es gleichzeitig andere Unternehmen und/oder Konsumenten gibt, die bereit sind, die Produkte dieses Unternehmens zu kaufen. Oder: der Staat kann nur dann sein Steueraufkommen aus bestimmten Steuern vergrößern, wenn seitens der Unternehmen und Haushalte steuerbare Tatbestände geschaffen werden usw.

Legt man dem obigen Ansatz konjunkturtheoretischen Überlegungen zugrunde, so lassen sich **stabile ökonomische Prozesse** definieren als Prozesse, bei denen sämtliche relevanten Prozeßreglergruppen (Unternehmen, Haushalte, Staat) den Großteil ihrer Pläne realisieren können.

Das Konzept der **Planungseffizienz** besagt nun, daß zu zwei Zeitpunkten ex-ante-Werte mit ex-post-Werten verglichen werden, um festzustellen, inwieweit die Erwartungen (Absatzerwartungen etc.) erfüllt wurden oder nicht. Dabei steht bei den Planungskoeffizienten jeweils das Ziel (die Sollwerte) im Nenner und die Wirkungen (Istwerte) im Zähler.

$$\frac{\Sigma W_1 \ldots\ldots\ldots W_n}{\Sigma Z_1 \ldots\ldots\ldots Z_n} = 1$$

Im Idealfall beträgt die Planungseffizienz 1.

In einer derartigen Situation decken sich die angestrebten Ziele mit den ex post eingetretenen Wirkungen. Zu instabilen Prozessen käme es demgegenüber, wenn die Koeffizienten der Planungseffizienten wesentlich unter oder wesentlich über 1 liegen.

Der Umstand, daß die Planungskoeffizienten wesentlich unter oder wesentlich über eins liegen, kann endogene Ursachen (z.B. Fehlplanungen der Wirtschaftssubjekte infolge einer falschen Einschätzung der Marktlage) oder exogene Ursachen (etwa Kriegseinwirkungen, Naturkatastrophen, verminderte Erdölanlieferungen usw.) haben. Instabile Prozesse können entweder durch Nichtauslastung des Produktionsfaktors Arbeit und der Sachkapazitäten oder durch Angebotslücken ausgelöst werden. In beiden Fällen besteht die Gefahr von kumulativen instabilen Prozessen.

7.C.2. Daß die Wirtschaftssubjekte oft nur einen Teil ihrer Pläne realisieren können, äußert sich im Auftreten von „Lücken". Grundsätzlich liegt eine **Lücke** (bzw. aus einer anderen Perspektive ein Überschuß) vor, wenn das Angebot größer als die Nachfrage oder die Nachfrage größer als das Angebot ist. Je nachdem, ob es sich um Faktormärkte, Konsumgütermärkte oder Geldmärkte handelt, unterscheidet man zwischen Faktorlücken, Güterlücken und Geldlücken.

Das Ausmaß, in dem es zu Faktor- und/oder Güterlücken auf bestimmten Märkten kommt, hängt ab von der Größe der Märkte, der Art und Menge der angebotenen bzw. nachgefragten Produkte, der Anpassungsfähigkeit der einzelnen Gruppen an neue Situationen, den verfügbaren Ressourcen sowie den Spar- und Konsumgewohnheiten der Haushalte.

Darüberhinaus spielen noch die verfügbaren statistischen Informationen sowie die Bereitschaft staatlicher Handlungsträger, bestimmte konjunkturpolitische Instrumente in der richtigen Intensität und im richtigen Zeitpunkt zum Einsatz zu bringen, eine Rolle.

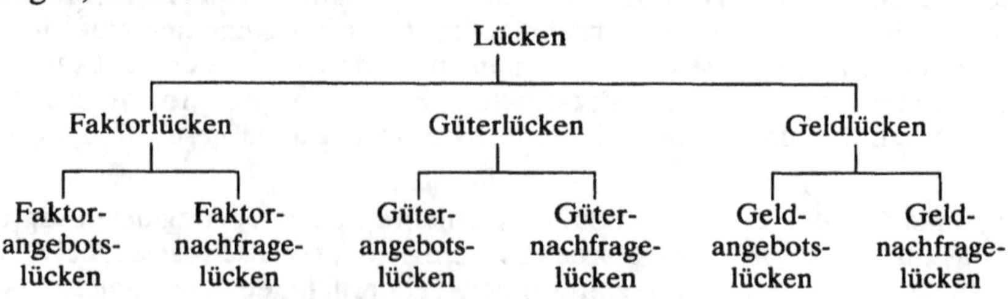

Abb. 70 Faktor-, Güter- und Geldlücken

7.C.3. Eine **zyklenverstärkende Ursache**, die sich im Auftreten von Lücken bemerkbar macht, ist darin zu suchen, daß die Nachfrage nach Investitionsgütern nicht allmählich erhöht wird, sondern in gewissen „Schüben" vorgenommen wird. Diese **Investitionsschübe** sind auf folgende Sachverhalte zurückzuführen:

- Die Innovation technischen Wissens läßt vielfach nur die Realisierung größerer Investitionsblöcke zu, entweder aus technischen Gründen (Unteilbarkeit von Anlagen) oder aus ökonomischen Gründen (Wahl eines bestimmten Produktionsniveaus, um in den Genuß von Skalenerträgen zu gelangen und damit die Wirtschaftlichkeit zu verbessern).
- Große Unternehmen gehen immer mehr dazu über, ihre Investitionstätigkeit unabhängig von den kurzfristigen Schwankungen auf langfristige Entwicklungsziele auszurichten.
- Umgekehrt ist es aber auch denkbar, daß die Unternehmer ihr Investitionsvolumen zu klein dimensioniert haben und daher „nachinvestieren" müssen. Diese „Kamelhöckrigkeit" von Investitionszyklen (E. Streissler) geht vor allem auf die Fehleinschätzung der Nachfrage- und Gewinnentwicklung zurück. Die Investitionen werden in Abhängigkeit von den erwarteten Gewinnen geplant. Aus Risikogründen werden zunächst nur die dringlichen Investitionsprojekte geplant und realisiert. Über Erwarten hohe Nachfragesteigerungen und eine unerwartet hohe Gewinnentwicklung führen zu Nachstellungen von Investitionsgütern und damit zur Realisierung weiterer, zunächst zurückgestellter Projekte.

Die relative Schwerfälligkeit der Investitionsgüterbranche leitet sich zum Teil auch daraus ab, daß sämtliche Investitionen innerhalb eines bestimmten Zeitspanne amortisiert sein müssen und daher eine Anpassung an die geänderte Marktlage erst mit erheblichen zeitlichen Verzögerungen möglich ist. Auch steuerliche, zeitlich limitierte Begünstigungen sowie drohende Steuerbelastungen können zu einer überdimensionierten, nicht marktkonformen Investitionstätigkeit führen.

7.C.4. Die relativ große Bedeutung der Investitionsgüternachfrage muß jedoch relativiert werden angesichts des anteilsmäßig **größeren Volumens der Konsumgüternachfrage**. Da der private Konsum der Tendenz nach laufend an Bedeutung gewinnt – in manchen Volkswirtschaften beträgt er bereits 2/3 des Bruttonationalprodukts – kann der Fall eintreten, daß relativ geringe Veränderungen der Konsumgüternachfrage in den Konjunkturzyklen stärker durchschlagen, als stärkere Schwankungen der Investitionsgüternachfrage, die umfangsmäßig geringer sind.

Auch im Bereich der Konsumgüternachfrage sind – ebenso wie bei der Investitionsgüternachfrage – „**Schübe**" festzustellen, die ähnlich zyklenverschärfend wirken können. Man denke nur an diverse „Wellen" seit 1945: Nahrungsmittelwelle, Bekleidungswelle, Motorisierungswelle, Einrichtungswelle, Gesundheitswelle etc. Umgekehrt ist ein stabilisierender Effekt darin zu erblicken, daß im Bereich des Konsums gewisse „Sperrklinkeneffekte" festzustellen sind, d.h. daß bestimmte Konsumausgaben nur **nach oben flexibel** sind.

Das Festhalten an einem bestimmten Konsumniveau wird zum Teil auch dadurch erzwungen, daß ein relativ großer Block von Konsumausgaben praktisch den Charakter von fixen Konsumausgaben hat (z.B. Kosten für Strom, Miete,

Fahrspesen usw.), die nicht variiert werden können. Auch zeigt sich immer wieder, daß im Falle eines Rückgangs des Einkommens die Konsumausgaben zunächst unterproportional abnehmen, weil die Haushalte ihr gewohntes Konsumniveau beibehalten wollen. Ob bzw. in welchem Ausmaß dies gelingt, hängt von folgenden Faktoren ab:

- der Höhe des Geldvermögens bzw. der Möglichkeit, Forderungen kurzfristig zu monetarisieren;
- der Höhe der Struktur des Sachvermögens, und der Möglichkeit, Teile des Sachvermögens kurzfristig zu monetarisieren;
- den Kreditmöglichkeiten, die ihrerseits wieder vom gegenwärtigen und zukünftigen Einkommen und der Höhe des Sachvermögens abhängen.

7.C.5. Die **Abhängigkeit** des **Konsums** vom **Einkommen** wird allerdings unterschiedlich gesehen. Nach **Keynes** hängt der Konsum von der absoluten Höhe des Einkommens der laufenden Periode ab, einem Einkommen also, das nicht relativiert wird durch den Vergleich mit anderen Personen oder anderen Zeiten. Deshalb bezeichnet man Keynes' Hypothese als **absolute Einkommenshypothese** (Keynes sieht zwar den möglichen Einfluß anderer Variablen als des persönlich verfügbaren Einkommens auf die Konsumneigung, wie z.B. Zins, Vermögen, Einkommenserwartungen, nimmt sie jedoch als vernachlässigbar an). Was den konkreten Einfluß des Einkommens auf den Konsum betrifft, geht Keynes davon aus, daß ein zusätzliches Einkommen zusätzliche, allerdings nicht gleich hohe Konsumausgaben bewirkt, d.h. der Wert der marginalen Konsumquote liegt zwischen 0 und 1. Außerdem nimmt Keynes an, daß der gesamte Konsum bei Einkommenssteigerungen unterproportional steigt, d.h. die durchschnittliche Konsumquote fällt.

Im allgemeinen wird die Keynes'sche Hypothese durch die folgende **Konsumfunktion** wiedergegeben:

$$C_t = a + b \cdot Y_t \quad a > 0, 0 < b < 1$$

C und Y bedeuten wahlweise den individuellen oder den volkswirtschaftlichen Konsum bzw. das individuelle Einkommen oder das Volkseinkommen; die Konstante a stellt den erforderlichen Mindestkonsum dar (Existenzminimum) und die Konstante b drückt die Grenzneigung zum Konsum aus, d.h. sie gibt an, welcher Bruchteil einer zusätzlichen Einkommenseinheit für Konsumzwecke aufgewendet wird.

Was bedeutet nun langfristig eine fallende Durchschnittsneigung zum Konsum bzw. eine Einkommenselastizität des Konsums kleiner eins? Was bedeutet es, wenn die Unternehmer wegen des schwach steigenden Konsums keine Investitionschancen sehen und die erhöhten Spargelder nicht investieren (bei Geltung von I = S)? Das Volkseinkommen wird dann mangels Nachfrage (sowohl nach Konsumgütern als auch nach Investitionsgütern) bei Unterbeschäftigung stagnieren. Einziger Ausweg aus der Unterbeschäftigung: **zusätzliche Staatsausgaben**.

J. Duesenberry entwickelte aus der Feststellung, daß nicht so sehr das absolute, sondern das relative Einkommen der Konsumenten, d.h. ihre Stellung in der Einkommenspyramide, die Konsumentscheidungen beeinflußt (**relative Einkommenshypothese** über die Beziehung zum Einkommen und Konsum). Er betont damit also die Interdependenz aller Konsumentscheidungen. Haushalte in höherer Einkommensposition (mit höherem relativem Einkommen) weisen eine höhere Sparquote auf. Erfährt nun jemand (mikroökonomisch) eine Einkommensverbesserung relativ zu den übrigen Mitgliedern seiner sozialen Bezugsgruppe, ist die Einkommenselastizität des Konsums < 1, d.h. er wird seine Konsumquote senken. Allgemeine Einkommenssteigerungen hingegen führen infolge von wechselseitiger Nachahmung und Konsumanregung zu prozentuell gleich großer Konsumsteigerung wie Einkommenssteigerung. Langfristig ergibt sich dadurch bei annähernd gleichmäßigem Wachstum aller Haushalte eine Konstanz der volkswirtschaftlichen Konsumquote.

Bei kurzfristigen Einkommenssenkungen werden sich die Konsumenten nur schwer von ihrem einmal erreichten Konsumstandard trennen können, sie reagieren auf die Einkommenssenkungen kurzfristig mit einer steigenden Konsumquote. Langfristig dagegen werden sie gezwungen sein, ihre Konsumausgaben an das niedrigere langfristige Einkommen anzupassen, sodaß wiederum die durchschnittliche Konsumquote langfristig konstant bleibt (unter Annahme eines langfristig konstanten Wachstums des Einkommens bleibt damit auch die durchschnittliche Konsumquote konstant).

M. Friedman geht in seiner **permanenten Einkommenshypothese** davon aus, daß sich die Konsumentscheidungen der Haushalte nicht am periodisch verfügbaren Einkommen orientieren, sondern am langfristig erwarteten durchschnittlichen Einkommen, dem permanenten Einkommen (kapitalisierter Wert aller in der Zukunft erwarteten Einkommen). Kurzfristige Einkommensschwankungen schlagen demzufolge nicht auf den Konsum durch, die Konsumenten halten trotz unregelmäßigem Einkommen ihre Konsumausgaben relativ stabil. Der Konsum wird den konjunkturellen Einkommensschwankungen nicht angepaßt und wirkt dadurch konjunkturstabilisierend (andererseits spricht der Konsum dann auch nicht auf – als vorübergehend interpretierte – einkommensschaffende Investitionen, z.B. der öffentlichen Hand an): Die private Wirtschaft ist relativ stabil, Einkommensmultiplikatoren sind sehr klein. Die Konsumneigung ist schichtspezifisch bestimmt; sie ist kleiner in Berufen mit hoher Einkommensunsicherheit.

Eine Modifikation der permanenten Einkommenshypothese stellt die **Lebenszyklushypothese** von **F. Modigliani, R. Brumberg** und **A. Ando** dar. Dieser zufolge versuchen die Konsumenten eine gleichmäßige Verteilung der Konsumausgaben über ihre Lebenszeit zu erreichen. Die Konsumentscheidungen werden daher u.a. vom Verdienstzeitraum, der Lebenserwartung der Konsumenten nach der Pensionierung und der Vermögensakkumulation und Vermögensliquidation abhängig gemacht. D.h., daß sie im Existenzmaximum, das üblicherweise in den mittleren Lebensjahren erzielt wird, sparen, nach der Pensionierung hingegen das angesparte Vermögen entsparen. Der Konsum richtet sich also nach dem über die erwartete Lebenszeit voraussehbaren Vermögenswert als der Summe der auf die Gegenwart diskontierten (abgezinsten) erwarteten Einkommen. Der Konsum ist also bei dieser Hypothese sehr stark vom Zinssatz abhängig, da die Höhe des Vermögenswertes vom Abzinsungszinssatz bestimmt wird.

In den beiden letztgenannten Erklärungsansätzen wird also das Vermögen als Determinante des Konsumverhaltens explizit berücksichtigt. Darüber hinaus wird in der Literatur auch ein spezifischer **realer Vermögenseffekt** diskutiert, der das Konsumverhalten beeinflußt: bei exogenen Aufstockungen des vorhandenen realen Vermögensbestandes, beispielsweise durch ein Sinken des Preisniveaus ausgelöst, steigen die Konsumausgaben bei gegebenen Einkommen, weil die geplante Ersparnis reduziert werden kann (A. Pigou). Für die Erklärung konjunktureller Schwankungen bedeutet dies: sinkt z.B. in einem Abschwung das Preisniveau, steigt die Konsumgüternachfrage (preisinduzierter Vermögenseffekt) und der Abschwung wird gebremst.

7.C.6. Investitionen stellen, wie bereits in Kapitel I dargestellt, Nachfrage nach physischen Gütern zur Erhaltung (Ersatzinvestitionen) oder zur Erhöhung (Nettoinvestitionen) des realen Kapitalstocks dar. Nettoinvestitionen werden getätigt, weil aus der Kapitalakkumulation ein Gewinn erwartet wird. Diesem Gewinn stehen jedoch Kosten gegenüber, entweder in Form von Zinszahlungen, die der Investor bei Kreditfinanzierung zu leisten hat, oder aber in Form von Opportunitätskosten, die er bei Eigenmittelfinanzierung berechnen muß, weil ihn die möglichen Ertragsraten bei alternativer Vermögensanlage entgehen (wobei als Ertragsrate der Marktzinssatz – z.B. die durchschnittliche Verzinsung langfristiger Staatsschuldtitel oder ein anderer relevanter Opportunitätskostenzinssatz – zu verstehen ist).

Nach **Keynes** wird die Investitionsnachfrage in jeder Periode so weit ausgedehnt, bis die **Grenzleistungsfähigkeit** der Investition gleich dem Marktzinssatz ist. Die Grenzleistungsfähigkeit der zuletzt eingesetzten Kapitaleinheit ist dabei jene interne Verzinsung, mit der die laufenden Nettoerträge so abdiskontiert werden, daß der Gegenwartswert eines Investitionsobjekts gleich seinen Anschaffungskosten wird. Dieser Gegenwartswert, der im Keynes'schen Kalkül der Investitionsentscheidung eine zentrale Rolle spielt, ist eine Erwartungsgröße, da er den Anschaffungskosten die erwartenden laufenden Kosten und erwarteten Erträge des Investitionsobjekts gegenüberstellt. Ist beispielsweise die interne Verzinsung kleiner als der Marktzins, lohnt sich die Investition nicht, weil bei Kreditfinanzierung der Investition nicht einmal der Kreditzins oder bei Eigenmittelfinanzierung in alternativen Vermögensanlagen eine höhere Rendite erwirtschaftet würde. Liegt hingegen der interne Ertragssatz für die Investition höher als der Marktzins, wird investiert. Unterstellt man gegebene Ertragserwartungen bei den Investoren und auch daß alle profitablen Investitionen realisiert werden, dann ergibt sich: das Investitionsvolumen steigt mit sinkendem Marktzinssatz.

Davon zu unterscheiden sind Variationen des Investitionsvolumens als Folge geänderter **Ertragserwartungen**. Erwarten Investoren z.B. in einem Aufschwung steigende Erträge, erhöht sich die interne Verzinsung, das Investitionsvolumen wird ausgeweitet. Umgekehrt nimmt das Investitionsvolumen ab, wenn die Investitionsneigung infolge pessimistischer Ertragserwartungen sinkt. In der Keynes'schen Analyse wird somit von einer instabilen Investitionsneigung ausgegangen, die Investitionsnachfrage also als instabile Funktion des Marktzinses betrachtet. Dies gründet sich auf die Annahme autonomer Änderungen der Ertragserwartungen (optimistischer oder pessimistischer Natur), die die konjunkturellen Schwankungen der Investitionsnachfrage und letztlich der Gesamtnachfrage verursachen.

Mit der unter 7.C.5. angeführten Konsumhypothese läßt sich das Keynes'sche System wie folgt darstellen:

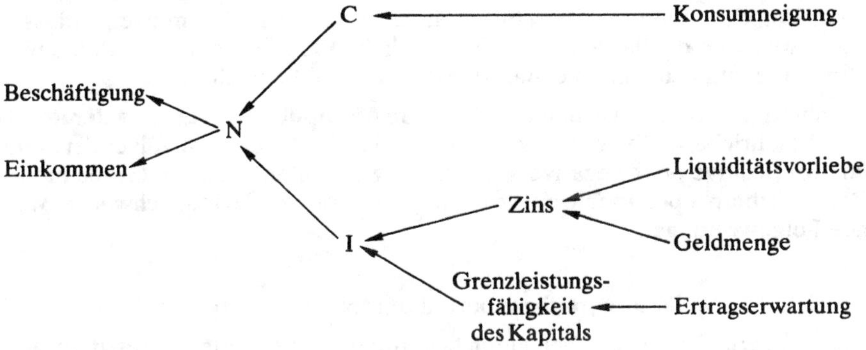

Abb. 71 Verknüpfung von Variablen bei Keynes

Die Höhe der Beschäftigung bzw. des Einkommens ist durch die effektive Nachfrage (N) bestimmt. Diese setzt sich zusammen aus der Investitionsgüternachfrage (I) und der Konsumgüternachfrage (C). Die Investitionsgüternachfrage ist abhängig vom Verhältnis der Grenzleistungsfähigkeit des Kapitals zur Höhe des Zinssatzes. Der Zinssatz ist einerseits von der Liquiditätsvorliebe, andererseits von der Geldmenge abhängig. Die Höhe des Konsums ist eine Funktion des Einkommens, deren Wert durch die Konsumneigung gegeben ist. Wir haben also neben der Geldmenge als Determinanten die drei psychologischen Faktoren des Keynes'schen Systems: Konsumneigung, Ertragserwartung und Liquiditätsvorliebe.

Auch im **neoklassischen Konzept** ist der Marktzinssatz die entscheidende Determinante der Nettoinvestitionen. Bei gegebenem Arbeitseinsatz, Reallohnsatz und Marktzinssatz ist – bei unterstelltem Gewinnmaximierungsverhalten – die optimale Nettoinvestition dann verwirklicht, wenn die Grenzproduktivität des eingesetzten Kapitals gleich ist dem Marktzinssatz.

Nach der **Akzeleratorhypothese** schließlich sind die Nettoinvestitionen abhängig von der Entwicklung der geplanten gesamtwirtschaftlichen Nachfrage (siehe 7.C.9., Akzelerator).

7.C.7. Kumulative Prozesse sind solche Prozesse, bei denen durch ein gleichgerichtetes Verhalten bestimmter Gruppen bestimmte Wirkungen ausgelöst werden. Dabei sind zwei Fälle denkbar: kumulative expansive und kumulative kontraktive Prozesse. Zu einem **kumulativen expansiven** Prozeß kommt es beispielsweise dann, wenn die meisten Unternehmen am Ende einer Planungsperiode einen Planungskoeffizienten aufweisen, der wesentlich über 1 liegt, d.h. wenn die tatsächliche Nachfrage wesentlich größer ist als die erwartete. Der bestehende Nachfrageüberschuß bedeutet in der Regel einen Anreiz, den Output zu vergrößern, gegebenenfalls auch Neuinvestitionen vorzunehmen. Dadurch werden Effekte hervorgerufen, die ihrerseits wieder auf die Endnachfrage zurückwirken. Ein Nachfrageüberschuß setzt somit über die auftretenden Einkommens-, Kapazitäts- und Gütereffekte einen kumulativen Prozeß in Gang.

Zu einem **kumulativen kontraktiven** Prozeß kommt es dann, wenn größere Nachfragelücken auftreten, die die Unternehmen zu einer Einschränkung der Produktion zwingen. Hält die Nachfragelücke an, so kommt es in der Folge auch zu einer Einschränkung der Investitionstätigkeit, Arbeitskräfte müssen entlassen werden, wodurch die das System aufrechterhaltenden Einkommenseffekte weiter abnehmen und zu einer Verstärkung der Kontraktion führen.

Kumulative Prozesse werden mit Hilfe von **Multiplikator- und Akzeleratoreffekten** beschrieben. Der gemeinsame Inhalt beider Effekte ist folgender: eine einmalige positive oder negative Veränderung der ökonomischen Größe hat im Zeitablauf überproportionale, wenn auch von Periode zu Periode schwächer werdende Folgewirkungen.

7.C.8. Die **Multiplikatorhypothese** beruht auf folgenden Überlegungen:

(1) Durch vermehrte Ausgaben durch bestimmte Prozeßregler (Investitionsausgaben der Unternehmer, Staatsausgaben, Ausgaben von Ausländern für den Kauf inländischer Produkte) kommt es zu einer Zunahme der Einnahmen bei anderen Prozeßreglern.
(2) Diese Prozeßregler können sich veranlaßt sehen, ihre Ausgaben zu erhöhen, so daß wieder bei anderen die Einnahmen zunehmen usw., so daß eine primäre Ausgabenänderung unter gewissen Voraussetzungen zu einer Einkommensänderung führt, die ein Mehrfaches der primären Ausgabenänderung beträgt.
(3) Die auf diese Weise zustande kommende Beziehung zwischen einer (bewirkenden) Ausgabenzunahme und einer (bewirkten) Einnahmensteigerung – d.h. also einer überproportionalen Zunahme der Geldvermögen – bezeichnet man als Multiplikatoreffekt.

Im Zuge der Anwendung der Multiplikatorhypothese treten vor allem folgende **Schwierigkeiten** auf: Die Isolierung des Effektes einer Parameteränderung ist praktisch unmöglich, da die für eindeutige Ergebnisse notwendige Konstanz aller (möglicherweise) relevanten Einflußfaktoren höchst unwahrscheinlich ist; Multiplikatoreffekte erstrecken sich in der Realität über viele Perioden, deren einwandfreie Abgrenzung ein bisher ungelöstes Problem darstellt. Dies vor allem unter Berücksichtigung der Tatsache, daß laufend Multiplikatoreffekte ausgelöst werden, so daß die noch nicht beendeten Multiplikatoreffekte sich laufend überschneiden.

Besonders wichtig sind die **Einkommensmultiplikatoren**. Je nach den verschiedenen autonomen Anstößen unterscheidet man z.B. Investitionsmultiplikatoren und Budgetmultiplikatoren. Da das Budget ein besonders wichtiges wirtschaftspolitisches Mittel darstellt, werden auch Teilgrößen desselben in die Multiplikatoranalyse einbezogen. So errechnet man einen Staatsausgabenmultiplikator, einen Steuermultiplikator und einen Transfermultiplikator.

Der **Investitionsmultiplikator** gibt an, welche Steigerungen des Volkseinkommens durch eine Erhöhung der (autonomen) Investitionen eintreten. Er ist größer als 1, soweit die marginale Konsumquote positiv und kleiner als 1 ist.

Bei einer marginalen Konsumquote c von z.B. 0,8 ergibt sich folgender Ablauf: Die Investitionen werden um S 100000,– erhöht, es wird eine Anlage errichtet. Dazu werden bislang unbeschäftigte (brachliegende) Produktionsfaktoren eingesetzt und erhalten ein Einkommen. Dieses Einkommen wird entsprechend der

Konsumneigung der Einkommensempfänger für Konsum und Sparen verwendet. Die S 80000,–, die für Konsumzwecke ausgegeben werden, stellen wiederum ein Einkommen der Erzeuger der Konsumgüter dar. Dieses zusätzliche Einkommen wird ebenfalls zu 80% für Konsumzwecke ausgegeben, wodurch wieder Einkommen geschaffen wird usf. Addiert man all diese Ausgaben, so erhält man einen Betrag, der ein Vielfaches jener zusätzlichen Investitionen ausmacht, die den Prozeß ausgelöst haben, nämlich S 500000,–; nach der Formel

$$\Delta Y = \Delta I \cdot \frac{1}{1-c}.$$

Da (1 – c) gleich der marginalen Sparquote s ist, entspricht der Ausgabenmultiplikator dem Kehrwert der marginalen Sparquote.

Eine Erhöhung der autonomen Staatsausgaben für Güter und Dienste bewirkt ceteris paribus den gleichen expansiven Effekt auf das Volkseinkommen, der **Staatsausgabenmultiplikator** lautet daher: $\Delta Y = \Delta St \cdot \frac{1}{1-c}$.

Der **Transfermultiplikator** ist hingegen um 1 kleiner als der Staatsausgabenmultiplikator für Dienste und Leistungen, da Transferausgaben zunächst nur einen Einkommenseffekt haben, ein Nachfrageeffekt hingegen erst durch die Verausgabung – entsprechend der marginalen Konsumneigung – erfolgt. Ausgaben für Güter und Dienste haben demgegenüber einen Einkommens- und sofortigen Nachfrageeffekt in voller Höhe der Staatsausgaben. Transfermultiplikator:

$$\Delta Y = \Delta Tr \cdot \frac{c}{1-c}.$$

Der **Steuermultiplikator** schließlich ist gleich dem Transfermultiplikator, aber mit einem negativen Vorzeichen: Eine steuerliche Kaufkraftabschöpfung von 1 Mrd S hat demnach bei einer marginalen Konsumneigung von 0,8 einen Nachfrageentzugseffekt von insgesamt 4 Mrd S.

7.C.9. Die **Akzeleratorhypothese** beschreibt die sekundären Kapazitätseffekte primärer Konsumausgabenänderungen. Es erfolgt eine funktionale Verknüpfung zwischen der Erhöhung der Nachfrage (bzw. des Volkseinkommens) und dem Niveau der Nettoinvestitionen. Die Änderungsrate der Nachfrage, multipliziert mit dem Akzelerator (einem Verhaltenskoeffizienten, der stark durch technische Gegebenheiten determiniert wird) ergibt die Höhe der durch die Änderungsrate der Konsumnachfrage bewirkten (induzierten) Nettoinvestition.

Die **Höhe** und der Zeitpunkt der **Nachfrageänderung** nach Investitionsgütern hängt ab von der Kapitalintensität der Produktion (Kapitalkoeffizient), dem Auslastungsgrad und der Lebensdauer der Produktionsanlagen, den Lagerbeständen der Investitionsmöglichkeit und der Investitionsbereitschaft, oder von ausreichenden Finanzierungsmitteln, d.h. auch von einem elastischen Kreditangebot. Ferner werden auch die Kosten- und Gewinnentwicklung, zwei wichtige Motivationen ökonomischer Handlungen eine wichtige Rolle spielen, die jedoch in der Akzeleratorhypothese nicht berücksichtigt werden.

Im folgenden Beispiel wird ein konstant bleibender Kapitalkoeffizient von 5 angenommen. Ersatzinvestitionen bleiben unberücksichtigt, d.h. die Position Nettoinvestition enthält nicht die Ausgaben für Ersatzinvestitionen.

Beiträge in Millionen DM						
Jahr	Output	Lager-bestände	Absatz	Output-änderung	erforder-licher Ka-pitalstock	Netto-investi-tionen
1	10	4	12	0	50	0
2	10	2	12	0	50	0
3	11	0	11	1	55	5
4	13	0	13	2	65	10
5	16	0	16	3	80	15
6	19	0	19	3	95	15
7	21	0	21	2	105	10
8	22	0	22	1	110	5
9	22	0	22	0	110	0
10	22	2	20	0	110	0
11	23	0	25	1	115	5

Abb. 72 Akzeleratoreffekte

7.C.10. Die Erkenntnis, daß Anpassungsverzögerungen an neue Konstellationen eine Ursache von zyklischen Schwankungen sein können, hat in letzter Zeit dazu geführt, daß immer mehr Lagstrukturen aus anderen Teilbereichen der ökonomischen Theorie in die Konjunkturtheorie integriert wurden. Aus den zahlreichen möglichen **Lagstrukturen** seien hier folgende herausgegriffen.

(1) Der Zeitabstand zwischen einer Änderung der Nachfrage und einer Veränderung des Outputs (**Lundberg-Lag**).

Der Lundberg-Lag kann unterteilt werden in einen Erkennungslag, einen Entscheidungslag und in einen Produktionslag i.e.S. Unter letzterem versteht man den Zeitabstand zwischen der Mittelbereitstellung und dem Beginn der Produktion von Gütern.

Eine erhöhte Nachfrage führt nicht sofort zu einer Zunahme des Outputs. Dies kann technologisch (Industrie) oder biologisch (Landwirtschaft) bedingt sein oder darauf zurückgeführt werden, daß die Auftragseingänge zunächst aus den in Vorperioden aufgebauten Output-Lagern befriedigt werden. Erst mit wachsendem Auftragsbestand nimmt auch der Output in der Regel zu, sofern eben nicht technologische oder biologische Restriktionen bestehen.

(2) Zeitabstand zwischen dem Anfallen des Outputs und der Unterbringung der Güter auf dem Markt (**Absatz-Lag**). Die über die augenblickliche Nachfrage hinausgehende Produktion geht in die Output-Lager. Über bestimmte Schwellenwerte hinausgehende Output-Lager haben Rückwirkungen auf die Investitions- und Produktionstätigkeit der betreffenden Unternehmen.

Daneben kann es noch aus folgenden Gründen zu Lagerbildung kommen:

a) Lagerhaltung aus reiner Preisspekulation, um später bei gestiegenem Preis die Ware abzusetzen,
b) juristisch oder aus Sicherheitsgründen vorgeschriebene Pflichtlagerbestände (Erdöl als Kriegsvorsorge, Pharmazeutika für Epidemienbekämpfung),
c) marktpolitische Lagerbestände zur Sicherung der Lieferbereitschaft (Pufferbestände).

(3) Zeitabstand zwischen einer Preisänderung und einer Output- (bzw. Angebots-)änderung sowie einer Outputänderung und einer Preisänderung (**Cobweb-Theorem**).

Das Cobweb-Theorem besagt, daß es in einem Zeitpunkt t_1 infolge einer Angebotslücke bei einem bestimmten Gut zu Preissteigerungen kommt, die einen Anreiz zu zusätzlichen Investitionen bzw. einer zusätzlichen Produktion darstellen, wodurch es im Zeitpunkt t_2 zu einem Angebotsüberschuß und damit zu einer Preissenkung kommt, was wieder zu einer Reduzierung der Investitionstätigkeit führt und zur Folge hat, daß im Zeitpunkt t_3 das Angebot geringer als die Nachfrage ist, es entsteht also wieder eine Angebotslücke mit der Tendenz steigender Preise (siehe Abb. 73).

Die beschriebenen Reaktionen sind empirisch besonders häufig im Bereich der Landwirtschaft festzustellen (Schweinezyklen, Weizenzyklen usw.), stellen jedoch kein Spezifikum dieses Sektors dar. Die gleichen Sachverhalte sind etwa auch der „Produktion" von Hochschulabsolventen bestimmter Studienrichtungen (z.B. Medizin, Jurisprudenz) feststellbar. Beispiel: im Zeitpunkt t_1 herrscht ein akuter Ärztemangel, was viele Studenten dazu veranlaßt, Medizin zu studieren. Dies führt im Zeitpunkt t_2 (nach einer bestimmten, ausbildungsbedingten Anzahl von Semestern) zu einem Überangebot an Ärzten, wodurch es für die Absolventen immer schwieriger wird, eine günstige Anstellung zu finden, was in der weiteren Folge – sobald der Ärzteüberschuß offensichtlich wird – wieder dazu führt, daß sich die Neuinskribenten an Hochschulen anderen Studienrichtungen (z.B. Jurisprudenz) zuwenden, wobei hier nach einem bestimmten Zeitraum der gleiche Effekt (Überangebot an Juristen) eintritt.

Die beschriebenen zyklischen Preis- und Mengenschwankungen sind jedoch **nur möglich**, wenn

a) bei den Wirtschaftssubjekten so gut wie keine Lernprozesse stattfinden und die Entscheidung, ob Investitionen getätigt werden sollen, nur von den augenblicklich herrschenden Preisen abhängig gemacht wird,

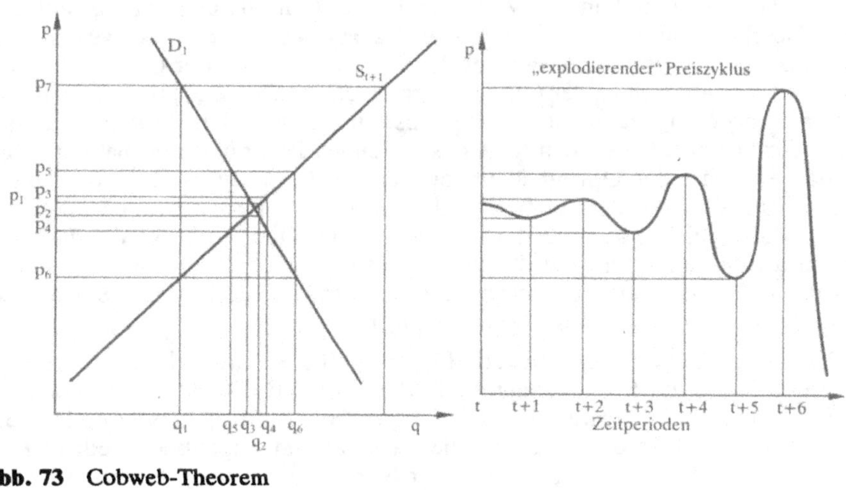

Abb. 73 Cobweb-Theorem

b) keine Abstützung der Entscheidungen auf Prognosen (Angebotsprognosen, Bedarfsprognosen für bestimmte Gruppen von Hochschulabsolventen) erfolgt,

c) die voraussichtliche Angebotsentwicklung nicht vorhergesehen werden kann.

(4) Zeitabstand zwischen dem Erhalt des Einkommens und der Verwendung dieses Einkommens (Löhne, Gehälter, Gewinne) zur Finanzierung von Ausgaben (**Robertson-Lag**).

Dieser Zeitabstand wird unterschiedlich groß sein und davon abhängen, um welche Art von Wirtschaftssubjekten es sich handelt bzw. welche Einkommensart vorliegt, ob die Ausgaben investiven Zwecken oder konsumtiven Zwecken dienen.

Meist werden die time-lags bei Investitionsentscheidungen größer sein, als bei Konsumentscheidungen. Daneben wird noch der Informationsgrad, die angewandten Entscheidungskriterien sowie allenfalls Preissteigerungserwartungen von Bedeutung sein. Bringt man Einkommens-, Nachfrage-, Preis-, Gewinn-, Investitions-, Output- und Absatzänderungen in eine Kausalkette, so wird deutlich, daß die einzelnen Theoreme jeweils nur bestimmte Abschnitte der gleichen Kausalkette beschreiben (Abb. 74).

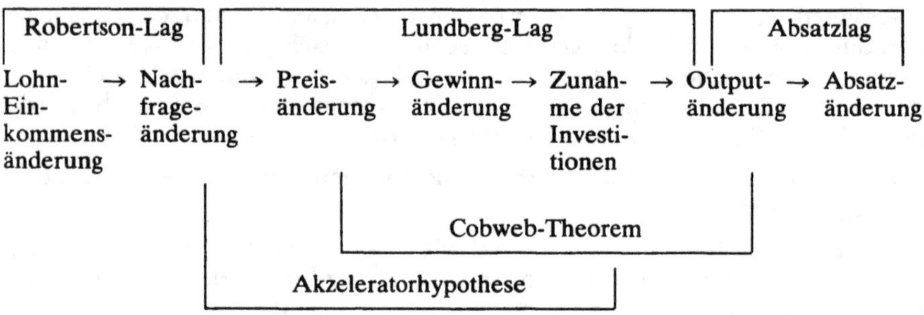

Abb. 74 Lag-Strukturen

(5) Zeitabstand zwischen der Veränderung des Outputs und der Veränderung des Beschäftigungsniveaus (**Okun-Relation**). Das **Beschäftigungsniveau** schwankt unter kurzfristiger Perspektive weniger stark als der Output. In der 1. Expansionsphase wächst der Output, verglichen mit dem Beschäftigungsniveau, unterproportional. Durch zusätzliche Einstellung von Arbeitskräften zu Beginn der 2. Expansionsphase und infolge des Hineinwachsens in die vorhandenen Kapazitäten wächst der Output überproportional. Ferner wirkt outputsteigernd, daß die Zahl der geleisteten Überstunden umso stärker zunimmt, je weniger Arbeitskräfte verfügbar sind. In der 1. Kontraktionsphase entwickeln sich Output und Beschäftigungsniveau weitgehend parallel, in der 2. Kontraktionsphase weicht die Entwicklung des Outputs wieder vom Beschäftigungsniveau ab: Der Output sinkt stärker, als das Beschäftigungsniveau.

Dies ist vor allem darauf zurückzuführen, daß die Unternehmer in den Kontraktionsphasen mit Entlassungen zurückhaltend sind. Die Nichtentlassung von Arbeitskräften kann entweder auf die Laufzeit von Verträgen oder einfach darauf zurückgeführt werden, daß zwar die Nachfrage im Augenblick niedrig ist, die Unternehmer aber wieder mit steigender Nachfrage rechnen. Überdies besteht die Gefahr, daß entlassene Arbeitskräfte nicht mehr zurückgewonnen werden können. Ob und in welchem Umfang Entlassungen unterbleiben, hängt insbesondere vom Qualifikationsniveau der Beschäftigten ab.

Die Unternehmen werden trachten, qualifizierte Arbeitskräfte, für die Kosten und Zeit für die Ausbildung und Einarbeitung aufgewandt wurden, nach Möglichkeit über die „Talsohle" hinweg zu halten. Oder anders formuliert, der Ausbildungs- und Einschulungsaufwand, der den Humankapitalstock vergrößert, ist zu hoch.

Mit der beschriebenen Entwicklung im Zusammenhang steht die **Entwicklung der Produktivität** in den einzelnen Konjunkturphasen. In der 1. Kontraktionsphase versuchen die Unternehmen – wie oben beschrieben – die vorhandenen Arbeitskräfte nach Möglichkeit zu halten. Bevor es zu Entlassungen kommt, werden eher Überstunden und Extraschichten abgebaut, Arbeitsplätze von aus dem Erwerbsleben ausgeschiedenen Mitarbeitern werden zunächst nicht mehr besetzt, die günstige Aufeinanderfolge von Feiertagen wird für Werksferien genutzt, etc. In der 2. Kontraktionsphase wird bei anhaltender Produktionsrückläufigkeit ein Teil der unqualifizierten Arbeitskräfte entlassen, was zu einer Zunahme der Produktivität führt. In der 1. Expansionsphase wächst mit steigender Auslastung der Anlagen auch die Produktivität. Im Zuge der Erweiterung der Kapazitäten zu Beginn der 2. Expansionsphase müssen wieder in verstärktem Umfang Arbeitskräfte eingestellt werden, wodurch sich die Arbeitsproduktivität wieder verschlechtert. Dieser Effekt ist umso stärker, je knapper Arbeitskräfte sind und je teurer daher entsprechende Arbeitskräfte bezahlt werden müssen. Die in der 1. Expansionsphase überdurchschnittlich hohe Zuwachsrate der Arbeitsproduktivität geht in der 1. Kontraktionsphase wieder auf den Trendwert zurück.

(6) Im Laufe eines Konjunkturzyklus unterliegen die einzelnen Faktoreinkommen mehr oder minder starken, zeitlich verschobenen Schwankungen, die zu einer Verschiebung der Einkommensverteilung zwischen den Gruppen und zu einer Verstärkung zyklischer Schwankungen führen können. Unter einem **Lohn-Lag** versteht man in diesem Zusammenhang den zeitlichen Abstand zwischen den jeweiligen oberen bzw. unteren Wendepunkten in den Veränderungsraten der Arbeitsproduktivität und des Tariflohn- und Gehaltsniveaus. Daneben sind noch andere Lohn-Lags mit anderen Begriffsinhalten denkbar:

(a) Nachhinken der Lohnentwicklung hinter der Preisentwicklung;
(b) Nachhinken der Arbeitnehmereinkommen hinter dem Bruttoeinkommen aus Unternehmertätigkeit und Vermögen.

In der ersten Expansionsphase, wenn hohe Produktivitätszuwächse die Stückkosten senken, diese Kostensenkungen aber nicht auf die Preise durchschlagen, steigen die Unternehmergewinne rasch an, die Einkommen aus unselbständiger Tätigkeit folgen der Entwicklung der Produktivität erst mit einer gewissen zeitlichen Verzögerung. Im Laufe der zweiten Kontraktionsphase wird in der Regel aus einem Lohn-Lag ein Lohn-Lead, insbesondere dann, wenn die Gewerkschaften ihre günstige Verhandlungsposition zu Beginn der ersten Kontraktionsphase voll genützt haben. Erfahrungsgemäß setzen die Unternehmer in der ersten Kontraktionsphase den Lohnforderungen der Gewerkschaften infolge der günstigen Gewinnentwicklung in der zweiten Expansionsphase nur geringen Widerstand entgegen.

Im wesentlichen ist der oben beschriebene **Lohn-Lag** auf folgende Umstände zurückzuführen:

(1) Schwankungen der Komponenten der Endnachfrage;
(2) Institutionelle Starrheiten, die zu einer verzögerten Anpassung führen (z.B. Laufzeit der Tarifverträge);
(3) Das Ausmaß der Produktivitätsentwicklung kann mitunter nur schwer vorausgeschätzt werden.

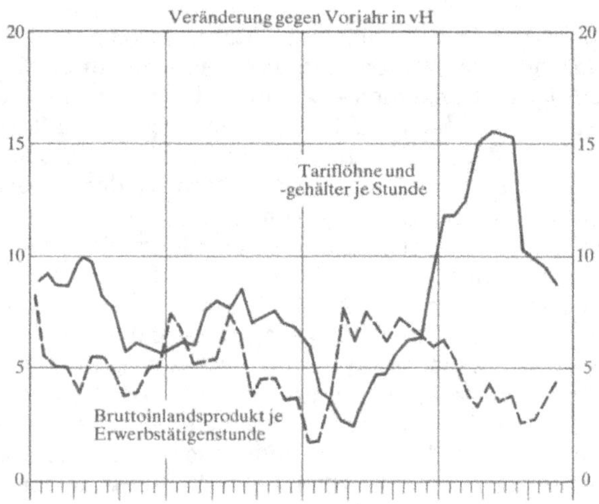

Abb. 75 Zur Entwicklung des Lohn-Lags:

7.C.11. Der **Geldwert** bildet sich im Zusammenspiel dreier Determinantengruppen:

- den Komponenten der monetären Nachfrage (Konsumgüternachfrage, Investitionsgüternachfrage, Staatsausgaben, Außenhandelssaldo);
- den Bestimmungsgründen des monetären Angebotspreises (Lohnhöhe, indirekte Steuern, Monopolgrad, terms of trade);
- den Determinanten des Outputs (technischer Fortschritt, Kapazitätseffekt der Investitionen).

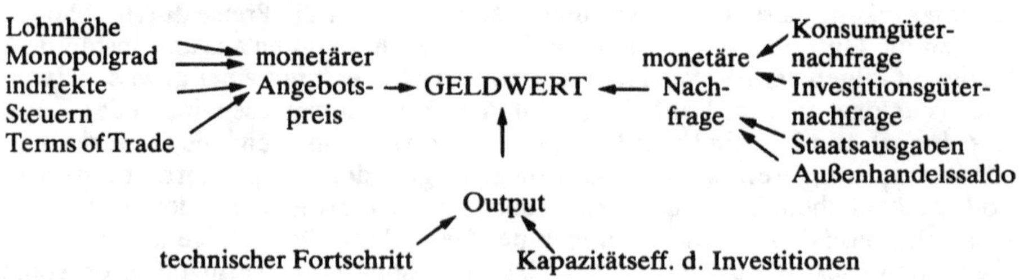

Abb. 76 Bestimmungsfaktoren des Geldwertes

Der Geldwert sinkt proportional mit steigenden Güterpreisen und steigt proportional mit sinkenden Güterpreisen, sofern die Nachfragestruktur gleich bleibt. Unter sonst gleichbleibenden Bedingungen erleiden die Besitzer von Geldforderungen mit sinkendem Geldwert Verluste, während die Geldschuldner indirekte Gewinne erzielen, indem die Schuldenlast dem Realwert nach im gleichen Umfang abnimmt. Dieser Effekt tritt jedoch nicht ein, wenn Indexklauseln zwischen Gläubigern und Schuldnern vereinbart werden.

7.C.12. Abweichend von anderen Lehrbüchern werden **Preisstruktur-** und **Preisniveauveränderungen** nicht im Rahmen der geldtheoretischen Hypothesen behandelt. Denn nur bei simultaner Analyse von realen und monetären Einflußfaktoren können einigermaßen realitätsbezogene Erklärungsmuster gewonnen werden. Es empfiehlt sich, auch stets zu unterscheiden zwischen

- der Analyse von Einzelpreisveränderungen und der Analyse der Veränderungen des Preisniveaus;
- der Analyse kurzfristiger Preisschwankungen und der Analyse jener Einflußfaktoren, die den langfristigen Preistrend beeinflussen.

Die **Analyse von inflationären Prozessen** wird durch folgende Umstände erschwert:

- Vielzahl und Heterogenität der Ursachen bzw. Konstellationen, die zu Preissteigerungen führen können;
- zeitlich gestaffeltes Auftreten der Wirkungen;
- schwierige Erfassung der Ursachen bzw. Verhaltensweisen, die zu Preissteigerungen geführt haben. Dies ist einer der Gründe, weshalb die Bereitschaft, Beiträge zur Stabilisierung von Preisen zu leisten so gering ist;
- statistische Erfassungsschwierigkeiten und zwar sowohl was Preisstruktur als auch Preisniveauveränderungen anbelangt. Nimmt man die Preise einzelner Güter als Grundlage, so ergibt sich ein anderer Wert als bei Erfassung der Preisentwicklung jener Güter, die in sogenannten „Warenkörben“ enthalten sind. Ungeklärt bleibt zusätzlich noch, wie Änderungen der Qualität der Produkte bzw. Änderungen der Konsumgewohnheiten zu berücksichtigen sind und wie die Preisstruktur verzerrenden Subventionen und Verbrauchssteuern in Rechnung zu stellen sind. Die Berechnung des Preisindex als Meßziffer des Preisniveaus wird daher in verschiedener Weise erfolgen, z.B. als Index industrieller Erzeugerpreise, als Großhandelspreisindex, als Baukostenindex, als Einzelhandelspreisindex oder als Lebenshaltungskostenindex (Verbraucherpreisindex[1]).

---

[1] Der wichtigste Index in Österreich ist der sog. Verbraucherpreisindex. Mit seiner Hilfe werden die Preissteigerungen jenes Warenkorbes gemessen, wie er für das Verbraucherverhalten für die österreichische Bevölkerung typisch ist. So enthält der VPI 1976 582 Positionen, stützt sich auf die Mitarbeit von 3500 Geschäften und vergleicht pro Monat 55000 Einzelpreise. Die monatlichen Preiserhebungen werden in 20 Städten durchgeführt. In seiner Gewichtung (z.B. so und soviel Prozent für die Kosten von Wohnung, Hausrat und Wohnungseinrichtung, Freizeit und Bildung, Verkehr usw.) sind alle österreichischen Haushaltsgrößen und Einkommensstufen einbezogen. Der VPI 1976 ist also ein Generalindex mit universeller Repräsentation. In bestimmten Zeitabständen muß der Index revidiert werden, um den veränderten Ge- und Verbrauchsgewohnheiten Rechnung zu tragen.

(1) **Angebotsinflation** liegt vor, wenn die Ursachen von Preissteigerungen überwiegend in angebotsseitigen Faktoren zu suchen sind.

(1.1) Autonome Kosteninflation (Angebotsinflation): Das Anspruchsniveau der Konsumenten im Hinblick auf die Qualität der Produkte wächst mit steigendem Einkommen. Die erforderlichen Qualitätsverbesserungen sind jedoch vielfach nur durch vermehrten Kapital- und/oder Arbeitseinsatz – allgemeiner formuliert durch gewisse „Produktionsumwege" im Sinne von Böhm-Bawerk – möglich. Die Verlängerung der durchschnittlichen Produktionsperiode bedeutet jedoch gleichzeitig eine Kosten- und in der weiteren Folge auch eine Preissteigerung.

(1.2) Autonome Gewinndruckinflation: Die Unternehmer nehmen einen bestimmten Zuschlag auf die gesamten Produktionskosten oder einen Teil der Kosten vor (unternehmerische mark up-Strategien), um ihr Realeinkommen zu erhöhen.

(1.3) Lohninduzierte Kosteninflation: Hier kommt es zu Preissteigerungen durch mark up-Strategien seitens der Arbeitnehmerverbände. Dies tritt vor allem dann ein, wenn die Lohnerhöhungen über die Produktivitätssteigerungen hinausgehen. Die Gefahr, daß eine derartige Konstellation eintritt, besteht vor allem dann, wenn in einem Land keine Einheitsgewerkschaft, sondern Branchengewerkschaften existieren. Es tritt der sogenannte „Schrittmacher"-Effekt ein. Eine Gewerkschaft setzt Lohnerhöhungen durch, die anderen Gewerkschaften folgen in gewissen Abständen mit ihren Lohnforderungen, selbst dann, wenn die Voraussetzungen nicht vorliegen, die die erste Gewerkschaft zu Lohnforderungen veranlaßt hat. Es tritt eine Nivellierung der Lohnhierarchie ein.

(1.4) Gesamtwirtschaftliche Materialkostendruckinflation: Sie kann auf zwei Ursachen zurückgehen:

- auf eine Preissteigerung von inländischen Roh- und Grundstoffen;
- auf einen Preisanstieg importierter Produktionsgüter, welcher seinerseits wieder auf das Bestehen eines direkten Preiszusammenhanges zum Ausland zurückzuführen sein kann (siehe auch S. 164). Dieser Effekt kann noch durch eine Abwertung der eigenen Währung verstärkt werden.

(1.5) Nachfrageinduzierte Kosteninflation: Zu Kostensteigerungen und damit in der weiteren Folge zu Preissteigerungen kann es kommen, wenn infolge von Knappheitsrelationen bei den Faktoren Arbeit und Kapital höhere Faktorpreise seitens der Unternehmen gezahlt werden müssen, um die nötigen Produktionsfaktoren überhaupt beschaffen zu können. Der Widerstand seitens der Unternehmen, höhere Faktorpreise zu bezahlen, ist dabei umso geringer, je größer die Wahrscheinlichkeit ist, die Kostensteigerungen durch Preissteigerungen im Laufe eines Konjunkturzyklus wieder hereinzuholen. Erst wenn dies nicht möglich ist, erfolgt eine Kompensation der Kostensteigerung durch Rationalisierungsgewinne, die durch den Einsatz effizienterer Produktionsverfahren entstanden sind.

(2) Von **Nachfrageinflation** spricht man, wenn es im Falle eines Nachfrageüberschusses auf bestimmten Märkten zu Preissteigerungen kommt. Ob ein Nachfrageüberschuß auf einem Markt zu Preissteigerungen führt hängt dann insbesondere von der Elastizität des Güterangebotes sowie der Dringlichkeit der Nachfrage ab. Geht man von den Nachfragekomponenten der Verwendungsseite des Sozial-

produkts aus, so lassen sich folgende preisrelevante Einflußfaktoren unterscheiden:

- private Konsumnachfrage (Konsumboom);
- private Investitionsnachfrage (Investitionsboom);
- staatliche Investitions- und Konsumnachfrage (übermäßiges Ansteigen der Staatsausgaben;)
- Auslandsnachfrage (Exportboom).

Zwischen den einzelnen nachfrageseitigen Komponenten bestehen die verschiedensten Wirkungen und Wechselwirkungen. So können beispielsweise durch einen größeren Interventionsumfang des Staates die Staatsausgaben sprunghaft zunehmen, was zu einem Investitionsboom und via Multiplikatoreffekte zu einer Zunahme der Konsumgüternachfrage führen kann; wobei die Zunahme der Konsumgüternachfrage durch Preissteigerungserwartungen, kommende Steuererhöhungen usw. noch intensiviert werden kann.

Bei der Analyse wird auch zu berücksichtigen sein, wie groß die Zunahme der staatlichen Personalkosten innerhalb der Zunahme der Staatsausgaben ist. Lohn- und Gehaltserhöhungen der Beschäftigten im öffentlichen Dienst wirken nicht wie in der Privatwirtschaft über die Angebots- und Nachfrageseite, sondern nur über die Nachfrageseite auf die Preisentwicklung ein.

(3) Die **Tendenz generell steigender Preise** wird durch folgende Umstände **begünstigt**:

(3.1) Gewöhnung der Konsumenten an Preissteigerungen: Dies äußert sich unter anderem in einem Sinken der Preis-Nachfrage-Elastizitäten. Mit anderen Worten: Die Gefahr eines Umsatzrückganges nach einer Preiserhöhung wird dadurch geringer. Die Gewöhnung der Konsumenten an Preissteigerungen wird noch verstärkt durch die bestehende Interdependenz der Bedarfsstrukturen (siehe Seite 52f.) und die weit verbreitete Ansicht, daß Kostensteigerungen Preissteigerungen in gleichem Umfang rechtfertigen.

(3.2) Starrheit von Preisen und Nominallöhnen nach unten (engl.: ratchet effects): Dies gilt insbesondere für die sogenannten „administrierten Preise". Dies sind Preise, die vom Anbieter (Staat) für einen längeren Zeitraum festgesetzt werden und die nach unten so gut wie nicht flexibel sind. Die Löhne wiederum sind durch die Existenz von Kollektivverträgen an der Flexibilität nach unten gehindert.

(3.3) Oligopolistische Marktformen auf der Angebotsseite: Auf Grund von oligopolistischen Marktstrukturen sinken die Preise in jenen Sektoren nicht, die überdurchschnittliche Produktivitätsgewinne zu verzeichnen haben. Das Aggregat Preisniveau bleibt jedoch nur dann niveaumäßig unverändert, wenn der Preisanstieg bei arbeitsintensiven Produkten durch die Weitergabe von Produktivitätssteigerungen bei kapitalintensiven Produkten kompensiert werden kann.

(3.4) Mangelndes Preisbewußtsein der Verbraucher sowie der Umstand, daß die qualitativen Eigenschaften eines Gutes beim Kauf mitunter nur schwer erkannt werden können und daher vielfach der Preis als Gradmesser der Qualität angesehen wird.

Vielfach wird in analytisch nicht sehr ergiebiger Weise die Frage gestellt, ob angebotsseitige Faktoren oder nachfragebedingte Faktoren Preissteigerungen ausgelöst haben. Es geht also darum, ob der Nachfragesog steigende Preise und damit infolge von gewerkschaftlichen Lohnforderungen Lohn- und Kostensteigerungen und damit wieder weitere Preissteigerungen bewirkt (cost-push-inflation) oder ob die Lohnerhöhungen und der daraus resultierende Nachfragesog Preissteigerungen nach sich zieht (demand-pull-inflation). Diese Fragestellung läuft hinaus auf das bekannte Henne-Ei-Problem bzw. eine lead-lag-Situation, die allgemein im Sinne eines „immer dann, wenn ..." überhaupt nicht gelöst werden kann. Man sollte daher die Suche nach solchen Erklärungsmustern nicht übertreiben.

(4) Sämtliche realen angebots- und nachfrageseitigen Faktoren, die zu Preissteigerungen führen können, werden durch **monetäre Einflußfaktoren** überlagert. Wirkungsverlauf, Intensität und der Zeitpunkt des Eintretens preisrelevanter Wirkungen hängen davon ab, wie die Leistungstransaktionen dieser Unternehmen, privaten und öffentlichen Haushalte finanziert werden. In diesem Zusammenhang kommt dem Ausmaß an Zentralbankgeldschöpfung sowie dem Handlungsspielraum der Geschäftsbanken zur Buchgeldschöpfung erhebliche Bedeutung zu (siehe Kapitel V, S. 99f.).

Unter „**importierter Inflation**" versteht man meist eine Konstellation, in der infolge relativ niedriger Exportpreise die Nachfrage seitens des Auslandes zunimmt und durch indirekte und/oder direkte Übertragungsmechanismen allmählich auch das inländische Preisniveau angehoben wird. Von den zahlreichen **Erklärungsversuchen** seien die folgenden herausgegriffen:

(1) Steigt bei festen Wechselkursen das ausländische Preisniveau, während das Preisniveau im Inland unverändert bleibt, so werden in der Regel die Inländer weniger, die Ausländer mehr importieren, da die inländischen Güter gegenüber den ausländischen Gütern vergleichsweise billiger geworden sind. Die gestiegenen Exporte und die gesunkenen Importe bewirken – ceteris paribus! – einen **Leistungsbilanzüberschuß**, der zu einem Überschuß in der Devisenbilanz führt. Dadurch wieder kommt es zu einer Zunahme der Zentralbankgeldmenge und – in der weiteren Folge – zu einem Anstieg des inländischen Preisniveaus.

W. Stützel hat gegen diese Hypothese eingewandt, daß Leistungsbilanzüberschüsse im Grunde nichts anderes darstellen, als Überschüsse der inländischen Geldersparnis der privaten Haushalte über die inländische Nettoverschuldung anderer Gruppen (dies ist meist dann der Fall, wenn die Sparer eine relativ hohe Realverzinsung erwarten, d.h. die Nominalverzinsung hoch und die Preissteigerungserwartungen gering sind). Der Überschuß der inneren Ersparnis wird also in Form von Geldersparnissen stillgelegt, d.h. diese Ersparnisse werden nicht zur Finanzierung von Investitionen verwendet. Es entstehen daher bei den Unternehmern – im Vergleich zu den Ausgaben – Mindereinnahmen aus dem Inland, welche durch den Verkauf von Gütern und Dienstleistungen in Höhe des Leistungsbilanzüberschusses gerade ausgeglichen werden. Durch einen Leistungsbilanzüberschuß entsteht somit kein zusätzliches Geld, sondern nur so viel, wie aus dem Inland infolge von Geldstillegung nicht zu den Unternehmen zurückfließt.

Dieser These kann allerdings wieder entgegengehalten werden, daß sie nur so lange gilt, als der Leistungsbilanzüberschuß einen bestimmten Schwellenwert (z.B. Außeninvestition in Prozent des Bruttosozialprodukts) nicht überschreitet. Werden diese Schwellenwerte überschritten, so kann das bedeuten, daß es im Inland doch zu einem Preisauftrieb kommt, allerdings nicht, weil die Zentralbankgeldmenge zugenommen hat, sondern deshalb, weil durch den Export von Gütern und Dienstleistungen eine Angebotslücke im Inland entstanden ist, die durch eine entsprechende Anhebung der Preise für diese Güter ausgeglichen wird. Dies allerdings wieder nur unter der Voraussetzung, daß die exportierten Güter tatsächlich im Inland nachgefragt würden.

(2) Nach der Theorie des **internationalen Preiszusammenhanges** kann es bei festen Wechselkursen jedoch auch bei ausgeglichener oder defizitärer Leistungsbilanz zu einem Inflationsimport kommen. Bei der **direkten Wirkung** des internationalen Preiszusammenhanges führt eine Inflation im Ausland unmittelbar zu einer Erhöhung der in Inlandswährung ausgedrückten Importgüterpreise; da im Ausland höhere Preise für die Exportgüter des Inlands gezahlt werden, steigen auch deren Inlandspreise. Soweit andererseits Außenhandelsgüter als Produktionsfaktoren in der Erzeugung von Binnenhandelsgütern verwendet werden, steigen auch die Preise der Binnenhandelsgüter. Die **indirekten Wirkungen** des internationalen Preiszusammenhanges bestehen darin, daß Preissteigerungen von Importgütern zur Verlagerung der Nachfrage in das Inland führen – mit allen Folgen für die Preisentwicklung bei gegebenen maschinellen und personellen Kapazitäten. Sie bestehen auch darin, daß über den Exportsektor die höhere Nachfrage nach Investitionsmitteln und Arbeitskräften sich auf die anderen Wirtschaftszweige verlagert und dort zu Preissteigerungen führt.

(3) Nach einer anderen Hypothese besteht bei festen Wechselkursen die Gefahr von Preissteigerungen auch dadurch, daß im Falle von internationalen Währungskrisen durch die **Stützungskäufe der Zentralbanken** (sobald der Kurs der Leitwährung den unteren Interventionspunkt erreicht hat) die im Inland verfügbare Geldmenge zunimmt und somit die Tendenz zu Preissteigerungen besteht, sofern der Geldmengenzuwachs nicht durch restriktive Maßnahmen neutralisiert wird.

(4) Eine Übertragung der Inflation ist über den internationalen Preiszusammenhang aber auch bei **flexiblen Wechselkursen** möglich, wenn die ausländischen Preiserhöhungen nicht durch eine entsprechende Wechselkursänderung kompensiert werden. Möglich ist dies dadurch, weil Devisenangebot und -nachfrage und damit der Wechselkurs nicht nur von Güterströmen bestimmt werden, sondern auch durch internationale Kapitalbewegungen, wie Devisenspekulation, Kapitalflucht u.ä.

7.C.13. Die Diskussion der Frage von Inflationswirkungen auf die Beschäftigung hat sich im sogenannten **Phillips-Theorem** kristallisiert. A. W. Phillips hat mit Hilfe von statistischen Untersuchungen über einen Zeitraum von etwa 100 Jahren festgestellt, daß zwischen Arbeitslosenquote und Steigerungsrate des Nominallohnes eine negative Abhängigkeit besteht. Samuelson/Solow transformierten diese ursprüngliche Phillips-Kurve in ihre modifizierte Form, dem Verhältnis Arbeitslosenquote zu Inflationsrate. Dabei wird unterstellt, daß eine 3%ige Nominallohnerhöhung inflationsneutral ist. Die Aussage dieser modifizierten Phillips-Kurve: Bei einer hohen Inflationsrate ist die Arbeitslosenquote geringer als bei einer niedrigen Inflationsrate.

Die von Phillips für Großbritannien empirisch abgeleitete, für andere Länder in dieser Form gar nicht oder selten nachweisbare Kurve hat jedoch allenfalls

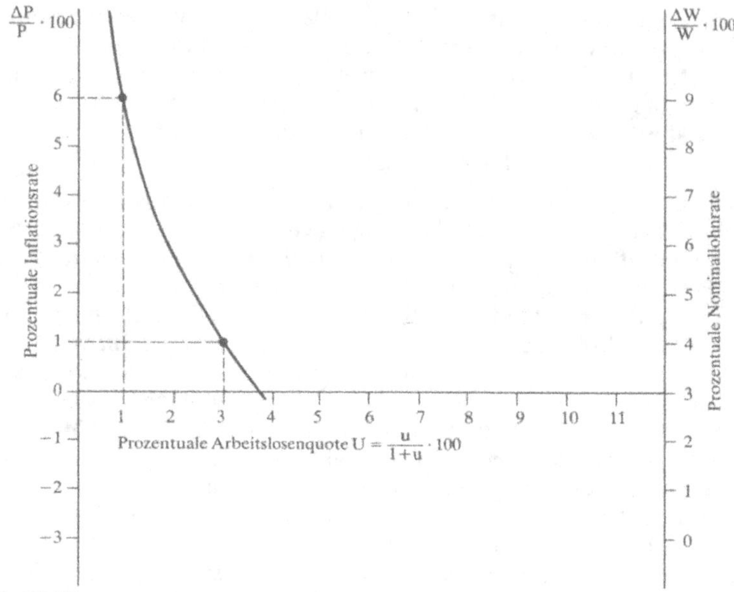

Abb. 77 Phillips-Kurve

kurzfristige Bedeutung. Für eine langfristige Beschäftigungspolitik ist sie äußerst problematisch. Eine Politik steigender Inflation (zur Ankurbelung der Wirtschaft) hat nämlich nur dann Auswirkungen auf die Beschäftigung, wenn die künftige Inflationsrate von den Wirtschaftssubjekten falsch eingeschätzt wird. Wenn die Inflationsrate unterschätzt wird, ergeben sich positive Beschäftigungseffekte, wenn die Inflationsrate hingegen überschätzt wird, negative. Eine solche Politik zur Verringerung der Arbeitslosenquote ist somit nur erfolgreich, wenn die Arbeitnehmer über die Reallohnentwicklung zu ihren Ungunsten getäuscht werden können und führt sogar zu steigender Arbeitslosigkeit, wenn die künftige Inflationsrate überschätzt wird (Stagflation).

7.C.14. Im folgenden wollen wir uns nun mit zwei Richtungen der modernen **Wachstumstheorie**, dem Post-Keynesianismus (E. D. Domar) und der neoklassischen Wachstumstheorie (R. M. Solow) beschäftigen, allerdings nur insoweit, als es ûm die tragenden Gedanken beider Ansätze geht.

(1) Die **Domar'sche Theorie** geht zunächst davon aus, daß von einer Investition zwei Effekte ausgehen können, die gleichermaßen wichtig sind, nämlich der Einkommenseffekt und der Kapazitätseffekt, wobei der Einkommenseffekt mit Hilfe des Multiplikatortheorems und der Kapazitätseffekt mit Hilfe des marginalen Kapitalkoeffizienten beschrieben wird. Dies stellt eine Erweiterung gegenüber Keynes dar, der nur den Einkommenseffekt in seinem System verankert hat.

Worum es Domar letzten Endes geht, ist zu zeigen, unter welchen Prämissen ein **Gleichgewichtswachstum** möglich ist. Es werden die Bedingungen erforscht, unter denen eine Wachstumsrate möglich ist, bei der die durch die zusätzlichen Investitionen bedingte Ausdehnung des Kapitalstocks auch genutzt werden kann. Die Bedingungen eines in diesem Sinne gleichgewichtigen oder störungsfreien Wachstums sind:

Die Änderungsrate des Realeinkommens muß gleich sein der Änderungsrate der Produktionskapazität (bei gegebenem Auslastungsgrad). Gleichgewichtiges Wachstum setzt in jeder Periode Gleichheit von freiwilliger Ersparnis und freiwilliger Investition voraus. Die Änderungsrate der Investitionen ist zur Höhe des Einkommens direkt proportional, sie nimmt also mit steigendem Einkommen zu. Daraus ergibt sich, daß das Einkommen immer schneller wachsen muß, soll die von den Unternehmern gewünschte Ausnutzung des ständig wachsenden Kapitalstockes verwirklicht werden.

Die **Stärke des Wachstums** hängt vom Kapitalkoeffizienten und von der marginalen Sparquote ab, die Lage der Wachstumskurve vom Ausgangseinkommen, z.B. Y_0. Die Abb. 78 zeigt die Wachstumskurven für die beiden Ausgangseinkommen Y_0, Y_0' bei gleicher marginaler Sparquote und gleichem Kapitalkoeffizienten. Eine Abweichung vom Wachstumspfad I, etwa von A nach B, führt daher nicht wieder zum Pfad I zurück, sondern folgt dann dem Pfad II als der Linie gleichgewichtigen Wachstums. Das Einkommen bleibt also ab der Abweichung stets kleiner als das Einkommen, das sich ergeben hätte, wenn diese Abweichung von A nach B nicht eingetreten wäre.

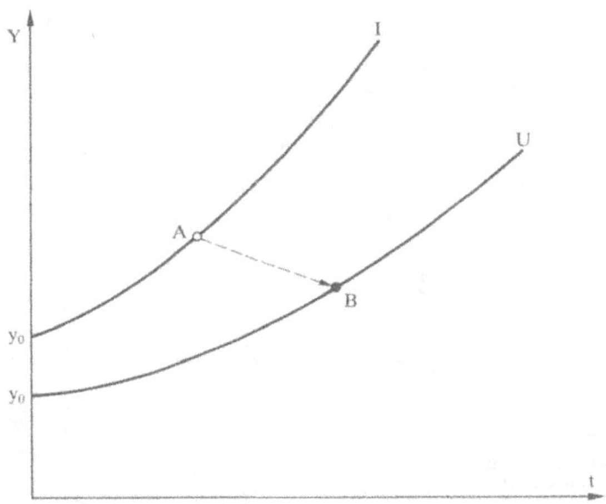

Y = Einkommen
t = Zeit
I = Wachstumskurve für Ausgangseinkommen Y_0
II = Wachstumskurve für Ausgangseinkommen Y'_0

Abb. 78 Pfad des langfristig gleichgewichtigen Wachstums des Einkommens

Die Wachstumsrate bei gegebenem Einkommen ist umso kleiner, je größer der Kapitalkoeffizient oder je niedriger die marginale Sparquote it. Bei gegebenem Kapitalkoeffizienten ist also eine hohe marginale Sparquote eine unerläßliche Bedingung für ein schnelles Wachstum des Realeinkommens. Im vorliegenden Wachstumsmodell ergibt sich also in Bezug auf die Wirkung einer hohen marginalen Sparquote ein völlig anderes Ergebnis als in der kurzfristigen Theorie der Einkommensbestimmung, in der eine höhere marginale Sparquote ceteris paribus zu einer Abnahme des Einkommens führt. Darin liegt jedoch kein Widerspruch. Bei einer kurzfristigen Betrachtung werden nämlich Schwankungen des Einkommens im Rahmen eines gegebenen Produktionsapparates untersucht, wobei der Kapazitätseffekt der Investitionen nicht in die Betrachtung mit einbezogen wird. Faßt man hingegen vor allem die sich aus dem Kapazitätseffekt der Investitionen ergebenden Einkommenswirkungen ins Auge und interessiert sich nur für die langfristige Entwicklung bei ständig voller Ausnutzung des Produktionsapparates, dann erscheint das zusätzliche Sparen in einem völlig anderen Licht.

Graphisch läßt sich der Wachstumsprozeß mit einem aus drei aneinandergefügten Koordinatensystemen bestehenden Diagramm veranschaulichen (G. Bombach, S. 126 f.).

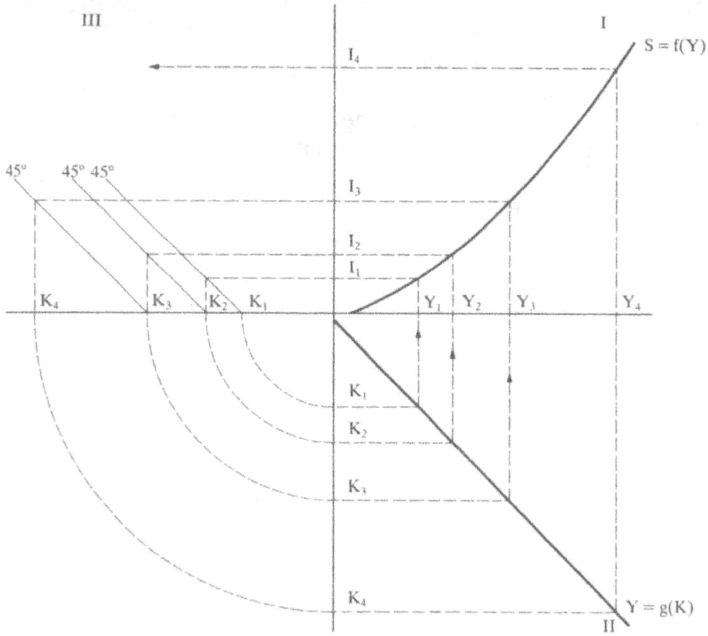

I = Nettoinvestition
Y = Einkommen
S = (Y) = Sparfunktion
Y = g(K) = Einkommensfunktion
K = Kapitalstock

Abb. 79 Wachstumsprozeß nach Domar

Im Koordinatensystem I ist die Sparfunktion eingezeichnet. Es kann daraus entnommen werden, wie hoch die Nettoinvestition sein muß, wenn das Realeinkommen eine bestimmte Höhe erreichen soll. Y_1 erfordert Nettoinvestitionen im Betrag von I_1, Y_2 erfordert I_2 usw. Koordinatensystem II enthält den Kapitalkoeffizienten. Mit einem Kapitalstock im Werte von K_1 können bei normaler Auslastung insgesamt Güter im Betrage von Y_1 produziert werden, K_2 ermöglicht ein Realeinkommen von Y_2 usw. Im Koordinatensystem III wird gezeigt, wie der Kapitalstock in jeder Periode um den Betrag der Nettoinvestition dieser Periode anwächst. Die Übertragung erfolgt, da $\Delta K \equiv I$, über 45°-Linien hinweg. Der

Wachstumsprozeß erfolgt nun in folgender Weise: In der ersten Periode sei ein Kapitalstock von K_1 vorhanden. Damit können Güter im Betrag von Y_1 hergestellt werden. Das Realeinkommen Y_1 ist aber nur erreichbar, wenn Nettoinvestitionen in Höhe von I_1 durchgeführt werden.

Durch diese Investition wächst der Kapitalstock bis zum Ende der Periode auf K_2 an. Der Kapitalstock K_2 erfordert nun, soll eine Produktionskapazität genutzt werden, eine Ausweitung der Produktion auf Y_2 in der zweiten Periode. Y_2 kann aber nur dann Gleichgewichtseinkommen sein, wenn freiwillig im Betrage von I_2 investiert wird. I_2 läßt sodann den Kapitalstock auf K_3 anwachsen usw.

Eine Entwicklung im Gleichgewicht ist nur dann möglich, wenn Kapitalstock, Realeinkommen und Nettoinvestition von Periode zu Periode in der eben dargestellten Weise wachsen. Dabei werden die absoluten Zunahmen von K, Y und I immer größer und der Wachstumsprozeß kommt nie zu einem stationären Zustand. Das Modell führt in jedem Fall zu explodierenden Bewegungen. Das Gleichgewicht tritt nur in den Zuwachsraten in Erscheinung.

(2) Die **neoklassische Wachstumstheorie** (R. Solow) will das mittel- bis langfristige Wachstum von Volkswirtschaften erklären – während die Domar'sche Theorie durch die Berücksichtigung des Akzelerator- und Multiplikatorprinzips das kurz- bis mittelfristige Wachstumsverhalten zu beschreiben versucht. Die Nachfrageseite wird dabei von der neoklassischen Wachstumstheorie vernachlässigt und lediglich die Angebotsseite betrachtet. Da das reale Wachstum erklärt werden soll, wird konsequenterweise auch der monetäre Sektor der Wirtschaft nicht berücksichtigt.

Die neoklassische Wachstumstheorie baut auf einer makroökonomisch konzipierten Produktionstheorie auf. Sie arbeitet mit einer **Produktionsfunktion**, deren Faktoren Arbeit, Kapital und technisches Wissen **substituierbar** und beliebig teilbar sind. Die Produktionsfunktion ist linear-homogen im Hinblick auf die Faktoren Arbeit und Kapital und weist abnehmende, aber positive Ertragszuwächse auf. Die neoklassische Produktionstheorie geht davon aus, daß makroökonomisch das Gesetz des abnehmenden, aber stets positiven Grenzertrages eines Faktors bei konstantem Einsatz der anderen Faktoren gilt. Abgeleitet wird obiges „Gesetz" aus folgender Überlegung: Werden in einer Volkswirtschaft mit gegebenem Bestand an Arbeitskräften und gegebener Technik immer mehr Maschinen eingesetzt, so entfallen auf jede Maschine immer weniger Arbeitskräfte, das Mehrprodukt zusätzlicher Maschinen wird immer kleiner, bleibt jedoch stets positiv. Oder anders ausgedrückt: Bei zunehmendem Einsatz von Kapital und bei Konstanz des Produktionsfaktors Arbeit steigt das Nationalprodukt langsamer als der Kapitaleinsatz.

Dabei wird immer unterstellt, daß alle Arbeitskräfte und Kapitalgüter einander gleich (homogen) sind und daß alle mit gleicher Intensität eingesetzt werden. Auch für das Produkt wird die entsprechende Homogenitätsannahme gesetzt. Das Nationalprodukt wird wie ein einzelnes Gut behandelt. Daneben werden noch folgende Annahmen getroffen: Arbeit und Kapital sind stets vollbeschäftigt, sämtliche produzierten Güter werden laufend abgesetzt; sämtliche realen Ersparnisse werden investiert; die Substitutionselastizitäten von Arbeit, Kapital und technischem Wissen werden meist als konstant angenommen.

Da mehr Einheiten des einen Produktionsfaktors bei konstanter Einsatzmenge der anderen Produktionsfaktoren eingesetzt werden können, schließt somit die neoklassische Produktionstheorie die gesamtwirtschaftliche Limitationalität der Produktionsfaktoren aus; sie geht also von einer kontinuierlichen Substituierbarkeit der Produktionsfaktoren aus. Dies steht nicht im Widerspruch mit der Existenz von limitationalen Produktionsprozessen im Bereich der Mikroökonomik. G. Bombach hat darauf hingewiesen, daß sich diskontinuierliche Übergänge im einzelwirtschaftlichen Bereich durch die große Anzahl der Betriebe, die nicht gleichzeitig von einem Produktionsverfahren zu einem anderen übergehen, glätten. Mikroökonomisch vollzieht sich eine solche Substitution natürlich diskontinuierlich, makroökonomisch kann jedoch eine kontinuierliche Substitution unterstellt werden. Der Substitutionsbereich ist jedoch wegen der Bindung der Substitution an den Einsatz neuer Produktionsanlagen begrenzt.

Mit der Annahme der Gültigkeit des **Grenzproduktivitätsprinzips** in der neoklassischen Wachstumstheorie sind folgende Implikationen verbunden: Da die Grenzproduktivitätstheorie annimmt, daß die gesamtwirtschaftliche Profitrate der Grenzproduktivität des Realkapitals entspricht, ist die abnehmende Grenzproduktivität des Realkapitals gleichbedeutend mit einer abnehmenden Investitionsneigung. Die Zuwachsrate des realen Nationalproduktes ist daher – im Gegensatz zur postkeynesianischen Wachstumstheorie – weitgehend unabhängig von der Höhe der Investitionsquote. Sie wird vielmehr durch das Wachstum des Arbeitspotentials sowie den **technischen Fortschritt** beeinflußt. Das Wachstum des Arbeitskräftepotentials, gemessen in physischen Einheiten, ist meist exogen vorgegeben und wächst mit einer konstanten Rate; der technische Fortschritt wurde in den Ausgangsvarianten ebenfalls als vorgegeben und unbeeinflußbar angenommen. Mittlerweile wurde diese Modellprämisse fallen gelassen und man untersucht in neuerer Zeit auch die Abhängigkeit des technischen Fortschritts von den Aufwendungen für Ausbildung und Forschung, wobei auch die Frage eine Rolle spielt, ob der Grenznutzen zusätzlicher nichtkonsumtiver Ausgaben im Bereich der Produktion oder im Bereich der sogenannten Metaproduktion größer ist.

Die neoklassiche Wachstumstheorie zeigt, daß die Instabilität des postkeynesianischen Modells durch eine Produktionsfunktion beseitigt werden kann, in der die Faktoren substituierbar sind und die Grenzraten der technischen Substitution fallen. Das bedeutet: Die Wachstumsrate kann durch eine Erhöhung der Spar- und damit der Investitionsquote nicht fortwährend erhöht werden. Die Postkeynesianer wiederum bestreiten insbesondere die Bildung der Faktorpreise nach den Gesetzen der Grenzproduktivitätstheorie und die Steuerung des Einsatzes der Produktionsfaktoren durch die Lohn-Zins-Relation, ja überhaupt die Möglichkeit der Identifizierung makroökonomischer Produktionsfunktionen. Allerdings zeigen beide Varianten mehr Gemeinsamkeiten, als ihre Vertreter zuweilen zugeben. Diametrale Gegensätze, die anfangs bestanden, sind zu einem guten Teil überbrückt worden, indem die Postkeynesianer in ihre Modelle Substitute für Produktionsfunktionen und Stabilisatoren aufgenommen haben und die Neoklassiker ihrerseits den induzierten technischen Fortschritt einführten. Heute ist es unmöglich, einer der beiden Varianten den Vorzug zu geben. Bestimmte Phänomene lassen sich besser mit der einen, andere besser mit der zweiten deuten. Für beide Modellgruppen bleibt zu erwähnen, daß von den „monetären" Phänomenen des wirtschaftlichen Wachstums in der Regel abstrahiert wurde.

7.D. Wirtschaftspolitische Strategien und Ansatzpunkte zur Beeinflussung der konjunkturellen Entwicklung und des Wachstums

1. Wirtschaftspolitische Strategien

Die Vorschläge, die in der gegenwärtigen Lage zur Überwindung von Arbeitslosigkeit und der Belebung der Konjunktur gemacht werden, sind widersprüchlich. Die Anhänger des Keynesianismus empfehlen unverändert eine Erhöhung der heimischen Nachfrage durch Staatsverschuldung und Konsumförderung (wobei die Umverteilung von den „Reichen" zu den „Armen" eine entscheidende Rolle spielt). „Die Anhänger des Monetarismus" und der „supply side economics" – machen umgekehrt den Staat für negative Entwicklungen in der Wirtschaft verantwortlich und verlangen mehr Enthaltsamkeit des Staates in seiner Ausgaben- und Schuldenpolitik sowie einen Abbau der direkten Steuern (und damit von Einkommens- und Körperschaftssteuer).

Schlagwortartig lassen sich die unterschiedlichen wirtschaftspolitischen Leitbilder wie folgt skizzieren:

(1) **Keynesianismus**

Unter Keynesianismus versteht man jene stabilitätspolitische Strategie, die sich – zu Recht oder Unrecht – auf John M. Keynes beruft; Inflation bzw. Arbeitslosigkeit werden auf gesamtwirtschaftliche Über- bzw. Unternachfrage zurückgeführt; durch eine wirtschaftspolitische Einflußnahme auf die „globalen" Aggregate der inländischen Gesamtnachfrage (privater Konsum, private Investition, staatliche Nachfrage), primär durch Instrumente der Finanzpolitik – unterstützt durch flankierende Geldpolitik – soll versucht werden, Inflation bzw. Arbeitslosigkeit zu beseitigen. Daher wird diese Strategie auch als „fiscal policy", „demand management", „antizyklische Finanzpolitik" bezeichnet.

(2) **Monetarismus**

Darunter versteht man jene theoretische Position, die den (Markt-) Sektor im Prinzip für stabil hält; die Anpassungskräfte des Marktes werden für ausreichend gehalten, bei Störungen des Vollbeschäftigungs-Gleichgewichtes (Inflation oder Arbeitslosigkeit) dieses ohne staatliche Investitionen wieder zu erreichen. Dem öffentlichen Sektor fällt lediglich die Rolle zu, diese Anpassungsprozesse nicht zu stören; empfohlen wird daher eine Verstetigung (und Minimierung) der Finanzpolitik bzw. der Geldpolitik durch eine Verstetigung des Geldmengenzuwachses im Ausmaß der durchschnittlichen Steigerung des realen Güter- und Dienstleistungsangebotes (Friedman's Geldmengenregel). Theoretischer Kern der monetaristischen Argumentation bildet die Analyse des sog. Transmissionsmechanismus des Geldes. Ein Geldmengenwachstum über das reale Wachstum der Volkswirtschaft hinaus führt nach monetaristischer Ansicht nur sehr kurzfristig zu realen Effekten, mittel- und langfristig aber nur zu monetären Effekten, d.h. zu Inflation. Der Globalbesteuerung, insbesondere in Form des „deficit spending" wird keine stabilitätspolitische Wirksamkeit zur Erhöhung der Beschäftigung im Fall von Arbeitslosigkeit zugebilligt; deficit spending sei **ohne** flankierende Geldpolitik unwirksam (sog. Crowding-Out-Hypothese), **mit** flankierender Geldpolitik überflüssig.

(3) **Angebotspolitik** („supply-side-economics")

Damit meint man schließlich jene stabilitätspolitische Strategie, die einen Aufschwung der ökonomischen Aktivität zur Wiederherstellung der Vollbeschäftigung durch eine Erhöhung des Handlungsspielraumes der Unternehmen herbeiführen will. Positive Investitionsanreize werden demgemäß erwartet aus einer Reduzierung der gewinnabhängigen Besteuerung, der betrieblichen Lohn- und Lohnnebenkosten, dem Abbau administrativer Investitionshemmnisse wie z.B. Umweltschutzauflagen u.ä. Überdies soll die allokative Funktion der Marktpreise durch Reduzierung der Inflationsrate wieder hergestellt werden.

Die Senkung der Inflationsrate soll über eine Verknappung des Geldangebotes erreicht werden; in dieser Hinsicht entspricht die Angebotspolitik also den monetaristischen Empfehlungen. Dies insbesondere in den USA derzeit praktizierte Beschäftigungsstrategie („Reaganomics") unterscheidet sich von der Globalbesteuerung durch Diagnose und Therapie: Investitionsschwächen werden nicht rein nachfrageseitig als Ergebnis einer sinkenden Gesamtnachfrage erklärt, sondern als Ergebnis negativer Investitionsanreize für die Produzenten; dieser Sicht entspricht die oben skizzierte Therapie. Mit der Strukturpolitik gemeinsam hat die Angebotspolitik eine starke Berücksichtigung der angebotsseitigen Probleme; während die Angebotspolitik aber nun – gemäß ihrer liberalen Tradition – die notwendigen Strukturanpassungen den unternehmerischen Entscheidungen überläßt, versucht die Strukturpolitik durch staatliche Interventionen selbst diese Anpassungsprozesse einzuleiten oder zu fördern.

(4) **Neuere wirtschaftspolitische Strategien**

In letzter Zeit zeichnet sich wieder eine stärkere Hinwendung der westlichen Industrieländer zu wachstumsorientierten wirtschaftspolitischen Strategien ab. Die im letzten Dezennium unternommenen Versuche, mit allen zur Verfügung stehenden Mitteln die Inflation zu dämpfen, erscheinen in einem immer problematischeren Licht. Via Massenarbeitslosigkeit und ungenützte Produktionskapazitäten wurde der Inflationsdruck in gewaltige Budget- und Zahlungsbilanzungleichgewichte, hohe inländische und ausländische Verschuldung und stark schwankende Wechselkurse gelenkt bzw. mit diesen Nachteilen erkauft.

Obwohl das Wirtschaftswachstum niedrig war, waren der öffentliche und der private Konsum weiterhin hoch. Die dadurch entstandene Angebotslücke wurde durch Inflation oder Importüberschüsse abgedeckt. In den letzten Jahren ist die Inflation in dem Umfang zurückgegangen als die Importe diese Lücke füllten. Diese Importe kamen vor allem aus Ländern mit hohen Wachstumsraten und exportorientierter Wirtschaftspolitik (z.B. Japan und den jungen Industrieländern). Die Importflut führte zu starken Ungleichgewichten in den Handels- und Zahlungsbilanzen, die durch öffentliche und private Kapitalaufnahmen im Ausland finanziert werden mußten. Eine Verstärkung protektionistischer Tendenzen und eine deutliche Verschiebung des wirtschaftlichen Kräfteverhältnisses von jenen Ländern, die restriktive Strategien angewandt haben zu jenen Ländern, die auf Wirtschaftswachstum und Exportorientierung gesetzt haben, waren die Folge. Wenn es nicht gelingt, diese Ungleichgewichte zu beseitigen, sind schmerzliche Zusammenbrüche im internationalen Handels- und Finanzsystem unvermeidbar.

Die Strategien, die notwendig sind, stützen sich auf zukunftsträchtige Investitionen, auf Produktion und Produktivität. Dieser Strategie zufolge gilt es, mit den Mitteln der Fiskal- und Geldpolitik (insbesondere durch steuerliche Anreize, niedrigere Zinssätze und realistischere Wechselkurse) sowohl Anreize für die traditionellen, wie auch für die venture-capital-Unternehmen zu setzen. Dadurch könnte Stabilität und Wachstum sowohl für die entwickelten als auch für die Entwicklungsländer wieder hergestellt werden.

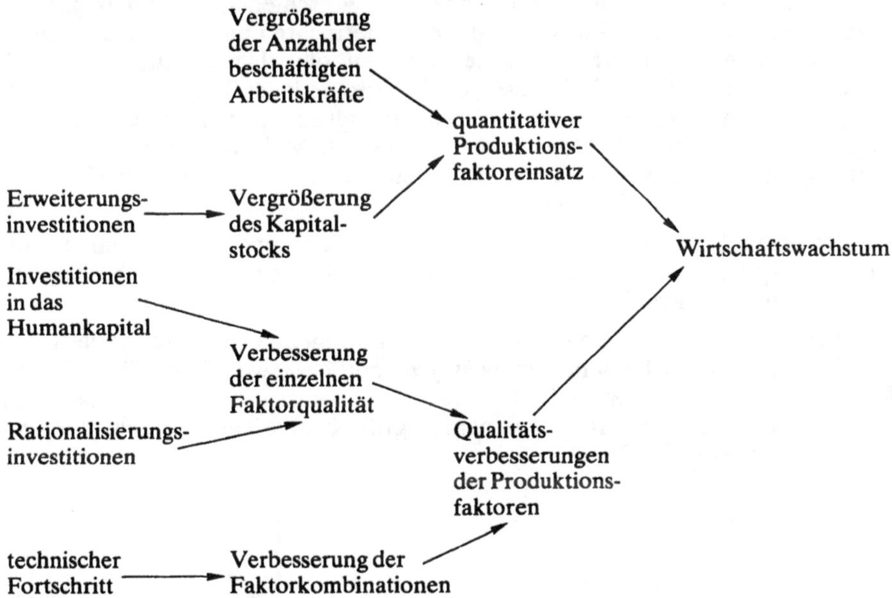

Abb. 80 Bestimmungsfaktoren bzw. Ansatzpunkte wirtschaftlichen Wachstums

Folgt man diesen neueren wirtschaftspolitischen Strategien dann zeigt sich, daß die Forderung nach Null-Wachstum, wie sie in dem 1972 veröffentlichten Bericht an den Club of Rome (Grenzen des Wachstums) vehement vertreten wurde, weder notwendig noch unbedingt zweckmäßig ist, und zwar aus folgenden Gründen:

(1) Nullwachstum ist nicht unbedingt notwendig, weil es den technischen und organisatorischen Fortschritt gibt, der es ermöglicht, mit gleichem materiellen Faktoreinsatz die Lebensqualität zu erhöhen. Dessen Wirkungen können noch erhöht werden, sofern der Staat entsprechende Maßnahmen ergreift, wie beispielsweise die Durchsetzung des Verursacherprinzips im Umweltschutz.

(2) Nullwachstum ist keine hinreichende Bedingung für die Bewahrung der Umwelt, weil auch bei konstantem Bruttonationalprodukt nicht regenerierbare Ressourcen verbraucht werden.

(3) Der unmittelbare Übergang zum Nullwachstum ist nicht zweckmäßig, weil dann die notwendigerweise zu ergreifenden Maßnahmen gar nicht die politi-

sche Unterstützung erhalten. In einer stagnierenden oder gar schrumpfenden Wirtschaft ist nämlich der Anteil jener, die absolut schlechter gestellt werden und daher gegen Umweltschutzmaßnahmen opponieren, bedeutend größer als in einer wachsenden Volkswirtschaft.

2. Ansatzpunkte der Stabilisierungs- und Wachstumspolitik

Bis in die 30er Jahre dieses Jahrhunderts war in unserem Fach üblich, nur bestimmte Zusammenhänge – etwa nur Zusammenhänge im Bereich der Nachfrageseite – zu behandeln und darüber hinaus die verschiedenen Teilbereiche der Wirtschaftspolitik einerseits völlig isoliert zu betrachten und andererseits nicht den Zusammenhang zur Makrotheorie zu suchen, obwohl wir heute wissen, daß wirtschaftspolitische Entscheidungen, die in verschiedenen Teilbereichen getroffen werden, nur möglich sind auf der Basis der zugrundeliegenden makrotheoretischen Zusammenhänge. Oder anders formuliert: Makrotheoretische Zusammenhänge und wirtschaftspolitische Entscheidungen unterscheiden sich lediglich durch die unterschiedlichen Perspektiven.

Perspektive 1: Die Zusammenhänge werden, ausgehend vom Zusammentreffen des Outputs mit der monetären Nachfrage nach rückwärts zu den beiderseitigen Determinanten verfolgt.

Mit Hilfe von Hypothesen versucht man, Zusammenhänge zwischen bestimmten Variablen im nachhinein („ex post") zu erklären, wobei der Einfluß wirtschaftspolitischer Maßnahmen mit berücksichtigt wird: es handelt sich dabei um Aussagen, die man in der Regel mit dem Begriff positive Theorie („**positive economics**") bezeichnet.

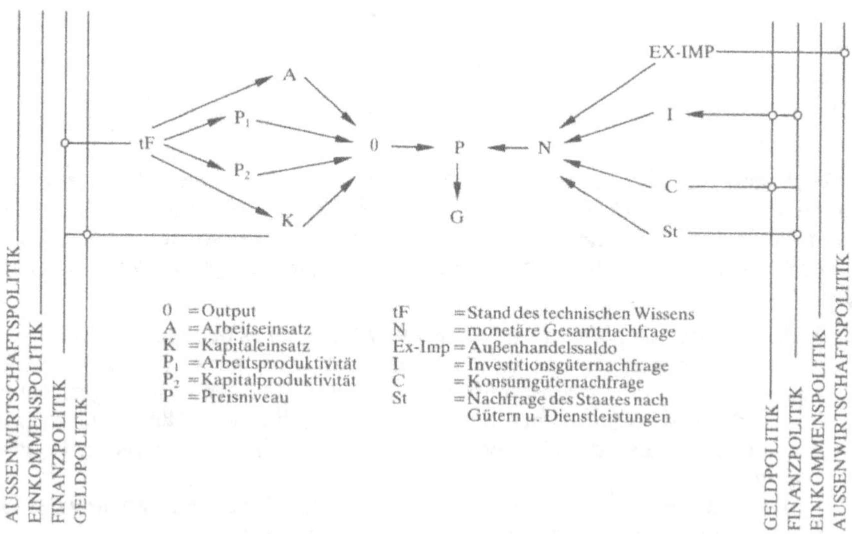

Abb. 81 Geld-, Finanz-, Einkommens- und Außenwirtschaftspolitik im makroökonomischen Systemzusammenhang

Perspektive 2: Das System wird nun in umgekehrter Richtung interpretiert, indem überlegt wird, welche Einwirkungsmöglichkeiten der Geld-, Finanz- und Einkommenspolitik bestehen und wie groß der wahrscheinliche Wirkungsgrad ist.

Zu Perspektive 2 zählen alle Aussagensysteme, mit denen wirtschaftspolitische Notwendigkeiten ex ante formuliert werden („**normative economics**"). Da in der Regel nicht alle wirtschaftspolitischen Wunschvorstellungen realisiert werden können, gibt es noch den Bereich der Wirtschaftspolitik als Kunstlehre („**economics as an art**"). Diese Dreiteilung der Ökonomik geht auf John Neville Keynes, dem Vater von John Maynard Keynes zurück.

Als **Instrumente der Wirtschaftspolitik** versteht man jene staatlichen Maßnahmen mit deren Hilfe man bestimmte Hauptziele (Beschäftigung, Preisentwicklung, Wirtschaftswachstum, außenwirtschaftliches Gleichgewicht sowie Einkommens- und Vermögensverteilung) möglichst gleichzeitig unter Vermeidung von Zielkonflikten erreichen möchte.

Da die geld- und einkommenspolitischen Instrumente bereits in Abschnitt V und VI erläutert wurden und die außenwirtschaftspolitischen Instrumente in Abschnitt 8 behandelt werden, sollen im folgenden lediglich die **finanzpolitischen Instrumente** zur Stabilisierung und Wachstumsbeeinflussung demonstrativ mit ihren jeweiligen wirtschaftspolitischen Ansätzen erläutert werden.

Instrumente der Wirtschaftspolitik

Geldpolitik	Finanzpolitik	Einkommenspolitik	Außenwirtschaftspolitik
Offenmarktpolitik Mindestreserven Diskontsatz Kreditkontingente	Staatsausgaben Staatseinnahmen Staatsverschuldung Finanzausgleich Planungs- und Entscheidungstechniken	Förderung des Wettbewerbs Beeinflussung der Arbeitsmärkte Bildungspolitische Maßnahmen Vermögensnivellierende Maßnahmen Investivlohn Ertrags- und Gewinnbeteiligung	Aufwertung Abwertung Importschranken Exportförderung

Abb. 82 Instrumente der Wirtschaftspolitik

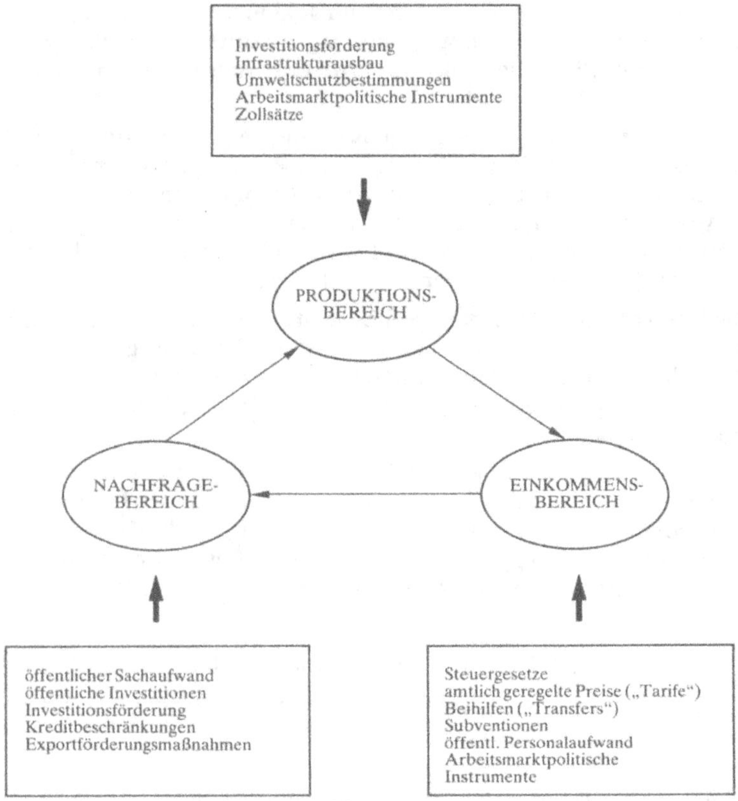

Abb. 83 Ansatzpunkte für finanzpolitische Instrumente

Fiskalpolitik zur Bekämpfung der Arbeitslosigkeit

(a) **Expansive Ausgabenpolitik**

Sachausgaben haben einen hohen Multiplikatoreffekt (Einkommens- und Nachfrageeffekt). Komplementärziele sind oft nur erreichbar, wenn Infrastrukturinvestitionen erfolgen.

Die Expansionseffekte der Löhne und Gehälter und der Transferausgaben sind prinzipiell gleich: Einkommenseffekt als Primärwirkung, Nachfrageeffekt danach in Abhängigkeit von der marginalen Konsumneigung.

Schwierigkeiten einer Verbindung von Infrastruktur- und Konjunkturpolitik:

- Projekte benötigen lange Planungs-, Entscheidungs- und Durchführungsphasen: Dieses Problem kann z.T. durch die Fortschreibung mittelfristiger Finanz- und Ausgabenplanung („Schubladenprojekte") beseitigt werden.
- Problem des „timings": Zeitraum vom Beginn der Realisierung eines Projektes bis zum Auftreten gesamtwirtschaftlicher Nachfragewirkungen (kann z.B. 6 bis 10 Monate sein) muß bekannt sein, um im konjunkturell „richtigen" Zeitpunkt zu beginnen. Der Vorteil der Wirkungsverzögerung im öffentlichen Sek-

tor liegt darin, daß durch die meist lange Ausreifungszeit öffentlicher Projekte Kapazitätseffekte meist viel später auftreten als bei privaten Investitionen; die Lücke zwischen Angebot und Nachfrage ist dadurch mit öffentlichen Projekten – global betrachtet – rascher zu schließen.

- Bei langer Bauzeit öffentlicher Projekte besteht eine große Wahrscheinlichkeit, daß das Projekt in der Phase der wiedererlangten Vollbeschäftigung noch nicht fertiggestellt ist; in dieser Situation wirkt die Fortführung des Baues prozyklisch.

Transferausgaben an private Haushalte und Unternehmen: Sozialtransfers: Nachfrageeffekte sind abhängig von der marginalen Konsumneigung, die für die einzelnen Bezieher-Gruppen sehr unterschiedlich sein kann und sich überdies im Zeitablauf ändern kann: z.B. kann in einer Rezessionsphase die marginale Sparneigung sprunghaft steigen (Vorsorge-Sparen nimmt zu), womit gerade in dieser Phase zusätzliche Sozialtransfers überwiegend gespart würden. Die Verwendung der Sozialtransfers wird im übrigen auch davon abhängen, ob es sich um einmalige oder sich periodisch wiederholende Leistungen des Staates handelt. Für eine erfolgreiche Expansionspolitik des Staates mittels Sozialtransfers wird es also darauf ankommen, sowohl die konjunkturellen als auch die Einkommenserwartungen der Bezieher von Sozialtransfers zu beeinflussen. Die Wirkung ist ingesamt geringer (siehe Multiplikator) und unsicherer (Verhalten der Bezieher von Transfers ist ungewiß) als bei staatlichen Ausgaben für Güter und Dienste.

Subventionen: Diese sind Transferzahlungen an private Unternehmer und stellen für diese Finanzierungszuschüsse dar; meist wird ihre Vergabe an eine Verwendungsauflage in Bezug auf die Verwirklichung von Investitionsvorhaben gebunden. Die Schwierigkeiten liegen darin, daß es für die Bewertung der konjunkturellen Effizienz notwendig wäre unterscheiden zu können, welche Investitionen zusätzlich zu den ohnehin beabsichtigten durch die Subventionsvergabe induziert wurden und wie groß demgegenüber der sogenannte Mitnahmeeffekt ist in Form der Subventionierung der ohnehin beabsichtigten Investitionen.

Im Ausmaß des Mitnahmeeffektes führt die Subventionierung lediglich zu einer Liquiditäts- und Gewinnerhöhung und damit zu unerwünschten Verteilungswirkungen bei den Subventionsbeziehern. Überdies ist es fraglich, ob die Investitionsneigung der Unternehmer durch Subventionen des Staates wesentlich beeinflußt werden kann.

Auch bei Subventionen ist – wie bei Transfers an private Haushalte – festzustellen, daß ihre expansive konjunkturelle Wirkung unsicherer und geringer ist als im Fall der Erhöhung der staatlichen Ausgaben für Güter und Dienste.

(b) Expansive Steuerpolitik

Einkommensbesteuerung: In allen Varianten der Konsumfunktion ist das verfügbare private Einkommen die wesentliche Bestimmungsvariable. Die Senkung der Lohn- und Einkommensteuer – v.a. für mittlere und niedrige Einkommensschichten – kann daher als Instrument für die globale Erhöhung der Konsumnachfrage benützt werden; bei höheren Einkommensschichten wird – gemäß der marginalen Sparneigung – ein Großteil der Steuersenkung gespart werden. Die Nachfrageeffekte einer Änderung der direkten Steuer hängen also im wesentlichen von der marginalen Konsumneigung ab, wobei auch hier anzumerken ist, daß der expansive Nachfrageeffekt einer Steuersenkung dann entsprechend gering ist, wenn sich gleichzeitig – rezessionsbedingt – die marginale Sparneigung erhöht hat.

Werden vorwiegend untere Einkommensschichten durch eine Steuersenkung erfaßt, ergeben sich neben kurzfristigen Nachfragewirkungen auch erwünschte Verteilungseffekte (Stabilisierungs- und Verteilungsziele sind in diesem Fall komplementär!).

Gewinnbesteuerung: Eine bloße Reduzierung der gewinnabhängigen Steuern führt wahrscheinlich lediglich zu erhöhter Liquidität und höheren verfügbaren Einkommen der Unternehmer; ihre Einschätzung der Gewinnerwartungen in der Zukunft werden dadurch kaum beeinflußt. Das häufigste Verfahren der steuerlichen Konjunkturbeeinflussung im Unternehmerbereich betrifft die Variation der steuerlich zulässigen Abschreibungsarten und Abschreibungssätze. Können über die betriebswirtschaftlich gerechtfertigte Abschreibung hinaus Abschreibungsbeträge geltend gemacht werden, entsteht ein Anreiz zur Investitionstätigkeit. Eine besondere Effizienz dieses Instruments ergibt sich bei zeitlicher Begrenzung dieser Abschreibungsmöglichkeit. In diesem Fall kommt es zu einem – konjunkturpolitisch erwünschten – Vorzieheffekt von Investitionsentscheidungen. Allerdings ist diese erwünschte konjunkturelle Wirkung häufig begleitet von unerwünschten strukturellen Effekten. Die unternehmerische Entscheidung ist an den kurzfristigen Abschreibungseffekten eher orientiert als an den langfristigen strukturellen Bedürfnissen des Unternehmens.

Ein indirekter Einfluß geht über die sogenannten Akzeleratoreffekte von einer durch Steuersenkung induzierten Steigerung der Konsumausgaben aus. Die fiskalpolitisch durch Transferausgaben oder Steuersenkungen herbeigeführten Akzeleratoreffekte erreichen allerdings nur bei drastischen Maßnahmen erforderliche Ausmaße.

Umsatzsteuersenkung: Auch in diesem Fall dürften die betrieblichen Einkommens- und Liquiditätseffekte größer sein als die Ankurbelungswirkungen. Die Unternehmer werden jedenfalls versuchen, die so entstehenden Kostenvorteile einzubehalten und nicht als Preissenkung an den Markt weiterzugeben. Wird andererseits die Steuersenkung auf den Preis – etwa bedingt durch die Wettbewerbsintensität – weitergegeben, ist fraglich, ob diese Preissenkung eine ausreichende Steigerung der Konsumnachfrage bewirkt.

(c) **Kreislaufwirkungen unterschiedlicher Defizitfinanzierung**

Durch Ausgabenerhöhung bzw. Steuersenkung entsteht ceteris paribus eine Finanzierungslücke des Budgets. Die Schließung dieser Finanzierungslücke löst ihrerseits Kreislaufwirkungen aus.

(1) Auflösung von Überschüssen und Schuldaufnahme bei der Notenbank:

Keinerlei Entzugswirkungen (und damit ein expansiver Nettoeffekt z.B. in voller Höhe der Ausgabensteigerung) treten auf, wenn der Staat zusätzliche Ausgaben durch die Auflösung von Überschüssen finanziert. Eine Verschuldung bei der Notenbank hat ebenfalls keine Liquiditätsentzugswirkungen im privaten Sektor. Abgesehen von den Geldmengeneffekten, die unter Umständen unerwünscht sind, ist diese Verschuldungsmöglichkeit unter konjunkturellen Aspekten sinnvoll. Auf Grund historischer Erfahrungen ist allerdings die staatliche Verschuldung bei der Notenbank der Höhe und/oder Art nach äußerst beschränkt.

Einwand der monetaristischen Theorie: Würde privaten Investoren Liquidität im Ausmaß und Konditionierung zur Verfügung gestellt wie dem Staat, bedürfte es der fiskalischen Konjunkturpolitik gar nicht. Der private Sektor würde in diesem Fall auch ohne staatliche Intervention für ausreichende Nachfrage sorgen.

(2) Schuldaufnahme im privaten Sektor:

Verschuldet sich der Staat beim „Publikum", ist die wesentliche Frage, ob dies zu einer Erhöhung der Sparquote oder lediglich zu einer Änderung der Sparstruktur führt. Wird ein „Einbruch der Konsumquote" unterstellt, entstehen unerwünschte Kaufkraftentzugseffekte.

Die empirischen Befunde sprechen allerdings stark für eine lediglich Umstrukturierung des in der Höhe im wesentlichen unveränderten Sparvolumens. Die Entzugseffekte treten damit nicht bei den privaten Konsumausgaben auf, sondern – wenn überhaupt – bei den privaten Investitionen: Die privaten Haushalte finanzieren die staatlichen Schuldtitel über die Auflösung von Bankeinlagen. Ein Liquiditätsengpaß kann sich damit im Unternehmenssektor direkt oder – über die reduzierte Kreditvergabe der Geschäftsbanken – indirekt ergeben.

Während die Monetaristen diesen „Verdrängungseffekt" privater durch staatliche Investitionen hoch bewerten, gehen die Fiskalisten davon aus, daß die Geschäftsbanken in der Rezession ohnehin über hohe Überschußreserven verfügen, so daß ihre Kreditvergabebereitschaft für private Investitionen durch die Staatsverschuldung nicht eingeschränkt wird. Reicht die Liquidität der Geschäftsbanken aber nicht aus, muß die expansive Fiskalpolitik durch flankierende Maßnahmen der Geldpolitik (z.B. Mindestreservepolitik, Offenmarktpolitik) unterstützt werden. Im Fall einer notwendig gewordenen expansiven Geldpolitik sehen die Monetaristen die beabsichtigten Expansionseffekte allerdings auch ohne Staatsausgaben erfüllt.

Fiskalpolitik zur Bekämpfung der Inflation

In diesem Fall muß die Fiskalpolitik nachfragedämpfende Maßnahmen ergreifen.

(1) Ausgabenkürzungen

Der zweckrationalen Kürzung von Staatsausgaben in Boomzeiten stehen folgende Schwierigkeiten gegenüber:

- Der Großteil der Staatsausgaben (80 bis 90%) ist nach unten nicht flexibel; Gesetze, Verträge und andere langfristige Verbindlichkeiten erlauben keine wesentliche, kurzfristige Ausgabensenkung.
- Transferzahlungen an private Haushalte sind aus umverteilungspolitischen Gründen kaum zu senken (Zielkonflikt Stabilisierung – Verteilung).
- Subventionen erlangen ebenfalls binnen kurzer Zeit eine gewisse Starrheit nach unten auf Grund ihrer vielfach irreversiblen Ausgestaltung.
- Staatliche Löhne und Gehälter sind ebenfalls kurzfristig nicht senkbar.
- Bei Sachausgaben entsteht bei ihrer Einschränkung oder Verzögerung der Fertigstellung von Projekten ein zweifacher Zielkonflikt: zum einen steigen die

Gesamtkosten des Projekts bei verzögerter Fertigstellung („Stabilitätsruinen"); zum anderen bedeutet die Rückstellung von Projekten oft eine fortdauernde infrastrukturelle Unterversorgung in bestimmten Bereichen.

In diesem Zusammenhang ist auf die Kritik zu verweisen, die vielfach dagegen vorgebracht wird, Infrastrukturziele mit Stabilisierungszielen zu verbinden; die Kritik argumentiert wie folgt:

- Die Versorgungsziele der Gesellschaft sind gleichrangig den Stabilisierungszielen und dürfen daher diesen nicht untergeordnet werden.
- Die konjunkturpolitische Orientierung von Infrastrukturentscheidungen (rasche Realisierung von „Schubladenprojekten", überraschender Abbruch bereits begonnener Projekte etc.) habe eher zu stärkeren konjunkturellen Störungen als zur Stabilisierung beigetragen.
- Eine mittelfristige Strukturplanung der öffentlichen Vorhaben könnte demgegenüber zu einer Verstetigung des Auslastungsgrades der Unternehmen und damit zu geringeren konjunkturellen Schwankungen führen.
- Eine notwendige antizyklische Fiskalpolitik könnte mit größerer Effizienz und geringeren Zielkonflikten durch steuerpolitische Instrumente geleistet werden.

(2) Steuererhöhungen zur Nachfragedämpfung

Wirkungsvollstes Instrument wäre – wegen der hohen marginalen Konsumneigung – eine Erhöhung der direkten Steuern bei den Beziehern niedriger Einkommen. Diese konjunkturpolitisch effizienteste Maßnahme stünde jedoch in einem starken Zielkonflik mit Verteilungszielen. Überdies ist in diesem Fall zu vermuten, daß die gewerkschaftliche Lohnpolitik im Versuch einer „Rückwälzung" der Steuerlast auf die Unternehmer bestünde; das Inflationsproblem hätte sich in diesem Fall von der Nachfrageseite auf die Kostenseite verlagert.

Bei Steuererhöhung im Unternehmensbereich ist einerseits die Wirkung auf die Investitionsnachfrage zu bezweifeln, da in der Hochkonjunktur die positive Erwartungslage als wichtigster Investitionsfaktor durch Steuer-Kosten-Steigerungen kaum wesentlich beeinflußt werden dürfte; überdies gelingen preissteigernde Steuerüberwälzungen in inflationären Phasen leichter als in Rezessionsphasen, damit würde das Gegenteil der beabsichtigten preisdämpfenden Wirkung der Steuererhöhung erreicht. Im übrigen ist die Kapazitätswirkung der Investitionsnachfrage zu bedenken. Eine nachfrageinduzierte Inflation würde durch eine – steuerpolitisch ausgelöste – weitere Verknappung des Angebots verstärkt.

Ähnliche Argumente gelten für die Erhöhung von Umsatz- und Verbrauchssteuern. Das bedeutet, eine steuerpolitische Kontraktionspolitik hat – sofern sie wirksam sein soll – zumindest das Problem gesamtwirtschaftlicher Zielkonflikte zu lösen.

(3) Verwendung von Überschüssen:

Kommt es im Zuge einer kontraktiven Fiskalpolitik zu Haushaltsüberschüssen, müssen diese stillgelegt werden. Die wirkungsvollste Stillegung besteht in der Rücklagenbildung bei der Notenbank; in diesem Fall sind die Zuführungswirkungen an den privaten Sektor Null. Eine ähnliche konjunkturneutrale Wirkung entsteht bei Verwendung der Überschüsse für Schuldentilgung bei der Notenbank oder im Ausland.

Bei einer Überführung der Rücklagen an den Bankenapparat hingegen entsteht dort eine höhere Liquidität mit entsprechender Kaufkraftzufuhr im privaten Sektor; eine unerwünschte expansive Wirkung kann jedoch in diesem Fall durch geldpolitische Maßnahmen vermieden werden.

Schwierigkeiten des Einsatzes fiskalpolitischer Instrumente für konjunkturpolitische Ziele:

(1) Zeitliche Verzögerungen: Erkennungsverzögerung (recognition lag); Entscheidungsverzögerung (decision lag); Wirkungsverzögerung (outside lag).
(2) Koordinationsprobleme:
- Instrumentelle Koordinierung der Gebietskörperschaften (Trägerkonflikte zwischen Bund einerseits, Länder und Gemeinden andererseits);
- Geldpolitik – Finanzpolitik (Flankierende Geldpolitik erforderlich).

(3) Asymmetrie der politischen Durchsetzbarkeit der fiskalpolitischen Maßnahmen in Rezession und Boom-Zeiten: Rücklagenbildung in Hochkonjunktur gelingt nicht; Folge: Periodisch steigende Staatsverschuldung.
(4) Zielkonflikte mit Verteilungs- und Versorgungszielen.
(5) Bei reiner Nachfrageorientierung: Angebotsseitige Komponenten konjunktureller Schwankungen werden nicht berücksichtigt; damit Gefahr einer strukturerhaltenden Wirkung der Globalbesteuerung verbunden. Folge: Strukturschwächen erfordern weitere staatliche Nachfragesteuerung mit negativer Folge für die Staatsverschuldung und Zahlungsbilanz.
(6) Diagnose- und Prognose-Unsicherheiten erschweren „timing" und Dosierung. Die Folge ist eine unstete stop- and go-Politik.
(7) Wirkungslags lassen sich durch Konstruktion neuer Verfahren der Globalsteuerung nur verschieben, nicht beseitigen.
(8) Politische Wahlzyklen: Politische Rationalität bedingt „Ausgabenschübe" in Vorwahlzeiten mit konjunkturellen Störwirkungen.

VIII. Außenwirtschaftstheorie

8.A. Problemstellung

Außenwirtschaftliche Beziehungen äußern sich in Transaktionen, an denen mindestens zwei Länder beteiligt sind. Ziel der **Außenwirtschaftstheorie** ist die Analyse dieser Beziehungen, die sich im wesentlichen in drei Arten von Strömen niederschlagen.

1. Inputströme (inkl. Transfer von technischem Wissen) 2. Outputströme	Leistungstransaktionen
3. Monetäre Ströme	Finanztransaktionen

Dabei sollen Erklärungsmuster erarbeitet werden, mit deren Hilfe in konkreten Situationen gezeigt werden kann,

- auf welche Faktoren eine bestimmte außenwirtschaftliche Verflechtung zurückgeführt werden kann, was gleichzeitig Ansatzpunkte für eine wirtschaftspolitische Beeinflussung dieser Faktoren schafft;
- welche Wechselwirkungen zwischen den einzelnen Transaktionen bestehen;
- welche Wirkungen von bestimmten Wechselkurssystemen ausgehen;
- welche Wirkungen mit einer Auf- bzw. Abwertung von Währungen verbunden sind und welche Geldvermögenseffekte durch die Änderung der Paritäten eintreten können sowie
- welche Rolle der Zentralbank im Hinblick auf die Aufrechterhaltung der Zahlungsfähigkeit eines Landes nach außen hin zukommt (Probleme der internationalen Liquidität).

Die in Lehrbüchern meist vorgenommene Unterteilung des Stoffes in eine reine und in eine monetäre Theorie wurden fallen gelassen.

8.B. Grundbegriffe

So wie im nationalen Bereich, unterscheidet man auch im grenzüberschreitenden Handel zwischen Leistungs- und Finanztransaktionen. Innerhalb der Finanztransaktionen ist zu unterscheiden zwischen solchen, die durch Leistungstransaktionen bewirkt (induziert) werden und sogenannten „reinen (autonomen) Finanztransaktionen" sowie Finanztransaktionen, die durch andere Finanztransaktionen bewirkt werden. Umgekehrt können auch Finanztransaktionen die Voraussetzung für Leistungstransaktionen bilden. Die unterschiedlichen, sowohl von Leistungs- als auch von Finanztransaktionen ausgehenden Effekte, werden in einem Verrechnungssystem erfaßt, das man traditionellerweise als Zahlungsbilanz bezeichnet, obwohl es sich dabei weder um eine Bestandsrechnung noch ausschließlich um Zahlungen handelt. Vielmehr handelt es sich bei der **Zahlungsbilanz** um eine Stromrechnung, die sämtliche ökonomischen Transaktionen aufzeichnet, die in einer bestimmten Periode zwischen In- und Ausland stattgefunden haben. Man bezeichnet diese Zahlungsbilanz auch als buchhalterische oder statistische Zahlungsbilanz.

Die **statistische Zahlungsbilanz** gliedert sich in folgende Teilbilanzen:

1. HANDELSBILANZ

Warenexporte	Warenimporte Saldo

II. DIENSTLEISTUNGSBILANZ

Einnahmen aus Dienstleistungsverkäufen Saldo	Ausgaben für Dienstleistungskäufe

III. ÜBERTRAGUNGSBILANZ

Empfangene Übertragungen	geleistete Übertragungen Saldo

IV. LANGFRISTIGE KAPITALVERKEHRSBILANZ

Forderungen des Auslands	Forderungen an das Ausland Saldo

V. KURZFRISTIGE KAPITALVERKEHRSBILANZ

Forderungen des Auslands	Forderungen an das Ausland Saldo

VI. GOLD- UND DEVISENBILANZ

Devisenverbindlichkeiten	Gold- und Devisenforderungen Saldo

VII. RESTPOSTEN UND STATISTISCHE ERMITTLUNGSFEHLER

Restposten	Saldo

Leistungsbilanz

Grundbilanz

Zahlungsbilanz

Abb. 84 Gliederung der Zahlungsbilanz

In der **Handelsbilanz** sind die Warenexporte und -importe während eines Jahres enthalten. Liegt nun z.B. ein Exportüberschuß vor (wie in unserem Schema), dann spricht man von einem Aktivsaldo der Handelsbilanz oder einer aktiven Handelsbilanz. Die Forderungen aus Warenexporten waren also in der vergangenen Periode höher als die Schulden aus Warenimporten, die Netto-Auslandsposition hat sich erhöht. Um denselben Saldo wird auch die kurzfristige Kapitalverkehrsbilanz zunehmen. In der **Dienstleistungsbilanz** werden die Verkäufe und Käufe von Dienstleistungen berücksichtigt (sogenannte unsichtbare Importe und Exporte). Solche Dienstleistungen sind zum Beispiel Tourismus, Verkehrsleistungen (Schiff, Bahn, Flugzeug), Versicherungsleistungen aber auch Importe und Exporte von Lizenzen und Patenten. Außerdem werden zu den Dienstleistungen auch die von Ausländern empfangenen und an Ausländer gezahlten Zinsen und Dividenden, die sogenannten Kapitalerträge (man faßt sie als Entgelt für einen besonderen Dienst auf, nämlich der Zurverfügungstellung von Geld), gezählt.

Die **Übertragungsbilanz** (auch Bilanz der unentgeltlichen Leistungen) beinhaltet die Gegenbuchungen zu den Güter- und Forderungsbewegungen ohne ökonomische Gegenleistung von und an ausländische Wirtschaftssubjekte (z.B. Reparationen, Geldüberweisungen ausländischer Arbeitskräfte an ihre Familien, Ausgaben für Entwicklungshilfe). In unserem Schema sind die geleisteten Übertragungen kleiner als die empfangenen, die Übertragungsbilanz ist also aktiv. Faßt man die obigen Teilbilanzen der Zahlungsbilanz zusammen, so erhält man die **Leistungsbilanz**. Die österreichische Leistungsbilanz beinhaltet noch eine vierte Teilbilanz, die „Bilanz der nicht in Waren oder Dienste unterteilbaren Leistungen", in die gesondert Dienstleistungskomponenten beim Anlagenexport (soft-ware, know-how, engineering, lokale Montagekosten usw.) und andere mit dem Warenverkehr verbundenen Dienstleistungen eingetragen werden.

Auch im Handel mit dem Ausland fallen Leistung und Gegenleistung häufig zeitlich auseinander, es entstehen also Kreditbeziehungen. Die Entstehung und Tilgung von Verbindlichkeiten und Forderungen und auch die Änderungen ihrer Zusammensetzung erfaßt man in der **Bilanz** des **langfristigen Kapitalverkehrs**, der des **kurzfristigen Kapitalverkehrs** und in der Devisenbilanz. Die Unterscheidung in lang- und kurzfristigen Kapitalverkehr wird üblicherweise so getroffen, daß Forderungen und Verbindlichkeiten bis zu einer Laufzeit von einem Jahr als kurzfristig, solche mit einer Laufzeit darüber als langfristig angesehen werden. Käufe und Verkäufe von Geldmarktpapieren (rediskontfähige Wechsel, Schatzanweisungen) werden jedoch auch bei einer längeren Laufzeit als ein Jahr zum kurzfristigen Kapitalverkehr gezählt. Käufe und Verkäufe von Aktien hingegen zählen immer zum langfristigen Kapitalverkehr. In der **Devisenbilanz** wird die Änderung der Auslandsposition der Zentralbank inkl. der eventuellen Änderungen ihres Goldbestandes ausgewiesen (die Änderungen der Devisenforderungen und Verbindlichkeiten aller anderen Inländer – auch der Geschäftsbanken – werden in der Bilanz des kurzfristigen Kapitalverkehrs erfaßt).

Aus dem Bestreben, eine Bilanz zu bekommen, die die charakteristische, langfristige außenwirtschaftliche Situation zeigt, faßt man gelegentlich die Leistungsbilanz mit der Bilanz des langfristigen Kapitalverkehrs zur sog. „**Grundbilanz**" zusammen. (siehe Seite 185)

Da die Aufzeichnungen, die der statistischen Zahlungsbilanz (ex-post-Zahlungsbilanz) zugrunde liegen, nicht vollständig sind, ist die Summe der erfaßten Soll- und Habenposten bzw. die Summe der Salden aller Teilbilanzen nicht gleich Null. Die Zahlungsbilanz ergibt sich ja nicht aus der Aggregation aller Einzeltransaktionen, sondern die Statistik ist in den meisten Fällen darauf angewiesen, nur die Soll- oder Habenposten aufzuschreiben (schätzungsweise) und auf Gegenbuchungen zu verzichten. Insbesondere gilt dies für die Handelsbilanz. Bei Im- und Exporten von Waren beispielsweise lassen sich die mit ihnen verbundenen kurzfristigen Kredite statistisch gar nicht erfassen. Die Statistik der kurzfristigen Kapitalbewegungen beruht dann auf Meldungen der Geschäftsbanken und der großen Unternehmungen, die Statistik der langfristigen Kapitalbewegungen auf Mitteilungen der Banken und der Regierung.

Es wird also in der Regel eine **Restgröße** als statistischer Fehler auftreten (auch wenn sich die Ermittlungsfehler vermutlich z.T. ausgleichen). Diese Restgröße stellt die unaufgeklärte Differenz zwischen dem Saldo der Leistungsbilanz und des Kapitalverkehrs auf der einen Seite und dem Saldo der Devisenbilanz auf der anderen Seite dar.

Fügt man nun diese Restgröße zu der Summe aller Salden hinzu, dann ergibt sich, wie bei einer genauen doppelten Erfassung aller Posten, ein Nullsaldo. Die **statistische Zahlungsbilanz** ist also **formal immer ausgeglichen**. Die Teilbilanzen hingegen sind es in der Regel nicht.

Bei der Beurteilung der Zahlungsbilanzsituation eines Landes wird man sich daher jeweils für die Salden der Teilbilanzen interessieren. Ein Defizit in einer Teilbilanz ist jedoch nicht notwendigerweise ungünstig und ein Überschuß nicht immer günstig. Erstens kommt es auf das Zusammenspiel der einzelnen Teilsalden an und zweitens müssen zur Beurteilung der gesamtwirtschaftlichen Situation, in der sich ein Land in einem bestimmten Zeitpunkt befindet, noch weitere Strukturkoeffizienten (Kosten- und Preisstruktur, Beschäftigungsgrad, Zinsgefüge, etc.) herangezogen werden.

Solange die Aufzeichnungen der zwischenstaatlichen Wirtschaftstransaktionen im wesentlichen auf die Entwicklung des Warenverkehrs beschränkt blieben, waren es die Goldbewegungen, die als Gradmesser für die Beurteilung der Stärke oder Schwäche der Zahlungsbilanz eines Landes galten. Wegen des immer stärkeren Einsatzes von Devisen (nach dem ersten Weltkrieg) konnte diese einseitig auf das Gold beschränkte Denkart nicht mehr genügen und die Betrachtungsweise verschob sich auf den Waren- und Dienstleistungsverkehr und die unentgeltlichen Übertragungen, also die Leistungsbilanz.

Es wurde jedoch auch sehr bald die beschränkte Aussagekraft dieses Konzeptes erkannt, das sich ja praktisch von den Rückwirkungen der Kapitaltransaktionen loslöste und man versuchte nun, eine Unterscheidung zwischen den autonomen, ohne Rücksicht auf den Stand der Zahlungsbilanz getätigten Kapitalbewegungen und den induzierten Kapitalbewegungen, die nur Ausgleichsfunktionen ausüben, zu treffen. Die induzierten Kapitalbewegungen wurden dann zusammen mit den monetären Goldtransaktionen als Maß für das Zahlungsbilanzgleichgewicht betrachtet.

Heute spricht man sehr oft von einem **Zahlungsbilanzgleichgewicht**, wenn die **Grundbilanz** (also Handelsbilanz, Dienstleistungsbilanz, Übertragungsbilanz und Bilanz des langfristigen Kapitalverkehrs) **ausgeglichen** ist.

Die Darstellungsform der Grundbilanz hat im wesentlichen folgende **Vorteile**:

(1) Sie trennt die langfristig stabilen Transaktionen, zum Beispiel Investitionen im Ausland, von den übrigen Transaktionen.
(2) Es werden die kurzfristig verhältnismäßig stabilen Transaktionen (z.B. der Warenverkehr) von jenen Transaktionen getrennt, die unvorhergesehen und zum Teil sehr starken Schwankungen unterworfen sind, wie beispielsweise Bewegungen von reinen Spekulationsgeldern (hot money).
(3) Sie trennt Transaktionen, die durch fundamentale Kräfte in einer Volkswirtschaft ausgelöst werden von solchen Transaktionen, die nur durch vorübergehende Umstände verursacht werden.
(4) Sie eignet sich besonders gut für Zahlungsbilanzprognosen, da normalerweise ein enger Zusammenhang zwischen gewissen volkswirtschaftlichen Kenngrößen wie Sozialprodukt oder Preisniveau und den von der Grundbilanz erfaßten Positionen besteht.

Für die Trennung in lang- und kurzfristige Kapitalbewegungen gibt es jedoch kein statistisch schlüssiges Kriterium. Die Praxis behilft sich damit, daß alle privaten Wertpapiere mit einer ursprünglichen Laufzeit von mehr als einem Jahr, selbst wenn sie innerhalb der folgenden zwölf Monate fällig werden, den langfristigen Transaktionen zugeordnet werden. Dabei wird diesen Finanzgeschäften im Konzept der Grundbilanz ein stabiles Verhalten unterstellt. In Wirklichkeit können ihnen jedoch auch rein spekulative Motive zugrunde liegen, beispielsweise Auf- oder Abwertungsgerüchte. Umgekehrt werden wieder zahlreiche Kredite ihrer formellen Natur nach als kurzfristig betrachtet, obwohl sie in der Praxis ein verhältnismäßig stabiles Element des Kapitalverkehrs darstellen können.

Auch Direktinvestitionen werden nicht nur mit Aktienverkäufen und langfristigen Darlehen finanziert, sondern vielfach auch durch Auflaufen von Forderungen auf interne Verrechnungskonten. Werden diese laufenden Guthaben dann in Eigenkapital oder langfristige Kredite umgewandelt, so verändert sich dadurch die Teilbilanz des gesamten Kapitalverkehrs nicht (weil ja nur eine Umbuchung von der kurzfristigen Kapitalverkehrsbilanz auf die langfristige Kapitalverkehrsbilanz erfolgt), wohl aber wird die Grundbilanz des kreditempfangenden Landes aktiviert, ohne daß dadurch eine tatsächliche Verbesserung seiner Zahlungsbilanzposition einträte (auf die jedoch geschlossen werden müßte, wenn man **nur** die Grundbilanz betrachtet).

Trotz der Erleichterung der Beurteilung der Außenwirtschaftslage eines Landes mittels der Grundbilanz (durch Ausschaltung von temporär wirksamen Faktoren) muß man sich also im klaren sein, daß dadurch teilweise die Interdependenz der einzelnen Teilbilanzen nicht genügend zum Ausdruck kommt. Solche **Interdependenzen** wären beispielsweise:

(a) stark ins Gewicht fallende Sondertransaktionen können die Entwicklung der Zahlungsbilanz (definiert als Grundbilanz) auf Jahre hinaus beeinflussen, selbst wenn man ihren Einfluß auf die Grundbilanz im Jahre ihrer Durchführung gebührend in Rechnung stellt. Auf welche spezifischen Positionen sich solche einmaligen Transaktionen mittel- bis langfristig auswirken werden, läßt sich dabei kaum feststellen.
(b) Maßnahmen im monetären und fiskalischen Sektor können innerhalb der verschiedenen Teilbilanzen Verschiebungen auslösen, die das Aussehen der Grundbilanz entscheidend beeinflussen (hauptsächlich Verlagerungen zwischen der kurz- und langfristigen Kapitalverkehrsbilanz). Daraus folgt jedoch nicht notwendigerweise eine Veränderung in der internationalen Devisenposition eines Landes.
(c) Insbesondere sind die Wechselbeziehungen zwischen dem Warenverkehr und bestimmten Elementen der kurzfristigen Kapitalbewegungen wie Exportkredite oder verlängerte Zahlungsziele statistisch nur ungenau feststellbar.
(d) Der störende Einfluß des kurzfristigen Kapitalverkehrs wird nicht erfaßt, obwohl besonders in Zeiten starker Währungsunruhen die kurzfristigen spekulativen Kapitalbewegungen („hot money") ein enormes Ausmaß annehmen können.

Neben dem oben dargelegten Grundbilanzkonzept hat der **Deutsche Sachverständigenrat** zwei Wege aufgezeigt, wie man den Begriff **Zahlungsbilanzgleichgewicht** operationalisieren könnte.

Variante 1: Außenwirtschaftliches Gleichgewicht liegt dann vor, wenn der Außenbeitrag (Außeninvestition) einen bestimmten Prozentsatz des Bruttosozialproduktes nicht übersteigt (etwa 1,5%), wobei der Prozentsatz von der Außenhandelsstruktur bestimmt wird. Dabei dürfte es jedoch schwierig sein, geeignete Schwellenwerte, die über einen längeren Zeitraum hin ihre Gültigkeit behalten, zu finden.

Variante 2: Der Zustand eines außenwirtschaftlichen Gleichgewichts ist dann gegeben, wenn sich bei festem Wechselkurs die Zahlungseingänge und die Zahlungsausgänge im internationalen Verkehr die Waage halten, der Saldo der Devisenbilanz also gleich Null ist,

(a) ohne daß zu diesem Zweck bestimmte, kompensatorische Finanztransaktionen (Ausgleichstransaktionen) vorgenommen werden müssen und zwar weder von dem betreffenden Land noch seitens anderer Länder, und
(b) ohne daß sich unmittelbare Nachteile oder Gefahren für bestimmte binnenwirtschaftliche Ziele (Preisniveaustabilität, hohes Beschäftigungsniveau, angemessenes Wachstum) ergeben.

Akzeptiert man die nicht unproblematische Einteilung in autonome (nichtzahlungsbilanzinduzierte) Transaktionen und induzierte (zahlungsbilanzbedingte) Transaktionen, so könnte man die oben erwähnte Variante 2 des Sachverständigenrates dahingehend erweitern, daß man von einem Gleichgewicht der Zahlungsbilanz dann spricht, wenn die Summe der autonomen Kreditposten der Summe der autonomen Debetposten entspricht.

Bei vollständig **frei schwankenden** (flexiblen) **Wechselkursen** ist ein **Gleichgewicht** auf dem **Devisenmarkt** identisch mit dem **Gleichgewicht** der **Zahlungsbilanz**. Jede Abweichung vom Gleichgewichtskurs wird durch den Marktmechanismus korrigiert. Beachtet man ferner, daß die Begriffe Nachfrage nach und Angebot an Devisen durch die Werte der autonomen Zahlungsbilanz ersetzt werden können, so impliziert ein stabiler Devisenmarkt zugleich die Stabilität des Zahlungsbilanzgleichgewichtes.

Der **Devisenmarkt** ist keine institutionalisierte Einrichtung, sondern eine Art „gedankliche Zusammenfassung" von Angebot und Nachfrage nach Devisen. Daß sich Angebot und Nachfrage von/nach Devisen auf internationaler Ebene ausgleichen, dafür sorgt die **Devisenarbitrage**, das professionelle Ausnutzen von Kursunterschieden einer Währung, die sich zur gleichen Zeit an verschiedenen Devisenplätzen ergeben.

Die **Devisenbörse** ist nur ein kleiner Ausschnitt aus diesem Markt. Amtlich bestellte Makler notieren die Devisenkurse, zu denen die Geschäftsbanken Devisengeschäfte mit ihren Kunden abrechnen. Notiert werden die amtlichen Mittelkurse von Währungen. Durch Abschlag oder Zuschlag fester „Spannen" entsteht der Geldkurs, zu dem die Banken von ihren Kunden Devisen kaufen und der Briefkurs, zu denen die Geschäftsbanken Devisen verkaufen.

Unter **internationalen Liquidität** versteht man die Fähigkeit der jeweiligen nationalen Währungsbehörden, auftretenden Finanzierungsdefizite gegenüber dem Ausland mit bestimmten Zahlungsmitteln zu finanzieren. Als Zahlungsmittel kommen in Frage:

a) Goldbestände,
b) Bestände an konvertiblen Devisen,

c) Einlagen beim IWF und die damit verbundenen Ziehungsrechte,
d) Sonderziehungsrechte.

Unter der **Valutakasse der Zentralbank** versteht man die Goldbestände sowie die Netto-Devisenposition der Zentralbank gegenüber dem Ausland. Diese Valutakasse bezeichnet man auch als offizielle Valutakasse, um sie von der privaten Valutakasse der Geschäftsbanken zu unterscheiden, die die Devisenbestände inländischer Geschäftsbanken bei ausländischen Banken umfaßt. Sofern die Zentralbank des jeweiligen Landes über gesetzliche Möglichkeiten verfügt, die Geschäftsbanken zur Ablieferung dieser Devisenbestände zu zwingen, ist die private Valutakasse Teil der offiziellen Valutakasse.

Unter **Devisen i.e.S.** versteht man Sichtguthaben, die Inländer bei ausländischen Banken in ausländischer Währung unterhalten. Sie stellen immer nur für einen der beiden Transaktionspartner eine Devise dar, es sei denn, die Schuldsumme lautet auf die Währung eines Drittlandes.

Von **Devisen i.w.S.** hingegen spricht man im Falle jener Sichtguthaben, die Inländer bei ausländischen Banken in ausländischer Währung unterhalten, wobei die Sorten (Valuten) – es sind dies ausländische Banknoten und Münzen im Besitz von Inländern – dazugerechnet werden. In der Regel werden auch Schecks und Wechsel, die an sich lediglich Anweisungen auf Devisen darstellen, als Devisen bezeichnet.

Wann immer es um den Austausch von Währungen geht, ist zu unterscheiden zwischen einer Inländer- und einer Ausländerkonvertibilität. Eine Währung ist voll konvertibel im Sinne der **Inländerkonvertibilität**, wenn

(a) jeder Inländer in der Lage ist, nach Belieben fremde Währungen zu erwerben, um damit Importe zu bezahlen oder Reisen ins Ausland zu machen (Importfreiheit);
(b) jeder Inländer ohne Bewilligung fremde Währungen erwerben kann, um damit Investitionen im Ausland durchzuführen (z.B. Kauf von Aktien oder Obligationen, Direktinvestitionen). Bedeutet Kapitalexportfreiheit.

Eine Währung ist konvertibel im Sinne der **Ausländerkonvertibilität**, wenn ein Ausländer, der über Guthaben in einer solchen Währung verfügt,

(a) sie ohne weiteres gegen seine eigene Währung austauschen kann (Repatriierungsmöglichkeit);
(b) sie ohne Wertverluste und besondere Bewilligung in eine Drittwährung umwandeln kann (Transferfreiheit).

Eine der Grundvoraussetzungen für Außenhandelsbeziehungen zwischen verschiedenen Staaten ist die Existenz eines gemeinsamen Nenners, der die in unterschiedlichen Binnenwährungen ausgedrückten In- und Auslandspreise untereinander vergleichbar macht. Diesen gemeinsamen Nenner stellen Wechselkurse dar.

Wechselkurse sind Wertansätze, die angeben sollen, wieviel für eine ausländische Währung (entweder 100 Einheiten oder 1 Einheit), ausgedrückt in Einheiten der Inlandswährung, bezahlt werden muß.

Zwei Arten von Wechselkursen sind zu unterscheiden:

a) feste Wechselkurse und
b) flexible Wechselkurse.

Von **festen Wechselkursen** spricht man dann, wenn der Preis für ausländische Währungen vom Staat oder der Zentralbank fixiert wird (Voraussetzung ist eine gegenseitige Fixierung auch der ausländischen Währungen) oder wenn die Kurse der verschiedenen Währungen international verbindlich vorgeschrieben werden.

Die Schwierigkeit bei einem System fester Wechselkurse liegt nun darin, diese fixen Paritäten der betreffenden Währungen insofern „richtig" zu ermitteln, als sie das Wirtschaftspotential der jeweiligen Länder in entsprechender Weise widerspiegeln. Da es jedoch bisher nicht gelungen ist, Kalkülverfahren zu ermitteln, mit deren Hilfe wirtschaftspotentialorientierte „richtige" Paritäten gefunden werden können, wird es bei festen Wechselkursen von Zeit zu Zeit notwendig sein, zu untersuchen, welcher Wechselkurs sich auf Grund von Angebot und Nachfrage auf den Devisenmärkten einstellt. Hat sich dann der Wechselkurs auf einem bestimmten Niveau eingependelt, so wird er in dieser Höhe neu fixiert. Man könnte in diesem Zusammenhang von „stufenflexiblen" Wechselkursen sprechen (durch eine **Abwertung** wird der Außenwert einer Währung vermindert, d.h. der Preis für ausländische Zahlungsmittel steigt, durch eine **Aufwertung** wird der Außenwert der Inlandswährung erhöht, der Preis für ausländische Zahlungsmittel sinkt).

Bei **flexiblen Wechselkursen** bildet sich der jeweilige Wechselkurs ausschließlich durch Angebot von und Nachfrage nach Devisen auf den jeweiligen Devisenmärkten. Die Kursbildung wird also den Kräften des freien Marktes überlassen. Von festen Wechselkursen unterscheiden sich flexible Wechselkurse technisch-administrativ v.a. dadurch, daß die Zentralbank nicht mehr verpflichtet ist, auf dem Devisenmarkt zu intervenieren – also Devisen zu kaufen oder zu verkaufen – um einen einmal fixierten Wechselkurs zu halten bzw. nicht über eine vereinbarte Bandbreite hinaus schwanken zu lassen. Es steht der Zentralbank jedoch frei, zur Verfolgung ihrer wirtschaftspolitischen Ziele auf dem Devisenmarkt zu intervenieren (schmutziges Floaten).

Da der „richtige" Wechselkurs sich letzten Endes immer aus dem freien Spiel der Marktkräfte ergibt und somit die Kaufkraftverhältnisse zwischen den verschiedenen Währungen widerspiegelt, wird er sich natürlich im Zeitablauf immer wieder ändern und soll dies auch. Das heißt jedoch nicht, daß flexible Wechselkurse auch dauernd stark schwankende Wechselkurse sein müssen, da die Kursausschläge ja nicht autonom erfolgen, sondern nur die Reaktion auf veränderte Daten auf den nationalen Angebots- und Nachfragemärkten, die sich in Devisentransaktionen niederschlagen, darstellen.

Zur **Absicherung des Wechselkursrisikos bei flexiblen Wechselkursen** bieten sich folgende Möglichkeiten an:

(a) **Devisentermingeschäfte** (Terminkäufe und -verkäufe zur Kurssicherung): Terminverkäufe werden v.a. jene Exporteure vornehmen, die Zahlungen in einer abwertungsbedrohten Währung erwarten bzw. in einer stabilen Währung, während die eigene aufwertungsverdächtig ist. Umgekehrt werden Terminkäufe v.a. von jenen Importeuren durchgeführt, die Zahlungen in aufwertungsbedrohten Währungen zu leisten haben, bzw. in stabilen Währungen, während die eigene Währung abwertungsverdächtig ist.

In der Regel weicht der Terminkurs für eine Währung von dem im gleichem Zeitpunkt gültigen Kassakurs ab. Wird die Devise per Termin höher bewertet als per Kassa, dann ist ein Aufschlag (Report oder Premium) gegeben. Das wäre beispielsweise dann der Fall, wenn eine Währung aufwertungsverdächtig ist. Wird die Termindevise niedriger bewertet als die Kassadevise, dann spricht man von einem Abschlag (Deport oder Discount). Sowohl Auf- als auch Abschläge bezeichnet man als **Swap-Sätze**. Der Terminkurs für eine Währung wird in der Form ermittelt, daß die jeweiligen Swap-Sätze zum jeweiligen gültigen Kassakurs dazugeschlagen bzw. abgeschlagen werden. Die Höhe der Swap-Sätze hängt unter anderem von folgenden Faktoren ab:

1. Angebot und Nachfrage von und nach bestimmten Devisen;
2. den Auf- bzw. Abwertungserwartungen im Hinblick auf bestimmte Währungen;
3. von der Höhe des Diskontsatzes und den Zinssätzen, die vom Diskontsatz abhängen, in den betreffenden Ländern.

(b) **Aufnahme bzw. Gewährung von Fremdwährungskrediten** zur Kurssicherung: Erwartet z.B. ein Exporteur in einigen Monaten den Eingang einer Forderung in einer abwertungsbedrohten Fremdwährung, so kann der Exporteur in dieser Fremdwährung einen Kredit aufnehmen, dessen Fälligkeit mit dem Zeitpunkt des erwarteten Eingangs der Forderung übereinstimmt. Die aus dem Kredit anfallenden Leihdevisen kann der Exporteur sofort zum heutigen Kassakurs in heimische Währung umwechseln. Bei Fälligkeit wird der Kredit sodann durch den eingehenden Exporterlös abgedeckt. Ein Importeur muß zur Erreichung eines Kurssicherungseffektes einen Kredit gewähren, als fremde Währung verleihen. Weiß z.B. der Importeur, daß er in 6 Monaten einen bestimmten Betrag in einer aufwertungsverdächtigen Währung wird begleichen müssen, so kann er sich den heutigen Kurs durch einen Kassakauf des benötigten Betrages sichern. Die Kosten des durch die vorzeitige Anschaffung der Devisen drohenden Zinsentganges sucht er durch eine entsprechende Verleihung des Beitrages bis zur Fälligkeit der Importverbindlichkeit möglichst gering zu halten (möglich allerdings nur bei relativ hohen Beträgen, sodaß sie auf dem internationalen Geldmarkt veranlagt werden können oder aber im Rahmen der multinationalen Konzerne).

(c) **Abschluß einer Versicherung** gegen das Wechselkursrisiko. In den meisten Industrieländern besteht die Möglichkeit, daß sich der Exporteur durch Entrichtung einer Versicherungsprämie an die öffentliche Hand gegen Verlust aus wirtschaftlichen und politischen Tatbeständen absichert. Im Rahmen derartiger Exportförderungssysteme ist meistens auch eine Versicherungsmöglichkeit gegen das Wechselkursrisiko vorgesehen.

(d) Sonderformen der Kurssicherung wie **Forfaitierung** (Ankauf einzelner Exportforderungen durch den Fortfaiteur in Bausch und Bogen), **Export-Factoring** (Ankauf des gesamten Forderungsbestandes in fremden Währungen) und **Export Leasing** (z.B. beim Export von Investitionsgütern).

Der **effektive Wechselkurs** einer Währung mißt – vereinfacht ausgedrückt – die Kaufkraft dieser Währung in Devisen. Diese Messung war in Zeiten relativ fixer Wechselkurse vergleichsweise einfach. Änderungen im Wechselkurs einer Währung waren praktisch immer gleichbedeutend mit Abwertungen/Aufwertungen dieser Währung gegenüber allen anderen. Hingegen stehen einander unter den Bedingungen eines Systems weitgehend flexibler Wechselkurse bilaterale Aufwertungen und bilaterale Abwertungen einzelner Währungen gleichzeitig gegenüber. Der Gesamteffekt auf den Außenwert einer Währung ist damit nicht mehr offensichtlich. Es bedarf einer Indexkonstruktion, die die Veränderung der verschiedenen Wechselkurse nach ihrer Bedeutung für die inländische Währung zusammenfaßt. Die in Frage kommenden ausländischen Währungen (bzw. deren bilateraler Wechselkurs zur inländischen) gehen dabei entsprechend einer an Hand der außenwirtschaftlichen Verflechtung eines Landes in einem Basisjahr ermittelten Gewichtung in die Berechnung des Indexwertes ein.

Das WIFO-Konzept zur Berechnung von Indizes für den effektiven Wechselkurs des Schillings z.B. orientiert sich primär an deren Verwendung für die Beurteilung der preislichen Konkurrenzfähigkeit österreichischer Güter- und Dienstleistungen. Es eignet sich somit insbesondere für die Zerlegung der real effektiven Wertänderung des Schillings in eine Preis-(Arbeitskosten-) und eine Wechselkurskomponente. Für die Berechnung der **real effektiven Wertänderung** des Schillings wird die nominell effektive Aufwertung/Abwertung um die Inflations-(Arbeitslosen-)differenz zwischen Österreich und seinen im Wechselkursindex erfaßten Handelspartnern bereinigt.

Der Begriff **„Euromarkt"** bezeichnet den mit einem Volumen von heute ca. US Dollar 900 Mrd. netto weltweit größten Markt für internationale Geld- und Kreditgeschäfte in den wichtigsten konvertierbaren Währungen. Er ist dadurch gekennzeichnet, daß er keiner Kontrolle durch nationale oder internationale Währungsbehörden unterliegt, da er außerhalb der Restriktionsbarrieren („Off-Shore") angesiedelt ist. Mithin wird der Geldschöpfungsmechanismus durch keine staatliche Stelle beeinflußt. Die Zinsbildung unterliegt allein dem Gesetz von Angebot und Nachfrage. Daher sind die Sätze in der Regel für Anleger und Kreditnehmer günstiger als auf den nationalen Märkten. Dagegen unterliegen die in den Zentren des Euromarktes tätigen Banken wie ihre Mutterbanken in den Heimatländern durchaus den üblichen Aufsichtsregeln und Steuerbelastungen.

Als **Eurodollars** bezeichnet man Guthaben in amerikanischer Währung, die eine außerhalb der USA befindliche Bank erworben und unmittelbar oder nach Umtausch in eine andere Währung zur Kreditierung an einen Nichtbank-Kunden verwendet hat. Entsprechendes gilt für die übrigen im Euromarkt gehandelten Währungen. Da Eurowährungen nicht eigenständig sind, sondern lediglich Valuten darstellen, die auf einer anderen Zinssatzbasis gehandelt werden, erfolgt die zahlungsmäßige Abwicklung über Konten im nationalen Bereich, d.h. Eurodollars werden z.B. in New York gehalten, Euro-DM in Frankfurt etc. Während sich der Handel im Euromarkt ursprünglich in US-Dollar vollzog, verteilt sich das Marktvolumen heute im wesentlichen zu rund 70% auf diese Währung, gefolgt von der Euro-DM mit einem Anteil von rund 15% und dem Euro-Sfrs mit ca. 7%. Sonstige Währungen sind nur in sehr begrenztem Umfang am Euromarkt verfügbar.

Der **Euromarkt** verdankt seine **Entstehung** und Expansion gegen Mitte der fünfziger Jahre dem Zusammentreffen mehrerer wirtschaftlicher und politischer Faktoren. Ein wesentlicher Grund war die Einführung von Zins- und Kreditreglementierungen in den USA, die dazu führten, daß eine Reihe von Geldgebern Anlagemöglichkeiten zu günstigeren Konditionen als auf dem nationalen Geldmarkt suchte. Darüberhinaus befürchteten einige Ostblockstaaten, daß ihre Dollarguthaben in den USA im Zuge politischer Spannungen eingefroren werden könnten und zogen diese aus den Vereinigten Staaten ab. Als Sammelbecken für diese Liquidität bot sich als renommierter und etablierter Bankplatz London an.

Die Initiative für einen eigenständigen Handel und damit die Existenz eines vom nationalen Banking abgespaltenen Marktes ging im wesentlichen von amerikanischen Banken aus. In der Folgezeit wurden Institute gegründet, die sich auf das Eurogeschäft spezialisierten. Heute zeichnet sich der Euromarkt dadurch aus, daß er von der Mehrzahl der international geschäftsorientierten Banken getragen und weltweit strukturiert ist. Rund 70% seines Volumens entfallen auf europäische Plätze, 30% auf außereuropäische Zentren, wobei der 1968 geschaffene Asien-Dollar-Markt mit einer Größenordnung von inzwischen ca. 50 Mrd US Dollar eine bedeutende Rolle spielt. Zu den Plätzen in der Karibik, wie Bahamas, Bermudas, Cayman Islands, trat ab 1981 als weiteres Off-Shore-Zentrum New York.

Der Platz London, an dem die Euroaktivitäten zuerst aufgenommen wurden, bildet auch heute noch mit einer breiten Präsenz internationaler Banken das Hauptzentrum mit einem mehr als 40%igen Anteil am europäischen Marktvolumen. Von hier aus operieren insbesondere die amerikanischen Banken im europäischen Raum. Sein Beginn der siebziger Jahre ist Luxemburg als weiterer Platz von Rang mit einem Anteil von inzwischen 16% hinzugetreten. Weitere Zentren des Euromarktes in Europa sind Paris, Brüssel und Amsterdam.

Die Einlagen am **Geldmarkt** sind ganz überwiegend kurzfristiger Natur und reichen vom Tagesgeld bis zu 6-Monatsdepositen, gelegentlich auch bis zu 12-Monatseinlagen. Termineinlagen mit längeren Fristen sind am Euromarkt im allgemeinen nicht üblich. Von zunehmender Bedeutung sind die sogenannten „Floating Rate Certificates of Deposit", d.h. CD's für die der Zinssatz in kurzfristigen Intervallen den geltenden Marktsätzen angepaßt wird. Den Banken ermöglicht diese Form der Mittelbeschaffung eine kongruente Refinanzierung ihres Kreditgeschäftes. Sie sind bereit, für eine derartige Liquiditätsvorsorge eine Prämie von durchschnittlich 1/4% über dem normalen Termineinlagensatz zu zahlen.

Der Zinssatz, zu dem die Banken die hereingenommenen Gelder am Interbankenmarkt wieder plazieren, ist die sogenannten **„offered-rate"**, im Londoner Markt „London-Inter-Bank-Offered-Rate" (LIBOR) genannt. Sie liegt normalerweise 1/8% bis 1/4% über der **„bid-rate"**, dem Satz, den eine Eurobank für die ihr angebotenen oder gesuchten Einlagen zu zahlen bereit ist.

Bei **Festsatzkrediten** wird der Zinssatz für die gesamte Laufzeit des Kredites verbindlich vereinbart. Diese Finanzierungen werden überwiegend auf kurzfristiger Basis eingeräumt, und zwar in der Regel auf volle Monate bis zu einem Jahr. Sofern die Liquiditätssituation dieses zuläßt, d.h. die kreditgebende Bank sich laufzeitkongruent refinanzieren kann, werden auch längerfristige Festsatzkredite mit Laufzeiten von einem bis zu ca. fünf Jahren ausgereicht. Der Kreditbetrag sollte mindestens 0,5 Mio bis 1 Mio US Dollar oder den Gegenwert in einer anderen Währung ausmachen. Die vertragliche Regelung des Kreditverhältnisses ist weitgehend formularmäßig vereinfacht. Üblicherweise werden nur die wesentlichen Einzelheiten des Kredites (Betrag, Zinssatz, Laufzeit, Rückzahlung, anwendbares Recht, Gerichtsstand und evtl. Sicherheiten) bestätigt.

Der **Roll-Over-Kredit** ist aus der Überlegung entstanden, die im Markt vorhandene überwiegend kurzfristige Liquidität längerfristig einzusetzen. Die geldgebende Bank sagt den Kredit grundsätzlich für die gesamte Laufzeit zu, verbunden mit der Absprache, daß der Zinssatz für bestimmte kurzfristige Zeiträume

(Zinsperioden) festgelegt wird. Die Fristen liegen im allgemeinen je nach Wahl des Kreditnehmers zwischen einem und zwölf Monaten, wobei drei bzw. sechs Monate üblich sind. Die Bank hat daher die Refinanzierungsmittel nur für die jeweilige Zinsperiode zu beschaffen. Die Kreditsumme wird in einer bestimmten Basiswährung zugesagt. Der Kreditnehmer hat aber vertraglich die Möglichkeit, den Gegenwert auch in einer anderen Währung zu ziehen (Währungsoption).

Zum Eurogeld- bzw. dem Eurokreditmarkt – einheitlich im allgemeinen Euromarkt genannt – bildet der **Eurokapitalmarkt** (Eurobondmarkt) eine unverzichtbare Ergänzung. Er ist vorzugsweise langfristig ausgerichtet und unterscheidet sich auch in seinen Techniken weitgehend vom Euromarkt. Die Plazierung der Anleihen erfolgt auch in kleineren Stückelungen bei Privatkunden und institutionellen Anlegern, wobei im allgemeinen besondere Publizitätsvorschriften zu beachten sind.

Die **terms of trade** einer Volkswirtschaft stellen das Verhältnis zwischen den Preisen der Exportgüter und den Preisen der Importgüter dar. Es wird der Index der Exportpreise durch den Index der Importpreise dividiert (in gleichen Währungseinheiten):

$$\frac{P_x^{DM}}{P_m^{DM}} \text{ oder } \frac{P_x^{\$}}{P_m^{\$}} \text{ oder } \frac{P_x^{S}}{P_m^{S}}$$

Diese Relation gibt an, welche Importgütermengen die Volkswirtschaft durch Hergabe einer Einheit des Exportgutes zu kaufen vermag. Eine Verbesserung der terms of trade – die Exportpreise steigen (fallen) stärker (um weniger) als die Importpreise – würde also bedeuten, daß man mit dem Erlös für eine exportierte Einheit eine größere Menge an Importgütern erhält als bisher und umgekehrt.

Beispiel: Wir gehen von einem Basisjahr aus, in welchem die Preisindices mit 100 angenommen werden. Im folgenden Jahr sind die Exportpreise um 10% gestiegen, die Importpreise dagegen um 5% gefallen. In diesem Falle haben sich die terms of trade um ca. 15,8% verbessert. Die terms of trade berechnet man folgendermaßen:

$$TT_t = \frac{100}{100} \cdot 100 = 100$$

$$TT_{t+1} = \frac{110}{95} \cdot 100 = 115{,}8$$

$$TT_{t+1} - TT_t = 115{,}8 - 100 = 15{,}8.$$

Es wurde früher als selbstverständlich angenommen, daß eine Abwertung die terms of trade stets verschlechtert. Dieser Ansicht lag die Vorstellung zugrunde, daß nach einer Abwertung die Inlandswaren für das Ausland billiger, die Auslandswaren aber für das Inland teurer werden, die Exportgüterpreise also sinken und die Importgüterpreise steigen. Der Fehler dieser Argumentation liegt in dem Vergleich von nicht vergleichbaren Größen: Die Exporte verbilligen sich gemessen in der Auslandswährung, und die Importe verteuern sich gemessen in der Inlandswährung. Um aber einen Vergleich überhaupt möglich zu machen, müssen beide Preise – wie in den Formeln oben geschehen – stets in derselben Währung ausgedrückt werden. Dann aber ist keineswegs sicher, daß eine Abwertung das Austauschverhältnis immer verschlechtert.

Will man über die Veränderung der terms of trade genauere Vorstellungen gewinnen, so muß man die Kräfte untersuchen, die das Ausmaß der Preisänderung von Export- und Importgütern bestimmen. Die Größe dieser Preisänderungen wird offenbar beeinflußt: Erstens von der Lage und Steigung der Kurven des Export- und Importangebotes, zweitens von der Lage und Steigung der Kurven der Export- und Importnachfrage, mit anderen Worten: Von den Angebots- und Nachfrageelastizitäten der Export- und Importgüter.

8.C. Außenwirtschaftliche Erklärungsmuster

8.C.1. Der **internationale Austausch** von materiellen Gütern, Dienstleistungen und von Informationsgütern wird sowohl durch angebotsseitige als auch durch nachfrageseitige Faktoren beeinflußt. Die wesentlichsten **angebotsseitigen** Faktoren sind:

- unterschiedliche Kostenstrukturen, die im wesentlichen von der unterschiedlichen Ausstattung mit Produktionsfaktoren[1] und der unterschiedlichen Effizienz der Faktoren abhängen;
- das Niveau des technischen Wissens sowie
- die Art der Qualität der angebotenen Produkte.

Die wichtigsten **nachfrageseitigen** Faktoren sind: die Bedarfsstrukturen und die Höhe des verfügbaren Einkommens, wobei die Nachfrage in der Regel umso größer sein wird, je höher das Einkommen ist; darüberhinaus ist in der Regel der zwischenstaatliche Güteraustausch umso stärker, je stärker sich die Nachfragestrukturen von zwei Volkswirtschaften decken.

8.C.2. Neben diesen angebots- bzw. nachfrageseitigen Faktoren wird der Güteraustausch noch von folgenden Faktoren beeinflußt:

- einem allfälligen Preis und/oder Kapazitätsgefälle;
- der Größe des Wirtschaftsgebietes;
- dem Wirtschaftssystem („Zentralverwaltungswirtschaft" – „freie Marktwirtschaft");
- der Zugehörigkeit zu bestimmten supranationalen Organisationen;
- dem Entwicklungsstand der betreffenden Länder;
- der Höhe und dem Gefüge der Wechselkurse sowie
- der Fähigkeit, neue Produktionsverfahren anzuwenden bzw. neue Produkte zu entwickeln.

[1] So führt das sog. „Heckscher-Ohlin"-Theorem Handelsströme auf die unterschiedliche Faktor-Ausstattung der verschiedenen Länder zurück. Aussage: Ein Land wird jenes Gut exportieren (importieren), bei dessen Produktion der relativ reichlich (knapp) vorhandene Faktor besonders intensiv genutzt wird. Ein kapitalintensives Land wird also kapitalintensive Güter exportieren und arbeitsintensive importieren und umgekehrt.

8.C.3. Der internationale Handel verschafft den Handel treibenden Ländern **Einkommensvorteile**, wenn sich jedes Land auf die Produktion jener Güter spezialisiert, die mit relativ geringem Faktoreinsatz erzeugt werden können und jene Güter importiert, bei denen das Ausland komparative Kostenvorteile hat und sich nicht nur auf die Produktion solcher Güter beschränkt, die es absolut kostengünstiger als ein anderes Land produzieren kann.

Daß **absolute Kostenvorteile** (nach A. Smith der Grund für den Außenhandel) zum internationalen Handel führen, ist unbestritten, weil sowohl Inland wie Ausland Wohlstandsgewinne erzielen, wenn sich jedes Land auf die Produktion solcher Güter konzentriert, die es billiger als das Ausland herstellen kann (z.B. Agrarstaaten – Industriestaaten).

Die **Theorie der komparativen Kosten** (D. Ricardo) konnte jedoch zeigen, daß auch im Fall absoluter Kostennachteile bei allen Produkten eines Landes ein Außenhandel aufkommt, wenn nur die komparativen Kosten bei den einzelnen Produkten unterschiedlich sind. Mit komparativen Kosten bezeichnet man im Zwei-Güterfall diejenige Menge an Gütereinheiten x_1 (x_2), auf deren Produktion verzichtet werden muß, wenn man z.B. die Produktion von x_2 (x_1) um eine Einheit vergrößert. Unterstellt man aus Gründen der Vereinfachung ferner nur zwei Länder (A, B), dann lassen sich die komparativen Kosten – bei einer bestimmten angenommenen ökonomischen Aussgangssituation – wie folgt darstellen (D. Schmittchen):

Kosten der Produktion in Arbeitseinheiten

Güter / Länder	x_1	x_2
A	100	120
B	90	80

Land B ist Land A also bei beiden Gütern kostenmäßig überlegen. Es hat sowohl in der Produktion x_1 wie in der von x_2 absolute Kostenvorteile. Wo liegen nun die komparativen Kostenvor- und -nachteile?

Komparative Kosten

komparative Kosten* / Länder	x_1	x_2
A	0,833	1,200
B	1,125	0,888

* berechnet als Menge an x_2 (x_1), auf deren Produktion verzichtet werden muß, wenn die Produktion von x_2 (x_1) um eine Einheit steigt.

Land A hat in der Produktion von x_1 einen komparativen Kostenvorteil und Land B in der Produktion von x_2. Gemäß der Theorie der komparativen Kosten erhöht Land A den Ausstoß von x_1 und schränkt den von x_2 ein; Land B dehnt die Produktion von x_2 aus und verringert die von x_1.

Die Theorie der komparativen Kosten behauptet nun, die internationale Arbeitsteilung vollziehe sich derart, daß sich alle Länder der Produktion solcher Güter zuwendeten, bei denen komparative Kostenvorteile vorliegen. Das als Folge dieser (völligen oder teilweisen) Spezialisierung über den inländischen Bedarf hinausgehende Angebot der Güter mit komparativen Kostenvorteil (also das Überschußangebot) wird dann gegen die Güter eingetauscht, bei denen komparative Kostennachteile vorliegen und deren Produktion im Falle vollbeschäftigter Produktionsfaktoren im Verlaufe der Spezialisierung eingeschränkt werden muß. Die Theorie der komparativen Kosten reduziert also die Ursachen des Außenhandels auf unterschiedliche Kostenrelationen in den jeweiligen Ländern und leitet daraus die Richtung der Spezialisierung ab.

Das Modell wird durch folgende **Annahmen** bestimmt:

(1) Die Weltwirtschaft bestehe aus zwei Ländern (A, B).
(2) In beiden Ländern werden zwei Güter produziert (x_1, x_2).
(3) Zur Produktion beider Güter werde in jedem Land lediglich eine gegebene Menge des Produktionsfaktors Arbeit verwendet. Die Arbeit habe in beiden Ländern und in beiden Produktionsrichtungen dieselbe Qualität.
(4) In beiden Ländern herrsche ein totales Gleichgewicht bei vollkommener Konkurrenzpreisbildung.
(5) Für die Produktion aller Güter gelten lineare Produktionsfunktionen.
(6) Die monetäre Gesamtnachfrage bleibe in beiden Ländern konstant.
(7) Transferkosten fallen nicht an.
(8) Die Produktionsfaktoren seien international mobil.
(9) Die Exporteure eines Landes seien zugleich auch – aber nicht als einzige – Importeure.
(10) Es bestehen keinerlei Handelsschranken (wie Zölle oder Mengenkontingente).

Die Umstrukturierung der Produktion setzt jedoch in Wirtschaftssystemen mit dezentraler Planung unternehmerische Entscheidungen über einen veränderten Produktionsfaktoreinsatz voraus; und im unternehmerischen Entscheidungsprozeß spielen (subjektiv) keine komparativen Kosten eine Rolle, sondern allein der Vergleich von Geldumsatz und Geldkosten. Aus einer Vielzahl dieser an der Rentabilitätserzielung orientierten Entscheidungen (nicht die Volkswirtschaften entscheiden über Produktion und Austausch, sondern Einzelwirtschaften) folgt dann die konkrete Struktur der Produktion und des internationalen Warenaustausches.

Zur Beantwortung der Frage, ob die unternehmerischen Entscheidungen zu genau dieser Veränderung der Produktionsstruktur führen, müssen zunächst die oben erwähnten realen Größen in Geldgrößen transformiert werden. Die reale Preis-Kosten-Ausgangssituation, die sich auch in Geldpreisen und Geldkosten unabhängig von deren Niveau widerspiegeln muß, ist durch folgende Gleichungen gekennzeichnet:

$$\text{Für Land A gilt: } 1x_1^A = 0{,}833\, x_2^A$$

$$\text{Für Land B gilt: } 1x_1^B = 1{,}125\, x_2^B$$

Nehmen wir an, daß $1x_1$ im Land A einen Preis von 100 Geldeinheiten (GE_A) habe und $1x_2$ einen solchen von 120 GE_A und daß im Land B die Preisrelation von $1x_1 = 90\ GE_B$ sowie $1x_2 = 80\ GE_B$ gelten, so ist diese Bedingung erfüllt.

Die Annahme eines totalen Gleichgewichts in den Volkswirtschaften vor Aufnahme des Außenhandels impliziert, daß Angebots- und Nachfragemengen auf den Güter- und Faktormärkten gleich groß sind und die Produktion gewinn- und verlustlos erfolgt. Werden jetzt die Staatsgrenzen für den Außenhandel geöffnet, dann ist eine Umstrukturierung der Produktion die Folge, wenn und insofern Gewinne und/oder Verluste auftreten. Sind solche Störungen der totalen Gleichgewichte in beiden Ländern zu erwarten und welche Dispositionen ergeben sich daraus?

Unter der Annahme, daß die Unternehmen neue Gewinnmöglichkeiten wahrnehmen wollen und werden, ist zunächst zu fragen, ob mit der Öffnung der Grenzen Gewinnmöglichkeiten für die einzelnen Unternehmen entstehen? Um diese Gewinnmöglichkeiten herausfinden zu können, müssen die Absatzpreise, die Kosten der Produktion und die austauschbaren Mengen der Güter bestimmt werden.

Güterarbitrage eines x_1-Produzenten aus dem Land A

Land A		Land B
$1x_1 = 100\ GE_A$	⟶	$90\ GE_B$
		↓
$135\ GE_A$	⟵	$1{,}125\ x_2^B$

Ein Produzent aus dem Land A plane z.B. den (autonomen) Export des Gutes x_1 in das Land B. Er erhält dort pro Einheit des Gutes x_1 90 GE_B. Für diese 90 GE_B kann er im Land B 1,125 Einheiten x_2 eintauschen. Importiert der Produzent aus dem Land A diese 1,125 Einheiten x_2 (induzierter Import) und verkauft er sie zu dem im Land A geltenden Preis, so erzielt er dafür einen Erlös von 135 GE_A. Kosten in Höhe von 100 GE_A für die Produktion einer Einheit x_1 stehen also 135 GE_A an Erlösen gegenüber. Das ergibt einen Gewinn von 35 GE_A oder bezogen auf die Produktionskosten von 100 eine Rendite von 35%.

Plant ein x_2-Produzent aus dem Land A eine ähnliche Transaktion, so ergeben sich für ihn folgende Werte: 1 Einheit x_2 tauscht sich im Land B mit 80 GE_B. Für diese erhält er dort 0,888 Einheiten x_1. Diese sind im Land A 88,8 GE_A wert. Da diesem Produzenten die ursprünglich exportierte Gütereinheit 120 GE_A kostete, erzielt er somit einen Verlust von 31,2 GE_A oder, bezogen auf die Kosten, eine negative Rendite von 26%.

Güterarbitrage eines x_2-Produzenten aus Land B

Land A		Land B
$1x_2 = 120\ GE_A$	⟶	$80\ GE_B$
		↓
$88{,}8\ GE_A$	⟵	$0{,}888\ x_1$

Analoge Rechnungen für Produzenten des Landes B führen zu Stückgewinnen beim Export von x_2 in Höhe von 28 GE_B (Rendite: 35%) und zu Stückverlusten beim Export von x_1 im Betrag von 23,4 GE (Rendite: – 26,0%).

Unter unseren Annahmen eröffnet der Außenhandel also Gewinnchancen für die x_2-Produzenten aus Land B und die x_1Produzenten aus dem Land A. Für die Produzenten der übrigen Güter ergeben sich beim autonomen Export und induzierten Import jeweils Verluste. Die Produktion strukturiert sich also in der Weise um, wie es der Theorie der komparativen Kosten entspricht.

8.C.4. In der Regel ist ein Land umso **autarker**, je größer es ist. Voraussetzung dafür ist allerdings, daß das betreffende Land an mehreren Klimazonen Anteil hat und in ausreichendem Maße über natürliche Ressourcen verfügt. In diesem Falle wird das Außenhandelsvolumen zwangsläufig geringer sein als bei einem Land mit geringerem Autarkiegrad.

8.C.5. Ein bestehendes **Konjunkturgefälle** bewirkt eine Intensivierung der außenwirtschaftlichen Beziehungen. Umgekehrt kann es durch eine enge außenwirtschaftliche Verflechtung zu einem (negativen) „Konjunkturverbund" kommen. Nicht zuletzt tragen zu einem positiven bzw. negativen Konjunkturverbund auch die sog. „Multinationalen Gesellschaften" bei. Grenzüberschreitende Einkommens- und Liquiditätseffekte bewirken nämlich eine rasche Übertragung von Preisniveau- und Beschäftigungsschwankungen von einem Land auf andere Länder.

8.C.6. **Leistungsbilanzüberschüsse** sind darauf zurückzuführen, daß

a) im Inland der Auslastungsgrad bestimmter Sektoren geringer ist als im Ausland, also ein Konjunkturgefälle besteht und/oder
b) im Inland das Kosten- bzw. Preisniveau bei bestimmten Gütern unter dem des Auslandes liegt, also ein Kosten- bzw. Preisgefälle besteht. Ein Preisgefälle ist allerdings nur dann außenhandelsrelevant, wenn dieses Gefälle nicht durch Zölle oder sonstige Hemmnisse teilweise oder ganz kompensiert wird. Überdies ist zu berücksichtigen, daß bei bestimmten Gütern (z.B. bei Know-how-Produkten wie Pharmazeutika) ein negatives Preisgefälle besteht und sonstige Belastungen keine Handelsbarrieren darstellen.

8.C.7. **Leistungsbilanzüberschüsse** stellen – **monetär** gesehen – Überschüsse der inländischen Geldersparnis der privaten Haushalte über die inländische Nettoverschuldung anderer Gruppen dar. Dies tritt immer dann ein, wenn die Geldsparer eine relativ hohe Realverzinsung erwarten (Nominalverzinsung hoch, Preissteigerungserwartung gering) und/oder die Verschuldung der öffentlichen Haushalte gering ist.

8.C.8. Durch eine **Abwertung** wird der Zahlungsbilanzausgleich erleichtert, die Expansion der Produktion und des Exportes begünstigt und damit die Beschäftigungslage verbessert. Sind in dem abwertenden Land unausgelastete Kapazitäten vorhanden, während in den Ländern, die aus dem abwertenden Land importieren, Vollbeschäftigung herrscht, dann ist die Angebotselastizität groß genug, um die gestiegene Nachfrage befriedigen zu können. Besteht in dem abwertenden Land Vollbeschäftigung, so kann die Abwertung die Zahlungsbilanzsituation sogar verschlechtern, da das Angebot von Exportgütern nicht genügend rasch gesteigert werden kann, es sei denn, es werden zusätzliche Maßnahmen getroffen, um die Binnennachfrage zu verringern und die Exporte zu fördern. Im abwertenden Land mit voll ausgelasteten Kapazitäten kann es darüber hinaus zu einer Beeinträchtigung der Preisstabilität kommen (nachfrageseitige Komponenten), welche noch durch eine Verteuerung der Importgüter infolge der Abwertung (angebotsseitige Komponenten) verstärkt werden kann.

8.C.9. Aufwertungen fördern die internationale Arbeitsteilung, da sie Importe begünstigen, sie haben die gleiche Wirkung wie eine Senkung der Importzölle. Aufwertungen wirken konjunkturdämpfend, sofern die Kapazitäten voll ausgelastet sind. Nach einem bestimmten time-lag kann es jedoch zu einer Beeinträchtigung des Zahlungsbilanzausgleichs und des Beschäftigungsniveaus im aufwertenden Land kommen. Die Höhe der Exportpreise des aufwertenden Landes hängt ab von:

a) der Überwälzbarkeit auf den Auslandsmärkten;
b) der Rolle des „Preisführers" der Exporteure des aufwertenden Landes im Ausland;
c) den Substitutionsmöglichkeiten durch andere Güter und/oder Gütern aus anderen Ländern;
d) der Höhe des Aufwertungssatzes;
e) der internationalen Kostenlage und etwaigen neuen Absatzchancen im Inland;
f) der Höhe des Marktanteils auf ausländischen Märkten.

8.C.10. Der **Zentralbank** kommt neben der Aufgabe bei der Bereitstellung von Zentralbankgeld für die nationale Wirtschaft auch die Funktion zu, im internationalen Bereich die Zahlungsfähigkeit gegenüber dem Ausland aufrechtzuerhalten. Da sämtliche Leistungs- und Finanztransaktionen über den Bankenapparat oder auf direktem Weg durchgeführt bzw. finanziert werden, kann es für die Zentralbank also nur darum gehen, einen **Spitzenausgleich** durchzuführen. Tritt ein Finanzierungsüberschuß gegenüber dem Ausland ein, so führt dies saldenmechanisch zu einer positiven Veränderung der Währungsreserven, liegt ein Finanzierungsdefizit vor, so vermindert sich der Bestand an Währungsreserven. Daraus ergibt sich zwangsläufig, daß der Aufbau von **Währungsreserven** über ein bestimmtes Ausmaß hinaus streng genommen eine unproduktive Anlage von Volksvermögen darstellt. Im Ausmaß der über den notwendigen Bestand hinausgehenden Währungsreserven entstehen Opportunitätskosten, ganz abgesehen davon, daß der Bestand an Währungsreserven sogar an Wert verlieren kann (so z.B. durch eine Abwertung der angesammelten Devisen). Das notwendige Ausmaß des Bestandes an Währungsreserven wird im wesentlichen davon bestimmt, daß die Zentralbank solche Reserven für folgende Transaktionen benötigt:

1. zur Überbrückung systematischer und zufälliger Fluktuationen der in der Leistungsbilanz erfaßten Transaktionen;
2. zum Ausgleich von zeitweisen, meist spekulativen Kapitalbewegungen;
3. zur Korrektur eines Zahlungsbilanzdefizits im Falle eines fundamentalen Ungleichgewichts (bzw. für die Gewinnung eines zeitlichen Spielraumes zur Korrektur des Ungleichgewichts);

4. zur Abwehr von Attacken einer Wechselkursspekulation, die die wirtschaftspolitische Souveränität des Landes beeinträchtigen könnte.

8.C.11. Ziel jeder wirtschaftlichen **Integration** ist das Erreichen des Wohlstandsoptimums für den Integrationsraum. Man kann daher davon ausgehen, daß ein Währungssystem immer dann integrationsfördernd wirkt, wenn es Güter- und Faktorströme von Land zu Land zuläßt, die die Voraussetzung für eine Erhöhung und weitgehende Angleichung der Faktorproduktivitäten bilden. Integration bedeutet also Abbau von Hemmnissen des Wirtschaftsverkehrs, Fusion der Märkte und Umlenkung der Produktionsfaktoren zwecks Produktionssteigerung. Bestehen jedoch international unterschiedliche Vorstellungen über die Prioritäten der wirtschaftspolitischen Ziele und der Zweckmäßigkeit der einzusetzenden wirtschafts- und währungspolitischen Instrumente, so führt dies bei festen Wechselkursen im Laufe der Zeit unweigerlich zu Kapitalverkehrskontrollen bzw. Devisenzwangswirtschaft. Die Desintegration wird als Mittel zur Aufrechterhaltung von festen Wechselkursen benutzt, die dann später doch geändert werden müssen. Der Produktionsfaktor Kapital wird so behandelt, als ob er keinen oder nur einen untergeordneten Beitrag zu internationalen Arbeitsteilung liefere. Dabei wird jedoch übersehen, daß Freiheit des Güterverkehrs ohne Freiheit des Kapitalverkehrs nicht möglich ist. Wird der Kapitalverkehr Kontrollen unterworfen, wird unweigerlich auch die internationale Integration der Warenmärkte berührt.

Im Vergleich zu diesen Integrationshemmnissen ist der hemmende Effekt flexibler Wechselkurse durchaus zu vernachlässigen. Die Erfahrung hat unmißverständlich gezeigt, daß nicht der fixierte Wechselkurs als Integrationsmotor wirken kann, sondern primär nur wirtschaftspolitische Harmonisierung. Wird nämlich bei einer international differierenden Entwicklung der Preise, Kosten und Einkommen an festen Wechselkursen festgehalten, dann wird beispielsweise den Unternehmen bei einer unterbewerteten Währung suggeriert, die bessere Erlös-Kosten-Relation im Auslandsgeschäft bleibe auf die Dauer erhalten, und es kommt zu einer internationalen Arbeitsteilung, die sich vom Optimum entfernt. Die zeitweise Beseitigung dieses falschen Datums, z.B. durch eine Aufwertung der inländischen Währung, wird natürlich dann als besonders störend empfunden, wenn das Ausmaß der Kursänderung relativ groß ist. Von einer festen Kalkulationsbasis für die Unternehmen – von Verfechtern fester Wechselkurse als gravierender Vorteil dieses Wechselkurssystems angesehen – kann also auch bei festen Wechselkursen nicht die Rede sein. Im Gegenteil, die Störungen, mit denen die Außenhandelswirtschaft in ihren Kalkulationen zu rechnen hat, sind eher bei flexiblen Wechselkursen zu verkraften als bei stabilen, da die Unternehmen im Vorhinein mit Wechselkursänderungen rechnen und sich entsprechend absichern können (siehe Seite 187ff.).

8.C.12. Steigen die Preise im Ausland stärker als im Inland, so kann sich das relativ preisstabile Inland bei festen Wechselkursen den **Inflationstendenzen** bei seinen Handelspartnern auf die Dauer nicht entziehen. Übertragungswege dieser Preisansteckung sind nach allgemeiner Auffassung der Liquiditätseffekt, der Einkommenseffekt und der internationale Preiszusammenhang. Flexible Wechselkurse hingegen machen es grundsätzlich möglich, aus dem internationalen Preisverbund auszuscheren bzw. zu einer Preissteigerungsrate zu gelangen, die niedriger ist als in der übrigen Welt. Man darf aber auch von flexiblen Wechselkursen nicht erwarten, daß sie von sich aus einen Inflationsimport völlig verhindern bzw. die hausgemachte Inflation dämpfen. Änderungen makroökonomischer Variablen im Ausland haben bei Passivität der wirtschaftlichen Instanzen im Inland immer irgendwelche Wirkungen auf das inländische Volkseinkommen und Preisniveau. Nur kann bei flexiblen Wechselkursen – im Gegensatz zu festen – durch eine entsprechende Wirtschaftspolitik im Inland eine vom Ausland unabhängige Entwicklung des Preisniveaus erreicht werden. Die Wahl der zu ergreifenden Stabilisierungsmaßnahmen wird dabei allerdings davon abhängen, ob im Ausland bereits eine Stabilisierungspolitik betrieben wird oder nicht bzw. von welchen Variablen die Preissteigerungen im Ausland induziert wurden.

So bieten sich beispielsweise zur Verhinderung der Übertragung einer demand-pull-inflation aus dem Ausland vor allem fiskalpolitische Gegenmaßnahmen an, und zwar sowohl dann, wenn im Ausland stabilisierende Maßnahmen unterbleiben als auch unter der Annahme, daß im Ausland bereits eine Antiinflationspolitik durch Geldverknappung betrieben wird. Der Grund dafür ist darin zu suchen, daß die ausländischen Störeffekte zunächst nur den inländischen Gütermarkt direkt betreffen und fiskalpolitische Stabilisierungseingriffe ebenfalls direkt auf den Gütermarkt angesetzt werden können. Kontraktive geldpolitische Maßnahmen können zwar zusätzlich den internationalen Preiszusammenhang unterbinden helfen, es muß jedoch dabei beachtet werden, daß sich dann die ohnehin schon vom Ausland induzierten Zinssteigerungstendenzen im Inland noch verstärken. Auch zur Bekämpfung einer importierten costpush-inflation bieten sich für das Inland fiskal- oder geldpolitische Maßnahmen mit kontraktiver Wirkung an, wie eine Reduktion der inländischen öffentlichen Güternachfrage oder eine Verringerung der inländischen Geldmenge (letztere allerdings mit der Konsequenz steigender Inlandszinsen).

Betreibt hingegen das Ausland beispielsweise zur Erhaltung des Beschäftigungsniveaus eine expansive Geldpolitik – und richtet sich diese nach der Höhe der inflationistischen Nominallohnerhöhung – so resultiert daraus eine Auslandsinflation und Abwertung der Auslandswährung in gleicher Höhe. Die terms of trade ändern sich nicht, und da auch keine Störeffekte ausländischer Einkommen und Zinsveränderungen existieren, kommt es zu keiner Transmission irgendwelcher Störeffekte vom Ausland ins Inland. In diesem Fall (und nur in diesem!), ist eine konjunkturpolitische Intervention der inländischen Stellen überflüssig. Am besten ließe sich das Ziel Preisstabilität allerdings auch bei flexiblen Wechselkursen durch internationale Kooperation erreichen.

8.C.13. Die volkswirtschaftlichen und sozialen **Anpassungskosten** an sich ändernde Verhältnisse auf den Weltmärkten sind bei flexiblen Wechselkursen eindeutig geringer als bei festen Paritäten. Da Paritätsänderungen bei festen Wechselkursen immer hinausgeschoben werden (auch wenn der Wechselkurs nur durch massive Zentralbankenintervention gehalten werden kann), sind bis zu einer solchen Paritätsänderung immer bereits Strukturverzerrungen aufgetreten. Die Export- oder Importsektoren wurden übermäßig ausgedehnt oder mußten schrumpfen. Die Beseitigung dieser, aufgrund eines falschen Wechselkurses aufgetretenen Strukturmängel ist dann sehr schwierig und langwierig.

Zu welchen Strukturverzerrungen es durch ein zu langes Festhalten an einem zu niedrigen Wechselkurs kommen kann, zeigt z.B. die Entwicklung in der

Schweiz. Durch den fehlerhaften, d.h. unterbewerteten Kurs des Frankens glaubten die Schweizer Unternehmer, selbst bei arbeitsintensiven Erzeugnissen ohne besonderen Forschungsgehalt oder spezifische Hochveredelung auf die Dauer wettbewerbsfähig zu sein. Dadurch kam es zu einer Expansion in die Breite, d.h. es wurden Arbeitsplätze geschaffen, die zugleich abgestimmt waren auf die geringe Qualifikation der meisten Gastarbeiter, die in großer Zahl ins Land strömten. Mißachtet wurde dabei die Tatsache, daß sich die Schweiz aufgrund ihres Standortes bei langfristiger Betrachtung nur für die Herstellung von Produkten eignet, deren Produktionsmethoden kapitalintensiv sind und bei denen ein hoher Ausbildungsstand der Mitarbeiter ins Gewicht fällt. Der Übergang zum Floating im Jahre 1973 zeigte dann, wie falsch die Kapazitätserweiterungen der Exportwirtschaft wegen des zu niedrigen Frankenkurses gewesen waren.

Bei flexiblen Wechselkursen hingegen sind die Anpassungsprobleme viel geringer, weil sie nicht aufgeschoben werden und deshalb innerhalb des normalen Umstrukturierungsprozesses einer Volkswirtschaft bewältigt werden können; der unternehmerische Datenkranz ist überschaubarer und konstanter, die Risiken bleiben tragbar.

8.C.14. In kleinen offenen Volkswirtschaften mit einem hohen Anteil des Außensektors können jedoch bei flexiblen Wechselkursen verstärkt **Wechselkurs-Preis-Spiralen** auftreten. Der sog. „Teufelskreis“ (Abwertungsspirale) beschreibt jene Wechselkurs-Preis-Spirale, bei der über eine exogene Abwertung und akkomodierender Geldpolitik Inflation importiert wird, wodurch es zu neuerlicher (endogener) Abwertung und weiterem Inflationsimport kommt. Der sog. „Tugendkreis“ (Aufwertungsspirale) läßt sich andererseits als jene Wechselkurs-Preis-Spirale bezeichnen, bei der über eine exogene Aufwertung und restriktive Geldpolitik Inflation exportiert wird, wodurch es zu neuerlicher Aufwertung und weiterem Inflationsexport kommt. Von „Tugend“ kann in diesem Zusammenhang allerdings nur in bezug auf den von der Wirtschaftspolitik erwünschten Preiseffekt gesprochen werden, nicht aber auch hinsichtlich der nicht erwünschten deflationären Wachstums- und Beschäftigungsfolgen.

Vergleicht man die Bedingungen, die im einen Fall zur Aufwertungsspirale, im anderen zur Abwertungsspirale führen, so können diese folgendermaßen zusammengefaßt werden (H. Handler):

Voraussetzungen für die Aufwertungsspirale	Voraussetzungen für die Abwertungsspirale
1. Offene Wirtschaft: a) Hoher Anteil des Auslandssektors b) Hoher Durchlässigkeitskoeffizient	1. Offene Wirtschaft: a) Hoher Anteil des Auslandssektors b) Hoher Durchlässigkeitskoeffizient
2. Unterauslastung der heimischen Kapazitäten	2. Vollauslastung der heimischen Kapazitäten
3. Hohe Preiselastizität der Importnachfrage (bzw. des Exportangebots)	3. Niedrige Preiselastizität der Importnachfrage (bzw. des Exportangebots)
4. Restriktive Geldpolitik	4. Akkommodierende Geldpolitik
5. Keine Preis- und Lohnrigiditäten nach unten	5. Preis- und Lohnrigiditäten nach unten

8.D. Ansatzpunkte der Außenwirtschaftspolitik

Je nach dem Grad der außenwirtschaftlichen Verflechtung steht die Außenwirtschaftspolitik in einer mehr oder weniger engen Beziehung zur allgemeinen Wirtschaftspolitik. **Außenwirtschaftliche Ziele** sind daher stets Vorgaben, die der Realisierung anderer wirtschaftspolitischer Ziele, wie z.B. Preisniveaustabilität, angemessenes Wirtschaftswachstum und Vollbeschäftigung dienen. Allerdings wird das Ziel, „außenwirtschaftliches Gleichgewicht" (Zahlungsbilanzgleichgewicht, siehe S. 185) häufig als gleichberechtigt neben die anderen wirtschaftspolitischen Ziele gestellt, da bei einem Verfehlen dieses außenwirtschaftlichen Zieles das Erreichen der anderen Ziele gefährdet würde.

Neben einer solchen nationalen Außenwirtschaftspolitik gibt es aber auch noch eine internationale Ordnungspolitik, die nicht unmittelbar den nationalen Zielkatalog berührt (z.B. Währungsordnungsvereinbarungen). Vielmehr wirken diese durch ihre Vorteilhaftigkeit für alle beteiligten Länder nur indirekt auf die Realisierung nationaler ökonomischer Ziele ein.

Außenwirtschaftspolitik dient aber nicht nur dem Ziel der ökonomischen Wohlstandssteigerung. Sie soll auch dazu beitragen, außerökonomische Ziele, wie z.B. Freiheit und Sicherheit, zu verwirklichen. Die bei hoch entwickelter internationaler Arbeitsteilung begründeten wechselseitigen Abhängigkeiten verringern nämlich normalerweise die Neigung und die Fähigkeit zu militärischer Aktion. Weltwirtschaftliche Arbeitsteilung reduziert jedoch gleichzeitig für alle, die an ihr teilnehmen, die Möglichkeit, sich gegen politische Krisen oder ökonomische Störungen im Ablauf des Wirtschaftsprozesses abzuschirmen.

Die wohlstandsfördernden Wirkungen eines freien internationalen Handels (siehe 8.C.3.) können jedoch nur erzielt werden, wenn die von ihm geforderten Spielregeln beachtet werden. Und die Versuchung, gegen diese Regeln eines ordnungskonformen Verhaltens zu verstoßen, ist groß. Freihandel erfordert nämlich absolute Bereitschaft zur Anpassung an geänderte Verhältnisse sowohl auf der Angebots- wie auch auf der Nachfrageseite. Fehlt es an der Bereitschaft oder Fähigkeit, diesem Erfordernis zu genügen, drohen wirtschaftliche Einbußen. Was dann verstärkt den Ruf nach Protektion bzw. verstärkter Förderung der Exporte nach sich zieht.

Um die Freiheit des internationalen Handels zu sichern, müssen also die einzelnen Staaten einen Kodex ordnungskonformen Verhaltens anerkennen und beachten. Das Herstellen eines Konsensus über die Regeln, nach denen sich der zwischenstaatliche Wirtschaftsverkehr vollziehen soll, ist Aufgabe internationaler Ordnungspolitik. Besteht ihr Ziel darin, dem Grundsatz des Freihandels möglichst weitgehend Wirkung zu verschaffen, bedarf es einer **Welthandelsordnung**, die die Freiheit des Warenverkehrs sichert sowie auch einer **Weltwährungsordnung**, die die Freiheit des Kapitalverkehrs gewährleistet.

Die wesentlichen **Institutionen** und **Instrumente** der **Außenwirtschaftspolitik** sind in folgender Übersicht über die Weltwirtschaftsordnung zusammengefaßt:

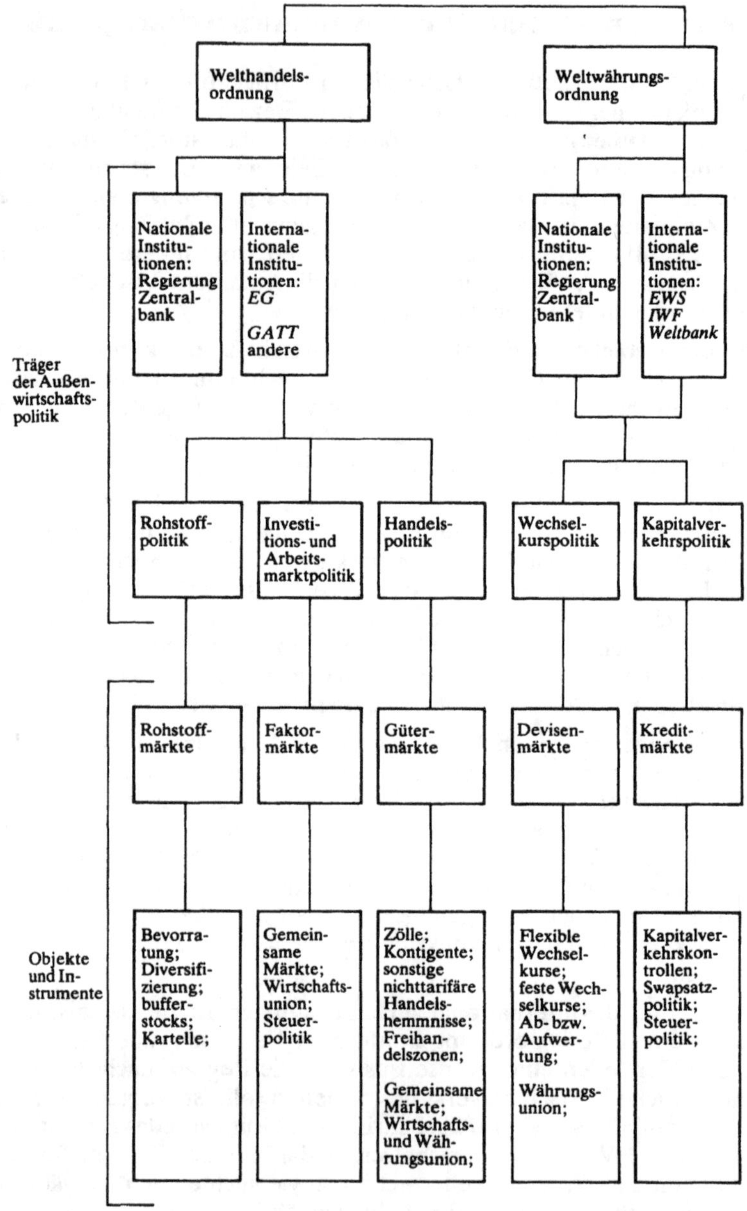

Abb. 85 Weltwirtschaftsordnung

Die wesentlichen Instrumente der Außenhandelspolitik stellen Zölle und nicht-tarifäre Handelshemmnisse dar. **Zölle** sind staatliche Abgaben im grenzüberschreitenden Verkehr; nach der Art des Handels, den sie treffen, unterscheidet man Einfuhr-, Ausfuhr- und Durchfuhrzölle. Von diesen hat allerdings nur noch der Einfuhrzoll Bedeutung. Er kann als Mengenzoll oder Wertzoll erhoben werden, je nachdem, ob Grundlage der Zollbemessung die Menge (Stück, Gewicht) oder der Wert der Ware ist. Eine Kombination von Mengen- und Wertzoll stellen die Mischzölle dar. Sie spielen vor allem im Rahmen der Agrarpolitik der Europäischen Gemeinschaft eine wichtige Rolle – hier allerdings unter der Bezeichnung „Abschöpfungen" – und dienen dazu, das Angebot aus Drittländern so zu dosieren, daß ein Absinken der Preise unter das den EG-Produzenten garantierte Mindestniveau im EG-Raum verhindert wird.

Zölle wirken wie Transportkosten und reduzieren somit das Ausmaß der bei Freihandel möglichen internationalen Arbeitsteilung. Sie bewirken Abweichungen von einer weltweit optimalen Faktorallokation und führen damit zu einer schlechteren Marktversorgung (die Verbraucher müssen sich zu höheren Preisen mit geringeren Mengen begnügen).

Stärker als durch die Zölle werden jedoch gegenwärtig die Preisrelationen durch sog. **„nicht-tarifäre Handelshemmnisse"** verzerrt, so z.B. durch

- mengenmäßige Einfuhrbeschränkungen (Kontingente);
- Abkommen mit „aggressiven" Lieferländern zur „freiwilligen" Selbstbeschränkung;
- Normen und Sicherheitsbestimmungen, die von denen des Auslandes abweichen;
- Vorschriften des Lebens- und Arzneimittelrechtes (die primär zwar andere Ziele verfolgen, jedoch durchaus gewollt auch handelshemmend wirken);
- das Festhalten an zeitraubenden Verfahren der Genehmigung und Abfertigung, die zusätzliche Kosten verursachen u.a.m.

Auf der anderen Seite wird versucht, die Absatzchancen der heimischen Wirtschaft zu verbessern:

- der Staat übernimmt das Wechselkursrisiko, erleichtert die Finanzierung oder gewährt Entwicklungshilfe unter der Bedingung, daß diese zu Käufen im Geberland verwendet wird;
- steuerliche Entlastungen und Subventionen werden gewährt;
- Direktinvestitionen werden gefördert, Zuschüsse zur Werbung der Exportwirtschaft im Ausland gewährt, diplomatischer Einfluß, bzw. politischer Druck ausgeübt, um der heimischen Wirtschaft auf den Auslandsmärkten zu helfen.

Sind Zölle und Kontingente noch hinreichend kalkulierbar, so trifft dies für viele nichttarifäre Handelshemmnisse nicht zu. Sie sind in Umfang und Wirkung nur schwer zu durchschauen, können sehr differenziert eingesetzt werden und provozieren somit Retorsionsmaßnahmen. Dadurch droht ein Prozeß der Eskalation, der den freien internationalen Leistungswettbewerb zur Wohlstandsvermehrung aller Beteiligten ausschaltet.

Eine auf dem Freihandelsprinzip basierende Welthandelsordnung erfordert als gleichrangiges Pendant eine **Weltwährungsordnung**, deren dominierendes Ziel ein System eines multilateralen vollkonvertiblen Zahlungsverkehr sein muß. Das Abkommen über den **internationalen Währungsfonds** (IWF), das im Jahre 1944 auf der Konferenz von Bretton-Woods unterzeichnet wurde, versuchte dieser Forderung durch bestimmte Konstruktionsmerkmale zu genügen.

Nach den Erfahrungen der Zeit zwischen den zwei Weltkriegen (Abwertungswettlauf!) glaubte man, sich für ein System fester Kurse entscheiden zu müssen.

Jedem Mitglied wurde daher mit dem Beitritt die Verpflichtung auferlegt, eine Parität seiner Währung gegenüber dem US-Dollar bzw. dem Gold zu fixieren; das „Goldgewicht" des Dollars wiederum war zu 0,888671 g Feingold definiert, das entspricht 35 Dollar je Unze. Aufgrund der Dollar- bzw. Goldparität jeder Währung waren indirekt auch die Kurse zwischen allen anderen Mitgliedswährungen fixiert (**feste Wechselkurse**). Jedes Land war verpflichtet, den Kassakurs seiner Währung innerhalb einer Bandbreite von ± 1 seiner Parität zu halten.

Gleichzeitig wurde jedoch die Möglichkeit vorgesehen, die Parität einer Währung im Falle eines fundamentalen Ungleichgewichts zu ändern: Eine solche Paritätsänderung, d.h. also eine Auf- oder Abwertung, konnte nur auf Vorschlag des betreffenden Landes erfolgen. Das Procedere über die erforderliche Zustimmung des IWF war danach abgestuft, ob sich diese Änderung – gemessen an der ursprünglichen Parität – innerhalb von 10%, zwischen 10% und 20% oder jenseits dieser Grenzen bewegte (verschiebbare Festkurse, **adjustable peg**).

Die **Mittelbeschaffung** des IWF erfolgt durch Subskriptionen der Mitglieder entsprechend der ihnen zugeteilten Quote. Ein Viertel der Subskriptionen war bis 1976 in Gold einzuzahlen, der Rest in Landeswährungen; anstelle des Goldes sind nunmehr Sonderziehungsrechte oder Fremdwährung getreten. Die Quoten sind Kapitalanteilen vergleichbar; sie werden unter Zuhilfenahme ausgewählter volkswirtschaftlicher Schlüsselzahlen (Außenhandel, Währungsreserven, Volkseinkommen etc.) ausgehandelt. Seit 1947 sind vom Gouverneursrat des Fonds eine Vielzahl spezieller und vier allgemeine Quotenerhöhungen beschlossen worden. Bei Zahlungsbilanzschwierigkeiten kann ein Mitglied gegen Einzahlung eigener Währung die Währungen anderer Mitglieder erwerben („ziehen"). Die Ziehungsmöglichkeiten sind dadurch begrenzt, daß die Fondbestände einer Mitgliedswährung i.d.R. 200% der Quote nicht überssteigen dürfen. Betragen die Fondbestände einer Währung weniger als 100% der Quote, so genießt das Mitglied in Höhe dieser Differenz (sog. Reservetranche) ein uneingeschränktes Ziehungsrecht. Auch Kredite bis zur zweiten Kredittranche (Fondbestände einer Währung 125% der Quote) unterliegen noch keinen wesentlichen Beschränkungen. Darüber hinausgehende Hilfen haben seit 1952 meist die Form von Bereitschaftskreditabkommen. Die Fondkredite sind je nach Höhe und Laufzeit zu verzinsen; die Rückzahlung hat in kovertibler Währung oder Sonderziehungsrechten zu erfolgen. 1967 wurde das IWF-Übereinkommen einer allgemeinen Revision unterzogen, deren wichtigstes Ergebnis die Schaffung der Sonderziehungsrechte (siehe Seite 208) ist. Ferner hat der IWF auf Empfehlung des Zwanziger-Ausschusses 1974 die sog. Erweiterte Kreditfazilität zur Überbrückung von strukturell bedingten Zahlungsbilanzschwierigkeiten eingerichtet. Eine zweite allgemeine Revision des IWF-Übereinkommens brachte im Führjahr 1976 neben der faktischen Abkehr vom Paritätssystem die weitgehende Demonetarisierung des Goldes, eine Stärkung der Sonderziehungsrechte und Erleichterungen bei den finanziellen Operationen des Fonds. Im Sommer 1977 beschloß der Fond die sog. zusätzliche Finanzierungsvorkehrung (meist Witteveen-Fazilität genannt).

Seit der letzten Quotenerhöhung (1983), der nunmehr achten, beläuft sich die Gesamtsumme auf ca. 89 Mrd. SZR.

Die **währungspolitischen Ziele des IWF** waren und sind:

- internationale währungspolitische Zusammenarbeit;
- ausgeglichenes Wachstum des Welthandels mit einem hohen Beschäftigungs-

grad, einem hohen Realeinkommen und einer Erhöhung des Produktionspotentials „als oberste Ziele der Wirtschaftspolitik";
- Förderung der zwischenstaatlichen Währungsstabilität und Verhinderung von Abwertungen;
- Errichtung eines multilateralen Zahlungssystems und Beseitigung von Devisenverkehrsbeschränkungen;
- Beseitigung von Zahlungsbilanzungleichgewichten innerhalb einer möglichst kurzen Frist durch Bereitstellung von Währungskrediten aus dem Weltwährungsfond.

In diesem Weltwährungssystem dominieren also nach wie vor die binnenwirtschaftlichen Ziele der Vollbeschäftigung und des Wirtschaftswachstums vor dem Ziel des außenwirtschaftlichen Gleichgewichts, dessen Herstellung zuvor die alleinige Aufgabe der Goldautomatik gewesen war und dieses Währungssystem scheiterte letztlich daran, daß man darauf verzichtet hatte, die Mitgliedsstaaten auf eine Politik des außenwirtschaftlichen Gleichgewichts zu verpflichten. Nach den Erfahrungen aus der Massenarbeitslosigkeit in der Weltwirtschaftskrise hatte man gemeint, jedem Land das Recht auf eine „autonome Konjunkturpolitik" zubilligen zu müssen; mit der Wahrnehmung dieses Rechtes werden jedoch die Maßnahmen der Geld- und Fiskalpolitik auf die binnenwirtschaftlichen Ziele hin orientiert, und zwar im Konfliktfall gerade entgegengerichtet zu den Erfordernissen des außenwirtschaftlichen Gleichgewichts. Erhebliche Ungleichgewichte der Zahlungsbilanzen waren die zwangsläufige Folge dieser Mißachtung der Funktionsbedingungen des Währungssystems. Im Laufe der sechziger und in verstärktem Maß Anfang der siebziger Jahre gaben die hohen Defizite und Überschüsse in den Zahlungsbilanzen einiger Mitgliedsstaaten Anlaß für von Mal zu Mal heftigere Spekulationen auf Paritätsänderungen.

Das Smithsonian Agreement vom Dezember 1971 stellte den letzten ernsthaften Versuch dar, das Paritätensystem zu retten. Im Rahmen eines multilateralen Realignments der Wechselkurse wurde erstmals der US-Dollar abgewertet. Der Dollar wurde zunächst gegenüber dem Gold abgewertet, die neue Relation und damit der offizielle Goldpreis wurde auf 38 Dollar je Unze festgelegt. Die Währungen, denen gegenüber der Dollar abgewertet werden sollte, veränderten ihre Relation zum Gold überhaupt nicht oder um einen entsprechend geringeren Satz. Gleichzeitig beschloß man eine Erweiterung der Bandbreiten auf ± 2,25%. (Damit betrug im Zeitablauf die maximal mögliche Schwankungsbreite zwischen zwei Nicht-Dollar-Währungen 9%, was die EG veranlaßte, die Schwankungsbreite für die Wechselkurse zwischen EG-Währungen auf ± 2,25% der vereinbarten Wechselkurse zu begrenzen, woraus sich bei graphischer Darstellung ein Kursband – „Währungsschlange" – ergab).

Allerdings konnte auch dieser Schritt zu einer größeren Wechselkursflexibilität das System des adjustable peg nicht mehr retten. Unter dem Druck anhaltender Zahlungsbilanzungleichgewichte und der dadurch bzw. durch die Erwartungen von erneuten Auf- und Abwertungen ausgelösten spekulativen Geldbewegungen brach das 1944 konzipierte Fest-Wechselkurssystem im Frühjahr 1973 endgültig zusammen. Es kam zu einer weltweiten Ablöse fester Paritäten durch ein **System flexibler Wechselkurse** – dem sogenannten **Floating**.

Das **gegenwärtige internationale Wechselkurssystem** hat folgende Hauptmerkmale: Erstens gibt es eine große Vielfalt von Wechselkursregelungen zwischen den Ländern. Dabei ist die Zahl der Länder mit gebundenen Währungen (fast alle Entwicklungsländer) weit größer als die mit flexiblen Wechselkursen, der größte Teil des internationalen Handels- und Finanzverkehrs wird allerdings zwischen Ländern abgewickelt, deren Wechselkurse untereinander floaten (ca. 3/4 des Welthandels werden zu flexiblen Wechselkursen abgewickelt).

Zweites Charakteristikum des gegenwärtigen Systems ist, daß Wechselkurse weiterhin als Angelegenheit von internationaler Bedeutung angesehen werden. Ein stabiles Wechselkurssystem gilt jedoch heute als stärker abhängig von stabilen nationalen Wirtschaftspolitiken als von der Form der Wechselkursregelung selbst.

Drittens schließlich dauern die offiziellen Devisenmarktinterventionen an, wenn sie auch schwer erfaßbar sind. Die Nachfrage nach Reserven hat sich unter dem Floating augenscheinlich nicht merkbar verringert. Die meisten Länder sehen – zumindest teilweise – den Wechselkurs als politische Zielgröße an. Interventionen sind nicht nur auf die Behebung von Störungen gerichtet, sondern richten sich auch gegen Kursbewegungen, die in keinem Verhältnis zu den volkswirtschaftlichen Grunddaten stehen: Gegen Abwertungen aus Sorge vor den inflationären Folgen oder gegen Aufwertungen, um die Wettbewerbsfähigkeit zu erhalten.

Mit den **Sonderziehungsrechten** (Beschluß im Jahr 1969) wurde zum ersten Mal ein **internationales Buchgeld** geschaffen, dessen autonomer Wert allein auf dem Übereinkommen der am IWF beteiligten Staaten beruht, diese Mittel im Rahmen der aufgestellten Spielregeln als Geld zu akzeptieren. (Im Gegensatz zu den herkömmlichen Ziehungsrechten, hinter denen die teilweise Einzahlung der Mitgliedsquoten steht, brauchen für die Sonderziehungsrechte die Mitgliedsländer demnach keine vorherige Einzahlung zu leisten).

Sie stellen **Anspruchsrechte** zum **Erwerb** von **konvertiblen Währungen** dar, können allerdings nur zwischen den Notenbanken der einzelnen Länder hin- und herwandern, sind also in der Hauptsache ein internationales Reservemittel. Die Handhabung der Sonderziehungsrechte ist an den Internationalen Währungsfonds und dessen Statuten gebunden. Somit dürfen nur Mitglieder des IWF am Zuteilungsverfahren beteiligt werden. Die Teilnahme am System der SZR ist jedoch für die Mitglieder des IWF nicht obligatorisch. Wenn jedoch 85% der gesamten Stimmrechte der am System der SZR unbeschränkt teilnehmenden Länder zustimmen, können auch Länder, die überhaupt nicht Mitglieder des IWF sind und auch Institutionen (z.B. die Bank für Internationalen Zahlungsausgleich) in das Verrechnungsverfahren der SZR eingeschlossen werden. Die globale Zuteilung der SZR erfolgt durch Beschluß der Teilnehmerstaaten. Im Rahmen dieses beschlossenen Globalbetrages werden dann die SZR in jährliche Raten nach Maßgabe der zum jeweiligen Zeitpunkt geltenden IWF-Quoten der einzelnen Länder auf einem Sonderkonto gutgeschrieben. Sobald diese Gutschrift erfolgt ist, hat der betreffende Teilnehmerstaat einen Anspruch auf konvertible Währungen der anderen teilnehmenden Staaten (in den Notenbankbilanzen der Teilnehmerländer werden die SZR daher als Währungsreserven ausgewiesen).

Die Wahrnehmung des Anspruchs auf Erwerb konvertibler Währungen im Eintausch gegen die Sonderziehungsrechte ist an keine Bedingungen gebunden, es werden jedoch an die Verwendung der SZR durch die Teilnehmerstaaten gewisse in den Statuten niedergelegte Erwartungen geknüpft. Danach sollen SZR nur für Zahlungsbilanzerfordernisse (für den Bedarf aus den laufenden Transaktionen) und im Hinblick auf eine ausgewogene Zusammensetzung der gesamten Währungsreserven eines Landes eingesetzt werden. Die Hortung von Gold oder bestimmten sog. „harten Devisen" mit Hilfe der Sonderziehungsrechte wird ausdrücklich als nicht vorgesehen abgelehnt. Die ausdrückliche Betonung der Zahlungsbilanzerfordernisse soll weiterhin besagen, daß die SZR kein Instrument der Kapitalhilfe für die Entwicklungsländer darstellen sollen. Für die Teilnehmerstaaten an den SZR besteht ein **Annahmezwang**, damit das System auch funktionieren kann. Damit jedoch nicht extreme Gläubiger- und Schuldnerpositionen entstehen, ist der Annahmezwang eines jeden Landes auf die zweifache Höhe der ihm zugeteilten Sonderziehungsrechte begrenzt. Darüberhinaus bestand bis zur Abschaffung der sog. Restitutionspflicht im Jahre 1981 die Verpflichtung, einen bestimmten durchschnittlichen Mindestbestand an SZR zu halten. Und zwar bis Anfang 1979 30%, dann 15% der Zuteilungen. In diesem Ausmaß lag somit – ähnlich wie bei den normalen Ziehungsrechten – ein Kreditmedium vor. Mit der Aufhebung der Restitutionspflicht erfährt hingegen der Charakter der SZR einen fundamentalen Wandel: Der Kreditcharakter, der bei der Konzipierung der SZR als wichtig für deren Annehmbarkeit gegolten hatte, kommt zum Verschwinden, die SZR werden zum rein monetären Instrument.

Die Inanspruchnahme von SZR ist ebenso wie die normale Zuteilung beim IWF **zinsenpflichtig**, mit Wirkung Mai 1981 in Höhe des gewichteten Mittels der kurzfristigen Zinssätze der USA, BRD, Großbritannien, Frankreich und Japan. Der Wert der SZR betrug bis Juli 1974 1 US Dollar, beruhte ab diesem Zeitpunkt auf einem Korb der 16 wichtigsten Weltwährungen in einer Zusammensetzung, die der Bedeutung dieser Währungen Rechnung trägt und seit Jänner 1981 auf einem gewichteten Korb der bereits angeführten fünf Währungen. Zugeteilt wurden bisher rund 21 Mrd. SZR-Einheiten; der gegenwärtige Wert (Mitte 85) beträgt rund 20,3 Mrd. S.

Das **Europäische Währungssystem** (EWS), das im März 1979 in Kraft trat und die „Währungsschlange" (siehe Seite 207) ablöste, sollte eine Zone währungspolitischer Stabilität in Europa schaffen. Mitglieder des EWS sind Belgien, BRD, Dänemark, Frankreich, Italien, Irland, Luxemburg, die Niederlande und Griechenland (seit 1984); Großbritannien gehört zwar formal dem System an, nimmt aber vorerst nicht am Interventionsmechanismus teil, ebenso Griechenland.

Zwischen den einzelnen Teilnehmer-Währungen ist ein Netz von **bilateralen Leitkursen** festgelegt, das durch Höchst- und Tiefstkurse ergänzt wird, bei denen die Notenbanken intervenieren. Die Schwankungsbreite der EWS-Währungen untereinander ist auf 2,25% nach unten und oben festgelegt, wobei lediglich Italien eine besonders große Schwankungsbreite von 6% nach unten und oben zugestanden wurde. Damit wurden innerhalb des EWS einigermaßen starre Relationen geschaffen, während die Kurse der EWS-Währungen nach außen, also z.B. gegenüber dem Dollar, nach wie vor schwanken. Interventionen der Notenbanken sind vorgeschrieben, wenn die in einem Leitkursgitter festgelegten Kursgrenzen erreicht sind. Interveniert wird in den Währungen der Teilnehmerländer.

Im Mittelpunkt des EWS steht die **Europäische Währungseinheit**, die in Anspielung auf eine alte europäische Münze „Ecu" heißt. Der Wert dieser Verrechnungseinheit wird täglich neu berechnet. Sie dient als Bezugsgröße für die Leitkurse und den ebenfalls neu eingeführten „Abweichungsindikator" (bei Erreichen der sog. Abweichungsschwelle, die bei 75% des maximal zulässigen Abstandes von der Parität jeder Währung liegt, wird von den Währungsbehörden der betreffenden Länder erwartet, daß sie kursglättend eingreifen. Sieht sich dazu ein Land durch besondere Umstände nicht in der Lage, so sollen diese den anderen Mitgliedern begründet werden – Frühwarnsystem), als Rechengröße sowie als Zahlungsmittel zwischen den Währungsbehörden und zum Saldenausgleich (es gibt also keine ECU-Münzen oder Banknoten. Seit Sommer 1985 wird jedoch die ECU erstmals auch als Zahlungsmittel eingesetzt, und zwar als auf ECU lautende Reiseschecks).

Die Gewichtung der einzelnen am Europäischen Währungssystem teilnehmenden Währungen für die Berechnung der Europäischen Währungseinheit wurde im September 1984 modifiziert. Damit ist man einer Intention der EWS-Konstrukteure nachgekommen, derzufolge die Zusammensetzung des ECU-Währungskorbes von Zeit zu Zeit (alle 5 Jahre) der geänderten Bedeutung der einzelnen Mitgliedsländer angepaßt werden sollte.

Durch diese Maßnahme haben sich die Leitkurse bzw. Interventionspunkte jener Währungen, die auch am Interventionssystem der EG teilnehmen, nicht geändert; es gab also keine Auf- oder Abwertungen:

ECU-Währungskorb

	Anteile in %	
	bisher	nunmehr
D-Mark	37,37	32,00
Franz. Franc	16,93	19,00
Pfund Sterling[1])	14,05	15,00
Ital. Lira	7,86	10,20
Gulden	11,46	10,10
Belg. Franc[2])	8,57	8,50
Dän. Krone	2,70	2,70
Drachme[1])	–[3])	1,30
Ir. Punt	1,06	1,20

[1]) Nimmt am Interventionssystem nicht teil.
[2]) Zusammen mit Luxemb. Franc.
[3]) Bisher nicht im Währungskorb vertreten.

Man sieht, daß die Drachme nur mit einem sehr geringen Gewicht Eingang in den ECU-Korb gefunden hat. Es ist damit zu rechnen, daß die Beitrittsverträge von Portugal und Spanien ähnliche Regelungen enthalten werden. Die Aufnahme des portugiesischen Escudo und der spanischen Peseta in den ECU-Währungskorb wird spätestens anläßlich der nächsten periodischen Überprüfung des Korbes im September 1989 erfolgen.

Bedeutsamer waren hingegen die Gewichtsverschiebungen zwischen den seit jeher im ECU-Korb enthaltenen Währungen. Die Währungsbeträge vergleichsweiser „harter" Währungen wie Deutsche Mark und Gulden wurden reduziert, während diejenigen relativ „weicher" Währungen erhöht wurden.

Die ökonomischen Kriterien, an denen sich eine Neudefinition des ECU-Währungskorbes gemäß dem Europäischen Rat zu orientieren hat, berücksichtigen a) den Anteil des Bruttosozialprodukts der einzelnen Mitgliedsstaaten am gesamten

Sozialprodukt der Gemeinschaft, b) den Anteil des Handels der einzelnen Mitgliedsstaaten mit den übrigen Gemeinschaftsländern am Total des innergemeinschaftlichen Handels und c) die Quoten der einzelnen Mitgliedsstaaten im kurzfristigen Währungsbeistand.

Das EWS hat sich aus einer Reihe von Vereinbarungen über die Währungspolitik in der Europäischen Gemeinschaft entwickelt. Schritte auf diesem Weg sind gewesen: 1970 Schaffung des kurzfristigen Währungsbeistandsmechanismus durch die EG-Notenbanken; 1971 Einrichtung eines zusätzlichen mittelfristigen Kreditbeistands durch die Mitgliedsländer und Entscheidung des Rats über eine Verstärkung der Zusammenarbeit zwischen den EG-Zentralbanken; 1972 Abkommen der EG-Notenbanken über das EWG-Interventionssystem (Europäischer Wechselkursverbund oder Währungsschlange); 1973 Einrichtung des Europäischen Fonds für währungspolitische Zusammenarbeit; 1974 Konsultationsverfahren bei Wechselkursänderungen; 1975 System der Gemeinschaftsanleihen.

Das Ziel des EWS war von vornherein nicht allein nur wirtschaftlicher, sondern auch politischer Natur. Es ging dabei u.a. auch darum, Frankreich, das aus dem kleineren Währungsverbund, der „Schlange", ausgetreten war, in einen größeren europäischen Währungsverbund zurückzuholen. Aus den Erfahrungen, die man mit der „Schlange" gemacht hatte, wurde auch die Erkenntnis übernommen, daß Wechselkursanpassungen zwangsläufig zu diesem Währungssystem gehören müssen, solange die einzelnen Volkswirtschaften der Mitgliedsländer und die Wirtschaftspolitik in den jeweiligen Staaten unterschiedlich ist. Das EWS steht und fällt also mit der Bereitschaft, bei Abweichungen in der Wirtschaftsentwicklung der einzelnen Länder entsprechende Korrekturen schnell und flexibel vorzunehmen.

Nicht erreicht wurde mit dem EWS bisher eine „Stabilitätsgemeinschaft", wie sie den Schöpfern vorschwebte. Ebensowenig hat sich bisher eine Konvergenz der Wirtschaftsentwicklung und eine größere Gemeinsamkeit in der Wirtschaftspolitik ergeben. Da die Wirtschaftspolitik auseinanderlief, gelang es auch nicht, die Wechselkursschwankungen in den engen Grenzen zu halten, wie es sich die Initiatoren dachten. Auf der anderen Seite hat das System einen gewissen Zwang zu europäischer Zusammenarbeit bewirkt, besonders bei den Notenbanken. Auch die kleineren Länder sind stärker als zuvor an der Willensbildung beteiligt worden. Verhindert wurde dadurch auch ein möglicher Abwertungswettlauf, eine Gefahr, die angesichts der veränderten weltwirtschaftlichen Bedingungen besonders in den letzten Jahren gewachsen ist.

Anhang A:

Elemente der Volkswirtschaftlichen Gesamtrechnung

Volkswirtschaftliche Gesamtrechnungen sind angewandte Kreislaufanalysen. Durch sie sollen alle quantifizierbaren Wirkungen, die von ökonomischen Transaktionen in einer bestimmten Periode (meist ein Jahr) ausgehen, erfaßt werden. Zu diesem Zweck müssen makroökonomische Aggregate gebildet werden und zwar in zweifacher Hinsicht: Einerseits müssen die individuellen Wirtschaftseinheiten zu Sektoren zusammengefaßt werden (institutionelle Aggregation), andererseits müssen aus mikroökonomischen Einzelgrößen makroökonomische Aggregate gewonnen werden (funktionelle Aggregation).

Grundsätzlich erfüllen Volkswirtschaftliche Gesamtrechnungen folgende **Funktionen**:

1. Auswahl und Testen von makroökonomischen Hypothesen,
2. Bereitstellung von Informationen für wirtschaftspolitische Entscheidungen,
3. Kontrollgrundlage zur Überprüfung, ob und inwieweit bestimmte wirtschaftspolitische Ziele erreicht wurden oder nicht.

Volkswirtschaftliche Gesamtrechnungen gibt es in verschiedenen **Formen**:

- Volkseinkommensrechnung,
- Volksvermögensrechnung,
- Input-Output-Rechnung,
- Geldstromanalyse,
- Zahlungsbilanz.

Die **Volkseinkommensrechnung** gibt Aufschluß über die gesamtwirtschaftliche Struktur des Volkseinkommens bei seiner Entstehung, Verteilung und Verwendung; die **Volksvermögensrechnung** ermittelt das Volksvermögen bzw. seine Komponenten, wie das nicht reproduzierbare Sachvermögen (Boden, Bodenschätze), das volkswirtschaftliche Anlagevermögen, das Gebrauchsvermögen und die Nettoauslandsposition; die **Input-Output-Rechnung** wird vor allem verwendet, um die intersektoralen Güterströme und damit die Interdependenzen zwischen den einzelnen Industrien sichtbar zu machen; die **Geldstromanalyse** (Finanzierungsrechnung) stellt die beobachtete Änderung der nach bestimmten Merkmalen klassifizierten Kreditbeziehungen zwischen den finanziellen und nicht finanziellen Sektoren einer Volkswirtschaft dar; d.h. es wird aufgezeigt, auf welchen Kanälen sich die einzelnen Sektoren Finanzmittel beschaffen oder solche bereitstellen; die **Zahlungsbilanz** schließlich erfaßt alle vorgenommenen wirtschaftlichen Transaktionen zwischen dem In- und Ausland (siehe Seite 182f.).

Im folgenden die wesentlichen **Definitionen** und Zusammenhänge im Rahmen der Entstehungs-, Verteilungs- und Verwendungsrechnung:

Bruttoproduktionswert (BPW): Wertsumme der in der Berichtsperiode von den (Markt-, Nichtmarkt-)Produzenten erzeugten (bereitgestellten) Güter (Waren, Dienstleistungen; einschließlich selbsterstellter Anlagen, landwirtschaftlicher Eigenverbrauch und Eigenwohnung).

Intermediärverbrauch (Vorleistungen): Güter (Waren, Dienstleistungen), die von den Produzenten im Produktionsprozeß eingesetzt werden.

Nettoproduktionswert (NPW, Wertschöpfung): BPW minus Vorleistungen. Die Summe der NPW ergibt nach Berücksichtigung der Mehrwertsteuer und der Importabgaben (siehe unten) das **Bruttoinlandsprodukt** (BIP).

Abschreibungen: Kalkulierbare Entwertung durch Abnutzung und Veraltung. Bewertung zu Wiederbeschaffungskosten.

Indirekte Steuern: Alle Steuern, die kalkulatorisch in die Produktionskosten der Industrien und sonstiger Produzenten eingehen (z.B. Zölle, Verbrauchsteuern).

Mehrwertsteuer: Ist eine indirekte Steuer eigener Art, die in zwischenindustriellen Verhältnissen nur Durchlaufcharakter hat und daher von der Volkswirtschaftlichen Gesamtrechnung (VGR) dort nicht berücksichtigt wird; da sie in den heimischen Endverwendungspreisen aber enthalten ist, muß sie aus Abstimmungsgründen zum BIP zugezählt werden. Ähnliches gilt auch für die **Importabgaben**, die als Bestandteil importierter Vorleistungen behandelt werden und daher in der Wertschöpfung nicht enthalten sind.

Subventionen: Laufende Transferzahlungen der öffentlichen Verwaltung an Industrien. Sie werden in der VGR mit den indirekten Steuern aufgerechnet.

Betriebsüberschuß: BPW minus Vorleistungen, minus Brutto-Entgelte für unselbständige Arbeit, minus indirekte Steuern, plus Subventionen, minus Abschreibungen (= Saldo des Produktionskontos).

Brutto-Entgelte für unselbständige Arbeit: Bruttoeinkünfte der Arbeiter und Angestellten aus ihrem Arbeitsverhältnis, einschließlich Arbeitgeberbeiträge zur Sozialversicherung. Familienbeihilfen und die betreffenden Fondsbeiträge gehören nicht dazu.

Einkünfte aus Besitz und Unternehmung: Alle anderen Einkünfte als Brutto-Entgelte für unselbständige Arbeit mit Entgeltcharakter. Als Empfänger kommen Kapitalgesellschaften, der Staat und private Haushalte in Betracht. Die Erfassung ist vor oder nach Abzug der Zinsen für die Staats- und Konsumentenschuld möglich, die mit der Produktion nichts zu tun haben (wegen der Faktoreinkommensbeziehungen mit dem Ausland nicht identisch mit dem Betriebsüberschuß).

Faktoreinkommen aus dem/an das Ausland: Zahlungen, die als Brutto-Entgelte für unselbständige Arbeit oder Einkünfte aus Besitz und Unternehmung aus dem/an das Ausland erfolgen.

Privater Konsum: Ausgabensumme der privaten Haushalte für Güter und Dienstleistungen.

Öffentlicher Konsum: Überschuß des BPW (= Produktionskosten) der öffentlichen Dienste über die Erlöse und Erträge aus der Bereitstellung von Gütern und Dienstleistungen gegen Entgelt.

Brutto-Anlageinvestitionen: Bauten (einschließlich Wohnbauten) und dauerhafte Ausrüstungsgüter für Produktionszwecke. – Zu den Investitionen im weiteren Sinn gehören auch die Lagerinvestitionen (Lagerveränderung).

Exporte/Importe (i.w.S.): Enthalten auch den Reise- und Dienstleistungsverkehr.

Transfers: Darunter werden unentgeltliche (einseitige) Zahlungsströme aller Art verstanden. Es werden laufende (wiederkehrende) und Kapitaltransfers (einmalige) unterschieden. Die Transfervorgänge sind weitaus am wichtigsten beim Transaktor Staat: Laufende Transfereinnahmen sind hier direkte und indirekte Steuern; Transferausgaben der Sozialtransfer (an private Haushalte), die Subventionen (an Industrien) u.a.

Transaktionen	Hauptaggregate	Rechnungsart
BPW – Intermediärverbrauch = NPW { Brutto-Entgelte für unselbständige Arbeit, Abschreibungen, Indirekte Steuern, Betriebsüberschuß MWSt., Importabgaben	BIP	Entstehungsrechnung
Einkünfte aus Besitz und Unternehmung Entgelte für unselbständige Arbeit	Volkseinkommen	Verteilungsrechnung
Privater Konsum Öffentlicher Konsum Investitionen (einschl. Lagerveränderungen)	Verfügbares Güter- und Leistungsvolumen	Verwendungsrechnung

Zwischen den verschiedenen Hauptaggregaten bestehen folgende **definitorischen Verknüpfungen** so daß jeweils mit wenigen Rechenschritten von einem Aggregat zu einem anderen Aggregat übergegangen werden kann.

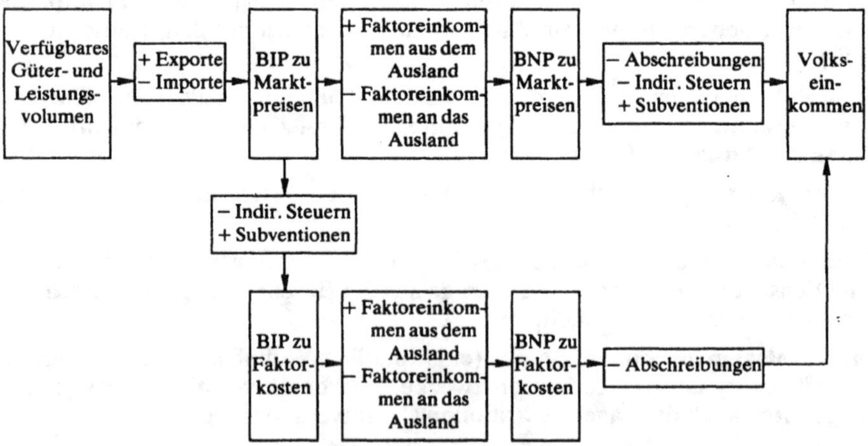

Da im BIP die indirekten Steuern (netto) noch enthalten sind, spricht man auch im vollen Wortlaut vom **BIP zu Marktpreisen**. Durch Abzug der indirekten Steuern erhält man ein **BIP zu Faktorkosten**, durch Abzug der Abschreibungen ein **Nettoinlandsprodukt zu Faktorkosten**. Je nach dem, ob man sich auf die inländischen Betriebe und Dienststellen (wo die Produktion erfolgte) bezieht, oder auf die Inländer, denen das Ergebnis schließlich zufließt, spricht man vom Bruttoinlandsprodukt oder Bruttonationalprodukt (Bruttosozialprodukt).

Der **Saldo** der **Faktoreinkommen** mit dem **Ausland** ist nicht zu verwechseln mit dem Saldo der Importe/Exporte i.w.S. (Außenbeitrag). Ersterer ergibt sich aus der Inanspruchnahme ausländischer Arbeit oder ausländischen Kapitals (Produktionsfaktoren), der **Außenbeitrag** bezieht sich auf die Inanspruchnahme ausländischer Produkte (Waren, Dienstleistungen). Soweit die VGR die Ströme der Güter (Aufkommen, Verwendung) und die dabei errechenbaren Zahlen (NPW, Außenbeitrag, öffentlicher Konsum, Lagerveränderung) zum Gegenstand hat, wird die Berechnung sowohl zu **laufenden** als auch zu **konstanten Preisen** durchgeführt. In dieser Version werden alle Transaktionen zu den Preisen eines bestimmten, über einen längeren Beobachtungszeitraum gleich gehaltenen Jahres (Basisjahr, „zu Preisen von ...“) bewertet. So wird eine Vergleichsbasis der realen (physischen) Entwicklung, bereinigt von inflationären Effekten, erzielt, die für die Beobachtung des Wirtschaftswachstums besonders wichtig ist; außerdem können Preisindices („Deflatoren“) abgeleitet werden: **Realberechnung**.

0. VOLKSWIRTSCHAFTLICHE GESAMTRECHNUNGEN (Österreich) — *NATIONAL ACCOUNTS*

0.1 Entstehung des Brutto-Inlandsproduktes; Brutto-Nationalprodukt — *Origin of gross domestic product, gross national product*

Zeit	Land- u. Forst-wirtschaft	Bergb. u. Sach-güterproduktion: Zusammen	Bergb. u. Sach-güterproduktion: Bergbau u. Industrie	Energie- und Wasserversorgung	Bauwesen	Handel [1]	Verkehr u. Nach-richtenübermittlung	Vermögens-verwaltung [2]	Sonstige Dienste	minus: imputierte Bankdienstleistungen	Sonstige Produzenten [3]	Importabgaben	Mehrwertsteuer	**Brutto-Inlandsprodukt zu Marktpreisen**	± Faktoreinkom. aus dem/an das Ausland	Brutto-Nationalprodukt zu Marktpreisen	minus: Abschreibungen	Volkseinkommen zu Marktpreisen
									Laufende Preise, Mrd. S									
1980	44,3	281,5	214,9	30,7	81,2	166,8	57,8	119,1	32,2	45,1	136,3	5,8	84,3	**994,7**	– 8,4	986,4	116,1	870,3
1985	45,0	368,7	283,1	39,9	89,1	215,1	78,4	204,4	46,8	68,6	195,3	9,1	125,4	**1 348,4**	– 7,1	1 341,4	167,5	1 173,8
1990	56,7	475,9	365,0	47,8	125,6	298,3	111,4	298,5	72,9	105,0	247,4	12,0	156,8	**1 798,4**	–13,2	1 798,4	218,5	1 566,7
1991	53,0	502,3	383,3	52,3	140,3	315,2	119,2	321,5	77,3	115,5	269,2	12,6	167,1	**1 914,8**	–20,7	1 894,1	235,2	1 658,9
1992*)	50,1	525,9	397,6	55,6	153,6	333,7	126,3	350,4	86,4	124,7	286,6	13,3	171,2	**2 028,6**	–14,5	2 014,1	252,6	1 761,5
1993**	.	.	.	.	.	.	.	.	.	.	.	.	.	**2 127,7**	–15,5	2 112,2	271,5	1 840,5
1994**)	.	.	.	.	.	.	.	.	.	.	.	.	.	**2 241,3**	–15,5	2 225,8	293,2	1 932,6
1991 4. Qu.	.	.	.	.	.	.	.	.	.	.	.	.	.	**514,9**	– 2,4	512,5	60,5	452,0
1992 1. Qu.	.	.	.	.	.	.	.	.	.	.	.	.	.	**461,9**	– 8,2	453,8	59,7	394,1
2. Qu.	.	.	.	.	.	.	.	.	.	.	.	.	.	**503,7**	– 2,1	501,5	63,6	437,9
3. Qu.	.	.	.	.	.	.	.	.	.	.	.	.	.	**530,0**	– 4,1	525,9	64,3	461,6
4. Qu.	.	.	.	.	.	.	.	.	.	.	.	.	.	**533,0**	– 0,1	532,9	65,0	467,9
									Preise von 1983, Mrd. S									
1980	42,0	326,2	250,4	38,7	98,1	189,4	65,1	151,7	38,6	51,8	163,7	7,9	99,1	**1 168,7**	.	.	134,6	.
1985	44,2	349,8	267,2	41,4	86,8	207,0	74,8	176,0	42,7	64,0	178,4	8,4	102,1	**1 247,5**	.	.	158,8	.
1990	48,1	412,1	317,2	46,4	100,7	253,1	92,3	205,7	54,8	80,3	188,6	11,6	116,7	**1 449,7**	.	.	181,6	.
1991	45,6	421,9	324,5	48,1	105,7	263,7	97,3	214,2	56,9	85,6	192,7	12,1	120,3	**1 492,9**	.	.	187,4	.
1992*)	44,2	423,9	324,6	49,2	110,4	265,6	100,3	220,7	58,8	89,3	196,4	12,8	122,4	**1 515,5**	.	.	193,7	.
1993**)	46,4	414,2	314,9	49,7	112,1	266,3	101,3	224,0	.	.	.	.	.	**1 516,1**	.	.	.	.
1994**)	47,4	420,9	319,6	50,4	114,3	272,3	103,3	229,6	.	.	.	.	.	**1 545,9**	.	.	.	.
1991 4. Qu.	15,7	112,0	85,9	12,8	31,5	69,6	24,8	54,0	14,2	21,5	49,0	3,2	33,5	**399,0**	.	.	.	.
1992 1. Qu.	8,0	102,1	78,8	13,9	15,2	64,6	22,8	54,5	14,6	22,0	48,1	3,2	26,5	**351,6**	.	.	.	.
2. Qu.	9,1	107,3	82,8	11,8	28,5	63,7	24,8	55,0	14,7	22,3	49,3	3,2	30,5	**375,5**	.	.	.	.
3. Qu.	12,2	104,5	79,5	10,2	34,9	68,8	26,4	55,7	14,8	22,6	49,0	3,0	31,9	**388,7**	.	.	.	.
4. Qu.	14,9	110,1	83,7	13,4	31,9	68,5	26,2	55,5	14,7	22,3	50,0	3,4	33,5	**399,8**	.	.	.	.

Q: ÖSTAT. – *) Vorläufige Ergebnisse des WIFO. – **)Prognose des WIFO vom März 1993. – [1]) Einschließlich Beherbergungs- und Gaststättenwesen. – [2]) Banken und Versicherungen, Realitätenwesen und Rechts- und Wirtschaftsdienste. – [3]) Öffentliche Dienste, Private Dienste ohne Erwerbscharakter, Häusliche Dienste,

0.2 Verteilung des Volkseinkommens

Distribution of national income

Zeit	Volkseinkommen zu Marktpreisen	minus indirekte Steuern	Subventionen	**Netto-Nationalprodukt zu Faktorkosten (Volkseinkommen)**	Brutto-Entgelte für unselbständige Arbeit [1]	Einkünfte aus Besitz und Unternehmung: Unvert. Gew. d. Kapitalges. [2]	Einkünfte aus Besitz und Unternehmung: Sonstige [3]	Einkünfte aus Besitz und Unternehmung: Staat	minus: Zinsen für die Staatsschuld	minus: Zinsen für die Konsumentenschuld
				Laufende Preise, Mrd. S						
1980	870,3	162,8	30,1	**737,5**	545,6	57,5	152,2	18,5	24,7	11,6
1985	1.173,8	225,9	39,2	**987,1**	717,1	68,7	237,2	26,2	47,9	14,2
1990	1.566,7	287,9	47,9	**1.326,7**	940,1	98,7	353,1	38,1	73,1	30,2
1991	1.658,9	306,6	55,8	**1.408,2**	1.019,8	103,9	364,0	41,2	81,9	38,8
1992*)	1.761,5	324,6	57,7	**1.494,6**	1.088,1	105,4	386,1	45,1	87,2	42,8
1993**)	1.840,5	344,1	55,0	**1.551,6**	1.135,9	107,3	399,6	.	.	.
1994**)	1.932,6	359,6	60,0	**1.633,0**	1.193,9	115,4	425,3	.	.	.
1991 4. Qu.	452,0	.	.	**382,9**	273,5	.	.	.	.	.
1992 1. Qu.	394,1	.	.	**329,4**	254,7	.	.	.	.	.
2. Qu.	437,9	.	.	**372,4**	281,4	.	.	.	.	.
3. Qu.	461,6	.	.	**397,5**	260,8	.	.	.	.	.
4. Qu.	467,9	.	.	**395,5**	291,2	.	.	.	.	.
				Prozentanteile						
1980	*118,0*	*22,1*	*4,1*	***100,0***	*74,0*	*7,8*	*20,6*	*2,5*	*3,3*	*1,6*
1985	*118,9*	*22,9*	*4,0*	***100,0***	*72,6*	*7,0*	*24,0*	*2,6*	*4,8*	*1,4*
1990	*118,1*	*21,7*	*3,6*	***100,0***	*70,9*	*7,4*	*26,6*	*2,9*	*5,5*	*2,3*
1991	*117,8*	*21,8*	*4,0*	***100,0***	*72,4*	*7,4*	*25,9*	*2,9*	*5,8*	*2,8*
1992*)	*117,9*	*21,7*	*3,9*	***100,0***	*72,8*	*7,1*	*25,8*	*3,0*	*5,8*	*2,9*
1993**)	*118,6*	*22,2*	*3,5*	***100,0***	*73,2*	*6,9*	*25,8*	.	.	.
1994**)	*118,3*	*22,0*	*3,7*	***100,0***	*73,1*	*7,1*	*26,0*	.	.	.

Q: ÖSTAT. – *) Vorläufige Ergebnisse lt. WIFO. – **)Prognose des WIFO vom März 1993. – [1]) Einschließlich Arbeitgeberbeiträge. – [2]) Unverteilte Gewinne der Kapitalgesellschaften; einschließlich direkte Steuern. – [3]) Einkünfte der privaten Haushalte aus Unternehmung und Statistische Differenzen.

0.3 Verwendung des verfügbaren Güter- und Leistungsvolumens

Total domestic demand by category

Zeit	Privater Konsum	Öffentlicher Konsum [1]	Brutto-Anlage-investitionen	Lagerveränderung und statistische Differenz	**Verfügbares Güter- und Leistungsvolumen**	Exporte i.w.S. [2]	minus: Importe i.w.S. [2]	Brutto-Inlandsprodukt
				Laufende Preise, Mrd. S				
1980	552,5	178,7	255,5	27,4	**1 014,1**	366,2	385,7	994,7
1985	775,5	255,0	304,4	11,2	**1 346,1**	549,1	546,8	1 348,4
1990	1 000,9	319,9	442,3	12,9	**1 776,0**	724,3	702,0	1 798,4
1991	1 059,4	348,1	482,3	7,8	**1 897,5**	789,7	772,5	1 914,8
1992*)	1 127,3	371,8	500,5	3,0	**2 002,6**	805,6	779,6	2 028,6
1993**)	1 178,5	401,5	514,2	2,3	**2 096,5**	813,5	782,4	2 127,7
1994**)	1 238,1	433,7	536,0	3,0	**2 210,8**	865,2	834,6	2 241,3
1991 4. Qu.	291,3	85,8	139,4	2,1	**518,3**	186,9	190,3	514,9
1992 1. Qu.	259,8	95,9	84,9	1,2	**441,9**	204,1	184,0	530,0
2. Qu.	279,6	91,1	130,2	0,8	**501,6**	198,8	196,7	503,7
3. Qu.	282,1	93,9	143,6	– 0,5	**519,1**	203,9	193,0	461,9
4. Qu.	305,8	90,9	141,8	1,4	**540,0**	198,9	205,8	533,0
				Preise von 1983, Mrd. S				
1980	651,9	212,3	299,3	29,2	**1 192,7**	404,6	428,6	1 168,7
1985	710,9	231,8	289,0	12,3	**1 244,0**	510,0	506,4	1 247,5
1990	830,1	242,1	367,8	20,3	**1 460,2**	659,9	670,4	1 449,7
1991	849,8	248,5	385,9	24,1	**1 508,4**	714,3	729,8	1 492,9
1992*)	868,3	253,7	390,2	26,5	**1 538,7**	716,6	739,7	1 515,5
1993**)	877,0	257,5	390,2	20,2	**1 544,8**	710,9	739,7	1 516,1
1994**)	894,5	262,6	397,2	25,9	**1 580,2**	731,4	765,7	1 545,9
1991 4. Qu.	233,1	64,1	110,4	6,4	**413,9**	169,6	184,6	399,0
1992 1. Qu.	201,7	61,7	68,3	11,1	**342,8**	176,3	167,5	351,6
2. Qu.	213,7	63,1	100,4	6,8	**384,0**	177,8	186,3	375,5
3. Qu.	218,0	64,0	111,5	– 4,3	**389,2**	183,0	183,5	388,7
4. Qu.	234,9	64,9	110,0	12,8	**422,7**	179,5	202,4	399,8

Q: ÖSTAT. – *) Vorläufige Ergebnisse des WIFO, – **)Prognose des WIFO vom März 1993. – [1]) Bundessektor, Länder, Gemeinden, Sozialversicherungsträger und Kammern. – [2]) Transithandel netto gebucht.

Entstehung, Verteilung und Verwendung des Sozialprodukts der BRD

Position	1988	1989	1990 p)	1991 p)	1992 p)	1989	1990 p)	1991 p)	1992 p)	1989	1990 p)	1991p)	1992 p)
	Mrd DM					Veränderung gegen Vorjahr in %				Anteil in %			
in jeweiligen Preisen													
I. Entstehung des Sozialprodukts													
Bruttowertschöpfung													
Landwirtschaft, Forstwirtschaft und Fischerei	33,7	37,2	37,4	32,8	32,8	+ 10,3	+ 0,4	– 12,1	– 0,1	1,7	1,5	1,2	1,2
Warenproduzierendes Gewerbe	826,8	870,0	935,5	983,6	1 019,4	+ 5,2	+ 7,5	+ 5,1	+ 3,6	38,7	38,4	37,4	36,7
Energieversorgung[1] und Bergbau	67,8	69,3	69,9	72,2	74,7	+ 2,2	+ 0,9	+ 3,2	+ 3,4	3,1	2,9	2,7	2,7
Verarbeitendes Gewerbe	652,7	686,0	738,5	769,9	783,4	+ 5,1	+ 7,6	+ 4,3	+ 1,8	30,5	30,3	29,3	28,2
Baugewerbe	106,3	114,7	127,1	141,5	161,3	+ 7,9	+ 10,8	+ 11,3	+ 14,0	5,1	5,2	5,4	5,8
Handel und Verkehr[2]	294,7	311,3	346,3	373,9	383,8	+ 5,6	+ 11,3	+ 8,0	+ 2,6	13,8	14,2	14,2	13,8
Dienstleistungsunternehmen[3]	592,8	641,0	704,6	795,5	884,2	+ 8,1	+ 9,9	+ 12,9	+ 11,2	28,5	28,9	30,2	31,9
Unternehmen zusammen	1 748,0	1 859,4	2 023,7	2 185,8	2 320,2	+ 6,4	+ 8,8	+ 8,0	+ 6,1	82,7	83,0	83,1	83,6
desgl bereinigt[4]	1 662,8	1 771,0	1 926,5	2 071,9	2 192,6	+ 6,5	+ 8,8	+ 7,5	+ 5,8	78,7	79,0	78,7	79,0
Staat	231,9	238,6	253,2	270,8	288,7	+ 2,9	+ 6,1	+ 7,0	+ 6,6	10,6	10,4	10,3	10,4
Private Haushalte[5]	51,7	53,9	58,2	64,3	70,3	+ 4,4	+ 8,0	+ 10,4	+ 9,3	2,4	2,4	2,4	2,5
Alle Wirtschaftsbereiche	1 946,4	2 063,5	2 237,9	2 407,0	2 551,6	+ 6,0	+ 8,5	+ 7,6	+ 6,0	91,7	91,8	91,5	92,0
Bruttoinlandsprodukt[6]	2 096,0	2 224,4	2 417,8	2 612,6	2 772,0	+ 6,1	+ 8,7	+ 8,1	+ 6,1	98,9	99,1	99,3	99,9
Saldo der Erwerbs- und Vermögenseinkommen zwischen In- und Ausland	+ 12,0	+ 24,7	+ 21,3	+ 18,6	+ 2,9					1,1	0,9	0,7	0,1
Bruttosozialprodukt zu Marktpreisen	2 108,0	2 249,1	2 439,1	2 631,2	2 774,9	+ 6,7	+ 8,4	+ 7,9	+ 5,5	100	100	100	100
II. Verteilung des Sozialprodukts													
Einkommen aus unselbständiger Arbeit[7]	1 169,4	1 221,9	1 317,7	1 422,1	1 506,1	+ 4,5	+ 7,8	+ 7,9	+ 5,9	54,3	54,0	54,0	54,3
Einkommen aus Unternehmertätigkeit und Vermögen	466,2	516,2	567,6	586,7	593,5	+ 10,7	+ 9,9	+ 3,4	+ 1,2	23,0	23,3	22,3	21,4
Volkseinkommen	1635,5	1 738,1	1 885,3	2 008,8	2 099,7	+ 6,3	+ 8,5	+ 6,5	+ 4,5	77,3	77,3	76,3	75,7

Entstehung, Verteilung und Verwendung des Sozialprodukts der BRD (Forts.)

	1988	1989	1990 p)	1991 p)	1992 p)	1989	1990 p)	1991 p)	1992 p)	1989	1990 p)	1991p)	1992 p)
Position	Mrd DM					Veränderung gegen Vorjahr in %				Anteil in %			
III. Verwendung des Sozialprodukts													
Privater Verbrauch	1 153,7	1 221,0	1 321,2	1 420,7	1 492,7	+ 5,8	+ 8,2	+ 7,5	+ 5,1	54,3	54,2	54,0	53,8
Staatsverbrauch	412,4	418,8	444,4	468,1	499,1	+ 1,6	+ 6,1	+ 5,3	+ 6,6	18,6	18,2	17,8	18,0
Ausrüstungen	182,5	203,5	234,0	261,6	2 58,7	+ 11,5	+ 15,0	+ 11,8	– 1,1	9,0	9,6	9,9	9,3
Bauten	227,4	245,1	272,8	– 303,5	337,6	+ 7,7	+ 11,3	+ 11,3	+ 11,2	10,9	11,2	11,5	12,2
Vorratsinvestitionen	+ 10,3	+ 16,0	+ 3,1	– 8,6	– 5,9					0,7	0,1	– 0,3	– 0,2
Inländische Verwendung	1 986,3	2 104,3	2 275,5	2 445,2	2 582,3	+ 5,9	+ 8,1	+ 7,5	+ 5,6	93,6	93,3	92,9	93,1
Außenbeitrag[8)]	+ 121,7	+ 144,8	+ 163,6	+ 186,0	+ 192,6					6,4	6,7	7,1	6,9
Ausfuhr	687,9	788,3	882,3	1 013,2	1061,5	+ 14,6	+ 11,9	+ 14,8	+ 4,8	35,0	36,2	38,5	38,3
Einfuhr	566,1	643,5	718,7	827,2	868,8	+ 13,7	+ 11,7	+ 15,1	+ 5,0	28,6	29,5	31,4	31,3
Bruttosozialprodukt zu Marktpreisen	2 108,0	2 249,1	2 439,1	2 631,2	2 774,9	+ 6,7	+ 8,4	+ 7,9	+ 5,5	100	100	100	100
in Preisen von 1985													
Privater Verbrauch	1 137,0	1 167,4	1 230,7	1274,6	1 287,1	+ 2,7	+ 5,4	+ 3,6	+ 1,0	56,9	57,2	57,2	57,3
Staatsverbrauch	389,1	382,7	391,8	393,6	403,4	– 1,7	+ 2,4	+ 0,5	+ 2,5	18,7	18,2	17,7	18,0
Ausrüstungen	178,3	194,2	219,7	239,6	233,1	+ 8,9	+ 13,1	+ 9,1	– 2,7	9,5	10,2	10,8	10,4
Bauten	215,4	224,9	235,8	245,4	259,1	+ 4,4	+ 4,9	+ 4,1	+ 5,6	11,0	11,0	11,0	11,5
Vorratsinvestitionen	+ 12,0	+17,0	+ 5,8	– 4,5	– 0,5					0,8	0,3	– 0,2	– 0,0
Inländische Verwendung	1 931,8	1 986,1	2 083,7	2 148,7	2 182,2	+ 2,8	+ 4,9	+ 3,1	+ 1,6	96,9	96,9	96,5	97,1
Außenbeitrag[8)]	+ 40,0	+ 64,2	+ 66,2	+ 78,1	+ 64,1					3,1	3,1	3,5	2,9
Ausfuhr	689,6	768,6	854,1	962,3	994,3	+ 11,5	+ 11,1	+ 12,7	+ 3,3	37,5	39,7	43,2	44,3
Einfuhr	649,6	704,4	787,9	884,2	930,2	+ 8,4	+ 11,9	+ 12,2	+ 5,2	34,4	36,6	39,7	41,4
Bruttosozialprodukt zu Marktpreisen	1 971,8	2 050,3	2 149,8	2 226,8	2 246,3	+ 4,0	+ 4,9	+ 3,6	+ 0,9	100	100	100	100
Bruttoinlandsprodukt zu Marktpreisen	1 960,5	2 027,3	2 130,5	2 209,6	2 242,7	+ 3,4	+ 5,1	+ 3,7	+ 1,5	98,9	99,1	99,2	99,8

Quelle: Statistisches Bundesamt, – **1** Einschl. Wasserversorgung, – **2** Einschl. Nachrichtenübermittlung – **3** Kreditinstitute, Versicherungsunternehmen, Wohnungsvermietung und sonstige Dienstleistungen. – **4** Bruttowertschöpfung der Unternehmen minus unterstellte Entgelte für Bankdienstleistungen. – **5** Einschl. privater Organisationen ohne Erwerbszweck. – **6** Bruttowertschöpfung aller Wirtschaftsbereiche zuzüglich Umsatzsteueraufkommen sowie einbehaltene Umsatzsteuer aufgrund gesetzlicher Sonderregelungen sowie Einfuhrabgaben(Einfuhrzölle, Verbrauchsteuern auf Einfuhren, Abschöpfungsbeträge, und Währungsausgleichsbeträge auf eingeführte landwirtschaftliche Erzeugnisse). – **7** Einschl. Arbeitgeberbeiträge zur Sozialversicherung und zusätzlicher Sozialaufwendungen der Arbeitgeber (u.a. für die betriebliche Altersversorgung) – **8** Einschl. Waren und Dienstleistungsverkehr mit der ehemaligen DDR bzw den neuen Bundesländern.

Anhang B: Literaturhinweise

I. Produktionstheorie und -politik

Albach, H., Zur Verbindung von Produktionstheorie und Investitionstheorie, in: Zur Theorie der Unternehmungen, Wiesbaden 1962

Beckmann, M., Aktivitätsanalyse der Produktion und des Wirtschaftens, in: Zeitschrift für die gesamte Staatswissenschaft 1953

Bleier, E., Insolvenzfrüherkennung mittels praktischer Anwendung der Diskriminanzanalyse, 2. Aufl., Wien 1985

Eder, R., Volkswirtschaftliche Theorie des technischen Fortschritts, Berlin 1967

Eilenberger, G., Betriebliche Finanzwissenschaft, München Wien 1985

Fleck, F., Die ökonomische Theorie des technischen Fortschritts und seine Identifikation, Meisenheim 1973

Frisch, R., Theory of Production, Dordrecht 1965

Gutenberg, E., Grundlagen der Betriebswirtschaftslehre, Bd. 3: 8. ergänzte Aufl. 1980

Helmstädter, E., Der Kapitalkoeffizient, eine kapitaltheoretische Untersuchung, Stuttgart 1969

Heyke, H. E., Über die Nützlichkeit fiktiver Produktionsfunktionen, in: Schmollers Jahrbuch (88), 1968

Illetschko, L. L., Unternehmenstheorie. Elemente rationaler Betriebslenkung. Wien-New York 1964

Illetschko, L. L., Betriebswirtschaftslehre für Ingenieure, Wien-New York 1965

Joschke, H., Praktisches Lehrbuch der Betriebswirtschaft, München 1981, 6. überarbeitete Aufl.

Klaus, J., Produktions- und Kostentheorie, Stuttgart 1974

Krelle, W., Produktionstheorie, Teil 1 der Preistheorie, 2. Aufl., Tübingen 1976

Maleri, R., Grundzüge der Dienstleistungsproduktion, Berlin 1973

Menger, K., Bemerkungen zu den Ertragsgesetzen, in: Zeitschrift für Nationalökonomie 1936

Pfanzagl, J., Über die Aggregation von Produktionsfunktionen, in: Zeitschrift für Betriebswirtschaft 1962

Reuss, G., Produktivitätsanalyse, Basel-Tübingen 1960

Schmidt, R. B., Unternehmungsinvestitionen. Strukturen, Entscheidungen, Kalküle, Reinbek bei Hamburg 1970

Schneider, D., Investition und Finanzierung, 5. Aufl., Opladen 1980

Schönfeld, H. M. Kostenrechnung, 7. Aufl., 2 Bde., Stuttgart 1975

Weizsäcker, C. Ch. v., Zur ökonomischen Theorie des technischen Fortschritts, Göttingen 1966

Weizsäcker, C. Ch. v., Die zeitliche Struktur des Produktionsprozesses und das Problem der Einkommensverteilung zwischen Kapital und Arbeit. in: Weltwirtschaftliches Archiv (106) 1971

Wittmann, W., Produktionstheorie, Berlin-Heidelberg-New York 1968

II. Konsumtheorie und -politik

Biervert, B./Fischer-Winkelmann, W. F., Verbraucherpolitik in der Marktwirtschaft, Hamburg 1978

Gäfgen, G., Theorie der wirtschaftlichen Entscheidung, Tübingen 1974, 3. Aufl.

Irwin, F. W./Smith, W. A. S., Wert, Kosten und Information als Determinanten der Entscheidung, in: Die Motivation menschlichen Handelns, Hg. Hans Thomae, Köln-Berlin 1965

Katona, G., Das Verhalten der Verbraucher und Unternehmer, Düsseldorf-Wien 1960

Klatt, S., Die Theorie der Engelkurven, in: Jahrbuch für Sozialwissenschaft 1959

Knorring, E. v., Die makroökonomische Konsumtheorie – Ein Überblick, in: Wirtschaftswissenschaftliches Studium (wist), 7/1972

Kohlhauser, G., Der Konsum verschiedener Haushaltstypen in Österreich, in: Monatsberichte des Österreichischen Instituts für Wirtschaftsforschung 4/1969

Kroeber-Riel, W., Konsumentenverhalten, München 1975

Lancaster, K.J., Change and Innovation in the Technology of Consumption, in: The American Economic Review, Papers and Proceedings, (56) 1966

Luckenbach, H., Zur konsum- und wohlfahrtstheoretischen Relevanz der Konsumentensouveränität, in: Wirtschaftswissenschaftliches Studium (wist), 8, 9/1973

Reichenau, Ch. von, Von der Konsumtheorie zur Haushaltsökonomie, Berlin 1979

Scherhorn, G., Verbraucherinteresse und Verbraucherpolitik. Göttingen 1975

Schultz, H., The Theory and Measurement of Demand, Chicago 1938

Streissler, E. und M. (Hg), Konsum und Nachfrage, Köln-Berlin 1966

Veblen, T., Theorie der feinen Leute, Köln-Berlin 1981

III. Markt- und Preistheorie und -politik

Bartling, H., Leitbilder der Wettbewerbspolitik, München 1980

Berg, H., Wettbewerbspolitik, in: Kompendium der Wirtschaftstheorie und Wirtschaftspolitik, Bd. 2, München 1981, S. 213 ff

Clark, J. M., Toward a Concept of Workable Competition, in: The American Economic Review, Vol. 30, 1940,

Clark, J. M., Competition as a Dynamic Process, Washington 1961

Hayek, F. A. v., Der Wettbewerb als Entdeckungsverfahren, in: Freiburger Studien, Tübingen 1969

Heuss, E., Das Oligopol, in: Wirtschaftswissenschaftliches Studium (wist), 2/1972,

Hoppmann, E., Das Konzept des wirksamen Preiswettbewerbs, dargestellt am Beispiel der Arzneimittelmärkte, Tübingen 1978

Hoppmann, E., Das Konzept der optimalen Wettbewerbsintensität. Rivalität oder Freiheit des Wettbewerbs. Zum Problem eines wettbewerbspolitisch adäquaten Ansatzes der Wettbewerbstheorie, in: Jahrbücher für Nationalökonomie und Statistik (179), 1966, S. 286 ff

Jansen, G., Die Bedeutung der Information in der Preis- und Wettbewerbstheorie, Berlin 1970

Kade, G., Die Grundannahmen der Preistheorie, Berlin-Frankfurt 1962

Krelle, W., Preistheorie, Tübingen-Zürich 1976,

Kyrer, A., Der „Markt" in volkswirtschaftlicher Sicht, in: Der Markt, 3/1965

Ott, A. E. Marktform und Verhaltensweise, Stuttgart 1959

Ott, A. E. (Hg), Preistheorie, Köln-Berlin 1978

Rothschild, K. W., Price Theory and Oligopoly, in: Economic Journal (47) 1947

Scherhorn, G., Der Wettbewerb in der Erfahrungswissenschaft. Ein Beitrag zur Allgemeinen Theorie des Marktes, in: Hamburger Jahrbuch für Wirtschafts- und Gesellschaftspolitik (14) 1969

Tuchtfeldt, E., Organisierte Markttransparenz und Wettbewerb, in: Schweizerische Zeitschrift für Volkswirtschaft und Statistik, 1/1966

IV. Raumwirtschaftstheorie und -politik

Allen, K., The Regional Multiplier: Some Problems in Estimation, in: J. B. Cullingworth / S. C. Orr/eds), Regional and Urban Studies, London 1969

Beirat für Wirtschafts- und Sozialfragen (H) Regionale Strukturpolitik, Wien 1984

Bloech, J., Optimale Industriestandpunkte. Methoden zu ihrer Bestimmung, Würzburg, Wien 1970

Bökemann, D., Theorie der Raumplanung. Regionalwissenschaftliche Grundlagen für die Stadt-, Regional- und Landesplanung, München 1984

Böventer, E. von, Theorie des räumlichen Gleichgewichtes, Tübingen 1962

Böventer, E. von, Die Struktur der Landschaft. Versuch einer Synthese und Weiterentwicklung der Modelle J. H. v. Thünens, W. Christallers und A. Lösch, in: E. Schneider (Hg), Optimales Wachstum und optimale Standortverteilung, Berlin 1962
Brösse, U., Raumordnungspolitik, 2. völlig neu bearb. Aufl., Berlin, New York 1982
Bruder, W./Ellwein, Th. (Hg), Raumordnung und staatliche Steuerungsfähigkeit, Opladen 1980
Domschke, W./Drexl A., Logistik: Standorte, 2. Auflage München und Wien 1985
Hansmeyer, K. H., Ziele und Träger regionaler Wirtschaftspolitik, in: H. K. Schneider (Hg), Beiträge zur Regionalpolitik, Berlin 1968
Isard, W., Location and Space-Economy, New York 1956
Jansen, G., Zur Theorie der Wanderungen. Zur Theorie der allgemeinen und der regionalen Planung. Beiträge zur Raumplanung, Bielefeld 1969
Jürgensen, H., Regionalpolitik. in: Wirtschaftswissenschaftliches Studium (wist), 5/1981,
Klaus, J. und Schleicher, H., Räumliche Wirtschaftspolitik. Grundlagen und strukturpolitische Konzepte, München 1983
Kloten, N., Standortwirkungen kommunaler Besteuerungsformen, in H. Timm/H. Jecht (Hg), Kommunale Finanzen und Finanzausgleich, Berlin 1964
Kramer, H., Neue Aspekte in der Regionalpolitik, Österreichisches Institut für Wirtschaftsforschung, Vorträge, Wien, 1982
Leibfritz, W./Teschner, St., Staatliche Einflüsse auf die Standortwahl der Unternehmen, in: ifo-Schnelldienst, 25/1980
Lösch, A., Die räumliche Ordnung der Wirtschaft, 2. Aufl., Jena 1944
Stohler, J., Zur rationalen Planung der Infrastruktur, in: Konjunkturpolitik (11), 1965
Strassert, G., Möglichkeiten und Grenzen der Erstellung und Auswertung regionaler Input-Output-Tabellen, Berlin 1968
Weber, A., Über den Standort der Industrien, Tübingen 1909
Zimmermann, H., Öffentliche Ausgaben und regionale Wirtschaftsentwicklung, Basel, Tübingen 1970

V. Geldtheorie und -politik

Badura, J./Issing, O. (Hrsg.), Geldpolitik, Stuttgart 1980
Brunner, K., Eine Neuformulierung der Quantitätstheorie des Geldes, in: Kredit und Kapital, 1/1970
Dieckheuer, G., Wirkung und Wirkungsprozeß der Geldpolitik, Berlin 1975
Dürr, E. (Hg), Geld- und Bankpolitik, Köln 1969
Duwendag, D. (Hg), Macht und Ohnmacht der Bundesbank, Frankfurt/Main 1973
Ehrlicher, W./Oberhauser, A. (Hg), Probleme der Geldmengensteuerung, Berlin 1978
Engels, W., Notenbanktechnik: Instrumente und Verfahren der monetären Stabilitätspolitik, Frankfurt, New York 1979
Friedman, M., Die optimale Geldmenge und andere Essays, München 1970
Hayek, F. A. von, Entnationalisierung des Geldes, Tübingen 1977
Hochreiter, E./Zdrahal, P., Probleme der Geldmengensteuerung – dargestellt an der Geldpolitik in der Bundesrepublik Deutschland, in der Schweiz, in Großbritannien und in den USA, in: Quartalshefte der Girozentrale 4/1980
Johnson, H. G., Beiträge zur Geldtheorie und Geldpolitik, Berlin 1976
Kalmbach, P. (Hg), Der neue Monetarismus, München 1973
Keynes, J. M., The General Theory of Employment, Interest and Money, 15. Aufl., London 1973
Köhler, C., Geldwirtschaft (1), Berlin 1977
Lejonhufhud, A., Keynes und die Keynesianer: Ein Interpretationsvorschlag, in: K. Brunner, H. G. Monissen, M. J. M. Neumann (Hg), Geldtheorie, Köln 1974
Die Monetarismus-Kontroverse, Beihefte zu Kredit und Kapital, Heft 4, Berlin 1978
Neldner, M., Die Bestimmungsgründe des volkswirtschaftlichen Geldangebots, Berlin-New York 1976

Neumann, J. M., Stabilisierungspolitik bei rationalen Entscheidungen, in: Wirtschaftswissenschaftliches Studium (wist), 3/1981

Patinkin, D., Die Geldlehre von John M. Keynes, München 1979

Penker, W., Über die Grenzen und Möglichkeiten der Kontrollierbarkeit der Komponenten der Zentralbankgeldmenge durch die Österreichische Nationalbank, Berlin 1982

Remsperger, H., Geldmengenregel und trendorientierte Fiskalpolitik, Frankfurt/Main 1979

Schaal, P., Monetäre Theorie und Politik, München-Wien 1981

Schröder, W., Theoretische Grundstrukturen des Monetarismus. Baden-Baden 1978

Stützel, W., Volkswirtschaftliche Saldenmechanik, Ein Beitrag zur Geldtheorie, Tübingen 1958

Tichy, B., Kreditpolitik ohne Mythos. Geldschöpfung und Zinsempfindlichkeit, Wien-Frankfurt-Zürich 1967

Tichy, B., Bankbetriebliche und monetäre Aspekte der Geldschöpfung, Wien 1973

Tobin, J., Money, Capital and other Stores of Value, in: The American Economic Review, Papers and Proceedings, (51) 1961

Veit, O., Reale Theorie des Geldes, Tübingen 1966

Westphal, Z., Theoretische und empirische Untersuchungen zur Geldnachfrage und zum Geldangebot, in: Kieler Studien, Tübingen 1970

Woll, A. (Hrsg.) Inflation, Definitionen, Ursachen, Wirkungen und Bekämpfungsmöglichkeiten, München 1979

VI. Verteilungstheorie und -politik

Albers, W., Einkommensverteilung II: Verteilungspolitik, in: Handwörterbuch der Wirtschaftswissenschaft, Bd. 2, Stuttgart-Tübingen-Göttingen 1980

Bombach, G., Die verschiedenen Ansätze der Verteilungstheorie, in: E. Schneider (Hg.), Einkommensverteilung und technischer Fortschritt, Berlin 1959

Forster, E., Kreislauf und Verteilung. Die postkeynesianische Verteilungstheorie und ihre Anwendung. München 1977

Gerfin, H., Ausmaß und Wirkung der Lohndrift, in: H.Arndt (Hg), Lohnpolitik und Einkommensverteilung, Berlin 1969

Heuss, E., Die Verbindung von mikroökonomischer und makroökonomischer Verteilungstheorie, Tübingen 1965

Hicks, J. R., Theory of Wages, London 1932

Kaldor, N., Alternative Theories of Distribution, in: Review of Economic Studies (23), 1955

Krelle, W., Verteilungstheorie, Wiesbaden-Tübingen 1962

Krupp, H.-J./Klanberg, F. (Hrsg.) Einkommensverteilung, Königstein 1981

Lampert, H., Verteilungspolitik, in: Wirtschaftswissenschaftliches Studium (wist) 2/1981

Levinson, H. M., Bestimmungsfaktoren bei kollektiver Lohnfindung, in: B. Külp/W. Schreiber (Hg), Arbeitsökonomik, Köln 1972

Rothschild, K. W., Lohntheorie, Berlin-Frankfurt 1963

Rothschild, K. W., Zur Arithmetik und Interpretation von Lohnquoten, in: Hamburger Jahrbücher für Wirtschafts- und Gesellschaftspolitik, 1968 (13), S. 143-158

Scheele, E., Die makroökonomische Theorie der Einkommensverteilung, in: Jahrbuch der Sozialwissenschaft, (13), 1962 und (14), 1963

Scheele, E., Einkommensverteilung und Wirtschaftswachstum, Tübingen 1965

Stobbe, A., Untersuchungen zur makroökonomischen Theorie der Einkommmensverteilung, Tübingen 1962

Weizsäcker, C. Ch. v. Die zeitliche Struktur des Produktionsprozesses und das Problem der Einkommensverteilung zwischen Kapital und Arbeit, in: Weltwirtschaftliches Archiv (106), 1971

Werner, J., Verteilungspolitik, Stuttgart 1979

VII. Entwicklungstheorie und -politik

Assenmacher, W., Konjunkturtheorie, München 1984
Bolle, M. (Hrsg.) Arbeitsmarkttheorie und Arbeitsmarktpolitik, Opladen 1976
Bombach, G., Zur Theorie des wirtschaftlichen Wachstums, in: Weltwirtschaftliches Archiv (71), 1953
Bombach, G./Gahlen, B./Ott, A. (Hrsg.), Neuere Entwicklungen in der Beschäftigungstheorie und -politik, Tübingen 1979
Bombach, G./Gahlen, B./Ott, A. E. (Hrsg.), Makroökonomik heute: Gemeinsamkeiten und Gegensätze, Tübingen 1983
Claussen, P., Einführung in die Theorie der Inflation, Stuttgart 1977
Fürst, G. (Hrsg.) Konjunkturindikatoren, Göttingen 1975
Gahlen, B./Ott, E. A., Probleme der Wachstumstheorie, Tübingen 1972
Gutowski, A., Konglomerate Unternehmensgröße und wirtschaftliche Macht, Tübingen 1971
Kaldor, N., Grenzen der „General Theory", Berlin, Heidelberg, New York, Tokyo 1983
Kamp, E., Untersuchungen zur endogenen Prozeßsystematik der marktwirtschaftlichen Entwicklung im 20. Jahrhundert, Stuttgart 1964
Krelle, W./Gabisch, G., Wachstumstheorie, Berlin-Heidelberg-New York 1972
Krelle, W., Bevölkerungsentwicklung und Wirtschaftswachstum, in: W. G. Hoffmann (Hrsg.), Theorien des einzelwirtschaftlichen und gesamtwirtschaftlichen Wachstums, Berlin 1957
Kromphardt, J., Zur makroökonomischen Produktionsfunktion, in: Jahrbücher für Nationalökonomie und Statistik (185), 1971
Kromphardt, J., Wachstum und Konjunktur. Grundlagen ihrer theoretischen Analyse und wirtschaftspolitischen Steuerung, Göttingen 1972
Kutsch, Th.,/Vilmar, F. (Hrsg.), Arbeitszeitverkürzung – Ein Weg zur Vollbeschäftigung?, Opladen 1983
Kuznets, S., Six Lectures on Economic Growth, Glencoe-Toronto 1959
Modigliani, F.,/Brumberg, R., Utility Analysis and the Consumption Function: An Interpretation of Cross Section Data, in: K. Kurihara (Hrsg), Post Keynesian Economics, New Brunswick 1954
Müller, K. W./Ströbele, W., Wachstumstheorie, München 1985
Neuhauser, G., Konjunktur- und Beschäftigungstheorie, Stuttgart 1975
Phillips, A. W., The Relation between Unemployment and the Rate of Change of Money Wage Rates in the United Kingdom 1862–1957, in: Economica (25), 1958
Pigou, A. C., Employment and Equilibrium, London 1979
Samuelson, P. A., Wechselwirkungen zwischen der Multiplikatoranalyse und dem Akzelerationsprinzip, in: W. Weber (Hrsg.), Konjunktur- und Beschäftigungstheorie, Köln-Berlin 1969
Schaal, P., Stabilität und Konjunktur: Theoretische Grundlagen der Stabilitätspolitik, Stuttgart 1977
Solow, R. M., Wachstumstheorie. Darstellung und Anwendung, Göttingen 1971
Ströbele, W., Inflation – Einführung in Theorie und Politik, 2. überarb. Aufl., München 1984
Thurow, L. C., Die Null-Summen-Gesellschaft, München 1980

VIII. Außenwirtschaftstheorie und -politik

Berg, H., Außenwirtschaftspolitik, in: Kompendium der Wirtschaftstheorie und Wirtschaftspolitik, Bd. 2, München 1981
Borchert, M., Außenwirtschaftspolitik, in: Wirtschaftswissenschaftliches Studium (wist), 6/1981
Dixit, A. K./Norman, V. D., Außenhandelstheorie, München 1984
Feste oder flexible Wechselkurse: Thesen und Gegenthesen, in: Konjunkturpolitik, Zeitschrift für angewandte Konjunkturforschung, 16. Jg., Heft 2-3, Berlin 1970

Floating – Realignement – Integration, Gespräch der Listgesellschaft, Tübingen 1972
Haberler, G., Geld in der internationalen Wirtschaft. Eine Studie über Zahlungsbilanzausgleich, internationale Liquidität und Wechselkurse, Hamburg 1965
Handler, H., Wechselkurs-Preis-Spiralen in offenen Volkswirtschaften. Das österreichische Beispiel im internationalen Vergleich, in: G. Bombach, B. Gahlen, A. E. Ott (Hrsg.), Zur Theorie und Politik internationaler Wirtschaftsbeziehungen, Tübingen 1981
Rose, K., Theorie der Außenwirtschaft, 2. Aufl., Berlin-Frankfurt 1966
Schneider, E., Zahlungsbilanz und Wechselkurse. Eine Einführung in die monetären Probleme internationaler Wirtschaftsbeziehungen, Tübingen 1968
Shams, R. Wechselkurstheorie und -politik, München-Wien 1985
Siebert, H., Außenhandelstheorie, Stuttgart 1973
Storck, E., Der Euromarkt und seine Rahmenbedingungen, Wien 1981
Stützel, W., Volkswirtschaftliche Saldenmechanik. Ein Beitrag zur Geldtheorie, Tübingen 1958
Stützel, W., Über einige Währungstheorien. Tübingen 1969
Stützel, W., Währung in weltoffener Wirtschaft, Frankfurt 1973

Sachregister

www.ingramcontent.com/pod-product-compliance
Lightning Source LLC
LaVergne TN
LVHW010649300926
849161LV00005B/1072